U0658992

"十二五"时期

农业和农村政策回顾与评价

SHIERWU SHIQI NONGYE HE NONGCUN
ZHENGCE HUIGU YU PINGJIA

宋洪远等　编著

中国农业出版社

图书在版编目（CIP）数据

"十二五"时期农业和农村政策回顾与评价 / 宋洪
远等编著 . —北京：中国农业出版社，2016.9
ISBN 978-7-109-22067-6

Ⅰ.①十… Ⅱ.①宋… Ⅲ.①农业政策—研究—中国
—2011—2015②农村经济政策—研究—中国—2011—2015
Ⅳ.①F320

中国版本图书馆 CIP 数据核字（2016）第 210046 号

中国农业出版社出版
（北京市朝阳区麦子店街 18 号楼）
（邮政编码 100125）
责任编辑　姚　红

北京中兴印刷有限公司印刷　　新华书店北京发行所发行
2016 年 9 月第 1 版　　2016 年 9 月北京第 1 次印刷

开本：700mm×1000mm　1/16　　印张：25
字数：462 千字
定价：55.00 元
（凡本版图书出现印刷、装订错误，请向出版社发行部调换）

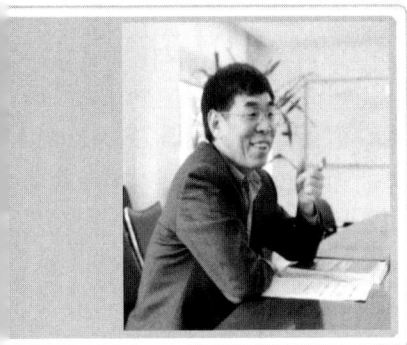

作者简介

宋洪远，1983 年毕业于吉林大学经济系政治经济学专业，先后在国家统计局工业交通统计司、国家体改委中国经济体制改革研究所工作，现任农业部农村经济研究中心主任、二级研究员，兼职教授、博士生导师。

在中国民生研究院等 10 多个机构和清华大学等 8 所高校兼职，担任《中国农村经济》《农业经济问题》《世界农业》《中国村庄》《农村金融研究》和《中国劳动经济学》等期刊编委，是国家社会科学基金项目、国家自然科学基金项目同行评议专家。

受邀担任国务院食品安全委员会专家委员会专家，国家农产品质量安全风险评估专家委员会专家，国家粮食安全政策专家咨询委员会委员，农业部科学技术委员会委员，农业部软科学委员会委员，中国农业发展银行专家委员会副主任委员，中国农业科学院学术委员会委员。

自 1991 年以来长期从事中国农村发展研究与政策咨询工作，自 1997 年以来连续参加起草中央农村工作会议文件和领导讲话，主持编写《中国农业发展报告》和《中国农村政策执行报告》，参加起草《粮食法》和《中国粮食安全》白皮书。

主持承担国家社会科学基金重大项目、国家自然科学基金和国家软科学重点项目、中宣部马工程重大项目、中华农业科教基金、中国发展研究基金、农业部软科学、亚洲开发银行技术援助项目等重要课题 45 项。

在《经济研究》《管理世界》《经济社会体制比较》《改革》《中国农村经济》《中国农村观察》《农业经济问题》《农业技术经济》等重要期刊发表文章近百篇。

作为主笔和主编出版的著作有《当代中国经济转型与农村发展研究》《中国农村改革 30 年》《改革以来中国农业和农村经济政策的演变》《调整结构创新体制发展现代农业》《中国新农村建设政策与实践》《农村全面建

1

成小康社会之路》等 25 部。

组织举办七届中国农村发展高层论坛、六次中韩农村发展研讨会，参加"北京—东京"论坛、中俄中小企业实业论坛、两岸精英论坛、两岸农业合作论坛，参加中央组织部组织的院士专家咨询活动和国家有关部委召开的专家咨询座谈会。

研究成果先后获得"中国农村发展研究奖""中国图书奖""农业部软科学优秀成果奖""三农研究奖""亚洲开发银行和中国财政部技术援助项目政策推动奖"等。先后有 30 多项科研成果获得国务院和省部级领导批示，有 10 项科研成果被国家和有关部门制定政策时采纳。

1997 年被授予部级有突出贡献的中青年专家，2001 年享受国务院颁发政府特殊津贴专家；1999 年荣获"科学中国人"称号，2008 年荣获"中国改革开放 30 年 60 名农村人物"称号。

前　言

　　摆在读者面前的这本书，是由宋洪远主持的农业部软科学课题的研究成果，也是中国农村政策回顾与评价分析研究报告系列的第五本。在框架结构和内容安排上基本保持了前四本书的体例和风格，同时考虑到"十二五"时期有些政策措施的调整和变化，我们对一些专题设置作了部分调整。

　　"十二五"时期，国家出台和实施了一系列的农业和农村政策，各级政府和有关部门也制定和实施了许多具体的政策措施。为了便于分析，我们对本项研究进行了如下界定：在时间跨度上，主要分析2011年1月至2015年12月在中国农村实际推行的各项农业和农村政策，有些内容也对2010年下半年和2016年上半年出台的农业和农村政策有所涉及；在政策制定主体上，本项研究重点考察和分析中央政府指定的各项方针政策措施，对地方各级政府制定和实施的农村政策措施涉及较少。

　　本书的研究主题及写作提纲由宋洪远提出，经参加写作的人员讨论商定后，按照分工进行研究与写作。初稿出来后，相互间进行了交流和讨论，宋洪远针对初稿存在的一些比较普遍的问题提出了修改意见，张红奎、高强也提出了每章的具体修改意见，每位作者进行了进一步的修改和完善。最后由宋洪远、高强和马凯负责统稿，并对一些章节的内容做了修改和补充。

　　全书由总论、26个专题和附录组成，具体分工是：第1章由宋洪远执笔；第2章和第3章由高强执笔；第4章由谭智心执笔；第5章由赵海执笔；第6章由彭超执笔；第7章由张雯丽执笔；第8章和第15章由王慧敏执笔；第9章和第10章由张振执笔；第11章由吴天龙执笔；第12章由原瑞玲执笔；第13章由张红奎执笔；第14章和第26章由修竣强执笔；第16章由张恒春执笔；第17章由任倩执笔；第18章由金书秦执笔；第19章由何安华执笔；第20章由张灿强执笔；第21章由周洪霞执笔；第22章由龙文军、刘洋和张莹执笔；第23章由张莹执笔；第24章由宁夏执笔；第25章由张静宜执笔；第27章由杭静执笔。附录由马凯、宋洪远整理。

由于我们自身知识结构和学术水平的限制，本书的分析研究肯定存在着许多不当之处，欢迎各界同仁进行批评指正，对此我们表示衷心的感谢。

目 录

第 1 章　总　　论

2015 年是实施"十二五"规划的收官之年，也是谋划"十三五"农业农村发展的重要一年。回顾总结"十二五"时期农业农村发展的成就和经验，深入分析"十三五"期间农业农村发展面临的机遇与挑战，研究探讨"十三五"时期农业农村发展的目标任务、基本思路和途径措施，具有十分重要的意义。

本报告共分四个部分，第一部分简要回顾"十二五"时期农业农村发展的特点与经验，第二部分重点分析"十三五"期间农业农村发展面临的形势与问题，第三部分研究提出"十三五"时期农业农村发展的目标任务和基本思路，第四部分主要提出促进农业农村发展的基本途径和主要措施。

需要说明的是，本报告的基本观点和对策建议，是我们在学习领会党的十八届五中全会精神和 2016 年中央 1 号文件精神的基础上，吸收一些专家学者的研究成果提出来的。引用的数据和资料除特别说明外，均来自国家统计局和有关部门公开发布的报告和有关材料。

一、"十二五"时期农业农村发展的主要特点和基本经验

"十二五"时期，特别是党的十八大以来，党和政府采取了一系列强有力的强农惠农富农政策措施，集中力量解决了一些农民群众关注关切的突出问题，农业农村发展保持了稳中有进的良好态势，积累了许多弥足珍贵的发展经验，继续成为我国经济社会发展的突出亮点。

（一）主要特点

1. 农业生产水平和生产能力有了根本性的提高，粮食生产摆脱了"两丰一平一歉"的周期

"十二五"期间，我国粮食产量连续 5 年超过 11 000 亿斤[①]，连续 3 年超过 12 000 亿斤，连跨两个千亿斤台阶。五年来，我国粮食产量提高近 1 500 亿斤。自 2004 年以来，粮食生产实现了历史性的"十二连增"，摆脱了"两丰一平一歉"的周期，这是新中国成立以来的第一次。我国水稻、小麦、玉米三大

---

① 1 斤＝500 克。15 亩＝1 公顷。——编者注

谷物自给率保持在98%以上，高于世界平均水平。我国棉油糖、瓜果菜、肉蛋奶、水产品等供应充足，主要农产品市场价格保持基本稳定。截至2015年年底，全国共建成高标准农田2 666.68万公顷，农田有效灌溉面积占比超过52%、农作物耕种收综合机械化水平达到63%、农业科技进步贡献率达56%以上。到"十二五"末，农作物良种覆盖率稳定在96%以上，主要农产品加工转化率超过60%，我国农业综合生产能力和现代化水平迈上了一个新台阶。

2. 农民收入水平和增长速度实现了新的突破，基本上扭转了城乡居民收入差距扩大的趋势

2015年，我国农村居民人均可支配收入达到11 422元。"十二五"期间，农民人均纯收入年均增长10%左右。特别是自2010年以来，农民收入增速连续六年超过城镇居民收入增速，城乡居民收入差距由2009年的3.33∶1缩小到2015年的2.73∶1，这是改革开放以来持续时间最长的一次。作为衡量农民生活水平重要指标的恩格尔系数，从2010年的41.1%下降到2013年的37.7%，农民生活水平整体上开始走向宽裕。按照现行标准计算，"十二五"期间，农村贫困人口由1.22亿人减少到5 575万人，7 000多万贫困人口实现脱贫。

3. 农村基础设施建设和公共服务水平明显提升，农村社会保持和谐稳定

"十二五"时期，农村"水电路气房"等基础设施建设取得较大进展，农村教育、文化、卫生等事业加快发展，农村居民社会保障水平不断提高，以农村人居环境整治为重点的美丽乡村建设全面开展，农村生产生活条件明显改善，发展成果更多更好更公平地惠及广大农民群众。在大力改善农村民生的同时，积极回应群众关切，努力化解各类社会矛盾，农村群体性事件明显减少，党群干群关系明显改善，群众心情更加舒畅，农村社会保持和谐稳定。

（二）基本经验

1. 始终坚持"三农"工作是重中之重

"十二五"期间，特别是党的十八大以来，明确提出"小康不小康关键看老乡"，特别强调促进"四化同步"发展，继续强调把农村作为国家财政性投入建设基础设施和发展社会事业的重点。

2. 持续加大强农惠农富农政策力度

"十二五"期间，特别是党的十八大以来，优先保障财政对"三农"的资金投入，固定资产投资继续向农业农村倾斜，调整完善农业补贴方式，推进涉农资金整合统筹，提高政策针对性和涉农资金有效性。

3. 着力加强现代农业建设

"十二五"期间，特别是党的十八大以来，积极发展多种形式农业适度规模经营，着力培育新型农业经营主体，大力改善农业设施装备条件，推进现代种业建设，强化农业科技支撑，加强资源永续利用、农业环境保护和农产品质量安全。

4. 深入推进新农村建设

"十二五"期间，特别是党的十八大以来，持续加大农村基础设施建设力度，着力提高农村公共服务水平，全面开展农村人居环境整治，推进美丽宜居乡村建设，提升农民文化素质和社会文明程度。

5. 全面深化农村各项改革

"十二五"期间，特别是党的十八大以来，更加注重运用市场的办法调动农民和社会各方面的积极性，推进农村土地确权登记颁证和探索实行承包地"三权分置"，探索开展农产品目标价格制度和农产品价格保险试点，推进农村集体产权制度改革和开展赋予农民对集体资产股份权能改革试点，改革创新农村金融体制和金融服务，深化水利和林业改革，推进供销合作社和农垦改革。

二、"十三五"时期农业农村发展面临的形势与挑战

"十三五"时期，是全面建成小康社会的决胜阶段。保持农业农村经济社会较快发展，对实现第一个百年奋斗目标具有关键作用。从当前和今后一个时期看，农业农村发展的外部环境和内在动因正在发生深刻变化，既具备许多有利条件，也面临不少困难问题。

(一) 有利条件

1. 加快补齐农业农村短板，为开创"三农"工作新局面汇聚推动力

农业是全面建成小康社会、实现现代化的基础，已经成为全党全社会的共同认识和行动指南，各方面关心支持"三农"的氛围更加浓厚。"十三五"时期，党和政府将始终把解决好"三农"问题作为重中之重，坚持强农惠农富农政策不减弱，推进农村全面小康建设不松劲，为开创"三农"工作新局面汇聚强大推动力。

2. 加快推进新型城镇化，为以工促农、以城带乡带来牵引力

当前和今后一个时期，我国的城镇化正处在加快发展的阶段。"十三五"时期，加快推进新型城镇化，促进工业化深入发展和信息化深度融合，为农业现代化提供物质装备和技术支撑，有利于加快推进农业现代化和提升农业现代化水平；加快推进新型城镇化，促进城乡要素平等交换和公共资源均衡配置，为新农村建设提供资金支持和物质基础，有利于提升新农村建设水平和推进美丽乡村建设。

3. 城乡居民消费结构转型升级，为农业农村发展拓展新空间

随着经济社会的发展、新型城镇化的推进和市场化改革的深入，城乡居民的消费水平、消费结构和消费方式，将呈现个性化、多样化、多层次变化的特点。"十三五"时期，城乡居民消费结构转型升级，有利于促进农村新产业和新业态发展，推进农产品供应链和物流链建设，创新农业产业组织和商业模式，发展休闲农业和乡村旅游，推动农村一、二、三产业融合发展，将为农业农村发展拓展新空间。

4. 新一轮科技革命和产业变革，为农业转型升级注入驱动力

"十三五"时期，新一轮科技革命和产业变革蓄势待发，新产品、新技术、新工艺不断涌现，为加快转变农业生产经营方式、资源利用方式、组织管理方式，推动农业发展由数量增长为主转到数量质量效益并重，由主要依靠物质要素投入转到依靠科技创新和提高劳动者素质，由依赖资源消耗转到可持续发展，促进农业转型升级培育新动力。

5. 农村各项改革全面展开，为农业农村现代化提供源动力

"十三五"时期，深化农村改革将聚焦农村集体产权制度、农业经营制度、农业支持保护制度、城乡发展一体化体制机制和农村社会治理制度等五大领域。农村改革的系统性、整体性、协同性进一步增强，深化农村改革的总体要求、重点领域、重大举措进一步明确。农村各项改革全面深入推进，将为农业农村现代化提供活力和源泉。

（二）困难问题

1. 在经济发展新常态背景下，增加农民收入，缩小城乡差距，确保如期实现全面小康，是必须完成的历史任务

在我国经济发展进入新常态的背景下，突出矛盾和问题是经济增长速度和财政收入增长速度减缓。根据《国家"十三五"规划纲要》安排，"十三五"期间我国 GDP 年均增速 6.5％以上，比"十二五"时期下降 0.5 个百分点。随着经济增长速度的下降，国民经济的就业弹性和就业机会减少，农民外出务工就业困难增加，工资性收入增长动力不足；随着财政收入增长速度的下降，农民补贴收入增长的空间缩小，转移性收入增长难度较大。"十三五"期间在农民增收面临诸多困难的情况下，要增加农村贫困人口的收入困难更大。在上述背景下，要促进农民收入较快增长，缩小城乡居民收入差距，确保如期实现全面小康，任务更加艰巨。

2. 在资源环境约束趋紧背景下，转变农业发展方式，确保粮食安全和重要农产品有效供给，实现绿色发展和资源永续利用，是必须破解的现实难题

一方面，我国农业资源短缺且过度开发、农业投入品过量使用、农业面源污染等问题日益突出。我国目前人均耕地资源约为世界平均水平的 38%，人均水资源不足世界平均水平的 1/4；化肥、农药使用量全球第一，化肥和农药利用率只有 30% 左右；一些地方土壤污染和水源污染的问题也比较突出；水土资源区域分布不匹配，进一步加剧了地少水缺的矛盾。另一方面，随着经济的发展和城镇化的推进，粮食等重要农产品的需求呈刚性增长。目前我国粮食年消费量在 12 800 亿斤左右，预计到 2020 年将超过 14 000 亿斤。考虑到部分地区退耕还林还草、南方重金属污染治理、东北退耕还湿、北方地下水超采治理等将减少粮食种植面积，加上每年建设用地占用耕地以及结构调整减少粮食播种面积等因素，将对粮食生产带来不利的影响。"十三五"时期，要实现"保饭碗"和"保生态"并重的目标难度加大。

3. 在受国际市场影响加深背景下，统筹利用两个市场两种资源，提升我国农业竞争力，赢得参与国际市场竞争主动权，是必须应对的重大挑战

近年来，我国农产品进口的规模不断扩大，国际农产品市场的影响逐步加深。预计未来五年，国际农产品市场供求关系相对宽松，国际农产品价格相对低迷，我国农产品价格"天花板"封顶效应将更加凸显，我国农产品过度进口问题有可能更加突出。一方面，国内贸易保护政策对我国农产品进口调控有限。我国农产品平均关税只有世界平均水平的 1/4，关税保护手段较少，特别是关税配额管理在 2020 年将全面取消，依靠贸易政策调节进口规模和节奏的手段有限。另一方面，今后国内外农产品价差扩大趋势将难于逆转。目前我国"四补贴"总额已经超过 1 700 亿元，受 WTO 谈判中特定农产品支持总量的约束，通过增加补贴降低成本、平衡国内外价格倒挂的空间十分有限。"十三五"时期，如何既利用好进口、弥补国内供给不足，又保护好国内生产、避免进口过度冲击，提升我国农业竞争力，赢得参与国际市场竞争主动权，是我们必须应对的重大挑战。

三、"十三五"时期农业农村发展的目标任务和基本思路

(一) 目标任务

根据国家"十三五"规划纲要的安排和 2016 年中央 1 号文件的部署，"十三五"期间，我国农业和农村发展的目标任务可以概括为以下四个方面。

1. 现代农业建设取得明显进展

主要任务是：加快转变农业发展方式，构建现代农业产业体系、生产体系、经营体系，巩固和提升粮食综合生产能力，保障国家粮食安全和重要农产品有效供给，提高农产品供给体系的质量和效率。到 2020 年，农业科技进步贡献率达到 60% 以上，主要农作物耕种收综合机械化水平达到 70% 左右。

2. 农民生活达到全面小康水平

主要任务是：农村居民收入年均增幅达到7％以上，2020年农村居民人均收入比2010年翻一番，城乡居民收入差距继续缩小。我国现行标准下5 575万农村贫困人口实现脱贫，592个国定贫困县全部摘帽，解决14个集中连片地区的整体贫困问题，稳定实现农村贫困人口不愁吃、不愁穿，义务教育、基本医疗和住房安全有保障，实现贫困地区农民人均可支配收入增长幅度高于全国平均水平，基本公共服务主要领域指标接近全国平均水平。

3. 农民素质和农村社会文明程度显著提升

主要任务是：社会主义新农村建设水平进一步提高，农村道路、交通、水电、住房和网络等基础设施明显改善，农村教育、医疗、文化和社会保障水平明显提高，农村人居环境整治全面开展，美丽宜居乡村建设全面推进。农民思想道德和科学文化素质显著提升，农村社会文明程度进一步提高，城乡基本公共服务实现均等化。

4. 农村各项改革全面深入推进

主要任务是：农村集体资产所有权、农户土地承包经营权和农民财产权保护制度更加完善，新型农业经营体系、农业支持保护体系、农业社会化服务体系、农业科技创新体系、农村金融体系更加健全，农村社会治理制度和农村基层组织制度更加完善，农村法律法规建设和基层法治水平进一步提升，农民民主权利得到更好保障，城乡经济社会发展一体化体制机制基本建立。

（二）基本思路

按照走产出高效、产品安全、资源节约、环境友好的农业现代化道路，推动新农村建设与新型城镇化双轮驱动、互促共进，让广大农民平等参与现代化进程、共同分享现代化成果的总体要求，"十三五"时期，推进农业农村发展要注意把握好以下四点。

1. 坚持促进"四化同步"发展

坚持走中国特色新型工业化、信息化、城镇化、农业现代化道路，推动信息化和工业化深度融合、工业化和城镇化良性互动、城镇化和农业现代化相互协调，促进工业化、信息化、城镇化、农业现代化同步发展。要注重用新型工业化、信息化、城镇化的成果推进农业现代化，用工业化的成果装备农业，用信息化的成果引领农业，用城镇化的成果带动农业。促进工业园区建设、城镇发展与农业产业发展、农村转移就业和人口集聚相结合，促进城乡要素平等交换和公共资源均衡配置，形成以工促农、以城带乡、工农互惠、城乡一体的新型工农、城乡关系。

2. 坚持农民主体地位、增进农民福祉

要把坚持农民主体地位、增进农民福祉作为农业农村发展的出发点和落脚点。坚持农民主体地位，就是要秉承"以人为本"的发展理念，尊重农民的首创精神，鼓励基层探索和创新。坚持增进农民福祉，就是要增加农民的经济利益，保障农民的合法权益，尊重农民的民主权利。坚持发展为了农民、发展依靠农民、发展惠及农民，实现好、维护好、发展好广大农民的根本利益。

3. 用发展新理念破解"三农"新难题

推动农业农村发展，要坚持创新、协调、绿色、开放、共享的发展理念。要用"五大发展理念"引领农业农村发展，努力让农业强起来、农民富起来、农村美起来。要以创新发展激发农业农村发展活力，要以协调发展补上农业农村发展短板，要以绿色发展引领农业农村发展方向，要以开放发展拓展农业农村发展空间，要以共享发展促进农民增加福祉。

4. 着力推进农业供给侧结构性改革

推进农业供给侧结构性改革，要用改革的办法推进农业结构调整，从农业生产端和农产品供给侧出发，围绕市场消费需求安排农业生产，优化农业要素资源配置，减少无效和低端农产品供给，扩大有效和中高端农产品供给，提升农产品质量安全水平，增强农产品供给结构的适应性和灵活性，形成更有效率、更有效益、更可持续的农产品供给保障体系，实现农产品由低水平供需均衡向高水平供需均衡的跃升。

四、"十三五"时期促进农业农村发展的主要政策和措施

根据党的十八届五中全会建议和国家"十三五"规划纲要安排，根据2016年中央1号文件部署和有关文件精神要求，"十三五"期间，要重点围绕以下五个方面，采取政策措施促进农业农村发展。

（一）进一步夯实现代农业基础，提高农业质量效益竞争力

1. 推进高标准农田和水利建设

加大资金投入力度，整合统筹建设资金，创新投融资机制，优化建设布局，加快工程建设步伐，到2020年确保建成5 333.36万公顷、力争建成6 666.67万公顷集中连片、旱涝保收、稳产高产、生态友好的高标准农田。把农田水利作为农业基础设施建设的重点，到2020年农田有效灌溉面积达到6 666.67万公顷以上，农田灌溉水有效利用系数提高到0.55以上。加快重大水利工程建设，完善小型农田水利设施，推广先进适用节水灌溉技术。创新运行管护机制，深化小型农田水利工程产权制度改革，鼓励社会资本参与小型农田水利工程建设与管护。

2. 强化物质装备和技术支撑

统筹协调各类农业科技资源，加快提升农业科技创新能力，重点突破生物育种、农机装备、智能农业、生态环保等领域关键技术。强化现代农业产业技术体系建设，提升主要农作物生产机械化和装备现代化水平，大力推进"互联网＋"现代农业，推动农业全产业链改造升级。健全适应现代农业发展要求的农业科技推广体系，对基层农技推广公益性与经营性服务机构提供精准支持，发挥农村专业技术协会的作用。加快推进现代种业发展，大力推进育繁推一体化，提升种业自主创新能力，实施现代种业建设工程和种业自主创新重大工程，加快主要农作物品种更新换代。强化企业育种创新主体地位，加快培育具有国际竞争力的现代种业企业。加大种质资源保护利用力度，加大种子打假护权力度。

3. 发展多种形式农业适度规模经营

积极培育家庭农场、专业大户、农民合作社、农业产业化龙头企业等新型农业经营主体。支持多种类型的新型农业服务主体开展专业化、规模化、社会化服务。完善新型农业经营主体支持政策体系，发挥多种形式适度规模经营在农业机械和科技成果应用、绿色发展、市场开拓等方面的引领作用。建立健全职业农民扶持制度，相关政策向符合条件的职业农民倾斜。开展新型农业经营主体带头人培育行动，通过5年努力使他们都基本得到培训。

4. 优化国内生产结构和统筹利用国际市场

面向整个国土资源，多途径开发食物资源。调整优化农业生产结构和区域布局，推动粮经饲统筹、农林牧渔结合、种养加一体、一、二、三产业融合发展。在确保谷物基本自给、口粮绝对安全的前提下，基本形成与市场需求相适应、与资源禀赋相匹配的现代农业生产结构和区域布局，提高农业综合效益。完善农业对外开放战略布局，统筹农产品进出口，加快形成农业对外贸易与国内农业发展相互促进的政策体系，实现补充国内市场需求、促进结构调整、保护国内产业和农民利益的有机结合。利用国际资源和市场，优化国内农业结构和布局，缓解资源环境承载压力。优化重要农产品进口布局，推进进口来源多元化，形成互利共赢的稳定经贸关系。统筹制定和实施农业对外合作规划和政策，支持我国企业开展多种形式的跨国经营与合作，推进实施农业走出去战略。

（二）加强农业生态环境建设，实现资源永续利用和绿色发展

1. 加强农业资源保护和高效利用

为从根本上解决开发强度过大、利用方式粗放的问题，加快建立农业资源有效保护、高效利用的政策和技术支撑体系。大力实施农村土地整治行动，推进耕地数量、质量、生态"三位一体"保护。全面推进建设占用耕地耕作层剥离再利用，实行建设用地总量和强度双控行动。完善耕地保护补偿机制，划定农业空间和生态空间保护红线。落实最严格的水资源管理制度，强化水资源管理"三条红线"刚性约束，实行水资源消耗总量和强度双控行动。加强地下水监测，开展超采区综合治理。

2. 加快农业环境突出问题治理

为治理和遏制农业生态环境恶化的问题，加快形成改善农业环境的政策法规制度和技术支撑体系。加大农业面源污染防治力度，实施化肥农药零增长行动，实施种养业废弃物资源化利用、无害化处理区域示范工程。积极推广高效生态循环农业模式，探索实行耕地轮作休耕制度试点。对地下水漏斗区、重金属污染区、生态严重退化地区开展综合治理，推进荒漠化、石漠化、水土流失综合治理。

3. 加强农业生态保护和修复

实施山水林田湖生态保护和修复工程，进行整体保护、系统修复、综合治理。到2020年，森林覆盖率提高到23%以上，湿地面积不低于8亿亩。扩大新一轮退耕还林还草规模和退牧还草工程实施范围。实施湿地保护与恢复工程，开展退耕还湿。开展大规模国土绿化行动，完善天然林保护制度。完善海洋渔业资源总量管理制度，按规划实行退养还滩。加快推进水生态修复工程建设。建立健全生态保护补偿机制，开展跨地区跨流域生态保护补偿试点。

4. 加强食品质量安全管理

加强产地环境保护和源头治理，实行严格的农业投入品使用管理制度。强化动植物疫情疫病监测防控和边境、口岸及主要物流通道检验检疫能力建设，严防外来有害物种入侵。创建优质农产品和安全食品品牌。加快健全从农田到餐桌的农产品质量和食品安全监管体系，建立全程可追溯、互联共享的信息平台，健全风险监测评估和检验检测体系。强化食品安全责任制，落实属地管理责任和生产经营主体责任，严惩各类食品安全违法犯罪。

（三）推动农村一、二、三产业融合发展，促进农民收入持续较快增长

1. 推动农产品加工业转型升级

加强农产品加工技术创新，促进农产品初加工、精深加工及综合利用加工协调发展，提高农产品加工转化率和附加值。开发拥有自主知识产权的技术装备，支持农产品加工设备改造提升，建设农产品加工技术集成基地。培育一批农产品精深加工领军企业和国内外知名品牌。强化环保、能耗、质量、安全等标准作用，促进农产品加工企业优胜劣汰。

2. 强化农产品流通设施和市场建设

加快农产品批发市场升级改造，完善跨区域农产品冷链物流体系。推动公益性农产品市场建设，支持农产品营销公共服务平台建设，开展降低农产品物流成本行动。促进农村电子商务加快发展，形成线上线下融合、农产品进城与农资和消费品下乡双向流通格局。加快完善县乡村物流体系，支持地方和行业健全农村电商服务体系。建立健全适应农村电商发展的农产品质量分级、采后处理、包装配送等标准体系。

3. 大力发展休闲农业和乡村旅游

强化规划引导，采取以奖代补、先建后补、财政贴息、设立产业投资基金等方式，扶持休闲农业与乡村旅游业发展，着力改善休闲旅游重点村基础服务设施。引导和支持社会资本开发农民参与度高、受益面广的休闲旅游项目。加强乡村生态环境和文化遗存保护，开展农业文化遗产普查与保护。支持有条件的地方通过盘活农村闲置房屋、集体建设用地、"四荒地"、可用林场和水面等资产资源发展休闲农业和乡村旅游。

4. 完善农业产业链与农民利益联结机制

促进农业产加销紧密衔接、农村一、二、三产业深度融合，创新产业组织和商业模式，推进农业产业链整合和价值链提升，培育农民增收新模式。鼓励发展股份合作，引导农户自愿以土地经营权等入股龙头企业和农民合作社，建立健全风险防范机制。通过政府与社会资本合作、贴息、设立基金等方式，带动社会资本投向农村新产业新业态。

（四）提高新农村建设水平，推进美丽宜居乡村建设

1. 加快农村基础设施建设

创新农村基础设施投融资体制机制，健全农村基础设施投入长效机制，促进城乡基础设施互联互通、共建共享。实施农村饮水安全巩固提升工程，推动城镇供水设施向周边农村延伸。加快实施农村电网改造升级工程，开展农村"低电压"综合治理。加快实现所有具备条件的乡镇和建制村通硬化路、通班车，创造条件推进城乡客运一体化。发展农村规模化沼气。加大农村危房改造力度。加强农村防灾减灾体系建设。

2. 提高农村公共服务水平

以农村和接纳农业转移人口较多的城镇为重点，加快发展农村社会事业，加快推动城镇公共服务向农村延伸。坚持公办民办并举，扩大农村普惠性学前教育资源。建立城乡统一、重在农村的义务教育经费保障机制。全面改善农村义务教育薄弱学校基本办学条件，改善农村学校寄宿条件。加强乡村教师队伍建设，推动城镇优秀教师向乡村学校流动。整合城乡居民基本医疗保险制度，

适当提高政府补助标准、个人缴费和受益水平。全面实施城乡居民大病保险制度。健全城乡医疗救助制度。完善城乡居民养老保险参保缴费激励约束机制。建立健全农村留守儿童和妇女、老人关爱服务体系。建立健全农村困境儿童福利保障和未成年人社会保护制度。加强农村养老服务体系、残疾人康复和供养托养设施建设。全面加强农村公共文化服务体系建设，继续实施文化惠民项目。整合教育文化信息资源，加强农村基层综合性服务中心建设。

3. 开展农村人居环境整治和美丽宜居乡村建设

继续推进农村环境综合整治，扩大连片整治范围，实施农村生活垃圾治理5年专项行动。全面启动村庄绿化工程，开展生态乡村建设。开展农村宜居水环境建设，实施农村清洁河道行动。发挥好村级公益事业一事一议财政奖补资金作用，支持改善村内公共设施和人居环境。农村环境整治支出纳入地方财政预算，中央财政给予差异化奖补，政策性金融机构提供长期低息贷款，探索政府购买服务、专业公司一体化建设运营机制。加大传统村落、民居和历史文化名村名镇保护力度。鼓励各地因地制宜探索各具特色的美丽宜居乡村建设模式。

4. 推进农村人口转移就业创业和农民工市民化

健全农村劳动力转移就业服务体系，大力促进就地就近转移就业创业，支持农民工返乡创业。加大对农村灵活就业、新就业形态的支持。实施新生代农民工职业技能提升计划，开展农村贫困家庭子女、未升学初高中毕业生、农民工、退役军人免费接受职业培训行动。建立健全农民工工资支付保障长效机制。进一步推进户籍制度改革，落实1亿左右农民工和其他常住人口在城镇定居落户的目标。全面实施居住证制度，建立健全与居住年限等条件相挂钩的基本公共服务提供机制，努力实现基本公共服务常住人口全覆盖。落实和完善农民工随迁子女在当地参加中考、高考政策。将符合条件的农民工纳入城镇社会保障和城镇住房保障实施范围。健全财政转移支付同农业转移人口市民化挂钩机制，维护进城落户农民土地承包权、宅基地使用权、集体收益分配权。

5. 加快实施脱贫攻坚工程

因人因地施策，分类扶持贫困家庭，实施精准扶贫、精准脱贫。通过产业扶持、转移就业、易地搬迁等措施解决5 000万左右贫困人口脱贫；对完全或部分丧失劳动能力的2 000多万贫困人口，全部纳入低保覆盖范围，实行社保政策兜底脱贫。把革命老区、民族地区、边疆地区、集中连片贫困地区作为脱贫攻坚重点，持续加大对集中连片特殊困难地区的投入力度，加强基础设施建设，提高公共服务水平。完善扶贫脱贫扶持政策，强化政策保障，健全社会广泛参与机制，落实脱贫工作责任制。

（五）全面深化农村改革，激发农村发展内生动力

1. 完善农产品价格形成机制和收储制度

坚持市场化改革取向与保护农民利益并重的原则，采取"分品种施策、渐进式推进"的办法，完善农产品市场调控制度。继续执行并完善稻谷、小麦最低收购价政策，深入推进新疆棉花、东北地区大豆目标价格改革试点。按照市场定价、价补分离的原则，积极稳妥推进玉米收储制度改革，建立玉米生产者补贴制度。按照政策性职能和经营性职能分离的原则，改革完善中央储备粮管理体制。深化国有粮食企业改革，发展多元化市场购销主体。科学确定粮食等重要农产品国家储备规模，完善吞吐调节机制。

2. 健全农业农村投入持续增长机制

坚持把农业农村作为国家固定资产投资的重点领域，优先保障财政对农业农村的投入。充分发挥财政政策导向功能和财政资金杠杆作用，鼓励和引导金融资本、工商资本更多地投向农业农村。完善资金使用和项目管理办法，多层级深入推进涉农资金整合统筹，实施省级涉农资金管理改革和市县涉农资金整合试点，改进资金使用绩效考核办法。用3年左右的时间建立健全全国农业信贷担保体系，2016年推动省级农业信贷担保机构正式建立并开始运营。加大对农产品主产区和重点生态区的功能转移支付力度，完善主产区利益补偿机制。

3. 完善农村金融保险制度

加快构建多层次、广覆盖、可持续的农村金融服务体系，发展农村普惠金融。进一步改善存取款、支付等基本金融服务。深化农村信用社改革，强化国有商业银行和政策性银行的"三农"支出责任。扩大在农民合作社内部开展信用合作试点的范围，健全风险防范化解机制。开展农村金融综合改革试验，探索创新农村金融组织和服务。稳妥有序推进农村承包土地的经营权和农民住房财产权抵押贷款试点。积极发展林权抵押贷款。创设农产品期货品种，开展农产品期权试点。全面推进农村信用体系建设，加快建立"三农"融资担保体系。完善农业保险制度，扩大农业保险覆盖面、增加保险品种、提高风险保障水平。

4. 深化农村集体产权制度改革

到2020年基本完成土地等农村集体资源性资产确权登记颁证、经营性资产折股量化到本集体经济组织成员，健全非经营性资产集体统一运营管理机制。完善"三权分置"办法，明确农村土地承包关系长久不变的具体规定。加快推进房地一体的农村集体建设用地和宅基地使用权确权登记颁证，推进农村土地征收、集体经营性建设用地入市、宅基地制度改革试点。探索将财政资金

投入农业农村形成的经营性资产，通过股权量化到户，让集体组织成员长期分享资产收益。完善集体林权制度。完善草原承包经营制度。

5. 创新和完善乡村治理机制

加强乡镇服务型政府建设，探索深化经济发达镇行政管理体制改革办法。探索村党组织领导的村民自治有效实现形式，完善多元共治的农村社区治理结构，开展以村民小组或自然村为基本单元的村民自治试点。建立健全务实管用的村务监督委员会或其他形式的村务监督机构。发挥好村规民约在乡村治理中的积极作用。加强农村法制建设，完善农村产权保护、农业市场规范运行、农业支持保护、农业资源环境等方面的法律法规。加强农村法律服务和法律援助，完善农村治安防控体系。加强农村行政执法队伍建设，提高农村基层法治水平。

6. 健全城乡发展一体化体制机制

完善城乡发展一体化的规划体制，强化规划约束力和引领作用。完善农村基础设施建设投入和建管机制，更好地发挥多种方式和农民主体的作用。推进形成城乡基本公共服务均等化的体制机制，促进城乡区域标准水平统一衔接可持续。加快推进户籍管理制度改革，促进农业转移人口市民化。完善城乡劳动者平等就业制度，保障城乡劳动者平等就业的权利。

第2章 农村土地管理制度

　　土地是农业的基本生产资料，又是农民重要的生活保障，也是保持农村社会和谐稳定的根本。土地制度是农村的基本制度，也是决定经济社会全局的基础性制度。"十二五"时期，我国农村土地管理制度改革取得了明显进展，但在一些关键领域和重要环节仍然存在机制性弊端。本章在回顾梳理"十二五"期间土地制度演变历程和框架结构的基础上，重点分析现行土地管理制度的基本特征和运行中存在的主要问题，研究提出进一步深化农村土地制度改革的基本思路和对策措施。

一、政策背景和主要问题

（一）"十一五"时期土地制度改革的政策要点和主要问题

　　"十一五"期间，农村土地管理制度改革和演进主要遵循两条主线：一是严格保护耕地，确保18亿亩耕地红线不被突破；二是加强对承包经营权和宅基地使用权的物权保护，切实保障农民利益。这一时期，农村土地管理制度改革的内容可以概括为：建立最严格的耕地保护制度和节约用地制度，加快征地制度改革；加强对农民土地承包经营权和宅基地使用权的用益物权保护，建立健全农村土地承包经营权流转市场和城乡统一的建设用地流转市场。

　　总结"十一五"时期，土地制度改革存在的主要问题有：一是土地承包关系还不够稳定、农民对承包地的权利还不够充分；二是农户宅基地无偿分配、扩张无序，大量宅基地入市与现行法律规定冲突；三是土地价格扭曲、资源配置低效，农村集体建设用地缺乏抵押融资权能；四是征地范围过于宽泛、征地程序不规范、土地出让收入分配不合理。在土地管理制度方面，也存在一些弊端。诸如：在产权安排上，存在着权利二元和权能残缺；在市场准入上，存在着不同主体的进入不平等；在土地收益分配上，存在着相关利益主体分配不公平；在政府管理体制上，存在目标冲突和职能缺位。

（二）"十二五"时期出台的土地制度改革政策和背景分析

针对上述矛盾和问题，"十二五"期间，我国继续健全严格规范的农村土地管理制度，坚持产权明晰、用途管制、节约集约、严格管理的原则，坚持最严格的耕地保护制度和实行最严格的节约用地制度，健全土地承包经营权流转市场和建立城乡统一的建设用地市场。"十二五"期间，深化农村土地制度改革的主要任务是：完善农村土地承包制度，引导农村集体经营性建设用地入市，改革农村宅基地制度，深化征地制度改革。

"十二五"期间，我国陆续出台了一系列重要文件，土地管理制度继续完善，已经形成了土地管理制度的基本框架结构。农村土地经营权流转和规模经营是事关农业农村发展的一件大事，也是深化农村改革的一项重要内容。近年来，各地从实际出发在这方面积极探索，取得了一定成效，也积累了一些经验。但从深层次看，在保护农民承包权益、加强流转管理和服务、扶持新型经营主体发展等方面，还存在一些制约发展的体制机制性因素。为此，广大农民群众和基层干部，迫切希望中央进一步指明改革方向、明确创新路径、健全扶持措施、加强工作指导。党中央、国务院高度重视农村土地流转和规模经营发展。党的十八大和十八届三中全会提出，要鼓励承包经营权在公开市场上流转，发展多种形式适度规模经营，培育新型农业经营主体，构建集约化、专业化、组织化、社会化相结合的新型农业经营体系。为贯彻好中央精神，有关部门在开展土地经营权流转规范化管理和服务试点的基础上，2014年11月，中共中央办公厅、国务院办公厅印发了《关于引导农村土地经营权有序流转发展农业适度规模经营的意见》。这份文件是今后一段时期指导农村土地制度和农业经营制度改革的重要政策性文件。

开展承包地确权登记颁证，是中央从深化农村改革全局出发作出的一项重大决策。党的十七届三中全会、十八届三中全会明确要求，要搞好农村土地确权、登记、颁证，依法维护农民土地承包经营权。习近平总书记在2013年中央农村工作会上指出，建立土地承包经营权登记制度，是实现土地承包关系稳定的保证，要把这项工作抓紧抓实，真正让农民吃上"定心丸"。为此，2011年和2015年农业部等相关部门先后两次制定了《关于开展农村土地承包经营权登记试点工作的意见》和《关于认真做好农村土地承包经营权确权登记颁证工作的意见》。

近年来，在农村土地流转中，工商资本下乡租赁农地呈加快发展态势。一方面，工商资本进入农业，可以带来资金、技术和先进经营模式，加快传统农业改造和现代农业建设。但另一方面，工商资本长时间、大面积租赁农地，容易挤占农民就业空间，加剧耕地"非粮化""非农化"倾向，存在不少风险隐患。为加强对工商资本租赁农地监管和风险防范,农业部等四部门制定了《关于加强对工商资本租赁农地监管和风险防范的意见》。

开展农村土地征收、集体经营性建设用地入市、宅基地制度改革,是党的十八届三中全会《决定》提出的明确任务。改革完善农村土地制度,有利于健全城乡发展一体化体制机制,有利于建立城乡统一的建设用地市场,有利于推进中国特色农业现代化和新型城镇化。农村土地制度改革牵一发而动全身,涉及重要法律修改,涉及重大利益调整,涉及农村集体经济组织制度、村民自治制度等重要制度的完善,必须根据中央统一部署,按照守住底线、试点先行的原则平稳推进。为加强这方面的试点探索,2015年1月,中共中央办公厅和国务院办公厅联合印发了《关于农村土地征收、集体经营性建设用地入市、宅基地制度改革试点工作的意见》,这标志着我国农村土地制度改革已经进入试点阶段。为赋予农民对承包土地的用益物权,盘活农村土地资产,探索农民增加财产性收入渠道,2015年,国务院印发了《关于开展农村承包土地的经营权和农民住房财产权抵押贷款试点的指导意见》。此外,十八届三中全会决定和历年的中央1号文件也都对土地管理制度改革做出了明确部署。

二、主要政策和措施

"十二五"期间,党中央作出了一系列重大部署,家庭承包制土地权利内涵逐步明确、农地承包经营权能逐步扩大。

(一)推进农村土地承包经营权确权登记颁证

"十二五"期间,农村土地承包经营权确权登记颁证工作取得长足进展,为实现"长久不变"打下坚实的基础。为积极稳妥做好工作,从2009年开始,我国先从村组搞试点,然后整乡整镇试点,又到整县推进试点,再到整省试点。整个过程由点到面,蹄疾步稳。按照中央统一部署,2015年继续扩大试点范围,在2014年进行3个整省和27个整县试点的基础上,再选择江苏、江西、湖北、湖南、甘肃、宁夏、吉林、贵州、河南等9个省(自治区)开展整省试点。其他省(自治区、直辖市)根据本地情况,扩大开展以县为单位的整体试点。总体上,整省试点和其他非整省试点按照中央有关精神和总体要求,结合各地实际和目标任务,推进各项重点任务取得积极进展,探索了解决问题的有效方法路径,较好地完成了试点先行、探路引领的作用,为进一步扩大试点范围创造了条件。表2-1对"十二五"期间农村土地承包经营权确权登记政策进行了梳理。

表 2 - 1　"十二五"期间农村土地承包经营权确权登记颁证的有关政策措施

年份	文件名称	政策内容
2011	《关于开展农村土地承包经营权登记试点工作的意见》	以现有土地承包合同、权属证书和集体土地所有权确权登记成果为依据，查清承包地块的面积和空间位置，建立健全土地承包经营权登记簿，妥善解决承包地块面积不准、四至不清、空间位置不明、登记簿不健全等问题，把承包地块、面积、合同、权属证书全面落实到户，依法赋予农民更加充分而有保障的土地承包经营权。
2013	《关于加快发展现代农业，进一步增强农村发展活力的若干意见》	全面开展农村土地确权登记颁证工作，用 5 年时间基本完成农村土地承包经营权确权登记颁证工作，抓紧研究现有土地承包关系保持稳定并长久不变的具体实现形式，完善相关法律制度。
2014	《关于全面深化农村改革加快推进农业现代化的若干意见》	抓紧抓实农村土地承包经营权确权登记颁证工作，充分依靠农民群众自主协商解决工作中遇到的矛盾和问题，可以确权确地，也可以确权确股不确地，确权登记颁证工作经费纳入地方财政预算，中央财政给予补助。
	《关于引导农村土地经营权有序流转发展农业适度规模经营的意见》	建立健全承包合同取得权利、登记记载权利、证书证明权利的土地承包经营权登记制度。土地承包经营权确权登记原则上确权到户到地，在尊重农民意愿的前提下，也可以确权确股不确地。
	《关于加大改革创新力度加快农业现代化建设的若干意见》	对土地等资源性资产，重点是抓紧抓实土地承包经营权确权登记颁证工作，扩大整省推进试点范围，总体上要确地到户，从严掌握确权确股不确地的范围。
2015	《关于认真做好农村土地承包经营权确权登记颁证工作的意见》	继续扩大试点范围，再选择 9 个省（区）开展整省试点工作，其他省（区、市）根据本地情况，扩大开展以县为单位的整体试点。土地承包经营权确权登记的核心是确权，重点在登记，关键在权属调查。

2011 年，国务院办公厅《关于落实 2011 年中央"三农"政策措施分工的通知》要求，"加快推进农村集体土地所有权、土地承包经营权、宅基地使用权、集体建设用地使用权确权登记颁证，落实工作经费"。2011 年，农业部等六部门联合成立了全国农村土地承包经营权登记试点工作领导小组，制定下发了《关于开展农村土地承包经营权登记试点工作的意见》，在 28 个省（自治区、直辖市）确定了 50 个县（市、区）为全国农村土地承包经营权登记试点地区，共涉及 710 个乡镇、1.2 万个村、477 万农户、2 252.67 千公顷耕地。2012 年中央 1 号文件要求："加快推进农村地籍调查，稳步扩大农村土地承包经营权登记试点，财政适当补助工作经费。" 2012 年，农业部办公厅印发了《农村土地承包经营权登记试点工作规程（试行）》（农办经〔2012〕19 号），

明确了农村土地承包经营权的基本原则、基本类型、操作流程和工作要求。2013年中央1号文件明确提出:"健全农村土地承包经营权登记制度,强化对农村耕地、林地等各类土地承包经营权的物权保护。用5年时间基本完成农村土地承包经营权确权登记颁证工作,妥善解决农户承包地块面积不准、四至不清等问题。"2014年中央1号文件对农村土地承包经营权确权登记颁证工作的形式进行了说明,即可以确权确地,也可以确权确股不确地。2014年11月,中办和国办印发的《关于引导农村土地经营权有序流转发展农业适度规模经营的意见》要求健全土地承包经营权登记制度,并对农村土地承包经营权确权登记原则进行了说明,提出在充分尊重农民意愿的前提下确权到户到地,也可以确权确股不确地。2015年中央1号文件要求扩大土地承包经营权确权登记颁证工作整省推进试点范围,并明确了确权方式,即总体上确权到户,确权确股不确地的范围需要严格掌握。为了进一步推进此项工作,2015年2月,农业部等六部门联合下发了《关于认真做好农村土地承包经营权确权登记颁证工作的意见》,从统一思想认识、明确总体要求、把握政策原则、抓好重点任务和加强组织领导五个方面对确权登记颁证工作作出了全面部署。2016年中央1号文件又进一步强调继续扩大农村承包地确权登记颁证整省推进试点工作,计划到2020年基本完成土地等农村集体资源性资产确权登记颁证工作。

(二) 实现农村承包地的"三权分置"

习近平总书记先后指出:"深化农村改革,完善农村基本经营制度,要好好研究农村土地所有权、承包权、经营权三者之间的关系""把农民土地承包经营权分为承包权和经营权,实现承包权和经营权分置并行,这是我国农村改革的又一次重大创新""我们要在坚持农村土地集体所有的前提下,促使承包权和经营权分离,形成所有权、承包权、经营权三权分置、经营权流转的格局"。这是中央关于"三农"政策的重大创新,指明了农村土地制度改革的方向。表2-2对"十二五"期间农村土地承包地三权分置的相关政策进行了梳理。

表2-2　"十二五"期间农村土地承包地流转管理的有关政策措施

年份	文件名称	政策内容
2012	《关于加快推进农业科技创新持续增强农产品供给保障能力的若干意见》	加快推进农村地籍调查,2012年基本完成覆盖农村集体各类土地的所有权确权登记颁证。

（续）

年份	文件名称	政策内容
2013	《关于全面深化改革若干重大问题的决定》	稳定农村土地承包关系并保持长久不变，在坚持和完善最严格的耕地保护制度前提下，赋予农民对承包地占有、使用、收益、流转及承包经营权抵押、担保权能，允许农民以承包经营权入股发展农业产业化经营。
2014	《关于全面深化农村改革加快推进农业现代化的若干意见》	稳定农村土地承包关系并保持长久不变，赋予农民对承包地占有、使用、收益、流转及承包经营权抵押、担保权能。稳定农户承包权、放活土地经营权，允许承包土地的经营权向金融机构抵押融资。
	《关于引导农村土地经营权有序流转发展农业适度规模经营的意见》	鼓励创新土地流转形式。严格规范土地流转行为。加强土地流转管理和服务。合理确定土地经营规模。加强土地流转用途管制。
2015	《关于加强对工商资本租赁农地监管和风险防范的意见》	鼓励各地依法探索建立工商资本租赁农地资格审查、项目审核制度。各地要强化租赁农地的用途管制，采取坚决措施严禁耕地"非农化"。各地可按照流入方缴纳为主、政府适当补助的原则，建立健全租赁农地风险保障金制度，用于防范承包农户权益受损。
	《关于开展农村承包土地的经营权和农民住房财产权抵押贷款试点的指导意见》	引导农村土地经营权有序流转，慎重稳妥推进农民住房财产权抵押、担保、转让试点，做好并落实农村土地承包经营权和农民住房财产权抵押贷款试点工作和抵押融资功能，明确贷款对象、贷款用途、产品设计、抵押价值评估、抵押物处置等业务要点，盘活农民土地用益物权的财产属性。

2013年7月，习近平总书记视察了武汉农村综合产权交易所，了解涉农产权交易尤其是土地流转交易情况，提出土地承包权和经营权应该分置的设想。2014年中央1号文件正式提出农村土地所有权、承包权、经营权"三权分置"的政策，即在落实农村土地集体所有权的基础上，稳定农户承包权、放活土地经营权。这一政策具有重要的现实意义，不仅使农民的土地流转没有了失地的后顾之忧，也可以赋予了经营权更多的权能。同时，2015年中央1号文件也进一步提出要赋予农民对承包地的各项权能，允许农民土地承包经营权向金融机构抵押、担保。2014年11月中共中央办公厅、国务院办公厅印发了《关于引导农村土地经营权有序流转发展农业适度规模经营的意见》提出，坚持农村土地集体所有，实现所有权、承包权、经营权三权分置，引导土地经营权有序流转，坚持家庭经营的基础性地位，积极培育新型经营主体，发展多种形式的适度规模经营，巩固和完善农村基本经营制度。2015年8月，国务院

发布《关于开展农村承包土地的经营权和农民住房财产权抵押贷款试点的指导意见》赋予土地承包经营权抵押融资功能，并建立健全抵押物处置机制和配套措施，进一步落实农村土地的用益物权和赋予农民更多财产权利，标志着长期被压抑的"沉睡的资本"终于被唤醒，广大农民终于有了可以到银行进行抵押贷款的物品，这对于农业现代化的推进具有重大意义。2016年中央1号文件也进一步明确农村土地承包关系长久不变的指导方针，提出了完善"三权分置"办法，依法推进土地经营权有序流转。

（三）促进土地承包经营权有序流转

土地流转和适度规模经营是发展现代农业的必由之路。2013年11月12日中共十八届三中全会通过的《中共中央关于全面深化改革若干重大问题的决定》进一步指出，"在坚持和完善最严格的耕地保护制度前提下，赋予农民对承包地占有、使用、收益、流转及承包经营权抵押、担保权能，允许农民以承包经营权入股发展农业产业化经营。鼓励承包经营权在公开市场上向专业大户、家庭农场、农民合作社、农业企业流转，发展多种形式规模经营"。

2014年中央1号文件提出，"稳定农村土地承包关系并保持长久不变，在坚持和完善最严格的耕地保护制度前提下，赋予农民对承包地占有、使用、收益、流转及承包经营权抵押、担保权能。"2014年11月，中办、国办印发的《关于引导农村土地经营权有序流转发展农业适度规模经营的意见》，从鼓励创新土地流转形式、严格规范土地流转行为、加强土地流转管理和服务、合理确定土地经营规模、扶持粮食规模化生产、加强土地流转用途管制等方面，对农村土地经营权有序流转进行了全面部署。

2015年，农业部等四部门制定的《关于加强对工商资本租赁农地监管和风险防范的意见》，明确要求在农村土地流转中不能搞大跃进，不能搞强迫命令，不能搞行政瞎指挥；强调对工商资本租赁农地要有严格的门槛。要加强工商资本租赁农地监管和风险防范，对工商资本租赁农地实行分级备案，严格准入门槛，探索建立工商资本租赁农地资格审查、项目审核制度，健全多方参与、管理规范的风险保障金制度。

（四）农村宅基地制度改革

农村宅基地作为农村"三块地"之一，农民宅基地的使用权得到了政策制定者和学术界的广泛探讨。在我国，农村宅基地使用权作为用益物权，农民依法具有占有、收益、使用和处分的权能，农村宅基地制度改革关系着农民的切身利益，具有十分重要的现实意义。

表2-3　"十二五"期间农村宅基地改革的有关政策措施

年份	文件名称	政策内容
2013	《关于加快发展现代农业，进一步增强农村发展活力的若干意见》	改革和完善农村宅基地制度，加强管理，依法保障农户宅基地使用权。
	《关于全面深化改革若干重大问题的决定》	保障农户宅基地用益物权，改革完善农村宅基地制度。
2014	《关于全面深化农村改革加快推进农业现代化的若干意见》	完善农村宅基地分配政策，在保障农户宅基地用益物权前提下，慎重稳妥推进农民住房财产权抵押、担保、转让。
	《关于农村土地征收、集体经营性建设用地入市、宅基地制度改革试点工作的意见》	完善宅基地权益保障和取得方式，探索进城落户农民在本集体经济组织内部自愿有偿退出或转让宅基地，改革宅基地审批制度。
2015	《关于加大改革创新力度加快农业现代化建设的若干意见》	分类实施宅基地制度改革试点，依法保障农民宅基地权益，改革农民住宅用地取得方式，探索农民住房保障的新机制。

　　"十二五"期间，党和政府不断完善农村宅基地改革。2013年中央1号文件提出依法保障农村宅基地使用权。党的十八届三中全会《决定》对保障农户宅基地用益物权进行作了明确指示。2014年的中央1号文件在保障农户宅基地用益物权的基础上进一步对农村宅基地分配政策进行了说明。2014年12月，中共中央办公厅和国务院办公厅联合印发了《关于农村土地征收、集体经营性建设用地入市、宅基地制度改革试点工作的意见》标志着农村宅基地正式进入试点阶段，《意见》也对宅基地权益保障和取得方式的完善、农民户有所居的多元化实现方式、进城落户农民自愿有偿退出或转让宅基地提出了具体说明。2015年中央1号文件在中办和国办印发的《意见》基础上提出对宅基地制度改革试点采取分类实施的措施，强调对农民住房保障的新机制进行深入探索。随着土地确权工作的不断推进，2016年中央1号文件在农村土地承包经营权确权登记的基础上，提出要加快推进农村宅基地使用权确权登记颁证工作。

（五）农村集体经营性建设用地制度改革

　　农村集体经营性建设用地指的是具有生产经营性质的农村集体建设用地。农村集体建设用地改革主要包括农村集体建设用地入市改革、农村集体建设用地产权流转和增值收益分配制度改革。农村集体经营性建设用地入市制度在

2000 年之前处于严格控制阶段，2000—2007 年国家对部分地区进行试点段，2008 年至今逐步全面放开农村集体经营性建设用地入市。表 2-4 对十八大以来有关农村集体经营性建设用地改革的相关政策进行梳理。

表 2-4   "十二五"期间农村集体经营性建设用地改革的有关政策措施

年份	文件名称	政策内容
2013	《关于加快发展现代农业，进一步增强农村发展活力的若干意见》	加快农村集体建设用地使用权地籍调查，尽快完成确权登记颁证工作。严格规范城乡建设用地增减挂钩试点和集体经营性建设用地流转。农村集体非经营性建设用地不得进入市场。
	《关于全面深化改革若干重大问题的决定》	建立城乡统一的建设用地市场，在符合规划和用途管制前提下，允许农村集体经营性建设用地出让、租赁、入股，实行与国有土地同等入市、同权同价。
2014	《关于全面深化农村改革加快推进农业现代化的若干意见》	在符合规划和用途管制的前提下，允许农村集体经营性建设用地出让、租赁、入股，实行与国有土地同等入市、同权同价，加快建立农村集体经营性建设用地产权流转和增值收益分配制度。
	《关于农村土地征收、集体经营性建设用地入市、宅基地制度改革试点工作的意见》	农村集体经营性建设用地产权制度，赋予农村集体经营性建设用地出让、租赁、入股权能。明确农村集体经营性建设用地入市范围和途径，建立健全市场交易规则和服务监管制度。
2015	《关于加大改革创新力度加快农业现代化建设的若干意见》	分类实施集体经营性建设用地入市改革试点。赋予符合规划和用途管制的农村集体经营性建设用地出让、租赁、入股权能，建立健全市场交易规则和服务监管机制。
	《关于授权国务院在北京市大兴区等三十三个试点县（市、区）行政区域暂时调整实施有关法律规定的决定》	暂时调整实施集体建设用地使用权不得出让等的规定。在符合规划、用途管制和依法取得的前提下，允许存量农村集体经营性建设用地使用权出让、租赁、入股，实行与国有建设用地使用权同等入市、同权同价。

2013 年中央 1 号文件提出在农村集体建设用地使用权地籍调查的基础上，严格规范城乡建设用地增减挂钩试点和集体经营性建设用地流转，同时禁止农村集体非经营性建设用地进入市场。十八届三中全会《中共中央关于全面深化改革若干重大问题的决定》对农村集体经营性建设用地与国有土地"同等入市、同权同价"进行了明确规定，放宽了农村集体经营性建设用地入市的条件限制。2014 年中央 1 号文件在十八届三中全会《决定》的基础上，进一步提出加快建立农村集体经营性建设用地产权流转和增值收益分配制度改革。2014 年 12 月，中共中央办公厅和国务院办公厅联合印发了《关于农村土地征收、

集体经营性建设用地入市、宅基地制度改革试点工作的意见》标志着农村集体经营性建设用地正式进入试点阶段，同时文件也对农村集体经营性建设用地存在着的权能不完整，不能同等入市、同权同价和交易规则亟待健全等问题，从完善农村集体经营性建设用地产权制度、赋予农村集体经营性建设用地产权制度权能和建立健全市场交易监管制度三方面提出了解决措施。2015年中央1号文件在2014年中办和国办印发的《意见》基础上，提出对农村集体经营性建设用地入市改革实施分类试点工作。2015年2月，《全国人大常委会决定授权国务院在北京市大兴区等33个试点县（市、区）行政区域暂时调整实施有关法律规定的决定》中指出，暂时调整实施集体建设用地使用权不得出让等的规定。2016年中央1号文件也明确指出在及时总结农村集体经营性建设用地入市改革试点经验的基础上继续推进集体建设用地入市改革试点，适当提高农民集体和个人分享的增值收益。

（六）农村土地征收制度改革

农村土地征收是指国家为了公共利益的需要，对农民的土地通过法定程序征收为国有的行为。农村土地的征收在为城镇化的发展添砖加瓦的同时，也出现了农民土地被征收所出现的一系列问题，党的十八大以来，党和政府逐步推进农村土地征地制度改革。

2013年中央1号文件提出要保障被征地农民的生活水平，提高农民被征收土地增值部分的收益分配比例，尽快修订土地管理法为农村土地征收提供法律支撑。党的十八届三中全会《决定》在2013年中央1号文件的基础上增加了被征地农民的补偿办法，即补偿农民被征收的集体土地外，还需保障农民失地后社会、就业等方面存在的问题。2014年的中央1号文件明确提出要加快推进征地制度改革，缩小征地范围，逐步完善征地补偿办法，确定合理征地补偿标准。2014年12月，中共中央办公厅和国务院办公厅联合印发了《关于农村土地征收、集体经营性建设用地入市、宅基地制度改革试点工作的意见》进一步对征地过程中所出现的征地范围过大、程序不够规范和被征地农民保障机制不完善等问题进行了说明，要求建立征地社会稳定风险评估制度，并全面公开土地征收信息。2015年中央1号文件在《意见》基础上，进一步强调要完善被征地农民的保障机制，做到合理、公平和多元化，也对土地增值收益分配机制进行了详细说明，即建立兼顾国家、集体、个人的土地增值收益分配机制。2015年2月，全国人大常委会印发的《关于决定授权国务院在北京市大兴区等33个试点县（市、区）行政区域暂时调整实施有关法律规定的决定》对失地农民的社会保障提出了具体的保障措施，即对失地农民进行就业培训、保障被征收农民的城镇社会保障，同时还提出有条件的地方可采取留地、留物业等方式安置失地农民。

表 2-5　"十二五"期间农村土地征收改革的有关政策措施

年份	文件名称	政策内容
2013	《关于加快发展现代农业，进一步增强农村发展活力的若干意见》	提高农民在土地增值收益中的分配比例，加快修订土地管理法，尽快出台农民集体所有土地征收补偿条例，完善征地补偿办法，合理确定补偿标准，严格征地程序，约束征地行为。
2014	《关于全面深化农村改革加快推进农业现代化的若干意见》	改变对被征地农民的补偿办法，除补偿农民被征收的集体土地外，还必须对农民的住房、社保、就业培训给予合理保障。因地制宜采取留地安置、补偿等多种方式，确保被征地农民长期受益。
	《关于农村土地征收、集体经营性建设用地入市、宅基地制度改革试点工作的意见》	缩小土地征收范围，探索制定土地征收目录，严格界定公共利益用地范围，规范土地征收程序，建立社会稳定风险评估制度，健全矛盾纠纷调处机制，全面公开土地征收信息。
2015	《关于加大改革创新力度加快农业现代化建设的若干意见》	制定缩小征地范围的办法。建立兼顾国家、集体、个人的土地增值收益分配机制，合理提高个人收益。完善对被征地农民合理、规范、多元保障机制。
	《关于授权国务院在北京市大兴区等三十三个试点县（市、区）行政区域暂时调整实施有关法律规定的决定》	暂时调整实施征收集体土地补偿的规定，安排被征地农民住房、社会保障；加大就业培训力度，符合条件的被征地农民全部纳入养老、医疗等城镇社会保障体系，有条件的地方可采取留地、留物业等多种方式。

三、政策执行情况及其效果评价

（一）农村土地承包经营权确权登记颁证有序推进

为做好试点工作，各地各部门加强工作指导，积极稳妥推进各项工作。一是加强组织领导。各省（区、市）通过召开工作推进会、座谈会、电视电话会等形式，及时传达中央精神，研究部署工作。各省（区、市）普遍成立了党委政府分管领导为组长的领导小组。二是加强督导检查。例如，安徽省分管书记、省长，分别到全省 20 个整县试点单位进行了实地督导。湖北、广东省探索建立厅领导和责任处室负责同志与试点单位工作挂钩联系机制，进行指导督促检查。三是广泛动员群众参与。各地采取多种形式，加大宣传发动力度。四川青神县探索开展"两到场两集中一委托"方法，即由村民议事会成员和承包农户到现场指界，集中公示、集中签订承包合同，对外出人员无法到场的必须进行书面委托。山东、四川、安徽等地试点村组都成立了村民理事会、议事会或代表会，及时研究处理各类矛盾纠纷。四是严格规范操作。北京、江苏等18 个省份已出台了试点实施意见或工作方案；山东、四川等 10 个省份出台了政策处理意见或问答。试点地区按照标准规范操作，安徽省农委和国土部门联合出台了招标格式文本、数据保密规定和测绘机构推荐目录；湖北省制定了统一的技术规程。五是加强工作经费保障。财政部积极研究落实中央财政补助经费，设立了中央农村土地承包经营权确权登记颁证专项转移支付经费，按照农村集体耕地面积 10 元/亩的标准，中央补助总计 181.4 亿元，分 5 年实施，2014 年已拨付补助经费 13.6 亿元。农业部下拨 2 850 万元试点工作经费，用于各省组织开展培训、信息化建设等工作。各地积极落实工作经费，2014 年，有 16 个省份共落实省级财政补助经费 12 亿元。其中，山东安排 6.3 亿元、福建 2 亿元、安徽 1.17 亿元、吉林 1.16 亿元、江苏 5 000 万元。据统计，截至2015 年年底，目前全国 2 246 个县（市、区）开展了土地确权登记试点工作，涉及 2.3 万个乡镇、36 万个村，已完成实测耕地面积 3 333.35 万公顷，完成确权登记面积近 2 000 万公顷，颁发土地承包经营权证书 2 521.91 万份。

（二）农村土地家庭承包经营制度逐步完善

家庭经营替代集体化时期的生产队经营，是农村制度改革的重要成果之一。家庭经营成为农业生产的最主要组织和经营形式，是由农业生产的自然特性和农业劳动的特点决定的，前者要求生产者对农业生产各环节的精心呵护，后者要求努力与回报的直接对应。因此，家庭经营就是最合适的农业经营组织形式。如表 2-6 所示，2011—2014 年，在中央惠农政策的支持下，家庭承包经营的耕地面积稳步增长，家庭基本经营制度逐步稳定完善。

表 2-6　农村土地承包经营基本情况

单位：万亩、万户、万份

项　目	2011 年	2012 年	2013 年	2014 年
家庭承包经营的耕地面积	127 735	131 045	132 709	132 876
家庭承包经营的农户数	22 884	22 976	23 009	23 022
家庭承包合同份数	22 167	22 192	22 251	22 102
颁发土地承包经营权证份数	20 818	20 855	20 738	20 597
机动地面积	2 394	2 469	2 579	2 643

资料来源：农业部经管司、农业部经管总站，《2014 年全国农村经营管理统计资料》，2015 年5 月。

（三）土地流转与规模经营较快发展

与工业化、城镇化进程相适应，特别是与大量农民外出务工就业相适应，农村土地流转明显加快。到 2014 年年底，全国农村土地承包经营权流转面积达到 3.9 亿亩，流转比例达到 30%。2010—2014 年，流转比例每年分别提高2.7、3.1、3.4、4.8 和 4 个百分点。截至 2015 年 6 月底，县级以上农业部门认定的家庭农场达到 24 万个，其中从事种植业的家庭农场达到 14.2 万个，户均经营耕地达到 176 亩。土地流转和规模经营的发展，调动了新型农业经营主体投资农业的积极性，提高了农业劳动生产率和农产品竞争力，为促进农业增效和农民增收发挥了重要作用。比如，上海松江区通过引导土地流转，培育家庭农场近 1 300 户，每户经营粮田 100～150 亩，户均收入达到 8 万～10 万元。总的看，当前农村土地流转和规模经营发展平稳健康。

（四）探索建立工商企业租赁农地风险防范机制

近些年来，在中央支农惠农政策支持下，工商企业进入农业的热情不断高涨，租地经营呈现明显加快趋势。土地流转与规模经营加速是工商企业进入农业的重要前提。"十二五"期间，企业租地经营的规模也不断扩大。据农业部统计，2010—2014 年，流入企业的承包地面积从 100.55 万公顷增长到 258.83 万公顷，年均增长 26.7%，总体呈高速增长趋势。据浙江省统计，2010 年以来工商资本投资现代农业的资金累计超过 200 亿元，其中投入粮食功能区和现代农业园区的 109.64 亿元。在一些地区，企业租赁农地甚至成为土地流转的主要形式。例如，2013 年年底，青岛市黄岛区家庭承包地流转总面积为 0.792 万公顷，其中流入企业的耕地面积高达 0.53 万公顷，占 66.8%。工商企业在带来资金、技术和先进管理理念的同时，也容易导致耕地"非粮化"与"非农化"，侵害农民的土地权益。

从 2001 年开始，中央就对工商企业长时间、大面积租赁和经营农户承包地问题予以高度关注。2015 年中央 1 号文件再次提出，"尽快制定工商资本租赁农地的准入和监管办法，严禁擅自改变农业用途"。2015 年，农业部等四部门发布《关于加强对工商资本租赁农地监管和风险防范的意见》，提出了工商企业租地上限控制，建立分级备案、资格审查、项目审核和风险保障金制度等一系列要求。"十三五"时期，是我国加快推进农业现代化的关键时期，既要正确引导工商企业进入农业的方式和领域，充分发挥其对于农业调结构、转方式的积极作用，又要强化对工商企业进入农业的监管，保障农民的合法权益。

百万亩

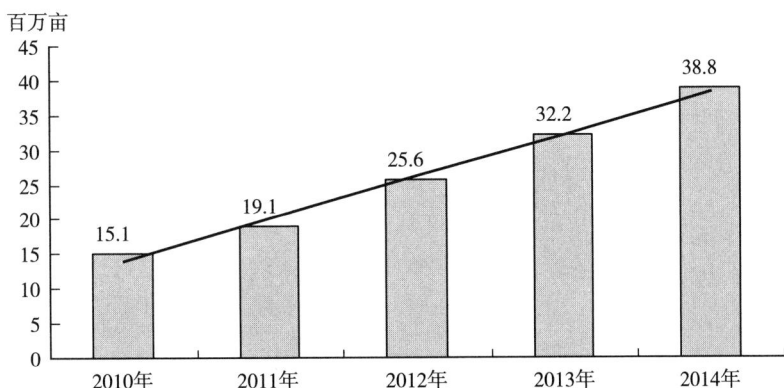

图 2-1 近五年企业流转承包地情况
注：15 亩＝1 公顷。

（五）启动实施农村土地制度改革试点

农村土地制度改革试点工作包括土地承包经营权流转管理试点、土地承包经营权退出试点、土地经营权抵押担保试点、土地经营权入股发展农业产业化经营试点等。2014 年 11 月批复的第二批农村改革试验区中，有部分地区承担了这些试点任务。人民银行牵头的土地经营权抵押担保试点方案也已经出台。这些试点都涉及农民土地权益的保护和实现。为农民增加财产性收入，为农业发展提供金融支持，国务院有关部门专门下发文件提出要探索建立工商资本租赁农地风险防范机制。此外，土地征用制度改革、集体建设用地入市制度改革、宅基地使用制度改革也在加快推进，征地补偿费的分配问题以及集体建设用地入市后的资产管理和收益分配问题的改革方案正在加紧探索。

四、趋势展望和政策建议

农村土地管理制度建设已取得了长足进步，但完善的、适应时代发展需要的农村土地管理制度尚未形成，"十三五"时期要重点做好以下几个方面工作。

一是要全面落实承包经营权确权登记颁证并明确长久不变政策涵义。承包经营权确权确权、登记、发证是强化对农民土地承包经营权物权保护、落实"长久不变"政策的重要措施，是规范承包经营权流转行为、化解农村土地承包经营纠纷的基础性工作，也是进一步完善农民承包经营权权能、赋予农民更加完整的土地财产权利的重要前提。目前，这项工作在全国 22 个省份开展整省试点，"十三五"时期要尽快完成这项工作。在此基础之上，尽快明确长久不变的政策内涵并将这一政策具体化、法律化，找到实现长久不变的具体实现形式。

二是要建立耕地保护的长效机制。"十三五"及今后一段时期是我国新型城镇化加快发展的关键时期,建设用地规模的进一步扩张势所必然,耕地保护的任务和形势将更为艰巨。为此,必须严格落实耕地保护责任制,坚守耕地红线,现有耕地面积要保持基本稳定。探索在已划定的基本农田基础上,推进划定永久基本农田,实行更加严格的用途管制。守住耕地红线不仅是数量上的,还应是质量上的。工业发展和城镇建设要尽量不占、少占基本农田。耕地占补平衡,不仅要数量平衡,还要质量平衡。要加强农田水利建设、耕地质量建设,加强耕地污染治理和修复,提高耕地基础产出水平。

三是建立健全土地承包经营权流转市场和完善土地二级市场。"十三五"时期,要在加快推动土地承包经营权流转的基础上,进一步健全土地经营权流转市场和运行规则,完善土地承包经营权流转服务和管理网络,加强对流转面积、价格、用途等情况的监测。鼓励各类土地流转服务主体开展信息沟通、委托流转和农地生产能力等级、流转价格评估等服务。完善土地二级市场,一方面,要建立完善土地有形市场,让符合土地使用权转让、出租、抵押条件的土地,进入有形土地交易市场,实行挂牌公开交易,提供各种交易服务,保障土地交易统一、规范、有序。另一方面,要强化土地二级市场立法,明晰土地产权关系,规范土地交易行为,从国家层面上制定、建立和完善适用于土地二级市场的法律体系,为二级市场的健康发展提供必需的法规政策支撑。

四是要加快建立健全城乡统一的建设用地市场。实行最严格的节约用地制度,从严控制城乡建设用地总规模,加快制定和颁布农村集体建设用地流转管理办法,规范产权管理办法。在集体建设农地流转中,对于村组兴办公益性事业的新增建设用地和存量建设用地,可按照保留集体土地所有权形式的划拨土地加以管理。农村宅基地和村庄整理所节约的土地,首先要复垦为耕地,调剂为建设用地的必须符合土地利用规划、纳入年度建设用地计划,并优先满足集体建设用地。配套改革农村集体建设用地供应和取得制度,对于农村民办企业用地等新增的农村经营性产业用地,逐步纳入有偿使用轨道,城乡经营性新增建设用地一律实行有偿使用制度。明确"公益性用途"内涵,缩小征地范围,提高征地补偿标准,完善对被征地农民合理、规范、多元保障机制,建立公平、共享的增值收益分配制度。

五是要探索建立农村财产权利退出机制。"十三五"时期将是工业化、城镇化快速推进,破除城乡二元体制、形成城乡一体化发展的关键时期。这一时期的显著特征之一是大量农民进城,实现农民向市民的身份转换,这就要求农村土地制度需要作出相应的调整安排,其核心是要探索建立土地承包权、宅基地使用权和集体收益分配权在内的农村财产权利的退出机制。

第3章 农村集体资产和财务管理

关于农村集体资产和财务管理,中央一直高度重视,历年的中央1号文件及党的十八届三中全会均有明确要求。为落实中央精神,我国从建立健全农村集体资产14项管理制度、规范资产财务管理行为,到全面开展清产核资、建立健全集体资产各类台账,再到推动各地搭建集体资产财务管理平台,不断开拓进取,强化管理手段,使农村集体资产管理工作从一项单纯的农经业务,上升为各级党委政府的一项重要工作。村级财务管理是管好用好农村集体资金资产资源,发展壮大集体经济,依法保障农民集体收益分配权的重要基础和保障。近年来,各地认真贯彻落实中央关于加强村级财务管理工作的一系列方针政策,健全制度,强化措施,村级财务管理得到不断完善和加强。但是,一些地方村级财务管理工作仍然比较薄弱,农村集体产权制度改革明显滞后,急需加快改革创新力度,加强农村集体资产和财务管理,促进农村经济发展与社会和谐稳定。

一、政策制定过程和形成背景

(一)"十一五"时期的工作进展和存在的主要问题

为了进一步加强农村集体资产和财务管理,"十一五"期间,主要作了以下几个方面的工作:一是加强农村集体"三资"管理。例如,2009年制定下发的《农业部关于进一步加强农村集体资金资产资源管理指导的意见》,指导建立健全农村集体"三资"管理的14项制度,推动各省积极开展农村集体"三资"清产核资。二是稳步推进农村集体产权制度改革。2010年中央1号文件提出"鼓励有条件的地方开展农村集体产权制度改革试点",首次对农村集体产权制度改革提出明确要求。农业部针对农村集体经济组织产权制度改革面临的新形势新问题,制定下发了《关于开展农村集体产权制度改革情况摸底调查的通知》。三是全面推进农村财务管理规范化建设。中央纪委、财政部、农业部、民政部等四部委共同制定下发《关于进一步加强村级会计委托代理服务工作的指导意见》,切实加强对村级会计委托代理服务工作的指导和监督。农业部启动《村集体经济组织财务公开暂行规定》修订工作,从农村集体"三资"管理实际出发,进一步细化公开目录,完善公开程序,规范业务流程,强化阳光操作。四是做好农民专业合作社财务管理情况摸底调查。2010年,农业部在全国范围内部署安排开展农民专业合作社财务会计管理情况摸底调查,对加强农民专业合作社财务会计管理提出了政策建议,探索开展农民专业合作社财务管理规范化建设。

经过多年努力,我国农村集体"三资"管理制度建设初见成效,农村集体"三资"管理制度体系初步形成,用制度管权、管事、管人的要求进一步落实。农村集体财务管理规范化进一步推进,各地普遍落实了村集体经济组织会计制度,改进了记账方式,以村级民主监督、乡镇会计监督、农村审计监督为主的农村集体"三资"监管体系得到全面加强。然而,调研发现,农村集体资产和财务管理仍然存在一些问题,主要表现在:一是会计委托代理服务亟待规范。集体资金资产资源监管不力,委托代理给村里带来诸多不便,违背村级组织意愿实行委托代理的现象时有发生;二是财务公开不到位。一些地方存在公开走过场、不及时的现象,甚至存在虚假现象;三是农村审计职责履行不力。审计力量薄弱、工作经费难落实;四是农村集体产权制度改革滞后。农村集体资产归属不清、权责不明、保护不严、流转不畅等问题越来越突出。

(二)"十二五"时期出台的政策文件及其背景分析

针对上述问题,"十二五"时期,中央更加重视农村集体资产和财务管理工作,将农村集体产权制度改革作为全面深化农村改革的重要组成部分。2013年,农业部、财政部、民政部、审计署联合印发了《关于进一步加强和规范村级财务管理工作的意见》。目前,我国农村集体资产总量不断增加,已成为农村发展和农民共同富裕的重要物质基础。在工业化、城镇化加快推进过程中,农村经济结构、社会结构正在发生深刻变化,农村集体资产产权归属不清晰、权责不明确、保护不严格等问题日益突出,侵蚀了农村集体所有制的基础,影响了农村社会的稳定,改革农村集体产权制度势在必行。在十八届三中全会上明确提出"保障农民集体经济组织成员权利,积极发展农民股份合作,赋予农民对集体资产股份占有、收益、有偿退出及抵押、担保、继承权"。2014年,中央审议通过了《积极发展农民股份合作赋予农民对集体资产股份权能改革试点方案》,标志着我国布局农村集体资产产权试点工作全面展开。各地也持续加强集体资产管理,推动农村集体产权制度改革,取得显著的成绩。北京、河北、上海、江苏、安徽等省陆续出台推进改革的文件和配套政策;浙江省2014提出三年全面完成改革的目标;四川省出台集体资产股份合作制改革试点方案,选择10个县(区、市)开展首批试点,在全国率先出台省级成员资格界定指导意见;上海市将农村集体产权制度改革的内容纳入"三资"信息化管理平台，这些都有力地推动了改革。

二、政策内容和主要措施

（一）政策内容

2012 年中央 1 号文件明确提出，壮大农村集体经济，探索有效实现形式，增强集体组织对农户生产经营的服务能力。2013 年中央 1 号文件明确提出，加强农村集体"三资"管理。因地制宜探索集体经济多种有效实现形式，不断壮大集体经济实力。以清产核资、资产量化、股权管理为主要内容，加快推进农村集体"三资"管理的制度化、规范化、信息化。健全农村集体财务预决算、收入管理、开支审批、资产台账和资源登记等制度，严格农村集体资产承包、租赁、处置和资源开发利用的民主程序，支持建设农村集体"三资"信息化监管平台。鼓励具备条件的地方推进农村集体产权股份合作制改革。探索集体经济组织成员资格界定的具体办法。

2013 年，农业部等部门印发了《关于进一步加强和规范村级财务管理工作的意见》，从做好村级会计工作、完善村级财务民主监督机制、加强对农村集体财务审计监督、稳定和加强农村财会队伍建设等方面，做出了明确部署。

2014 年中央 1 号文件明确提出，加强农村集体资金、资产、资源管理，提高集体经济组织资产运营管理水平，发展壮大农村集体经济。2014 年 9 月 29 日，习近平在中央全面深化改革领导小组第五次会议讲话中指出，积极发展农民股份合作、赋予集体资产股份权能改革试点的目标方向，要探索赋予农民更多财产权利，明晰产权归属，完善各项权能，激活农村各类生产要素潜能，建立符合市场经济要求的农村集体经济运营新机制。中央审议通过了《积极发展农民股份合作赋予农民对集体资产股份权能改革试点方案》，标志着我国布局农村集体资产产权试点工作全面展开。

2014 年 12 月 30 日，国务院办公厅发布了《关于引导农村产权流转交易市场健康发展的意见》（国办发〔2014〕71 号），对农村产权流转交易市场的基本原则、定位形式、运行监管以及保障措施进行了详细规定。引导农村产权流转交易市场健康发展，事关农村改革发展稳定大局，有利于保障农民和农村集体经济组织的财产权益，有利于提高农村要素资源配置和利用效率，有利于加快推进农业现代化。

2015 年中央 1 号文件再次对推进农村集体产权制度改革作出了明确部署，要求探索农村集体所有制有效实现形式，创新农村集体经济运行机制。对非经营性资产，重点是探索有利于提高公共服务能力的集体统一运营管理有效机制。对经营性资产，重点是明晰产权归属，将资产折股量化到本集体经济组织成员，发展多种形式的股份合作。中央的这些决策部署为我国推进农村集体产权制度改革指明了方向。

表3-1 "十二五"期间集体资产和财务管理的有关政策措施

年份	文件名称	政策内容
2013	《关于加快发展现代农业，进一步增强农村发展活力的若干意见》	建立归属清晰、权能完整、流转顺畅、保护严格的农村集体产权制度，是激发农业农村发展活力的内在要求。必须健全农村集体经济组织资金资产资源管理制度，依法保障农民的土地承包经营权、宅基地使用权、集体收益分配权。
	《中共中央关于全面深化改革若干重大问题的决定》	保障农民集体经济组织成员权利，积极发展农民股份合作，赋予农民对集体资产股份占有、收益、有偿退出及抵押、担保、继承权。建立农村产权流转交易市场，推动农村产权流转交易公开、公正、规范运行。
2014	《关于全面深化农村改革加快推进农业现代化的若干意见》	推动农村集体产权股份合作制改革，保障农民集体经济组织成员权利，赋予农民对落实到户的集体资产股份占有、收益、有偿退出及抵押、担保、继承权，建立农村产权流转交易市场，加强农村集体资金、资产、资源管理，提高集体经济组织资产运营管理水平，发展壮大农村集体经济。
	《国务院关于进一步推进户籍制度改革的意见》	推进农村集体经济组织产权制度改革，探索集体经济组织成员资格认定办法和集体经济有效实现形式，保护成员的集体财产权和收益分配权。建立农村产权流转交易市场，推动农村产权流转交易公开、公正、规范运行。
2015	《关于加大改革创新力度加快农业现代化建设的若干意见》	探索农村集体所有制有效实现形式，创新农村集体经济运行机制。出台稳步推进农村集体产权制度改革的意见。开展赋予农民对集体资产股份权能改革试点，试点过程中要防止侵蚀农民利益，试点各项工作应严格限制在本集体经济组织内部。健全农村集体"三资"管理监督和收益分配制度。充分发挥县乡农村土地承包经营权、林权流转服务平台作用，引导农村产权流转交易市场健康发展。完善有利于推进农村集体产权制度改革的税费政策。

（二）主要措施

1. 不断加强农村集体"三资"管理

一是组织开展示范县创建工作。按照农村党风廉政建设的总体布局，进一步加强农村集体"三资"管理，指导各地严格落实有关资产清查、资产台账、资源登记簿、资产和资源招标投标、资产处置以及经济合同管理等方面的规章制度。2012年，农业部推出155个农村集体"三资"管理示范县，推进了全国农村集体"三资"管理的制度化、规范化、信息化建设。2014年，农业部继续下发《关于开展第二批全国农村集体"三资"管理示范县创建工作的通知》，认定北京市海淀区等155个县（市、区）为第二批示范县，以点带面推进农村集体资产管理工作。

二是全面完成全国农村集体资产清产核资工作。农村集体资产是发展农村经济和实现农民共同富裕的重要物质基础，对于发展壮大集体经济，增强集体经济组织服务功能，增加农民财产性收入具有重要作用。各地根据中央1号文件精神和中央加强农村党风廉政建设的工作部署，切实摸清农村集体家底，管好盘活集体资产，加快推进农村集体资产清产核资。

三是积极推动管理平台建设。2013年，农业部积极调研总结各地农村集体"三资"管理中心和信息化监管平台建设情况、软件设计与使用情况，研究提出了农村集体"三资"管理信息化平台建设基本框架，并推动将农村集体"三资"管理信息化纳入农业部金农工程二期和e农计划。

2. 稳步推进农村集体经济组织产权制度改革

农村集体产权制度改革是我国农村经济体制的一项重大制度创新，是激发农业农村发展活力的内在要求。党中央、国务院高度重视农村集体产权制度改革工作，在中央决定和有关文件中都提出了明确要求。一是制定下发试点方案。为进一步推动农村集体经济组织产权制度改革，农业部在深入调研的基础上，经反复研究和修改，提出了《关于进一步推进和加强农村集体经济组织产权制度改革的指导意见》。2014年11月，农业部、中央农办、国家林业局正式联合下发《关于印发〈积极发展农民股份合作赋予农民对集体资产股份权能改革试点方案〉的通知》（农经发〔2014〕13号）。改革试点方案经中央审议通过以后，全国共有北京市等29个省份各选定1个县（市、区）开展试点。《积极发展农民股份合作赋予农民对集体资产股份权能改革试点方案》的出台，也为各地组织开展相关改革试点和制定具体试点方案提供了有力的政策指导。各试点单位在确定集体经济组织成员身份时，充分依靠群众，统筹考虑户籍关系、农村土地承包经营权情况、对集体积累作出的贡献和有关法律政策规定等条件，明确要求，妥善处理好包括出嫁女、新生儿、入赘婿等特殊群体的成员身份界定问题，保护妇女儿童权利，防止多数人侵犯少数人权益。二是部署全国农村产权流转交易市场建设情况摸底调查。为全面了解各地农村产权流转交易市场建设情况，掌握农村产权流转交易基本数据，分析产权流转交易存在的问题，推动农村产权流转交易公开、公正、规范运行，农业部制定下发《关于开展全国农村产权流转交易市场建设情况摸底调查工作的通知》（农办经〔2014〕18号），部署在全国范围开展农村产权流转交易市场建设情况摸底调查，重点对各地农村产权流转交易市场建设基本情况及成效、农村产权流转交易市场的交易品种及交易情况、农村产权流转交易市场存在的突出问题及相关建议等情况进行摸底调查。

3. 加强村级财务公开、民主管理，完善农村审计

一是继续推进村级财务公开。为加强民主管理和民主监督，保障农民的知情权、监督权，农业部从管好农村集体资产财务出发，会同有关部门修订完善了《农村集体经济组织财务公开规定》，并以农业部、监察部文件下发，细化了财务公开目录，拓展了财务公开内容，完善了财务公开程序，规范了业务工作流程，强化了阳光操作。

二是强化村级财务管理。村级财务管理是管好用好农村集体资金资产资源，发展壮大集体经济，依法保障农民集体收益分配权的重要基础和保障。近年来，各地认真贯彻落实中央关于加强村级财务管理工作的一系列方针政策，健全制度，强化措施，村级财务管理不断得到完善和加强。但是，一些地方村级财务管理工作仍然比较薄弱，财务混乱依然是农民群众反映强烈的热点问题，有的地方会计账目不清、财务公开流于形式，有的地方审计监督缺失等。2013年，农业部联合财政部、民政部、审计署联合下发《关于进一步加强和规范村级财务管理工作的意见》（农经发〔2013〕6号），明确提出切实做好村级会计基础工作，完善村级财务民主监督机制，加强对农村财务的审计监督，稳定和加强农村财会队伍建设等内容。不断推进和完善村级会计委托代理服务，把会计代理服务向村务公开"难点村"和经济"薄弱村"延伸，完善委托代理程序，规范代理机构业务流程，健全代理机构内部管理制度。

三是做好合作社财务管理工作。针对合作社财务管理存在的问题，农业部下发了《关于进一步加强农民专业合作社财务管理工作的意见》。截至2015年9月，全国依法经工商部门登记注册的各类农民合作社有146.8万家，平均每个村有2.41家合作社，农民合作社已经成为了农村的新型集体经济组织，在带领农民致富，保障农民权益等方面发挥了积极作用。"十二五"期间，国家相关部门就健全农民合作社财务管理制度、夯实财务管理基础、规范盈余分配制度等方面积极开展工作，确保农民合作社成员的收益分配权不受侵害。

三、政策执行情况及其效果评价

目前，农村集体资产与财务管理机制比较健全、财务公开比较全面、民主理财比较规范、审计监督比较有效的新局面已经形成，农村集体资产财务管理由部门工作纳入了农村党风廉政建设总体布局，成为党委政府的重要工作内容。

（一）农村集体资产财务监管体系不断强化

村级民主监督、乡镇会计监督、审计监督、网络实时监督、责任落实监督"五位一体"的农村集体资产财务监管体系得到全面加强。同时，搭建了管理平台，进一步加强资产财务管理手段。各地建立起具备"分级管理、实时监控、预警纠错、数据共享、信息服务"等功能的农村集体资产信息化监管系统，全面提升了农村集体资产监管的水平。目前，全国已建立7个省级、85个地（市）级、1 570个县级农村集体资产信息化管理平台。北京、上海、黑龙江等省份率先在全省（市）范围内全面实现了由省（市）到村的信息化管理，确保农村集体资产财务管理规范化、信息化水平不断提高。截至2014年年底，全国95%的村成立了民主理财小组，97.5%的村集体实现了财务公开。

（二）完善规章制度，规范了资产财务管理行为

各地以贯彻落实四部委文件精神为契机，建立健全相关规章制度，进一步规范了农村集体资产和财务管理行为。北京、上海、江苏、甘肃等地县乡两级严格要求各项收支必须有真实合法有效的凭证，支出必须履行民主程序和审批手续；村集体公益事业建设项目及集体资产和资源的发包、租赁和转让必须经过招标投标程序。广东、浙江、湖南等地将农村集体资产和资源的交易纳入农村集体"三资"信息化管理平台，实行公开交易，并制定交易实施细则和交易责任追究制度，为规范农村集体资产和财务管理行为夯实了制度基础。2014年全年，全国共审计418 040个村，占总村数的68.7%。审计中，共查出违纪单位0.8万个，涉及违纪资金5.9亿元，比2013年降低4.9%。

（三）农村集体经济组织产权制度改革取得积极进展

各地通过开展农村集体资产清产核资工作，全面清理了各项资金、资产、资源、债权债务和所有者权益；通过清查、盘点、核实，摸清了农村集体资产和资源的存量、分布、结构状况；通过公开、公示、整改，保证了清产核资结果准确无误和老百姓认可。清产核资后，村集体的固定资产有照片资料和电子台账，集体土地、四荒地、滩涂、水面、建设用地等资源的区位和面积有详细的登记，为明晰农村集体资产权属，推进农村集体产权制度改革奠定了坚实的工作基础。据不完全统计，截至2014年年底，全国已有15个省份下发了指导农村集体产权制度改革的专门文件或实施方案，4.7万个村和5.7万个村民小组完成了改革，村组两级量化资产4 362.2亿元，完成产权制度改革的村累计分红达1 342.8亿元。北京、苏州以及珠江三角洲等地区已经全面推开，改革覆盖面达到95%以上，工作成效显著。

表 3-2　农村集体产权制度改革进展情况

单位：万个、亿元、元

项　　　目	2010 年	2011 年	2012 年	2013 年	2014 年
完成产权制度改革的村数	1.29	1.66	2.4	2.8	4.7
量化资产总额	2 528.1	3 295	3 618.6	3 671.2	4 873.2
量化设立股东个数	1 718.6	2 315.7	3 710.2	3 830.3	6 235.3
完成产权制度改革的村累计分红	440.6	548.7	812.8	924.1	1 342.8
平均每股分红	511	492	346	525	370

注：本统计为对 30 个省市区（不含西藏）农村经营管理情况统计年报数据审核汇总结果。
资料来源：农业部，历年《全国农村经营管理统计资料》。

（四）理顺了干群关系，进一步维护农村社会和谐稳定

农村集体资产财务管理不公开、不透明、不规范，是引发农民群众上访，导致干群关系紧张的重要因素。通过强化集体资产财务管理工作，一方面可以消除农民群众疑虑，化解干群矛盾；另一方面，农民群众逐渐关心集体资产，也增强了群众参与集体资产监督管理、促进集体经济发展、维护财产利益的积极性。广大农民群众民主监督的作用进一步发挥，过去的事后监督变为现在事前、事中、事后的全程监督，规范了村干部行为，从源头上和制度上遏制了农村基层腐败现象的发生，真正做到了给群众一个"明白"、还干部一个"清白"，有力促进了农村基层党风廉政建设。

四、趋势展望与政策建议

农村集体资产和财务管理，事关农村经济发展和社会稳定大局。根据有关部门有关安排，"十三五"期间，健全农村资产和财务管理，应重点做好以下几个方面的工作：

（一）完善集体资金管理

村级集体经济组织作为基本核算主体，应分设银行账户进行核算，不可混淆村级资金与乡镇财政性质，明确集体资金管理权限。要结合农村集体产权制度改革，为集体财务村账自管创造条件，实现村委会与村经济组织分账管理，实行村账自主管理，加快建设农村集体"三资"信息化管理平台建设，逐步实现省、市、县、乡镇四级联网的集体"三资"管理信息化平台统筹建设和信息共享。

（二）进一步规范村级财务管理

加大村级会计委托代理规范力度，充分尊重农民群众对集体资产管理的自主权，不得以强求或变相胁迫的方式强行代理，不能随意扩大代理范围，代理机构可以代理会计核算，不能代理资产与资源的经营管理；乡镇代理财政不得收费加重村级负担，转移支付资金到村后归村集体所有，其支配使用也要尊重村集体经济组织的自主权。

（三）加快推进农村集体产权制度改革

推进农村集体产权制度改革，要依照现行法律的规定，规范利润分配行为。应尽快出台《农村新型集体经济组织股权管理办法》，对人员界定、股权结构、增资扩股以及新增资产股份量化等问题作出明确规定。通过股权管理做大做强集体经济，增强集体经济的竞争能力、发展活力和对成员的服务能力。尽快研究出台《农村新型集体经济组织收入分配管理办法》，对于改制后的集体经济组织收入分配进行规范，逐步缩小集体福利分配的范围。此外，还应当改善法人治理结构的外部体制环境，理顺村党支部、村委会与新型集体经济组织之间的关系，使农民群众真正成为集体经济的投资主体、决策主体和受益主体，成为集体经济组织名副其实的主人。

（四）培育和发展农村集体产权市场

建立农村集体产权流转交易市场，是构建归属清晰、权责明确、流转顺畅的现代农村产权制度的重要内容，也是巩固集体产权制度改革成果，赋予农民更多财产权利的重要保障。一是加快开展农村集体土地所有权和集体经营性建设用地使用权确权登记颁证，赋予和维护农民和集体对土地应该拥有的财产权利。二是探索建立农村集体经营性建设用地与国有土地同等入市、同权同价机制，加快农村集体产权流转交易平台建设。三是探索实行征占地集体留用制度，为集体经济发展转型提供制度保障。四是积极探索农民宅基地集约化使用办法，保障农民拥有稳定可靠的资产收益。

（五）加大财务审计监管力度

加强农村集体经济审计队伍建设，明确工作职责，配备专职人员，落实工作经费，以强化审计监督职能，推进农村集体资产和财务管理制度规范化。积极开展部门联合审计、交叉互审、定期与不定期相结合，提高监管效率。建立农村干部问责机制，落实审计责任追究制度，建立审计回访制度，保障审计结构落实到位。

第4章 发展农民合作社

　　"十二五"时期，是我国农民合作社由数量扩张向数量增长与质量提升并重转变的重要阶段。农民合作的内涵由发展专业合作向鼓励兴办专业合作、股份合作、资金互助合作等多元化、多类型转变，合作领域由单一要素合作向劳动、技术、资金、土地等多要素合作方向拓展，合作方式由注重生产联合向产加销一体化方向转变。农民合作社之间的联合与合作不断深化，支持合作社规范发展的法律法规与政策体系不断完善。农民合作社已成为发展现代农业、促进农民增收的重要组织载体。

一、政策背景与演变过程

（一）"十一五"时期促进农民合作社发展的主要政策措施

　　"十一五"时期，是改革开放以来我国农民专业合作社发展速度最快的时期。一方面，随着《中华人民共和国农民专业合作社法》（以下简称《农民专业合作社法》）于2007年7月开始实施，登记注册的农民专业合作社迅猛增长，大部分农民专业合作组织已登记为农民专业合作社。另一方面，与法律配套的财政、税收、金融、产业等各项政策措施陆续出台，形成了巨大政策合力，推动了农民专业合作社的规范发展与不断壮大。"十一五"期间，为促进农民专业合作组织快速健康发展，国家有关农民专业合作社的法规与政策主要从两个方向展开：

　　第一，通过立法进一步规范农民专业合作社的发展。一是出台了《农民专业合作社法》。2006年10月31日，十届全国人大常委会第二十四次会议通过了《农民专业合作社法》，并于2007年7月1日正式施行。该法共分9章56条，从设立条件与登记办法、内部机构设置、民主决策方式、责任承担形式、盈余分配机制、合并分立解散和清算制度、国家对农民专业合作社的扶持等方面做了详细规定。二是国务院及有关部委迅速出台了一系列与法律配套的行政法规与制度。2007年5月28日，国务院公布《农民专业合作社登记管理条例》，随后国家工商行政管理总局出台《关于农民专业合作社登记管理的若干意见》，详细规定了设立条件与登记程序；2007年6月29日，农业部发布

《农民专业合作社示范章程》；2007 年 12 月，财政部发布《农民专业合作社财务会计制度（试行）》，为农民专业合作社制定了专门的会计制度。三是地方配套法规陆续出台。2008 年以来，陕西、湖北、北京、江苏、黑龙江、湖南、辽宁等 7 省市出台了推动农民专业合作社发展的法规。上述法律法规的颁布施行，为农民专业合作社健康快速发展营造了良好的法制环境。截至 2010 年，以《农民专业合作社法》为主体，《农民专业合作社登记管理条例》《农民专业合作社示范章程》和《农民专业合作社财务会计制度（试行）》为配套的农民专业合作社发展法律保障体系基本形成。

第二，通过出台政策支持农民专业合作社的发展。2006 年以来，尤其是《农民专业合作社法》实施以来，中央层面出台了系列扶持政策，这既包括 2006—2010 年的五个中央 1 号文件中综合扶持农民专业合作社发展的政策要点，也包括农业部、财政部、发改委、商务部、银监会、科技部、国家税务总局等多个部委先后出台的各种专项支持政策。目前，以财政、金融、税收政策为主体，其他类型政策为补充的农民专业合作社政策支持框架已初步形成。具体包括以下几个方面：财政政策方面，2009 年 8 月 31 日，农业部等 11 部门出台《关于开展农民专业合作社示范社建设行动的意见》；2010 年 5 月 4 日，农业部等 7 部门出台《关于支持有条件的农民专业合作社承担国家有关涉农项目的意见》。税收政策方面，2008 年 6 月 24 日，财政部、国家税务总局发布《关于农民专业合作社有关税收政策的通知》，明确了农民专业合作社有关税收政策。金融政策方面，2009 年 2 月 5 日，银监会、农业部出台《关于做好农民专业合作社金融服务工作的意见》。营销促进政策方面，2008 年 12 月 5 日，商务部、农业部发布《关于开展农超对接试点工作的通知》。专项扶持政策方面，2009 年 6 月 12 日，农业部、司法部等出台《关于进一步加强〈农民专业合作社法〉宣传工作的意见》；2009 年 8 月 18 日，国家林业局出台《关于促进农民林业专业合作社发展的指导意见》；2009 年 6 月 29 日，农业部出台《关于加快发展农机专业合作社的意见》。

（二）"十二五"时期促进农民合作社发展的政策文件和政策要点

"十二五"时期，农民合作社数量快速增长，截至 2015 年 10 月底，我国工商部门注册登记的农民合作社达到 147.9 万家，是"十一五"时期末的 3.9 倍；加入合作社的农户数量达到 9 990 万户，占农户总数的 41.7%，入社农户数量和占比分别比"十一五"时期末增加了 244% 和 279%。① 农民合作社的

---

① 2010 年年底，全国农民合作社数量为 37.91 万家，实有入社农户约 2 900 万户，约占全国农户总数的 11%。

法人主体地位基本得到市场认可，各部门支持合作社快速、规范发展的合力初步形成。

第一，进一步明确了新时期农民合作社的发展方向。党的十八大明确了农民合作社发展专业合作和股份合作的总体方向，2013年中央1号文件把发展农民合作社作为建设现代农业、增强农村发展活力的一项重要措施，提出鼓励农民兴办专业合作、股份合作等多元化、多类型合作社。党的十八届三中全会对鼓励农村发展合作经济又提出了一系列新要求，着重强调一个"扶持"、三个"允许"，即"鼓励农村发展合作经济，扶持发展规模化、专业化、现代化经营，允许财政项目资金直接投向符合条件的合作社，允许财政补助形成的资产转交合作社持有和管护，允许合作社开展信用合作。"上述文件也明确扩大了农民合作社的业务内涵，将农民之间的产业合作扩展到股份合作、信用合作领域。

第二，逐步形成了推进农民合作社发展的工作机制。2013年7月24日，由国务院批准成立了全国农民合作社发展部际联席会议，明确由农业部牵头，发展改革委、财政部、水利部、国家税务总局、国家工商总局、国家林业局、银监会、全国供销总社共同组成，负责农民合作社重大政策调研、研究并提出政策建议、协调落实扶持政策、制定国家示范社评定监测管理办法等。联席会议制度的建立，是对推进农民合作社工作机制的重大创新，有助于形成支持发展农民合作社的部门合力。

第三，深入推进农民合作示范社规范化建设。积极推动农民合作社规范化建设是"十二五"时期合作社主管部门的重要施策导向。为切实夯实合作社持续发展基础，2013年全国农民合作社发展部际联席会议成员单位联合印发了《国家农民专业合作社示范社评定及监测暂行办法》，对国家示范社的评定原则、申报、评定、监测等作出了具体规定，为做好国家示范社评选、加强示范带动提供了制度保障。全国各地因地制宜开展"四有""五好"等示范社创建活动，帮助合作社健全规章制度，量身打造章程，发挥"三会"职责作用，完善运行机制，加强财务管理，形成了以全国示范社为龙头、省级示范社为骨干、县市级示范社为基础的示范社建设格局。

第四，进一步增强农民合作社经营管理能力。农民合作社是我国新型农业经营体系的主要组成主体。在实现农业现代化、构建新型农业经营体系的背景下，相关部门以提升合作社经营组织能力为出台扶持政策的出发点，为合作社规范有序发展创造了良好的政策环境。如2011年，农业部发布了《关于进一步加强农民专业合作社财务管理工作的意见》，加强了农民合作社的财务规范；2013年，工商总局会同农业部下发了《关于进一步做好农民专业合作社登记与相关管理工作的意见》，对加强农民专业合作社登记、建立年报制度、探索开展农民专业合作社联合社登记等提出了具体措施；2014 年，中国银监会、农业部、供销合作总社 3 部门联合发出《关于引导规范开展农村信用合作的通知》，为基层合作社开展信用合作业务提供指导。

二、政策执行情况及其效果评价

农业部农村经济研究中心于 2013 年利用固定观察点系统对党的十六大以来我国"三农"政策的执行落实情况进行了问卷调查，该调查共涉及到 21 个省（自治区、直辖市），其中专门针对农民合作社政策执行和落实情况进行了问卷设计和调查，共回收合作社问卷样本 222 份。该数据样本质量整体较好，代表性较强，可以作为"十二五"时期我国农民合作社相关政策执行和落实情况评估的研究基础。

（一）财政资金落实情况总体较好

财政政策是促进农民合作社快速发展的重要推动力量。"十二五"期间，中央财政安排给农民合作社的发展资金逐年增加。2014 年，财政部印发了《关于做好 2014 年财政支持农民合作社创新试点工作的通知》，明确要求创新财政资金投向使用机制，推动合作社创新发展模式。从调查了解的情况看，扶持农民合作社的财政资金主要涉及农业基础设施及农业保障能力建设、农业生产与技术服务、产后储藏加工和流通等三个方面。

农业基础设施及农业保障能力建设项目落实情况总体较好。研究样本中选择"较好落实"的样本占总样本数的 72.7%，选择"部分落实"的比例约为 26.6%，没有落实的情况较少，在调查中仅在农产品初加工项目上有 1 家合作社选择了"没有落实"。没有承担过此类财政涉农项目的合作社在分析其原因时，大约有 47.4% 的合作社"不知道有此类项目"；有 31.6% 的合作社"知道但没有申请"，没有申请的原因大多为"不知道怎么申请""程序复杂有点难""合作社没有达到申请标准""项目少，申请困难"等；有 21.1% 的合作社"申请了但没有中标"，其原因多为"没有达到规模""与企业相比还有一定差距""项目太少""没有到合作社调查"等。

农业生产与技术服务项目总体落实情况较好，样本中选择"较好落实"的合作社占到样本总数的 88.2%。从项目申请的难易程度来看，选择申请"容易"的合作社大约占到样本总数的 31.1%，有 54.2% 的合作社选择了项目申请难易程度"一般"，14.7% 的合作社选择了申请"较难"，说明该类项目的申请对于合作社来说还存在一定的难度。没有承担过上述类型财政涉农项目的合作社在分析其原因时，大约有 57.4% 的合作社"不知道有此类项目"；有 29.4% 的合作社"知道但没有申请"，没有申请的原因大多为"不知道怎么申请""申请单位多，排不上号""合作社刚成立，不成熟""主管部门无此项目""地方申请条件多，难度大""手续繁琐"等；有13.2%的合作社"申请了但没有中标"，其原因多为"规模不达标""项目太少""没有参与投标的机会"等。

产后储藏、加工和流通领域的项目总体落实情况不太理想。样本中选择"部分落实"的合作社占到样本总数的22.0%，其中"农社对接"项目、农产品促销项目等都有超过半数的合作社认为得到了部分落实。没有落实的项目比例较大，占到32.2%，主要有农产品批发市场建设项目、农产品现代流通综合试点项目、农产品促销项目等。从项目申请的难易程度来看，选择申请"容易"的合作社大约占到样本总数的26.5%，有38.5%的合作社选择了项目申请难易程度"一般"，35%的合作社选择了申请"较难"，说明该类项目的申请对于合作社来说存在一定的难度。没有承担过上述类型财政涉农项目的合作社在分析其原因时，大约有63.5%的合作社"不知道有此类项目"；有24.4%的合作社"知道但没有申请"，没有申请的原因大多为"排不上号""合作社范围达不到要求""项目数量少""手续繁琐"等；有11.5%的合作社"申请了但没有中标"，其原因多为"不符合条件""主要信息知道晚""没有形成特色品牌"等。

（二）金融政策执行情况不太理想

"十二五"期间，支持农民合作社发展的金融政策主要分为支持合作社内部开展资金互助和金融机构对合作社进行贷款支持两个方面：

从支持合作社内部开展资金互助看，开展资金互助的合作社占合作社总体的比例并不太高。调查数据显示，有30.6%的合作社内部开展了资金互助，69.4%的合作社内部没有开展过资金互助，说明开展合作社内部资金互助需要的条件并不是所有合作社都能够具备。在开展内部资金互助的合作社中，有44.5%的合作社内部参与资金互助的人数占到社员总人数的71%～100%，说明合作社内部开展资金互助时社员的参与程度还是较高的。合作社内部资金互助的利率主要集中在20%以下的区间，如0～10%利率区间的合作社比例为48%，11%～20%利率区间的合作社比例为36%。2014年，银监会、农业部、供销社联合出台了《关于引导规范开展农村信用合作的通知》，起到了落实中央精神的重要作用，也为合作社内部开展资金互助提出了具体措施，山东省在2015年正式启动了目前全国唯一的全省推进合作社开展信用合作试点，具体执行情况还有待时间的考验。

从金融机构对合作社开展金融支持的情况看，调查数据显示，有38.6%的合作社向银行申请过贷款。在这些申请过贷款的合作社中，60.8%的属于小额信用贷款，31.4%的属于抵押贷款，7.8%的属于其他类型的贷款，如农户联保贷款等。小额信用贷款的申请额度最大为 8 万元，平均额度为 3 547.7 元；抵押贷款的申请额度最大为 1 800 万元，平均额度为 286.7 万元。从实际贷款额占计划贷款额的比例来看，小额信用贷款基本上能满足合作社的需求，其比例约为 96%；抵押贷款得到满足的程度较小，合作社实际贷款额只占到计划贷款额的 62%。从申请贷款程序的复杂程度来看，小额信用贷款和抵押贷款的申请程序均较为复杂，其中，92.3%的合作社认为申请抵押贷款程序复杂，65.5%的合作社认为申请小额信用贷款程序复杂。

（三）税收优惠政策落实情况较好

"十二五"期间，针对农民合作社的税收政策主要有《中华人民共和国农民专业合作社法》和《关于农民专业合作社有关税收政策的通知》等法律和政策文件，文件中就农民专业合作社享受国家规定的对农业生产、加工、流通、服务和其他涉农经济活动相应的税收优惠做出了具体规定。

从税收减免和优惠的情况看，样本数据显示，15.3%的合作社反映在生产经营过程中还存在着税收，税收类型主要有增值税、营业税、印花税等。从增值税的减免情况看，总体落实情况较好，减免的平均比例为 86.7%，4.0%的合作社表示减免程序非常复杂，有 7.1%的合作社反映"没有落实"；从营业税的减免情况看，减免的平均比例为 74.3%，18.7%的合作社表示减免程序"有点复杂"。从合作社税收政策的落实情况看，样本合作社普遍反映营业税减免的落实情况总体较好，有 16.7%的合作社反映"没有落实"；从印花税的减免情况看，减免的平均比例为 80.4%，减免程序不复杂，90.0%的合作社反映落实总体情况"较好"。从合作社对税收政策的满意度来看，税收优惠政策总体满意度情况较好，样本合作社选择"很满意""满意"两项的比例为 68.1%。

（四）工商登记政策落实情况不尽理想

《农民专业合作社法》第 13 条明确指出，合作社办理登记不得收取费用。中华人民共和国国务院令第 498 号公布了《农民专业合作社登记管理条例》，《条例》中详细规定了我国农民专业合作社的登记管理细则。2013 年 12 月，工商总局和农业部联合发出了《关于进一步做好农民专业合作社登记与相关管理工作的意见》，进一步对合作社工商登记事项进行了明确。从调查情况来看，占样本总数 21.5%的合作社反映登记注册时被收取了费用，费用从 10 元至 2 000 元不等，平均为 332.5 元。占样本总数 50.4%的合作社反映收取了工本费，费用从 10 元至 300 元不等，平均为 115.3 元。

（五）人才培训政策落实总体较好

人才是农民合作社持续健康发展的重要支撑。农民专业合作社的人才扶持政策主要是以培训项目的形式对合作社的经营管理人员、技术人员等进行相关领域的培训。"十二五"期间，农业部多次组织开展县乡合作社辅导员培训和农村实用人才合作社带头人轮训，编制专门培训计划，积极引导支持各地农业部门及社会力量开展合作社人才培训。

经营管理人员的培训项目包括合作社理事长培训、合作社经营管理相关内容培训等内容。从调查的数据看，有 69.9％的合作社参加了合作社理事长的相关培训项目，16.5％的合作社参加了经营管理相关内容的培训。从培训项目申请的难易程度看，61.1％的合作社选择"容易"，34.1％的合作社选择"一般"，4.8％的合作社选择了"较难"，可见该类型培训项目的申请相对来说较为容易。从参加培训的出资情况看，80.0％的合作社不用自己出资，20.0％的合作社自己出资参加该类型的培训项目，其出资额从 120 元至 3 000 元不等。从落实情况看，82.5％的合作社选择了"落实较好"，13.5％的合作社选择了"部分落实"，4.0％的合作社选择"没有落实"，没有落实的原因主要有"食宿自理""以实物出资""培训内容为学习法律和制度，没有遵守培训承诺"等。

技术人员的培训主要包括合作社财务会计人员培训、相关涉农技术培训等。从调查的数据看，有 16.7％的合作社参加了合作社财务会计人员相关培训项目，53.7％的合作社参加了相关涉农技术内容的培训。从培训项目申请的难易程度看，56.4％的合作社选择"容易"，40.6％的合作社选择"一般"，3.0％的合作社选择了"较难"，可见该类型培训项目的申请相对来说较为容易。从参加培训的出资情况看，82.7％的合作社不用自己出资，17.3％的合作社自己出资参加该类型的培训项目，其出资额从 200 元至 2 000 元不等。从落实情况看，92.9％的合作社选择了"落实较好"，5.1％的合作社选择了"部分落实"，2.0％的合作社选择"没有落实"，没有落实的原因主要有"以实物出资"等。

三、落实政策存在的主要问题

"十二五"期间，我国农民合作社扶持政策打出了"组合拳"，多个部门都纷纷出台政策支持合作社事业的发展，但由于我国农民合作社的发展还处于初级阶段，在政策设计上仍存在许多亟需解决的问题。

（一）财政政策扶持方式亟待创新

财政扶持政策是推动农民专业合作社规范、快速发展的重要动力。由于我国农民专业合作社还处于发展的初期阶段，还有很多合作社存在着发展规模较小、带动能力不强、内部运营机制不规范等一系列问题，所以财政政策在基层运作时，往往采取优先扶持发展相对规范、规模相对较大、运营相对成熟的优秀的农民专业合作社（特别是"示范社"），希望通过发挥优秀合作社的示范带动作用，以点带面，推动我国农民合作社事业的全面发展。然而，扶持合作社发展的财政资金为这些本身就具备较强竞争优势的合作社带来了更好的发展资源和发展空间，起到了"锦上添花"的作用，而那些处于发展初期、缺乏资源的中小合作社则难以得到财政扶持政策的支持，这样的财政扶持方式极易造成合作社发展的两极分化，不利于市场机制在合作社领域的作用发挥。

（二）普惠金融难题尚未破解

金融扶持政策是农民专业合作社发展壮大的重要支撑。从调查了解的情况来看，虽然在国家层面出台了针对农民专业合作社的金融扶持政策，但是地方的落实情况并不理想。农民专业合作社普遍反映，贷款难问题没有得到根本解决。这里面既有我国农民专业合作社发展规范化水平普遍较低的影响，也有金融机构对合作社认可程度不高的因素。在申请贷款的过程中，合作社反映申请程序非常复杂，特别是抵押贷款的申请，90％以上的合作社都反映难以获得。如何充分满足广大合作社和合作社社员农户的融资难题，需要农村改革的继续深入推进。

（三）税收优惠政策措施有待完善

税收优惠是发展壮大合作社的重要途径。随着合作社的发展壮大，涉及到的税种将逐渐增多，现有税收的不合理之处也将日益凸显。如增值税一般纳税人从农民专业合作社购进的免税农业产品，可按13％的扣除率计算抵扣增值税进项税额，如此在进销项税抵扣时，则有4％的增值税无法进行抵扣；又如，农民专业合作社在发展壮大过程中，不可避免的需要占用建设用地资源，如何在土地使用上体现税收的优惠政策，也是亟需加以研究解决的重要问题。此外，有些地方在落实合作社税收优惠政策时还存在"变相收费"的现象，如强制合作社进行评估，收取评估相关费用；或是对农民从合作社获得的分红收入征收所得税，等等。

（四）工商登记注册办法有待改进

工商注册登记反映了国家对农民合作社作为独立经营的市场主体的认可程度。从调查了解的情况来看，目前合作社在工商部门登记时，登记的主体多种多样，有登记为社团法人的、有登记为企业法人的、还有登记为其他法人的，等等。可见很多地方的工商部门没有给农民专业合作社一个明确定位，也间接说明了工商部门对合作社认识上的偏差。在登记费用的减免方面，调查数据显示，有较多地方还收取了合作社的登记注册费用和执照的工本费用。此外，随着农民合作社的发展，农民合作社联合社、土地股份合作社、合作社信用合作业务等新型经营主体和合作业务的不断出现，急需深化工商部门对农民合作社的认识，为农民合作社提供合法合理的市场经济主体地位。

（五）合作社人才供需矛盾凸显

人才扶持政策是农民专业合作社可持续发展的重要保障。从调查了解的情况看，针对我国农民专业合作社的人才政策落实情况较好，合作社经营管理人员培训和技术人员培训在各地普遍开展，而且绝大多数培训班都不收取任何费用。但从培训效果来看，还是有合作社相关人员反映满足不了实际需求，如"培训内容为学习法律和制度，没有遵守培训承诺"，人才政策的供需对接有待加强。此外，合作社开展有些业务的人才资源较为缺乏，已成为合作社发展的瓶颈，如开展内部信用合作业务的合作社普遍反映合作社缺乏金融和财会人才。

四、趋势展望与政策建议

农民合作社的扶持政策涉及农业、财政、金融、税收、工商等许多部门，在加强各部门沟通协调的同时，也需要在扶持政策上的"集体突破"。

（一）加大财政扶持政策落实力度

针对目前农民专业合作社财政扶持政策"扶强不扶弱"的现状，建议创新扶持方式，加强财政政策的普惠性，对中小型合作社应给予财政项目支持倾斜。针对由农业产业化龙头企业领办的农民专业合作社，由于企业能够申请到其他方面的财政专项扶持资金，所以应减少对该类型合作社的财政扶持，可出台适当的政策措施，鼓励企业对合作社进行投资和投入。针对合作社申请项目手续繁琐，申请困难的情况，应该简化申请程序，同时加强财政项目执行过程中及执行结束后的监管力度，没有达到要求的，收回财政扶持资金，切实做到专款专用。针对很多没有申请到财政项目的合作社反映的"不知道有此类项目"的现状，建议打造公共信息平台，如网站、短信、广播、宣传栏等，切实保证每个合作社都能够知道财政项目的支持信息，同时开展公开、公正、公平的评选，评选信息及时予以公示，建立监督平台和反馈机制。

（二）创新金融产品和服务方式

合作社未来的发展壮大，离不开金融政策的支持。针对金融政策落实不到位的情况，要坚持一手抓农民专业合作社规范化建设，改变金融机构对合作社的不利看法和偏见，一手抓金融机构针对农民合作社的产品创新，推出适应农民合作社客观条件的金融产品，要将金融扶持政策切实落到实处。抵押贷款与信用贷款相比，申请程序较为复杂，要适当减少抵押贷款的申请程序，采用加强监管的方式方法，提高抵押贷款的可得性。深化农村改革，通过改革农村土地等要素市场，为农民提供具有物权价值的合法抵押品。

（三）完善落实税收优惠政策措施

税收扶持政策是国家、地方扶持农民专业合作社快速发展的重要手段。"十三五"期间，针对农民合作社税收政策的落实现状和存在的问题，建议进一步研究出台体现合作社经营特点、切合合作社运作实际的税收优惠政策。重点放在农民合作社纳税主体地位的明确上，将农民合作社作为单独纳税主体列入税务登记，建立合作社专用税务发票。免征合作社兴办农产品加工、流通业务的所得税、建设用地使用税。财政性资金投入合作社免征营业税、所得税。

（四）改进工商登记注册管理办法

工商登记是合作社成为独立经营主体的第一道关口，要加大对农民合作社的宣传力度，切实提升农民专业合作社的规范化水平，提升工商管理部门对合作社的认识和认可程度。建议从国家层面为农民合作社专门设立一类市场主体用作登记注册。严格按照要求减免合作社登记注册费用，切实免除一些登记时的附加收费项目，为农民合作社作为合法主体进入市场提供可行的便利。

（五）加大合作社人才培养力度

应在充分了解社员有效需求的前提下，聘请相关专家进行有针对性的培训。对农民专业合作社经营管理人员的培训，可以采取实地讲解、参观、经验交流等多种形式，丰富经营管理人员的视野，扩大交流范围；对相关技术技能人员的培训，应该加强技术技能的实操性、适用性、实效性方面的内容，可以采取田间地头、亲自指导、现场诊断等方式，提升知识技能的实用性。

第5章 农业产业化经营

农业产业化发端于20世纪80年代中后期，至今已近30年的历程。农业产业化龙头企业作为新型农业经营主体的重要组成部分，也是企业经营的重要主体，在构建新型农业经营体系中发挥着重要的引领作用。本章基于现实背景，回顾"十二五"时期农业产业化经营政策历程，分析龙头企业的发展现状和特征，探讨新时期龙头企业的功能作用，提出促进龙头企业发展的思路和政策取向。

一、政策要点和演变过程

"十二五"时期，中央1号文件连续强调农业产业化和龙头企业发展，各级各部门不断完善扶持政策，积极推动组织模式创新，全面提升农业产业化经营水平。2012年3月，国务院下发《关于支持农业产业化龙头企业发展的意见》（国发〔2012〕10号），对龙头企业各项优惠政策给予集成。到2013年，全国龙头企业达11多万家，其中国家重点龙头企业1 200多家，省级重点龙头企业11 000多家，涌现出一大批资产实力强、市场潜力大、技术设备先进、经营效益好、带动农户和生产基地面宽的企业集团。

（一）继续强调发展农业产业化经营

"十二五"时期，中央1号文件连续强调农业产业化发展，从龙头企业集团化、密切利益联结关系、税费优惠、鼓励工商资本进入农业等方面做了一系列制度安排。表5-1给出了中央1号文件涉及农业产业化龙头企业的政策内容。

表5-1 近年中央1号文件关于促进农业产业化龙头企业发展的有关政策措施

年份	政策措施
2010年1号文件	支持龙头企业提高辐射带动能力，增加农业产业化专项资金，扶持建设标准化生产基地，建立农业产业化示范区。
2012年1号文件	充分发挥农业产业化龙头企业在"菜篮子"产品生产和流通中的积极作用。通过政府订购、定向委托、招投标等方式，扶持涉农企业等社会力量广泛参与农业产前、产中、产后服务。

（续）

年份	政策措施
2013 年 1 号文件	支持龙头企业通过兼并、重组、收购、控股等方式组建大型企业集团。创建农业产业化示范基地，促进龙头企业集群发展。推动龙头企业与农户建立紧密型利益联结机制，采取保底收购、股份分红、利润返还等方式，让农户更多分享加工销售收益。鼓励和引导城市工商资本到农村发展适合企业化经营的种养业。增加扶持农业产业化资金，支持龙头企业建设原料基地、节能减排、培育品牌。逐步扩大农产品加工增值税进项税额核定扣除试点行业范围。
2014 年 1 号文件	鼓励发展混合所有制农业产业化龙头企业，推动集群发展，密切与农户、农民合作社的利益联结关系。
2015 年 1 号文件	推进农业产业化示范基地建设和龙头企业转型升级。引导农民以土地经营权入股合作社和龙头企业。鼓励工商资本发展适合企业化经营的现代种养业、农产品加工流通和农业社会化服务。

（二）强化支持农业产业化龙头企业

《关于支持农业产业化龙头企业发展的意见》提出：农业产业化是我国农业经营体制机制的创新，是现代农业发展的方向；龙头企业集成利用资本、技术、人才等生产要素，带动农户发展专业化、标准化、规模化、集约化生产，是构建现代农业产业体系的重要主体，是推进农业产业化经营的关键；支持龙头企业发展，对于提高农业组织化程度、加快转变农业发展方式、促进现代农业建设和农民就业增收具有十分重要的作用。文件从生产基地建设、农产品加工发展、创新流通方式、推动龙头企业集群集聚、加快技术创新、完善利益联结机制、开拓国际市场等方面提出了比较具体的政策措施，为农业产业化和龙头企业的发展提供了良好的制度保障。表 5-2 梳理出了这个文件的核心内容。

表 5-2　国务院关于支持农业产业化龙头企业发展的有关政策措施

加强标准化生产基地建设	切实加大资金投入，强化龙头企业原料生产基地基础设施建设；支持龙头企业带动农户发展设施农业和规模养殖，开展多种形式的适度规模经营；鼓励龙头企业开展标准化生产基地建设；支持龙头企业开展质量安全认证。
发展农产品加工	改善龙头企业加工设施装备条件，鼓励龙头企业引进先进适用的生产加工设备，改造升级贮藏、保鲜、烘干、清选分级、包装等设施装备。鼓励龙头企业合理发展农产品精深加工，延长产业链条，提高产品附加值。支持龙头企业以农林剩余物为原料的综合利用和开展农林废弃物资源化利用、节能、节水等项目建设，积极发展循环经济。

（续）

创新流通方式	支持大型农产品批发市场改造升级，鼓励和引导龙头企业参与农产品交易公共信息平台、现代物流中心建设，支持龙头企业建立健全农产品营销网络。鼓励龙头企业大力发展连锁店、直营店、配送中心和电子商务，研发和应用农产品物联网，推广流通标准化，提高流通效率。支持龙头企业改善农产品贮藏、加工、运输和配送等冷链设施与设备。支持符合条件的国家和省级重点龙头企业承担重要农产品收储业务。鼓励和引导龙头企业创建知名品牌，提高企业竞争力。
推动龙头企业集群集聚	支持龙头企业通过兼并、重组、收购、控股等方式，组建大型企业集团。支持符合条件的国家重点龙头企业上市融资、发行债券、在境外发行股票并上市。积极创建农业产业化示范基地，支持农业产业化示范基地开展物流信息、质量检验检测等公共服务平台建设。引导龙头企业向优势产区集中，推动企业集群集聚，培育壮大区域主导产业，增强区域经济发展实力。
加快技术创新	通过国家科技计划和专项等支持龙头企业开展农产品加工关键和共性技术研发。落实自主创新的各项税收优惠政策。发挥龙头企业在现代农业产业技术体系、国家农产品加工技术研发体系中的主体作用，承担相应创新和推广项目。农业技术推广机构要积极为龙头企业开展技术服务，引导龙头企业为农民开展技术指导、技术培训等服务。各类农业技术推广项目要将龙头企业作为重要的实施主体。培养一大批具有世界眼光、经营管理水平高、熟悉农业产业政策、热心服务"三农"的新型龙头企业家。鼓励龙头企业采取多种形式培养业务骨干，积极引进高层次人才，并享受当地政府人才引进待遇。
完善利益联结机制	龙头企业要在平等互利的基础上，与农户、农民专业合作社签订农产品购销合同，形成稳定的购销关系。支持龙头企业与农户建立风险保障机制，对龙头企业提取的风险保障金在实际发生支出时，依法在计算企业所得税前扣除。引导龙头企业与合作组织有效对接。支持龙头企业围绕产前、产中、产后各环节，为基地农户积极开展农资供应、农机作业、技术指导、疫病防治、市场信息、产品营销等各类服务。逐步建立龙头企业社会责任报告制度。
开拓国际市场	积极引导和帮助龙头企业利用普惠制和区域性优惠贸易政策，增强出口农产品的竞争力。引导龙头企业充分利用国际国内两个市场、两种资源，拓宽发展空间。切实做好龙头企业开拓国际市场的指导和服务工作，加强国际农产品贸易投资的法律政策研究，及时发布市场预警信息和投资指南。

（三）创新支持农业产业化示范基地建设

所谓农业产业化示范基地，主要依托现代农业示范区，以农产品加工物流等园区为载体，以提升辐射带动能力为核心，以龙头企业集群发展为重点，集成集约资源要素，拓展产业链功能，打造区域特色品牌，形成主导产业突出、规模效应明显、组织化程度较高、农民增收效果显著，引领现代农业发展的核心区和产业集聚区。为支持农业产业化集群发展，农业部提出创建一批国家农业产业化示范基地，出台了《农业部关于创建国家农业产业化示范基地的意见》（农经发〔2011〕3 号）（简称《意见》）、《农业部关于印发〈国家农业产业化示范基地认定管理办法〉的通知》（农经发〔2013〕8 号）等一系列政策文件，为创建农业产业化示范基地提供了政策指引。截至 2014 年 6 月，农业部共认定了 153 个国家农业产业化示范基地。

《意见》提出了创建目标，即到"十二五"期末，力争实现"四大一创新"的发展目标：做大龙头企业，加强企业联合合作，培育一批产业关联紧密、分工协作、功能互补的大型龙头企业集群；做大农业生产基地，推进农业生产经营专业化、标准化、规模化、集约化，建设一批与优势产区有效对接的大型生产基地；做大农产品品牌，强化农产品质量管理，打造一批产品竞争力强、市场占有率高、影响范围广的大品牌；做大农产品流通，积极推进批发市场改造升级，大力发展电子商务等现代物流方式，构建高效、便捷、快速的农产品大流通体系；创新农业经营体制机制，建立龙头企业、专业合作社、农户之间的新型利益联结关系，探索发展农业投融资、科技研发推广、风险保障等机制。围绕"四大一创新"目标，《意见》还规划了重点创建任务，详见表 5-3。

表 5-3 创建国家农业产业化示范基地的重点任务

推进龙头企业集群集聚	重点支持粮棉油、"菜篮子"产品、特色农产品大型生产、加工、流通企业发展。鼓励龙头企业通过联合、重组、兼并、参股等方式，扩大企业规模、壮大企业实力，培育大型龙头企业和企业集团；引导龙头企业向优势农产品产区集中，促进企业集群集聚，带动主导产业发展；开展农产品精深加工，发展配套服务业，形成完整的产业体系；发挥东部地区龙头企业资金、技术、人才等方面的优势，积极与中西部龙头企业开展合作，促进产业优化升级。
强化上游产业链建设	鼓励龙头企业增加基础设施投入，大力发展农产品生产基地建设。建立健全生产操作规范和流程，对生产过程进行全程记录，构建"从田头到餐桌"的质量追溯制度。加强投入品管理，节约集约使用生产资料，实现清洁化生产。支持原料基地建设与高产创示范片、标准化园艺基地、健康养殖小区等工程紧密结合。引导信贷、工商、民间等资金投向原料生产基地建设，改善农业基础设施，提高农业综合生产能力。
推动创新要素向企业集聚	集成农业产业化示范基地内龙头企业技术人才、实验设备等资源，建立技术研究中心和成果孵化中心，形成科研开发推广公共服务平台。推动龙头企业集群和国家现代农业产业技术体系结合，研究开发促进产业升级的重大关键技术，尽快转化为现实生产力；推动龙头企业集群与科研院所开展多种形式的联合，共同开发先进适用新技术新品种新工艺，加强示范和应用；推动龙头企业集群与农业科技推广体系合作，为专业合作社与基地农户提供新品种应用、生产技术指导、质量管理、疫病防治等服务。

（续）

实施品牌发展战略	集成龙头企业品牌优势，打造区域品牌，提升品牌价值。支持龙头企业开展无公害农产品、绿色食品、有机食品认证和ISO9000、HACCP等质量控制体系认证，建立健全产品检验检测制度，以质量创品牌。强化具有知识产权和特色农产品品牌保护，支持农产品地理标识认证。开展品牌推广与营销，鼓励龙头企业开设直销店和连锁店，积极与大型连锁超市、批发市场对接，拓展市场空间。利用报刊、电视、网络和展销展示会等手段，加大品牌宣传推介力度，提高品牌的知名度和影响力。
完善农产品市场功能	推动龙头企业集群与专业批发市场对接，形成与主导产业紧密联系的原料及加工制品集散中心。支持龙头企业加强储藏、运输和冷链设施建设，建立类型多样、功能完善、物畅其流的现代物流体系。充分利用龙头企业信息网络资源，鼓励有条件的龙头企业建立网上展示交易平台，发展电子商务。探索以农业产业化示范基地为单元，采集发布农产品采购价格指数，为宏观决策提供参考，为企业、合作社和农户提供指导服务。
支持龙头企业与合作社联合与合作	多种形式推动龙头企业与专业合作社对接，引导专业合作社和专业大户入股龙头企业，与企业结成更加紧密的利益共同体，共享发展成果。鼓励龙头企业建立和完善为基地农户服务的专门机构，提供购销、农资、技术、信息等服务。探索建立风险防范机制，采取政府支持、企业出资、专业合作社和农户参与的方式，设立风险基金，增强产业抗风险能力。支持龙头企业集群资助农户参加农业保险、提供信贷担保，创新服务内容和方式，增强企业辐射带动能力。

国家农业产业化示范基地的由县（市、区）人民政府组织申报，具体条件见表5-4。

表5-4　创建国家农业产业化示范基地的申报条件

有一定基础的园区	园区有管委会等专门的管理部门，建设主体清晰，内部规章制度健全，组织管理、经营管理和社会化服务比较完善，运行2年以上，经营状况良好。
龙头企业集群集聚	园区集聚了1家（含）以上国家重点龙头企业，5家（含）以上省级重点龙头企业，各类农业产业化龙头企业数量超过15家。东、中、西部地区示范基地内龙头企业总体年销售收入分别达到40亿元、30亿元、20亿元以上。
规划编制科学合理	示范基地有经当地行政主管部门认可的建设规划或建设方案，且符合当地经济社会发展、土地利用和农业发展规划的总体要求。县（市、区）人民政府出台了支持园区农业产业化发展的政策措施，有财政专项扶持资金。
农业组织化程度高，辐射带动作用明显	园区及园区内龙头企业能有效带动农民合作社、家庭农场、专业大户等新型经营主体或一村一品示范村，带动农户范围广、数量大，利益联结关系比较紧密。园区内龙头企业原料订单采购比例超过50%，参与产业化经营的农民人均纯收入高于当地平均水平。

产业链条完整，加工转化增值能力较强	有与园区相配套的高标准原料基地，生产、加工、销售一体化经营程度比较高，仓储、包装、运输等产业配套发展。农产品加工转化比重大，产品附加值高，园区农产品加工业产值与原料采购额之比超过2：1。科技创新能力较强。
农产品品牌发展基础较好	获得无公害农产品、绿色食品、有机食品认证或农产品地理标识登记产品数量多，基地内企业产品获得省级以上各类品牌认证，有较高的市场知名度和影响力。
公共服务平台初步建成	园区主管部门或当地科研、质检等行业主管部门自建或依托龙头企业，建设了技术创新、质量检测、物流信息、品牌推介等公共服务平台不少于1个，为园区内各类经营主体提供便捷优惠的公共服务。
促进城镇化作用较为明显	园区所在县（市、区）或乡镇（针对在一个乡镇行政区域范围内的农业产业化示范基地）的城镇化率高于全省平均水平，有效带动当地形成支柱产业，引导农村劳动力向二、三产业转移，农村人口向园区所在城镇集聚，推动了城镇基础设施、公共服务设施和综合服务功能建设完善，加速了城乡统筹发展步伐。

二、农业产业化龙头企业发展的状况

（一）组织数量增加，效益提升

近年来，龙头企业从少到多、由小及大，得到了较为快速的发展。据农业部产业化办公室统计，2004—2013年，龙头企业数量由4.97万家增加到12.34万家，年均增长10.63%；固定资产总额由6 365.03亿元增加到35 835.53亿元，年均增长21.17%（图5-1、图5-2）。

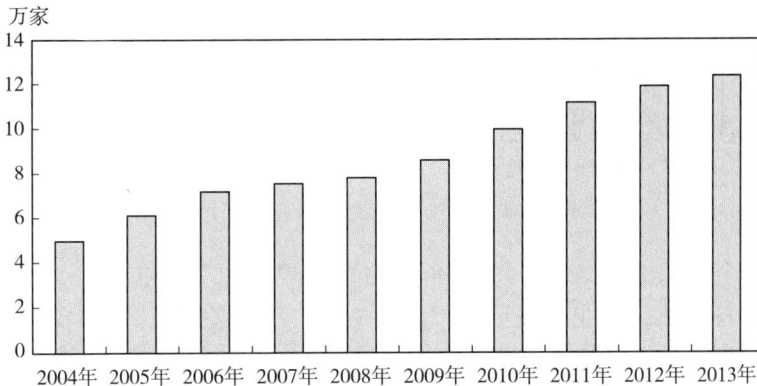

图 5-1 龙头企业数量变化

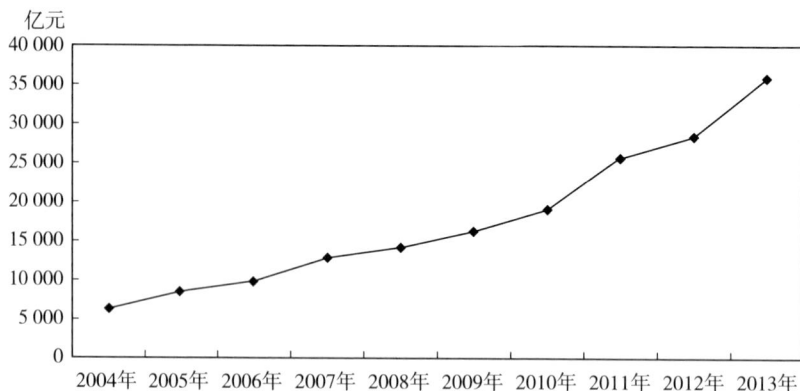

图 5-2　龙头企业固定资产总额变化

随着龙头企业数量和规模的扩大，龙头企业生产经营效益也呈不断上升趋势。2004—2013 年，龙头企业销售总收入销售收入由 14 260.54 亿元增加到 78 579.96 亿元，年均增长 20.88%；净利润总量由 900 亿元增加到 5 158.62 亿元，年均增长 21.41%；出口创汇由 207.92 亿元增加到 555.91 亿元，年均增长 11.55%；上缴税金由 481.86 亿元增加到 2 628.51 亿元，年均增长 20.74%（图 5-3、图 5-4）。

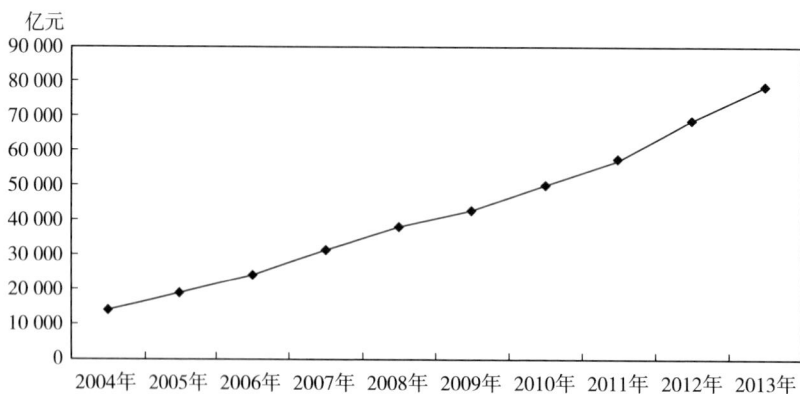

图 5-3　龙头企业销售收入总额变化

从单个龙头企业来看，龙头企业的平均规模也不断扩大。2004—2013 年，平均每个龙头企业的固定资产额由 1 280 万元增加到 2 904 万元，销售收入由 2 869 万元增加到 6 369 万元，净利润由 181 万元增加到 418 万元，年平均增长率分别为 9.53%、9.27%、9.75%，保持了较快的增长势头（图 5-5）。

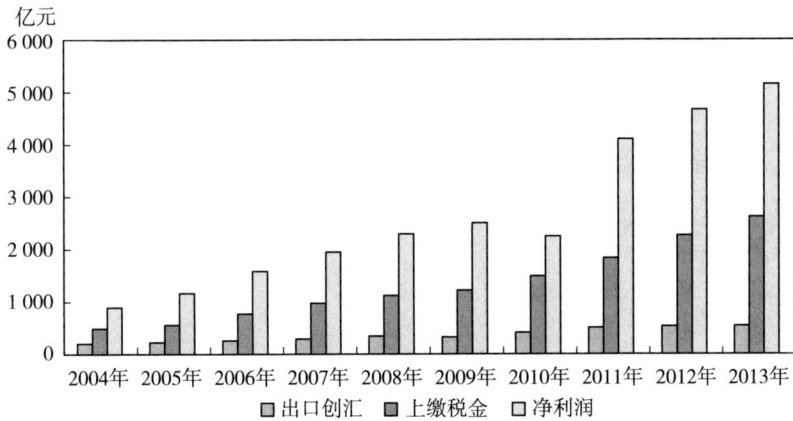

图 5-4 龙头企业总体经营情况

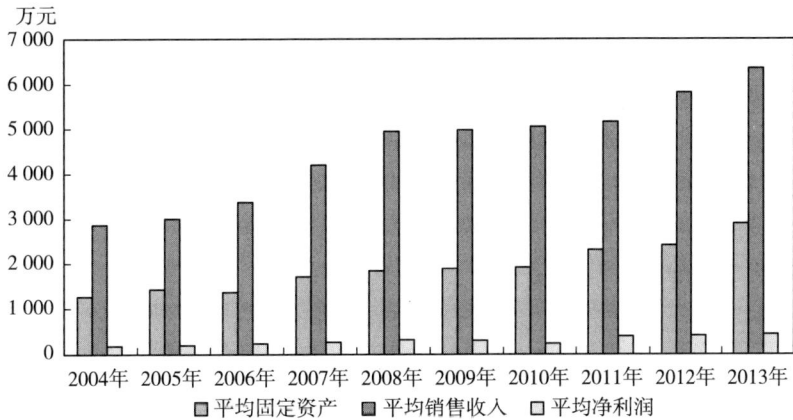

图 5-5 龙头企业平均规模及经营情况变化

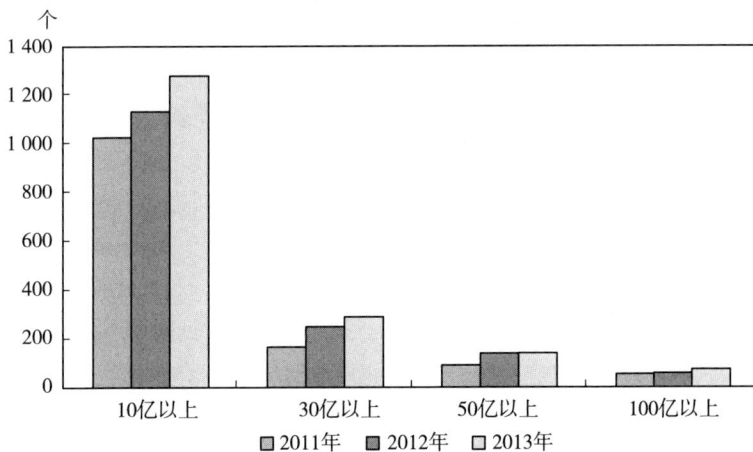

图 5-6 大型龙头企业数量变化情况

随着龙头企业的发展壮大,各地都涌现出了一些大型特大型的龙头企业集团,并呈现不断增多的态势。图5-6给出了2011—2013年销售收入超10亿、30亿、50亿、100亿元的龙头企业数量,都呈现出上升趋势。

(二)覆盖产业以种养为主,多业并举

在各类龙头企业中,以从事种植和养殖及其加工业为主,占到总数的80%以上。2013年,各种行业龙头企业的数量和销售收入占龙头企业总数和总销售收入的比见图5-7、图5-8。

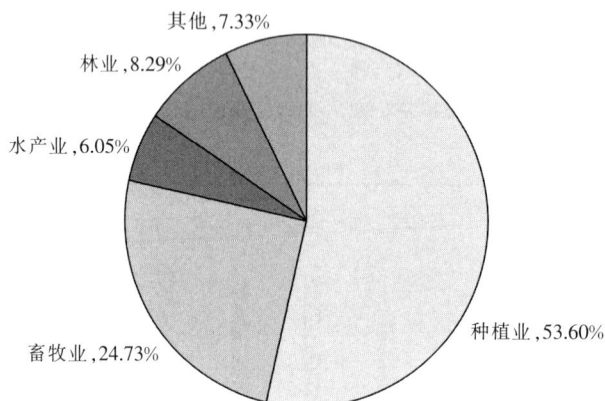

其他,7.33%

林业,8.29%

水产业,6.05%

畜牧业,24.73%

种植业,53.60%

图5-7 2013年各行业龙头企业数量占比

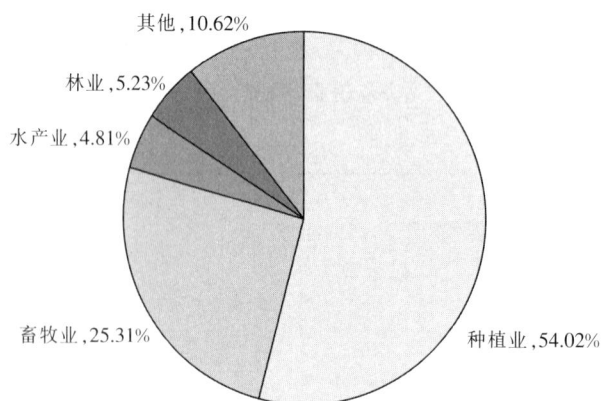

其他,10.62%

林业,5.23%

水产业,4.81%

畜牧业,25.31%

种植业,54.02%

图5-8 2013年各行业龙头企业销售收入占比

(三)基地建设投入增加,规模扩大

基地建设是龙头企业获得稳定原料的基础。近年来,龙头企业普遍重视基

地建设，包括自建基地、订单基地，有的龙头企业还跨区域建设生产基地。总的来看，龙头企业的基地投入在快速增加，基地规模也在扩大。2007—2013年，龙头企业对原料基地的投入由 640.9 亿元增加到 3 858.1 亿元，增长了 5倍以上（图 5-9）。

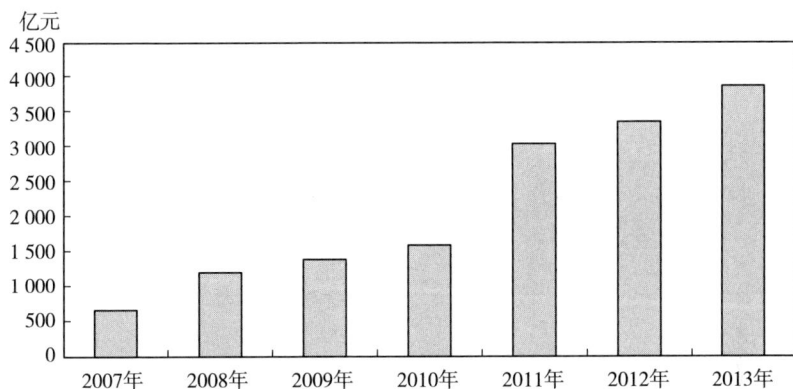

图 5-9　龙头企业原料基地投入情况

从基地投入的结构看，主要是基础设施建设投入，此外还包括农民培训投入、生产资料垫付支出等。2013 年龙头企业基地建设投入的结构，如图 5-10所示。

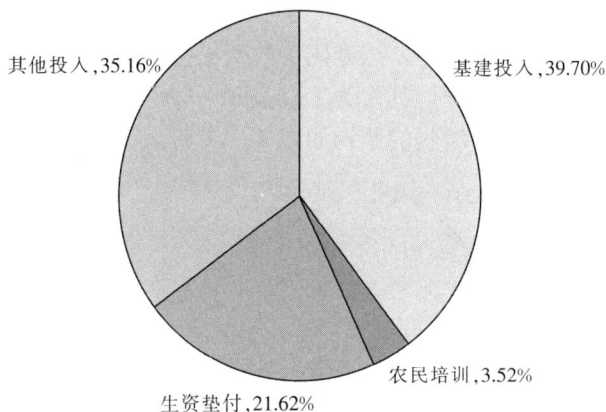

图 5-10　2013 年龙头企业基地投入结构

伴随着基地投入增加，基地规模也在逐步扩大。表 5-5 给出了 2011—2013 年龙头企业生产基地规模的变化情况。从表中可以看出，近年来龙头企业的基地规模保持着稳步扩大的趋势。到 2013 年年底，龙头企业辐射带动种植业生产基地约占全国农作物播种面积的六成；带动畜禽饲养量超过全国畜禽饲养量的三分之二；带动养殖水面超过全国的八成，龙头企业主要农产品原料采购总额 3.41 万亿元，以龙头企业为主的农业产业化经营组织成为农业生产和农产品市场供给重要主体，对保障国家粮食安全和农产品有效供给发挥了积极作用。

表 5 - 5　龙头企业基地规模变化情况

年份	种植面积（万亩）	牲畜饲养量（万头）	禽类饲养量（万只）	养殖水面面积（万公顷）
2011	100 318	110 515	779 499	359.53
2012	103 497	115 863	845 304	378.33
2013	113 566	119 338	857 914	398.80

（四）带动农民就业，促进农民增收

龙头企业通过订单、合作、入股等多种形式，带动农户从事农业产业化经营，同时为农户提供农资供应、技术指导、产品购销、仓储物流等服务，吸纳农民就业，与农民共享产业化发展成果。2013 年，龙头企业带动农户数达 6 671万户，带动基地农户增收总额 2 447 亿元，农户户均增收近 3 700 元；龙头企业职工人数 2 404.72 万人，龙头企业工资福利总支出 0.52 万亿元，职工年收入 2.16 万元。

在带动农民增收的结构中，按合同价收购比按市场价收购向农民多支付的差价占农民增收的主要部分，其次为工资报酬、股份返还、土地租金等。2013 年龙头企业带动基地农户增收的结构如图 5 - 11 所示。

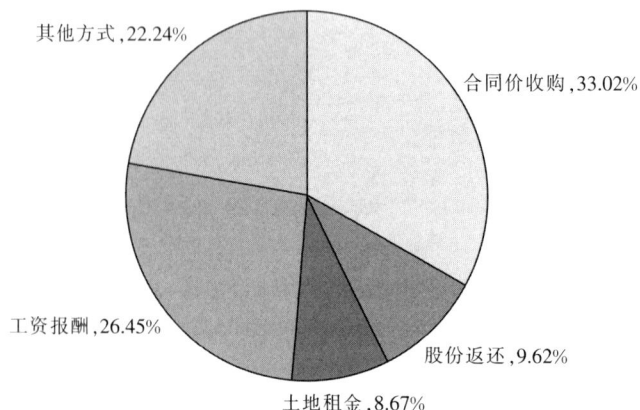

图 5 - 11　2013 年龙头企业带动农民增收来源结构

三、农业产业化经营和龙头企业发展的趋势

目前，农业产业化和龙头企业发展逐步由数量扩张向质量提升转变，由松散型利益联结向紧密型利益联结转变，由单个龙头企业带动向龙头企业集群带动转变，呈现出以下几个方面的趋势。

（一）从龙头企业引领向龙头企业集群引领转变

随着国内市场的迅速扩大，农业产业组织的多元化，以及不同产业之间的协同整合，农业产业化经营的引领方式也发生了重要变化。国际金融危机的爆发、产业梯度转移等外部冲击打破了原有的市场格局，进一步推动龙头企业进行资源要素整合，一批产品质量高、具有自主品牌、综合实力强的企业脱颖而出，市场份额明显提高，影响力显著增强，逐步形成了起点高、规模大、竞争力和带动力强的大型龙头企业和企业集团，成为农业农村经济发展的新引擎。一些地方充分利用资源和区位优势，推进龙头企业集群集聚，发展相关配套产业，形成了一批企业分工协作良好、组织化程度较高、辐射带动效果显著的产业集聚区。农业产业化的引领方式，由以前单个组织带动为主，发展为由不同组织的协同带动为主，并逐渐发展成产业集群引领，产业集群集聚发展已经成为重要趋势。随着我国农业优势区域布局进一步发展、企业集团化集群化发展的内在动力不断加强和地方政府的大力推动，未来我国龙头企业进行资源整合、跨区经营、兼并重组、集团化集群化发展的趋势也会越来越明显。

（二）由要素投入向创新驱动发展转变

近20年农业产业化和龙头企业的发展，总的来看，主要是得益于市场容量的扩大和要素投入的增加，是一种基于外延扩张的发展方式。随着市场竞争的日趋激烈和产业融合程度的不断加深，从根本上提升产业竞争力成为更加重要的选择。在新的时期，农业产业化和龙头企业发展的驱动力将由主要依靠要素驱动转向越来越多依靠创新驱动，由要素扩张转向要素优化组合，由注重产品结构升级转向要素结构升级。通过导入现代科技和先进生产方式，农业产业化和龙头企业更加重视对新品种、新技术、新工艺、新理念等要素的投入，更加注重人力资本，更加注重先进管理方式，更加注重商业模式创新，从利用资源比较优势转向培育综合竞争优势，努力实现绝对优势或核心优势的新突破。

（三）从单向联合方式向融合发展方向转变

传统农业产业化经营，龙头企业和农户在产业链条上主要通过产品购销联接，利益关系相对松散，且相关主体履约意识不强，执行契约受到的约束也比

较少，以至于在一些情况下产业化发挥的作用并不突出。新时期农业产业化经营将着力突破单一产品联接的现状，从单向联结向融合发展转变。一是龙头企业和其他经营主体的联结纽带将呈复合化、双向化。目前，农业产业化经营联接纽带拓展到产品以外，具体包括技术联结、服务联结以及由土地、资金、技术、劳动力等带来的产权联结等多纽带复合型联系，利益联结关系更加紧密。二是龙头企业和家庭农场、农民合作社相互入股渗透、相互融合。农户、家庭农场、农民合作社以土地、劳力等要素入股龙头企业，龙头企业以资金、技术入股家庭农场和合作社，各经营主体相互渗透，由链条状向网状联结转变，形成利益共同体，融合发展、利益共享。

（四）从延伸产业链向提升价值链转变

从农业产业化经营组织发展实践看，延伸产业链可以做大组织，而提升价值链可以做强组织。越来越多的龙头企业已经从延伸产业链向提升价值链转变，注重将价值链管理应用到产业链的各个环节，注重各主体合理分享价值增值，注重节约各环节间的交易成本、提高交易效率。总的来看，产业链一体化程度会越来越高，价值链各主体的利益关系会越来越密切，生产效率和交易效率越来越高，消费者体验越来越友好。农业产业化和龙头企业将从外延扩张向内生发展转变，从技术创新向价值创新转变，通过有效实施蓝海战略，实现真正有竞争力、可持续的发展。

（五）从适应市场需求向引导市场需求转变

当前，我国居民生活消费水平快速提高和食品消费结构不断升级，给产业化经营引导市场需求提供了机遇。产业化经营和龙头企业可以通过信息化、电子化、互联网、直销专供等营销手段，来引导和满足日益差异化、特色化的市场需求，实现市场的细分，拓展需求的空间。同时，产业化经营和龙头企业还可以创新消费理念，创造消费概念，优化消费方式，积极引导消费者的绿色消费、健康消费、功能消费，引领市场需求的转变。

四、农业产业化和龙头企业发展面临的问题和政策取向

（一）农业产业化和龙头企业发展面临的新形势

随着我国经济连续 30 多年的快速发展，我国已成为世界第二大经济体。然而，总的来看，我国经济发展是比较粗放的，导致了资源环境都绷得很紧，且经济体量如此之大，再保持两位数的高速增长是难以为继的，我国经济步入了以中低速、高质量为特征的新常态。在这种新常态下，龙头企业也不能独善

其身，将面临三个方面的挑战。一是经济增速下降，社会总需求增速也相应下降，对龙头企业开拓市场产生不利影响；二是集团消费减少，国内消费市场结构重构，对龙头企业开发产品和市场定位提出挑战；三是资源环境约束越来越大，外延式、粗放型发展方式迫切需要转型升级。新常态下农业产业化龙头企业的发展速度将会减慢，并倒逼龙头企业加强技术改造和升级，加大信息化对产业发展的支撑，龙头企业进入转型发展的新阶段。

当前，龙头企业发展还面临一些突出的问题。一是利益联结关系仍比较松散。产品购销合同仍是龙头企业和农户主要的利益联结方式，以技术、服务、资金、资产作为利益联结纽带的紧密型产业化利益联结方式还不多，通过契约和约定的简单联结方式仍然占到不小的比例。还有很大比例的农户与产业化组织并没有签订比较规范的订单，与龙头企业只是通过市场交易进行联结。此外由于农民分散性的特征，目前农户在与龙头企业对接过程中还处于弱势，谈判地位不高，在利益分享中处于不利地位。二是企业盈利水平不高。近年来年，龙头企业用工成本持续增加，远快于销售收入增长率。尤其是地处中西部农村地区的龙头企业，"招不到、留不住、工价高"用工难题更为突出。加上土地租金持续上涨，国内市场竞争进一步加剧，龙头企业利润率呈下滑趋势。与此同时，国内外农产品价格倒挂，粮棉油主要农产品价格高于国外，进一步加大了龙头企业的生产经营压力。三是土地、资金、技术等要素制约。龙头企业在发展过程中，还面临着比较严重的土地、资金、技术等方面的制约。由于农产品加工业的税收比较有限，使得龙头企业在用地上非常困难。受企业实力和抵押物不足的限制，龙头企业在金融机构融资也比较困难，特别是在农产品集中收购时期。此外，随着国家对资源、环境以及质量安全的高度重视，一些龙头企业生产方式落后的问题也愈发凸显。

（二）发展的基本思路

"十三五"时期，农业产业化龙头企业要把创新发展、转型升级放在首位，要把重新定位和开拓市场摆在更加重要的位置，着力构建各类产业化经营主体融合发展的新机制

1. 促进各类产业化经营主体融合发展

龙头企业在现代农业经营体系中是最有活力、最具创新能力的经营主体，要充分发挥龙头企业在农业产业化经营中的带动作用，把各类经营主体聚集起来，多向融合，抱团发展。一是要实现各经营主体之间要素、资源的融合共享。龙头企业要完善与家庭农场、农民合作社等经营主体的利益联结机制，吸引家庭农场、农民合作社以土地承包经营权、劳动力等要素入股企业，企业则以资金、技术等要素入股家庭农场和合作社，形成利益共享、风险共担的利益

联结机制,推进立体式复合型新型农业经营体系的构建。二是要促进各类新型经营主体多形式、多样化发展。龙头企业要发挥在产业链条中的核心引领作用,不断延伸产业链条、扩展产业半径,带动产业链条由链状向网状转变,形成稳固、合理、优化的产业组织形态。三是实现产业集群集聚与深度融合。鼓励龙头企业形成"抱团发展"意识,充分发挥龙头企业集群集聚带来的规模效应,降低企业经营成本,增强企业市场地位,围绕优势主导产业,形成资源共享、优势互补的产业共同体,提升产业整体效益与竞争力。

2. 加强龙头企业创新驱动

龙头企业要始终把创新能力作为提升企业竞争力的关键要素,特别是在我国现代农业建设的关键时期,更要注重创新驱动的核心作用。一是实现由简单要素扩张向促进要素优化组合的方向转变。简单的要素扩张往往会带来资源浪费和效率低下,形成粗放型发展模式,不利于农业长期、稳定和可持续发展。要创新生产要素的作用形式,注重要素间的优化组合,发挥要素间的协同合作,实现企业生产要素的集约使用,提升企业管理能力现代化水平。二是实现从利用资源比较优势向培育综合竞争优势的方向转变。比较优势的核心是成本优势。在科技创新日新月异的今天,任何优势都有可能随时丧失。要培育企业的忧患意识,鼓励企业探索新的发展理念,促进企业更加重视对新品种、新技术、新工艺的研发和投入,努力实现绝对优势或核心优势的新突破,促进产品结构、要素结构和核心竞争优势同步升级,以此来提升企业的综合竞争优势。

3. 注重市场定位及开发

党的十八届三中全会提出了"使市场在资源配置中起决定性作用"的重要论断,未来我国市场经济体制改革将更加深入,"看不见的手"将全面渗透到农业产业的各个领域。作为市场经济主体,龙头企业必须更加注重市场变化,牢牢把握市场脉搏。一要加强市场研判。随着我国农产品市场开放程度越来越高,影响农产品价格的因素也从成本、需求等传统领域扩展到了资本投机、价格传导、气候变化等非传统领域,市场风险和不确定性因素越来越多,农产品价格波动频率和幅度也越来越大。这就客观上要求龙头企业加大对市场变化及其发展趋势的研判力度,形成科学决策,规避市场风险。二要主动适应市场变化。市场需求瞬息万变,龙头企业要准确进行市场定位,实现市场细分,运用差异化战略占领产品市场。要主动创新商业模式,充分利用信息、电子、互联网、直销、专供等营销手段,来引导和满足日益差异化、特色化的市场需求。三要不断拓展市场空间。龙头企业要准确把握国内外消费需求的发展趋势,积极开拓国内市场和国外新兴市场,拓展需求空间,规避市场风险,不把鸡蛋放在一个篮子里。要加大投入,加强标准化基地建设,严格投入品管理,强化质量检验检疫,开展产品质量认证,稳步推进品牌战略。

（三）促进农业产业化和龙头企业发展的政策措施

1. 建立龙头企业与农户利益联结分享机制

完善"龙头企业＋合作组织＋农户"的模式，在"互利互惠、利益共享、风险共担"的基础上，采取保底收购、股份分红、利润返还等方式，让农户分享加工销售收益，从而促进农民增收，稳定龙头企业与农户的关系。大力发展订单农业，规范合同内容和签订程序，明确权利责任。支持龙头企业与专业大户、家庭农场、合作社有效对接，鼓励龙头企业创办领办合作社，推进企业与合作社深度融合发展。鼓励农户、家庭农场、合作社以资金、技术等要素入股龙头企业，形成产权联合的利益共同体。

2. 出台扶持政策提高龙头企业收益能力

农业投资具有投资大、利润低、周期长的特点，单靠企业自身积累较难形成规模，因此国家应出台扶持政策，降低农业龙头企业运行成本，提高其收益能力。创建农业产业化示范基地，促进龙头企业集群发展。按照专业化分工的要求将上下游企业有机联接在一起，通过分工协作，降低企业成本，实现协同发展。在利税、收费、资金等方面进一步加大扶持力度，逐步扩大农产品加工增值税进项税额核定扣除试点行业范围，给予龙头企业税收优惠，缓解和减轻企业财务负担，提高其赢利水平。促进龙头企业加强与科研院所、大专院校及农业技术推广等机构的合作，实现产学研有机结合，提升企业竞争力。

3. 努力消除龙头企业发展所面临的要素制约

对于重点农业产业化项目给予贴息贷款，金融机构应适当降低授信门槛并在资金安排上优先考虑，在贷款期限、贷款利率上给予优惠。政府可成立农业投资公司和农业投资基金，为龙头企业提供直接投资、贷款担保、风险补偿、管理咨询等服务。建立健全多层次的资本市场体系，鼓励符合条件的龙头企业利用资本市场，通过上市、发行企业债券等方式募集发展资金，实现融资渠道多元化。土地管理部门在符合土地利用总体规划的前提下，对于龙头企业发展所需用地给予优先安排、审批。建立健全农村土地承包经营权流转市场，促进农村土地经营权的规范流通。建立健全主体多元的职业技术培训体系，提升农村劳动力素质，为龙头企业的发展提供智力支持。

第6章 农产品流通与市场调控

农产品流通政策，通常是指在农产品垂直流通系统内影响农产品的价格传导与物理流通的政策。农产品流通与市场调控主要分为两个维度，一是价格信号在消费者和生产者之间的传导；二是农产品在生产者和消费者之间的物理传输。后者又可进一步分为三个维度，即在时间、空间和形态的传输，意味着消费者可以在非农民收获、销售的时间，在不同于农民销售的地点，获得农民初级销售产品的其他形态如进一步加工过的农产品。因此，农产品流通政策政策起作用的环节已经脱离生产环节，它通过维护交易规则来影响影响产品价值的实现，但不影响产品价值的生产，将三次产业有机地联系起来，与商务、交通、质检等部门多有互动。在农产品生产比较丰富的情况下，如何更高效地促进其与市场对接，也就成了重要课题。正因如此，国家在农产品流通方面先后出台一系列政策，规范、促进农产品流通。

一、政策背景及政策要点

（一）"十一五"时期的工作进展和存在的主要问题

"十一五"时期，中央不断加强粮食、棉花流通体制改革创新，积极出台大宗和鲜活农产品的价格支持政策和贸易调控政策，促进农业农村经济又好又快发展。在粮食方面，形成了针对稻谷和小麦的最低收购价政策、临时储备粮食收购计划和政策性粮食竞价交易三大国内调控政策和关税与配额共同构成的进出口调控政策；在棉花方面，形成了临时收储、竞价交易和超配额进口滑准税政策；在食糖方面，形成了临时收储、竞价交易和关税配额管理；在鲜活农产品方面，形成了生猪价格调控预案、"菜篮子"工程等一系列流通与调控政策。但是，市场干预仍然较多，降低了农民在粮棉油等大宗农产品生产方面的主观能动性，而且部分现货农产品和小品种有大起大落的现象。

（二）"十二五"时期出台的政策文件及政策要点

2012年中央1号文件提出，稳步提高小麦、稻谷最低收购价，适时启动玉米、大豆、油菜籽、棉花、食糖等临时收储，抓紧完善鲜活农产品市场调控办法，健全生猪市场价格调控预案，探索建立主要蔬菜品种价格稳定机制。同时要求，统筹规划全国农产品流通设施布局，加快完善覆盖城乡的农产品流通网络。明确了免除蔬菜批发和零售环节增值税，开展农产品进项税额核定扣除试点，落实和完善鲜活农产品运输绿色通道政策，清理和降低农产品批发市场、城市社区菜市场、乡镇集贸市场和超市的收费等政策。

2013年中央1号文件提出，继续提高小麦、稻谷最低收购价，适时启动玉米、大豆、油菜籽、棉花、食糖等农产品临时收储。优化粮食等大宗农产品储备品种结构和区域布局，完善粮棉油糖进口转储制度。健全重要农产品市场监测预警机制，认真执行生猪市场价格调控预案，改善鲜活农产品调控办法。同时，明确提高农产品流通效率，继续实施"北粮南运""南菜北运""西果东送"、万村千乡市场工程、新农村现代流通网络工程，支持供销合作社、大型商贸集团、邮政系统开展农产品流通。

2014年中央1号文件对农产品价格形成机制的表述开始有了转型，继续坚持市场定价原则，探索推进农产品价格形成机制与政府补贴脱钩的改革，逐步建立农产品目标价格制度。中央决定，2014年启动东北和内蒙古大豆、新疆棉花目标价格补贴试点。与此同时，继续执行稻谷、小麦最低收购价政策和玉米、油菜籽、食糖临时收储政策。进一步强调加强农产品市场体系建设，加快发展主产区大宗农产品现代化仓储物流设施，完善鲜活农产品冷链物流体系。支持产地小型农产品收集市场、集配中心建设。完善农村物流服务体系，推进农产品现代流通综合示范区创建，加快邮政系统服务"三农"综合平台建设。实施粮食收储、供应安全保障工程。启动农村流通设施和农产品批发市场信息化提升工程，加强农产品电子商务平台建设。加快清除农产品市场壁垒。

2015年中央1号文件明确继续执行稻谷、小麦最低收购价政策，完善重要农产品临时收储政策。合理确定粮食、棉花、食糖、肉类等重要农产品储备规模。同时，也提出总结新疆棉花、东北和内蒙古大豆目标价格改革试点经验。同时，还是强调创新农产品流通方式，完善全国农产品流通骨干网络，加大重要农产品仓储物流设施建设力度。文件的亮点是，支持电商、物流、商贸、金融等企业参与涉农电子商务平台建设。

二、农产品流通政策的主要目标

计划经济时期，国家干预农产品流通的主要目标是积累工业化初始资本。但进入市场化改革后，国家的政策目标更多考虑农业部门的长期发展需要和城市居民安全有效的农产品供给。具体地说，期望通过政策规范和引导，增加农民收入，保护农民种粮积极性，稳定粮食生产。同时，通过市场化改革，搞活农产品流通。并减少运销价差，平抑物价。同时提高农产品质量安全水平，使消费者获得放心、可靠的农产品。在操作过程中，流通政策与其他政策如价格政策互相配合，以形成政策合力，实现共同目标。

（一）保护和调动农民生产积极性

一般而言，农产品的价格需求弹性比较小。当产量上升引起供给增加，价格下降的程度容易大于交易量增加程度，而使农民收入下降，即所谓"谷贱伤农"问题，会极大损伤农民种粮积极性。因而，以最低收购价政策稳定或提高农民的销售价格，保障农民的基本收入不因丰收下降。同时，配合农业补贴支持制度，提高农民收入，可有力调动农民生产积极性。这不仅涉及农产品价格或生产政策，也要求政府流通干预的支持。如最低价收购政策需要有专门的收购主体与流通渠道。另一方面，为解决区域性、时期性农民"卖难"问题，国家可利用粮食收储政策、绿色通道、批发市场与期货市场等运输渠道建设政策，促进农产品在地域与时间上的余缺调配，从而逆向促进农民的销售，进而增加农民收入。

（二）保障农产品安全有效供给

"仓廪实、天下安"，农产品有效供给关乎经济社会稳定发展。国家宏观调控首要保障粮食安全，保证13多亿中国人在任何时候既买得到又买得起他们所需的基本食品，要求确保生产足够数量的粮食，最大限度地稳定粮食供应，同时要确保所有需要粮食的人都能获得粮食。因而在流通方面，要能建立重要农产品的储备体系，吞吐调节季节余缺；要加快基础交通设施与流通市场体系建设，推动农产品的全国性快捷低成本流通。同时，要求稳定农产品价格，保障城市居民的基本食物消费。然而，农产品价格上涨总是周期性出现，从中国古代"米贵伤民"，到21世纪初网上流行的"豆你玩""蒜你狠""向钱葱"，对居民消费购买力造成很大冲击。供求失衡是推动农产品价格上涨的长期因素，但短期价格暴涨除了气候影响外，更多来自社会资金的炒作。即利用部分农产品产地集中、季节性强、产量下降、市场信息不对称等特点，恶意囤积，哄抬价格。因此，需要扩大政府对流通市场的监管，维持流通市场秩序，从根本上解决人民的吃饭问题，保障农产品的有效供给。

（三）促进农产品流通市场化

传统经营体制强调以统购统销等计划指令为主的政策取向，但农业生产制度的变迁内生了对农产品流通制度变迁的需求。旧的制度造成财政负担过重，人民生活水平低下，农民收入增长缓慢，经济发展结构性失调。因而，顺应经济发展规律的以市场化为取向的农产品流通体制改革就愈发关键，从取消鲜活农产品的统购统销政策，缩小粮食计划管理范围、扩大市场调节比重，到全面放开粮食购销市场，市场机制在农产品配置中的基础性作用不断突显，不仅释放了经济活力，还提高了农民收入，人民生活水平不断提高，真正防止"与民争利"。

（四）合理分配销售环节利润

保护农民与生产者免受中间商压榨，是政府干预流通市场的最古老的原因。在分散、小规模、信息闭塞的农户与消费者之间，中间商容易利用信息与谈判优势掠夺垄断利润。在这样的私人运营下的运销价差远大于完全竞争或政府操作的市场。在我国农产品产销链条的总成本收益中，农民投入最多，却获利最少。而同时消费者也付出很高的购买价格，以致出现"中间笑、两头叫"局面。因而，政府会选择流通政策干预，培育多元化市场主体，增加市场的竞争性。或发展"农超对接"模式缩减流通环节，减少各环节税费支出等，来提高生产环节的利润分配比例，以经济行政手段保护农民与生产者的合理剩余。

（五）提高农产品质量安全水平

农产品质量安全事关食品安全，而食品安全是关系千家万户的大事。国际国内层出不穷的食品安全事件更是引发群众对于农产品质量安全的担忧。知名品牌一再曝出质量问题，如2008年三鹿奶粉"三聚氰胺"事件、2011年双汇"瘦肉精"事件、2013年产稻大省湖南"镉超标毒大米"事件等引起社会极大震动，还有更多无证经营的黑作坊与假冒伪劣商品，不断考验消费者的承受力与政府的监管能力。因而，政府流通干预的共同目标就是要提高产品质量，保证产品基本卫生和安全。特别是出口产品在国际市场上要面对更严格的质量要求，甚至是技术性贸易壁垒。为提升农产品国际竞争力，国家更需要对生产与流通环节进行监管，确保质量安全。

三、农产品流通与市场调控政策措施

经过30多年市场化改革，目前我国农产品流通政策主要表现在四大方面。即加强农产品流通设施和市场体系建设，创新农产品流通方式；以大型农产品批发市场为骨干，建设覆盖全国的农产品流通骨干网络；坚守"米袋子"省长负责制，三大政策调控粮食安全；推进农产品质量安全管理，保障安全可靠的农产品供给。日渐完善的四大支柱不断夯实我国农产品流通市场的发展根基，目前已基本建立起以现代物流、连锁配送、冷链物流、电子商务、期货市场等现代市场流通方式为先导，以批发市场为中心，以集贸市场、零售经营门店和超市为基础，布局合理、结构优化、功能齐备、制度完善、有较高现代化水平的统一、开放、竞争、有序的农产品市场体系。

（一）培育多元化市场主体

顺应市场化经济发展要求，我国农产品流通主体由单一经营发展为多元化、多渠道齐头并进，积极鼓励和扶持具备资格的经营主体进入市场，包括农产品经纪人、农业专业合作社和协会、农业产业化龙头企业等流通中介组织。并鼓励"农超对接"，缩短中间环节，进一步丰富农产品流通形式。

1. 培育农产品经纪人队伍

农产品经纪人也称农民经纪人或农村经纪人，主要从事农产品流通、科技、信息等一系列服务。在中央第一次提出商业流通体制改革后，农产品经纪人队伍迅速发展。"十二五"期间，国家高度重视农产品经纪人队伍培养，持续推进地方农产品经纪人协会的建设，全国供销合作社系统 2014 年基本情况统计公报显示，我国农产品流通经纪人协会有 1 511 个。2015 年，中国农产品流通经纪人协会农村电商委员会成立，通过建立线上和线下平台的互动，促进农产品流通现代化的进程。此外，农产品经纪人还享受税收优惠与融资优先政策。

2. 支持合作社从事农产品流通

"十二五"期间，国家继续对农民专业合作社的经济活动给予税收减免优惠政策。一是对农民专业合作社销售本社成员生产的农业产品，视同农业生产者销售自产农业产品免征增值税；二是增值税一般纳税人从农民专业合作社购进的免税农业产品，可按 13% 的扣除率计算抵扣增值税进项税额；对农民专业合作社向本社成员销售的农膜、种子、种苗、化肥、农药、农机，免征增值税；对农民专业合作社与本社成员签订的农业产品和农业生产资料购销合同，免征印花税。

3. 扶持农业产业化龙头企业发展

"十二五"期间，国家继续大力支持农业产业化龙头企业发。2012 年，《国务院关于支持农业产业化龙头企业发展的意见》（国发〔2012〕10 号）发布，尤其支持龙头企业创新流通方式，完善农产品市场体系。尤其是，支持大型农产品批发市场改造升级，鼓励和引导龙头企业参与农产品交易公共信息平台、现代物流中心建设，支持龙头企业建立健全农产品营销网络，促进高效畅通安全的现代流通体系建设。鼓励龙头企业，发展连锁店、直营店、配送中心和电子商务等新型流通业态。支持龙头企业改善农产品贮藏、加工、运输和配送等冷链设施与设备。支持符合条件的国家和省级重点龙头企业承担重要农产品收储业务。探索发展生猪等大宗农产品期货市场。鼓励龙头企业利用农产品期货市场开展套期保值，进行风险管理。

4. 大力促进"农超对接"

"农超对接"是指连锁超市以订单方式从生产端直接采购农产品，或者农业生产者直接向零售端供应农产品的一种流通模式。"十二五"期间，国家持续推动"农超对接"工作。2011年2月，商务部、农业部发布《商务部、农业部关于全面推进农超对接工作的指导意见》（商建发〔2011〕43号），提出全面推进"农超对接"工作。具体地，包括：搭建对接平台，畅通"农超对接"渠道，使更多的超市和农民专业合作社参与"农超对接"，并发展农产品电子商务；培育对接主体，提升"农超对接"水平，扩大"农超对接"规模，加强对农民专业合作社的指导和扶持；加强指导监督，规范"农超对接"行为，严禁超市向合作社收取进场费、赞助费、摊位费、条码费等不合理费用，严禁任意拖欠货款，鼓励超市缩短账期，同时大力支持农民专业合作社率先实施标准化生产，加强安全生产记录管理。

5. 积极发展农产品电子商务

2014年全国农产品电子商务交易额超过870亿元，电子商务成为农产品流通创新的重要推动力。2016年中央1号文件中提到，开展降低农产品物流成本行动。促进农村电子商务加快发展，形成线上线下融合、农产品进城与农资和消费品下乡双向流通格局。加快实现行政村宽带全覆盖，创新电信普遍服务补偿机制，推进农村互联网提速降费。加强商贸流通、供销、邮政等系统物流服务网络和设施建设与衔接，实施"快递下乡"工程。鼓励大型电商平台企业开展农村电商服务，支持地方和行业健全农村电商服务体系。

（二）健全农产品市场体系

健全农产品市场体系，首先要建立现代化农产品现货批发市场。2013年国务院发布了降低流通环节费用的具体方案，特别关注农产品批发市场运营成本问题。主要有四方面，一是，农产品批发市场、农贸市场用电、用气、用热与工业同价。农产品批发市场、农贸市场用水，在已按要求简化用水价格分类的地区，执行非居民用水价格；在尚未简化分类的地区，按照工商业用水价格中的较低标准执行。二是，降低农产品批发市场、农贸市场和社区菜市场摊位费收费标准。三是，自2013年1月1日至2015年12月31日，对专门经营农产品的农产品批发市场、农贸市场使用的房产、土地，暂免征收房产税和城镇土地使用税，2016年，财政部、国家税务总局联合公布，自2016年1月1日至2018年12月31日，对于专门经营农产品的农产品批发市场、农贸市场使用（包括自有和承租）的房产、土地，继续暂免征收房产税和城镇土地使用税。对同时经营其他产品的农产品批发市场和农贸市场使用的房产、土地，按其他产品与农产品交易场地面积的比例确定征免房产税和城镇土地使用税①。四是，城市人民政府在制定调整土地规划、城市规划时，要优先保障农产品批发市场、农贸市场、社区菜市场和便民生活服务网点用地。2014 年，中央 1号文件指出，要加强以大型农产品批发市场为骨干、覆盖全国的市场流通网络建设，开展公益性农产品批发市场建设试点，商务部 2015 年出台规划②，到2020 年，将初步建立起以产地集配中心和田头市场为源头，以农产品批发市场为中心，以农产品零售市场为基础，以高效规范的电子商务等新型市场为补充的农产品市场体系。将建立以京津冀市场集群、东北市场集群、长三角市场集群、珠三角市场集群、中原市场集群、长江中游市场集群、成渝市场集群以及陕甘宁市场集群在内的八大骨干市场集群以及 100 个左右全国骨干农产品批发市场，全国骨干农产品批发市场布局条件为地处重要流通节点或重要的交通枢纽城市，区位优越，交通便利，辐射 10 个省（市）以上；东部地区年交易额 100 亿元及以上、市场产出率 3.8 及以上，中部地区年交易额 80 亿元及以上、市场产出率 3.6 及以上，西部地区年交易额 60 亿元及以上、市场产出率2.8 及以上；符合国家发展战略和所在省（市）发展规划。

（三）强化"绿色通道"建设

我国农产品全国性流通网络的构建基本基于以下三条发展路径：一是通过前述农产品现货产销批发市场的建设，充分发挥市场集散功能；二是通过加快交通基础设施建设，减免税费构建绿色通道网络，实现农产品在全国范围的快速便捷低成本流通；三是通过建立农产品期货市场，实现资金与信息的全国甚至世界范围内的流通。

1. 加快交通基础设施建设

近些年，我国交通基础设施建设发展迅速，客流与货物运输能力大幅提高。据交通部统计，与 1998 年比较，2014 年全国营业性货运车辆完成货运量333.28 亿吨，增长了 223.30％，完成水路货运量 59.83 亿吨，民航货邮运输量 594.1 万吨，铁路运输量 38.13 亿吨。农村公路建设经历了"十一五"时期的"五年千亿元工程"和"十二五"期间的继续投入，取得了可喜成绩。如图6－1 所示，全国通公路的乡（镇）占全国乡（镇）总数 99.98％，其中通硬化路面的乡（镇）占全国乡（镇）总数 98.08％；通公路的建制村占全国建制村

---

① 2016 年 1 月 13 日，财政部、国家税务总局发布《关于继续实行农产品批发市场农贸市场房产税城镇土地使用税优惠政策的通知》（财税〔2016〕1 号）。
② 2015 年 8 月 31 日，商务部发布《全国农产品市场体系发展规划（2015—2020 年）》。

总数 99.82%，其中通硬化路面的建制村占全国建制村总数 91.76%。① 目前已基本形成城乡公交资源相互衔接、方便快捷的运输网络，为农产品从产地运往全国，减少运输损耗继而提高市场竞争力创造了条件。2012 年，开展"南菜北运""西果东送"现代流通综合试点，2013 年，在"南菜北运""西果东送"的基础上，继续实施"北粮南运"、万村千乡市场工程、新农村现代流通网络工程，启动农产品现代流通综合示范区创建。2014 年，在上述工程基础上提出加强粮食产区的收纳和发放设施、南方销区的铁路和港口散粮接卸设施建设，解决"北粮南运"运输"卡脖子"问题，加强"南糖北运"及产地的运输、仓储等物流设施建设。继续支持"南菜北运"等设备设施建设。②

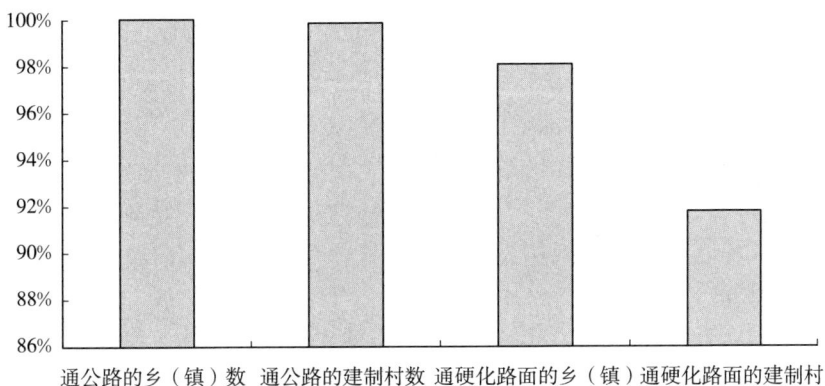

图 6-1　2014 年农村通公路与通硬化路的比例

2. 畅通鲜活农产品"绿色通道"

鲜活农产品运输的"绿色通道"政策，是指确定以国道网为基础，结合主要鲜活农产品的流量和流向，在全国建立鲜活农产品流通的"绿色通道"网络，对整车合法装载运输鲜活农产品的车辆免收通行费。而且逐步建立以自动检测为主、人工查验为辅的鲜活农产品运输"绿色通道"检测体系，利用科技手段，尽可能缩短鲜活农产品运输车辆的查验时间，提高合法运输车辆的通行效率。

3. 发展农产品期货市场

我国自 20 世纪 90 年代开始发展农产品期货市场，已初步涵盖了粮棉油糖四大系列农产品期货品种体系。"十二五"期间，中央对农产品期货市场发

---

① 交通运输部，2014 年交通运输行业发展统计公报，http://www.moc.gov.cn/zfxxgk/bnssj/zhghs/201504/t20150430＿1810598.html.

② 2014 年 9 月 12 日，《国务院关于印发物流业发展中长期规划（2014—2020 年）的通知》（国发〔2014〕42 号）。

现价格与风险规避的功能愈加重视,中央1号文件连续强调要逐步扩大期货品种,培育具有国内外影响力的农产品价格形成和交易中心。目前,我国共有郑州商品交易所、大连商品交易所、上海期货交易所、浙江舟山大宗商品交易所、新华商品交易所等农产品期货交易所,共上市了小麦、玉米、棉花、大豆、白糖、豆油、豆粕、菜籽油、棕榈油、油菜籽、菜籽粕、晚籼稻、粳稻、木材、天然橡胶等农产品期货品种。2013年大连商品交易所正式上市鸡蛋期货合约,并且生猪期货合约也已经基本完成设计,正在积极地研究开发之中。

4. 建立农产品冷链物流体系

农产品冷链物流是指使肉、禽、水产、蔬菜、水果、蛋等生鲜农产品从产地采收(或屠宰、捕捞)后,在产品加工、贮藏、运输、分销、零售等环节始终处于适宜的低温控制环境下[①]。我国现代农产品储藏、保鲜技术起步于20世纪初,自20世纪六七十年代开始在生鲜农产品产后加工、储藏及运输等环节逐步得到应用。2010年发改委编制了《农产品冷链物流发展规划》,《规划》提出到2015年,果蔬、肉类、水产品冷链流通率分别提高到20%、30%、36%以上,冷藏运输率分别提高到30%、50%、65%左右,流通环节产品腐损率分别降至15%、8%、10%以下。2014年,国务院发布《物流业发展中长期规划(2014—2020年)》[②],指出加强鲜活农产品冷链物流设施建设,支持大宗鲜活农产品产地预冷、初加工、冷藏保鲜、冷链运输等设施设备建设,形成重点品种农产品物流集散中心,提升批发市场等重要节点的冷链设施水平,完善冷链物流网络。近几年来的中央1号文件里也都提到了关于完善跨区域农产品冷链物流体系,开展冷链标准化示范,实施特色农产品产区预冷工程等内容。

(四)加强农产品质量和食品安全监管

从质量安全标准化建设、法律制度建设、机构建设等方面,国家为促进农产品质量安全采取了一系列重大措施,努力确保不发生重大农产品质量安全事件,为消费者提供安全可靠的农产品供给。

1. 制定完善农产品质量标准

2012年,国务院发文督促完成食用农产品质量安全、食品卫生、食品

---

① 2010年6月18日,《国家发展改革委关于印发农产品冷链物流发展规划的通知》(发改经贸〔2010〕1304号)。

② 2014年9月12日,《国务院关于印发物流业发展中长期规划(2014—2020年)的通知》(国发〔2014〕42号)。

质量标准和食品行业标准中强制执行标准的清理整合工作①。2014年，农业部表示，将以农兽药残留标准制修订为重点，力争在三年内构建科学统一并与国际接轨的食用农产品质量安全标准体系②。2015年12月，国务院表示将在2020年前，使农业标准化生产普及率超过30％，制定和实施农兽药残留限量及检测、农业投入品合理使用规范等领域标准，继续健全和完善农产品质量安全标准体系。③ 2016年，农业部将启动实施《加快完善我国农药残留标准体系工作方案（2015—2020年）》，完成1 000项农兽药残留标准制修订任务。④

2. 加强农产品流通法律制度建设

2012年，商业部发布了《黄瓜流通规范》《鲜食马铃薯流通规范》《番茄流通规范》《青椒流通规范》《洋葱流通规范》《豇豆流通规范》《冬瓜流通规范》等7项国内贸易行业标准，在农产品质量安全标准基础之上，对农产品质量等级、包装、标识、采购、运输、贮藏、批发、零售等方面给出了具体要求，实现流通过程全程可追溯，确保流通过程中的农产品质量安全。经过"十一五"和"十二五"两个五年建设规划，截至2014年，两期规划已投资建设各级农产品质检项目2 548个⑤，2015年4月24日，《中华人民共和国食品安全法》⑥ 修订通过，修订后的《食品安全法》增添了网购、婴幼儿食品、保健品、转基因食品、添加剂等领域的新规定，对于保健食品、网络食品交易、食品添加剂等食品监管难点问题都有涉及，理顺了食品监管体制，明确了各监管部门职责。

3. 加强农产品质量安全监管

2010年，国务院食品安全委员会成立，研究部署、统筹指导食品安全工作。同年试行《食品安全风险评估管理规定》。2011年，国务院食品安全委员会建立国家食品安全风险评估中心，如天气预报般对灾难性食品安全问题作出监测。监管过程中，深入开展农药及农药使用、畜产品"瘦肉精"、生鲜乳违

---

① 2012年6月23日，《国务院关于加强食品安全工作的决定》（国发〔2012〕20号）。

② 2014年1月24日，农业部农产品质量安全监管局发布《农业部关于加强农产品质量安全全程监管的意见》（农质发〔2014〕1号）。

③ 2015年12月17日，《国务院办公厅关于印发国家标准化体系建设发展规划（2016—2020年）的通知》（国办发〔2015〕89号）。

④ 2016年1月29日，农业部发布《农业部关于扎实做好2016年农业农村经济工作的意见》（农发〔2016〕1号）。

⑤ 2014年6月5日，农业部发布《农业部关于加强农产品质量安全检验检测体系建设与管理的意见》（农质发〔2014〕11号）。

⑥ 2015年4月24日，全国人民代表大会常务委员会通过，于2015年10月1日起施行《中华人民共和国食品安全法（2015）》（中华人民共和国主席令第二十一号）。

禁物质、兽用抗菌药、水产品禁用药物和有毒有害物质、农资打假等6项专项整治活动，严厉查处和打击蔬果生产以及畜禽、水产养殖中非法添加、违规用药等问题，确保生产环节质量安全。同时，尽快启动国家农产品质量安全监管示范县创建活动，落实属地责任，强化源头监管。2012年，农业部颁布了《农产品质量安全监测管理办法》①，对农产品质量安全风险监测和农产品质量安全监督抽查工作进行了细致的规定：由农业部统一管理全国农产品质量安全监测数据和信息，并指定机构建立国家农产品质量安全监测数据库和信息管理平台，承担全国农产品质量安全监测数据和信息的采集、整理、综合分析、结果上报等工作；并规定了农产品质量安全监测计划编制工作方案的具体内容。2013年，国务院就加强农产品质量安全监管工作，提出强化属地管理责任、推进农业标准化生产、加强畜禽屠宰环节监管、要深入开展农产品质量安全专项整治行动，严厉查处非法添加、制假售假等案件，切实解决违法违规使用高毒农药、"瘦肉精"、禁用兽药等突出问题。② 2014年，国务院第一次明确要求乡（镇）政府和街道办事处要将食品安全工作列为重要职责内容，并提出要使严惩重处违法犯罪行为成为食品安全治理常态。③ 同年，农业部发文表示，将用3~5年的时间，使农产品质量安全标准化生产和执法监管全面展开，专项治理取得明显成效，违法犯罪行为得到基本遏制，突出问题得到有效解决，用5~8年的时间，使我国农产品质量安全全程监管制度基本健全，农产品质量安全法规标准、检测认证、评估应急等支撑体系更加科学完善，标准化生产全面普及，推行产地准出和追溯管理制度，依托农业产业化龙头企业和农民专业合作社启动创建一批追溯示范基地和产品，逐步实现农产品生产、收购、贮藏、运输全环节可追溯④。

（五）提高市场宏观调控能力

搞活农产品流通是农业农村经济发展的重要任务，加强政府对农产品市场的宏观调控是稳定农民收入、推进农业稳定发展的重要手段。为了在农产品市场化、国际化的新形势下加强宏观调控，防止农产品价格大起大落，国家逐步构建涉及粮棉油糖等大宗农产品的市场调控政策体系。其中主要包括粮食市场

---

① 2012年8月14日，农业部出台《农产品质量安全监测管理办法》（农业部令2012年第7号）。
② 2013年12月2日，国务院办公厅发布《国务院办公厅关于加强农产品质量安全监管工作的通知》（国办发〔2013〕106号）。
③ 2012年6月23日，国务院发布《国务院关于加强食品安全工作的决定》（国发〔2012〕20号）。
④ 2014年1月24日，农业部农产品质量安全监管局发布《农业部关于加强农产品质量安全全程监管的意见》（农质发〔2014〕1号）。

调控的四大政策，与国际贸易政策。

1. 粮食最低收购价政策

"十二五"期间，国家持续实施最低收购价政策，其指向是主产区的稻谷和小麦。2016 年的中央 1 号文件指出稻谷和小麦将继续执行最低收购价政策。在政策的执行过程中，该政策形成了以下几个特点：第一，各粮食品种的最低收购价逐年提高，根据品种的余缺情况，提高幅度有所不同。例如，针对近两年稻谷市场"籼强粳弱"尤其是早籼稻价格上涨较快的情况，国家在公布2012 年稻谷最低收购价时，就将早籼稻最低收购价提高 17.6%，晚籼稻最低收购价提高 16.8%，而供求相对平衡的粳稻则提高了 9.4%。第二，最低收购价的公布时间在粮食播种之前。例如，小麦最低收购价公布时间在冬小麦播种之前，稻谷最低收购价公布时间在早籼稻播种之前。第三，最低收购价的执行时间基本明确为新季小麦和稻谷集中上市的时间。例如，2015 年，小麦最低收购价执行时间为 2015 年 5 月 21 日至 9 月 30 日；早籼稻最低收购价执行时间为 2015 年 7 月 16 日至 9 月 30 日；中晚稻最低收购价执行时间为：江苏、安徽、江西、河南、湖北、湖南、广西、四川 8 省（区）2015 年 9 月 16 日至2016 年 1 月 31 日，辽宁、吉林、黑龙江 3 省 2015 年 10 月 10 日至 2016 年 2月 29 日。2014 年，受成熟期影响，中晚稻收购辽宁、吉林和黑龙江三省的执行时间有所调整，2014 年执行时间为 2014 年 11 月 1 日至 2015 年 3 月 31 日。启动时间较上年提前 20 日，结束时间较上年提前 1 个月，整体收购时间较上年缩短 8 天。第四，收购粮食的标准也会根据情况灵活掌握。例如，2013 年新麦收获上市期间，河南、湖北、安徽等部分主产区连续遭遇强降雨，小麦出现倒伏、生芽等情况，不完善粒明显增多，国家发改委等有关部门研究出台了在局部受灾严重区域将不完善粒 20% 以内的等内小麦列入最低收购价范围的惠农政策。2015 年的小麦收购价格为 50 千克 118 元，早籼稻、中晚籼稻和粳稻最低收购价格分别为每 50 千克 135 元、138 元和 155 元，均保持 2014 年水平不变。

2. 完善粮食临时收储政策

临时收储储粮食收购计划始于 2007—2008 年，其政策指向是主产区的玉米，也曾经将大豆、棉花、东北粳稻以及南方稻谷纳入其执行范围，甚至还包括少量的小麦、食糖、油菜籽等。2011 年，棉花纳入了临时收储范围。2014年国家全面取消大豆和棉花的临时收储计划，临时收储计划仅包括了玉米、油菜籽和食糖，2015 年夏天在长江流域实行了对油菜籽价格和收储制度的改革，自玉米开始执行临时收储制度的 8 年间，玉米临储价格逐年提高，从最初的2007 年时制定的是 0.7 元/500 克，到 2014 年的 1.12 元/500 克，每 500 克提高了 0.42 元，提高 60%。2015 年，国家将东北地区临储玉米收购价格调整为

1 元/500 克，也是推出玉米临时收储政策后，首次下调收储价格。从现在来看，未来粮食临时收储计划将通过供给侧的改革，引导农民优化农业的生产结构，逐渐实行玉米价格的市场化，同时对玉米的价格形成机制和补贴制度进行改革，实行价格和补贴分离的办法，在解决玉米的供求关系矛盾的同时保障农民收益。

3. 政策性粮食竞价交易

政策性粮食竞价交易上升为一种市场调控手段始于 2006 年。"十二五"期间，国际继续对最低收购价收购、进口临时存储、临时收储、跨省移库的储备粮食等，实施政策性粮食竞价销售，并不断修订和完善相关交易细则。该政策具有以下三个特点：第一，政策性粮食投放市场的数量随调控需要和国家库存而定，一定程度上实现了对粮食市场供给的数量调节，为国家调控粮食市场提供了一种公开市场操作手段；第二，各种收储政策形成的粮食储备在粮食批发市场上常年常时公开竞价销售，交易底价和投放数量也根据市场需要进行调整，对市场也释放了一种关于价格调整和国家库存情况的信号；第三，政策性粮食竞价交易与最低收购价、临时收储计划等政策相互配合，实现了国家储备的吞吐调节。

4. 目标价格补贴政策

目标价格补贴政策开始于 2014 年，是指当市场价格低于目标价格时，国家根据目标价格与市场价格的差价和种植面积、产量或销售量等因素，对试点地区生产者给予补贴；当市场价格高于目标价格时，国家不发放补贴，具体补贴发放办法由试点地区制定。2014 年的中央 1 号文件启动东北和内蒙古大豆、新疆棉花目标价格补贴试点。实行大豆目标价格政策后，取消临时收储政策，生产者按市场价格出售大豆。2014 年公布的大豆目标价格为每吨 4 800 元，2015 年，改革试点在上述地区继续进行，价格保持 2014 年每吨 4 800 元水平不变。

5. 进出口调控政策

进出口调控政策主要包括配额、关税以及出口退税等。到 2005 年我国加入 WTO 的后过渡期基本结束，大部分农产品关税削减已经到位，进口配额也已固定在入世承诺的水平。"十二五"期间，根据入世承诺，大豆进口执行 3% 的单一关税税率，豆油、棕榈油、菜籽油施行 9% 的单一关税税率。与其他大宗农产品不同，国家仅对棉花实施了超配额进口滑准税制度[①]，配额内棉花的进口关税率为 1%，配额外实施基本范围为 5%～40% 的滑准税税率。自

[①] 滑准税也称为滑动税（sliding duty），是一种关税税率随进口商品价格由高到低而由低至高设置计征关税的方法。

2012年3月，保鲜蔬菜取消之前5%的出口退税，蔬菜制品出口退税率也由8%降至5%。2016年，对尿素、复合肥、磷酸氢二铵3种化肥的配额税率继续实施1%的暂定税率，对配额外进口的一定数量棉花实施滑准税。征收的目的是在大量棉花进口的情况下，减少进口棉对国内棉花市场的冲击，确保棉农收益。这相当于为进口棉花价格设置了底限，可对国内棉花市场价格形成支撑。海关总署2015年公布，自2016年1月1日起，对磷酸等商品不再征收出口关税。

6. 生猪价格调控预案

2012年国家发布了《缓解生猪市场价格周期性波动调控预案》。预案确定，当猪粮比价处于绿色区域之间时，做好市场监测工作，密切关注生猪生产和市场价格变化情况。各部门根据职责定期发布生猪生产和市场价格信息。中央和地方正常冻猪肉储备规模分别保持在一定水平，以应对可能出现的价格过快上涨，同时满足应急救灾需要。其他情况下，根据相应等级不同，及时通过中国政府网等媒体向社会发布预警信息，适时投放或增加一定数量的中央冻猪肉储备等预案。

表6-1 缓解生猪市场价格周期性波动调控预案

猪粮比	对应区域	响应预案
>9.5:1	红色区域	一级响应：由发展改革委牵头会商，提出增加中央冻猪肉储备投放计划，由商务部牵头组织实施。
9:1~9.5:1	黄色区域	二级响应：由发展改革委牵头会商，提出中央冻猪肉储备投放计划，由商务部牵头组织实施。
8.5:1~9:1	蓝色区域	三级响应：发展改革委及时通过中国政府网等媒体向社会发布预警信息。
5.5:1~8.5:1	绿色区域	正常情况，做好市场监测工作，密切关注生猪生产和市场价格变化情况。
5:1~5.5:1	蓝色区域	三级响应：发展改革委及时通过中国政府网等媒体向社会发布预警信息，引导养殖户合理调整生产，避免出现大的亏损。
4.5:1~5:1	黄色区域	二级响应：由发展改革委牵头会商，提出中央冻猪肉储备收储计划，由商务部牵头组织实施。
<4.5:1	红色区域	一级响应：由发展改革委牵头会商，提出增加中央冻猪肉储备收储计划，由商务部牵头组织实施，最高可增加至25万吨。如有需要，由发展改革委会同商务部、财政部报请国务院同意，继续增加储备规模，具体数量根据当时市场情况确定。研究采取临时性措施，加强猪肉进口管理，鼓励猪肉及其制品出口，减少当期市场供应。

四、政策影响和效果评价

(一)初步实现了市场主体和流通方式多元化

30多年市场化改革真正搞活了农产品流通经济,经营主体多元化发展,带来流通形式的多样化。目前,以农村经纪人和运销队伍为主体的经纪、贩运流通形式,以龙头企业为组织形式的加工贸易型流通形式,以农产品批发市场为核心的市场带动性流通形式,以专业合作组织为载体的合作型流通形式,以连锁超市为龙头的生产基地及联合采购型流通形式等,极大地促进了农产品流通市场的发展。[1] 到2014年年末,农产品经纪人队伍约有600多万人,各级供销合作社领办的农产品流通经纪人协会1 511个,供销系统组织农民兴办的各类专业合作社114 326个,比上年增加20 835个;其中,农产品类99 435个,农业生产资料类5 113个,入社农户1 238.1万户。各级政府和省以上有关部门认定的农业产业化龙头企业2 422个,共带动农户1 746.4万户,帮助农民实现收入683亿元。全系统连锁企业6 732家;拥有配送中心12 397个;发展连锁、配送网点105.5万个。其中,农业生产资料连锁经营企业2 484家;配送中心6 318个;连锁、配送网点37.3万个,其中,县及县以下网点36.5万个。[2] 而据商务部统计,截至2015年8月,"农超对接"在农产品流通中的占比已达15%,超过1 000家连锁企业与约1.6万个农民合作社实现对接。[3]

(二)基本完成了农产品批发市场升级改造

近几年,我国农产品批发市场数量增长快,投资规模大,成交额大,充分发挥了市场集散功能。截至2015年,我国共有农产品批发市场4 469家,年交易额亿元以上的达1 790家,成交额2.5万亿元;全国有各类农贸市场2.7万个,其中综合性市场占82%,专业市场占18%;全国通过批发市场交易占总量的70%以上,各种集贸市场占近20%,超市、电子商务、"农社对接"等新型流通方式约占10%。[4] 据农业部市场与经济信息司报告数据显

---

① 张红宇、赵长保,中国农业政策的基本框架,北京:中国财政经济出版社,2009年:第136页。

② 中国供销合作网,全国供销合作社系统2014年基本情况统计公报,http://www.china-coop.gov.cn/HTML/2015/02/26/99203.html。

③ 2015年8月31日,商务部《全国农产品市场体系发展规划(2015—2020)年》。

④ 2015年5月22日,农业部发布《农业部关于印发〈全国农产品产地市场发展纲要〉的通知》(农市发〔2015〕2号)。

示，截至 2013 年，农产品专业批发市场 1 019 个，其中，粮油市场 103 个、肉禽蛋市场 134 个、水产品市场 150 个、蔬菜市场 312 个、干鲜果品市场 137 个[①]。

（三）基本建成了全国性农产品流通网络

交通基础设施建设发展迅速，特别是农村公路与硬化路建设。"绿色通道"覆盖面增加。据交通运输部统计，仅 2014 年一年，全国就减免了鲜活农产品运输车辆通行费 248.4 亿元，占通行费减免总额的 52.4%，[②] 在鼓励鲜活农产品流通方面发挥了积极作用，为新时期农村改革发展创造了良好的政策环境。目前国内上市农产品期货品种已有 15 个，占商品期货市场的一半。农产品期货市场也充分完善起来。2015 年全国大宗农产品期货市场成交量超过 7.73 亿手[③]，成交额接近 31.71 万亿元，已成为全球第二大农产品期货市场。[④]

（四）进一步提升了农产品质量安全水平

经过不懈努力，我国农产品质量安全总体上得到了保障。2015 年全年，农业部农产品质量安全例行监测显示，总体合格率为 97.1%。其中，蔬菜、水果、茶叶、畜禽产品和水产品例行监测合格率分别为 96.1%、95.6%、97.6%、99.4% 和 95.5%，农产品质量安全水平继续保持稳定。"十二五"期间，蔬菜、畜禽产品和水产品例行监测合格率分别上升 3.0、0.3 和 4.2 个百分点，均为历史最好水平[⑤]。

（五）进一步增强了市场宏观调控能力

为了保障农产品的安全、稳定、有效供给，国家通过建立和完善农产品流通政策体系，提高了市场宏观调控能力，而且调控手段越来越倾向于市场化，由对购销、计划的管制向对质量、市场秩序的监管转变，更多运用经济手段间

---

① 农业部市场与经济信息司，中国农产品批发市场发展研究报告，http://www.scagri.gov.cn/zwgk/zcfg/dzfz/201506/P020150623523738180432.pdf。

② 交通运输部，2014 年全国收费公路统计公报，http://www.moc.gov.cn/zfxxgk/bnssj/glj/201506/t20150630_1841938.html。

③ 大连商品交易所的黄大豆 1 号、黄大豆 2 号、玉米、豆粕、棕榈油、豆油，郑州商品交易所的棉花、菜籽油、早籼稻、白糖、强麦。

④ 郭凡礼，马遥等，2013—2017 年中国农产品期货市场投资分析及前景预测报告，2013 年修订版，http://www.ocn.com.cn/reports/2009950nongchanpinqihuo.htm。

⑤ 农业部按季度组织开展了 4 次农产品质量安全例行监测，共监测全国 31 个省（区、市）152 个大中城市 5 大类产品 117 个品种 94 项指标，抽检样品 43 998 个。

接调控农产品市场。如不直接对对价格进行行政指令限制，而通过对重要农产品和农资建立储备制度以及最低价收购托市政策，吞吐调节粮食、棉花、肉类等产销，稳定或提高农户收入，防止供求不平衡造成的市场波动，促进农产品在时间上的供需平衡与市场稳定；对各种农产品和农资的流通补贴，逐渐从补贴流通主体转向直接补贴生产者，通过影响生产者扩大生产，并进入流通领域的决策来有效增加产品供给；通过完善全国质量监测预警、市场准入等质量安全法律制度，加强质量安全监管，保障农产品质量安全水平；通过产销地批发市场和期货市场的建设、交通基础设施的完善和"绿色通道"网络的构建，形成全国性流通网络，提高农产品全国供应能力。

五、面临的问题和挑战

（一）市场主体组织化程度低

尽管在全国供销合作系统的报告中显示，我国农产品市场经营主体进一步多元化，但代表农户利益的市场组织数量还比较少。前述提到的农民经纪人、农业产业化龙头企业、超市等流通环节经营主体更多追求自身利润的增长，与农户形成的利益联结机制与风险分担机制还比较薄弱，而且分布不均、规模小、辐射与带动能力弱。而本应最代表农户利益的专业合作社有时部分或完全被龙头企业操控，未能真正强化农民谈判地位。

（二）市场流通环节仍然较多

农产品从田间地头到餐桌要经过农产品经纪人或运销商、批发市场、二级批发市场、农贸市场等5～6个环节。每个环节涉及人工费、加工费、存储费、摊位费、进场费运输费等，而后层层加价，每个环节通常加价10％～20％，最终导致消费者支付了较高的价格，而农民却无法从中获益，农产品市场呈现出"中间笑，两头叫"的局面。

（三）农产品流通环节损耗大

由于基础设施建设仍不到位，特别是农村道路设施仍然比较落后。前文提到农村通硬化路的建制村仅占84％，而且承载力低，道路狭窄，坑洼较多，路况糟糕，缺少道路养护，增加运输困难。而且，有些大中城市要求"货车限行"，不利农产品快速运输。此外，流通设施如保鲜储藏、冷链物流系统等因成本较高，普及率较低，尤其不利于鲜活农产品的流通。造成我国农产品进入流通领域后损失严重，果蔬、肉类、水产品流通腐损率分别达到30％、12％、15％，仅果蔬一类每年损失就达到1 000亿元以上。

因而，加快交通基础设施建设，加大水路、铁路、公路运输能力，同时要重视道路建设质量与道路养护工作，确保有路必护，重点加强农村道路设施建设与养护，尤其是重点产区，注重提高运输效率。另外，要深化批发市场升级改造，完善现代化配套流通设施建设，普及保鲜储藏、冷链物流设施等，降低鲜活农产品腐损率。

（四）农产品质量安全形势严峻

尽管我国一再强调农产品质量安全，也切实改善了质量安全水平。但与发达国家相比，处于转型期的我国仍处于农产品质量安全问题多发阶段。一是因为我国农产品生产仍然以分散的小规模生产为主。生产经营者规模小、数量多、分布散，不仅自身安全管理意识和能力较弱，也给监管带来很大难度。二是农业生产经营者素质不高。与其他行业相比，农业从业人员素质相对较低。据统计，我国从事农产品生产的 3.4 亿农民中，文盲和小学文化程度者约占40％；农产品加工行业中，进城务工人员占大多数，其中 85％以上受教育水平较低。农业生产经营者缺乏法律意识和专业技能，给农产品质量安全带来巨大挑战。三是违法犯罪成本过低。在法不足畏、法网有疏的情况下，一些人往往会铤而走险、知法犯法。对农产品质量安全违法企业的经济处罚，2011 年之前上限为"货值金额的十倍以下"或"十万元以下"罚款。四是监管存在薄弱环节。农产品质量安全一度存在多头管理体制，容易产生"人人都管事，事事无人管"的监管盲区。监管人力短缺，执法装备匮乏，导致安全隐患难以及时发现。安全标准、检验检测、风险预警等技术体系尚需完善，很难实现事前防范、科学管理。另外，有的执法人员法制观念淡薄，存在有法不依、执法不严的现象。

（五）市场调控机制尚不健全

一是农产品价格波动大，国家调控水平低，"谷贱伤农"与"米贵伤民"问题未能很好解决。可调控农产品价格上涨的制度如临时储备制度覆盖面较小，在国家储备之外的部分，以部分蔬菜、杂粮等为代表的鲜活农产品或小宗农产品容易受游资炒作，出现囤积居奇现象，价格波动剧烈，波动频率越来越高。而目的在于托市的最低价收购政策因为交易成本的存在，农户有时不愿意将农产品运送到国家指定收购地点，农户的出售价格低于国家的最低收购价，无法实现"托市"目的。

二是国有收储企业内部管理制度与外部监督机制存在漏洞。2013 年 8 月频繁曝出中储粮企业的系列贪腐案件。先是中储粮河南分公司被检察机关查出窝案，国有公司变成总经理的家天下，利用国家"托市粮"收购政策，与粮商勾结，空买空卖"转圈粮"达14亿千克，总价值28亿多元，骗取国家粮食资金超过7亿元。不久之后，又曝出"菜籽油收购作假"事件。《21世纪经济报道》发文称，在湖南、湖北、四川等油菜籽主产区，一些承担国家油菜籽托市收购任务的企业，大量采购进口转基因油菜籽和转基因菜油冒充国产菜籽油，流入国储库。在骗取国家补贴的同时，也在赚取巨额的差价。[①]

三是进出口调节机制不健全，政策从制定到落实存在较大时滞，常有逆向调节现象。在国内农产品价格上涨时，未能及时从国外购买相应农产品增加国内供给；而在国内农产品生产过剩，价格下降时，又大量从国外进口农产品，加大供求失衡。其中，以棉花的进出口为典型。此外，在政策制定过程未充分考虑国际因素，导致开放条件下国内市场调控政策与国际贸易政策的不协调，尤其体现在大豆临时收储政策上。

四是农产品流市场信息建设落后，信息服务"最后一公里"问题尚未得到有效解决，信息资源共享程度偏低，信息工作队伍服务能力还不能满足需要，广播、电视、电信、报刊等常规媒体传播农业信息的潜力尚未得到充分开发。

六、主要观点和对策建议

农产品流通从时间、空间和形态上完成农产品从生产者到消费者的物流运输，同时实现价格在生产与流通环节的传导。为实现农产品的安全、有效、可靠供给，国家出台了一系列农产品流通政策，而且根据经济发展需要，顺应市场规律进行调整。为搞活农产品流通，国家积极培育多元化市场主体，以发展多样化流通形式，并建立健全农产品市场体系，促进农产品批发市场升级改造，以"绿色通道"建设为核心，构建全国性流通网络，着重加强农产品质量监督，提高市场宏观调控能力，实现了农产品的大市场、大贸易、大流通。但政策改进的空间还很大，市场主体发育还不够完善，农民组织程度低，市场流通环节仍然较多，流通成本大，产后损耗大，农产品质量安全形势比较严峻，调控机制尚不健全。

农产品流通和市场调控政策是引导生产、调节供求最直接、最管用的杠杆和信号。今后，应当在农产品流通和市场调控方面持续推进农业供给侧结构性改革，要以市场需求为导向调整完善农业生产结构和产品结构。提出以下对策建议：

第一，积极培育和发展农产品流通主体，在资金和政策上给予倾斜，提高

---

① 中储粮，偷粮"硕鼠"未除　菜籽油丑闻又起，2013－08－26/2013－08－31，http：//cc-news．people.com.cn/n/2013/0826/c141677－22696504.html。

组织型流通主体的规模与辐射带动能力，增加分散型流通主体的数量与分布率，强化生产主体与流通主体的利益联结与风险共担机制。同时，提高农户的组织参与程度，增强农户进入市场、获取市场信息、参与市场谈判和市场竞争的能力。

第二，围绕"农超对接"流通模式，进一步丰富农产品直销渠道，发展"农餐对接""社区直送""订单生产""网上直销""周末市场""产销联盟"等多种方式，以减少流通环节。另外，尽量降低每个环节的成本，继续"绿色通道"网络建设，并打通农产品流通"最后一公里"，落实批发市场税费优惠减免政策。从而降低流通成本，缩小运销价差。

第三，在农业生产者与经营者中间普及农产品质量安全卫生知识与法律知识，提高经营者法律道德素质。要提高舆论宣传监督力度，合理利用网络、媒体、社会大众增加对质量安全事件的曝光率。要加强法律制度建设，增大执法力度。要切实提高监管水平，坚持农产品质量安全检验检测体系建设和市场准入制度建设，建立质量安全检验检测机构，配备监测技术力量，监督生产、流通各环节卫生安全水平。

第四，坚持市场化改革方向，增加政策调整弹性，分品种施策，渐进式推进。继续执行主要粮食品种最低收购价政策，完善大豆、棉花目标价格试点政策，玉米要按照市场定价、价补分离的原则，实行"市场化收购＋补贴"，让价格回归市场，同时保护农民利益。增强对国有收储企业的内部控制制度与外部监督机制建设，从纵向控制扩展横向监督，提高国有收储企业的合规合法水平，确实达到政策初衷。加快政策调整落实过程，提高办事效率，同时做好市场信息体系建设，保证政策能及时、有效地解决问题。

第7章　加快实施农业"走出去"战略

进入新世纪以来，随着我国参与全球贸易程度日益加深，"走出去"战略进一步明确。党的十五届五中全会通过的《中共中央关于制定国民经济和社会发展第十个五年计划的建议》中明确提出了实施"走出去"战略。"十二五"时期以来，农业发展面临"天花板和地板"双重挤压、"补贴政策'黄箱'和农业资源红灯"并行约束，充分利用两个市场、两种资源是实现传统农业向现代农业转型升级的重要措施。由此，我国加快了推进农业"走出去"发展战略的步伐，加大了农业对外合作工作力度，并取得了显著成效。

一、"走出去"战略的提出和实施背景

（一）农业"走出去"战略提出和深化的过程

中国"走出去"战略的政策背景可以追溯到 1979 年，当时国务院颁布的《关于经济改革的十五项措施》中，明确将"出国办企业"界定为国家的一项政策。1992 年邓小平视察南方重要讲话后，我国进入改革开放深化时期，对外贸易政策进行深入调整，在吸引外资、扩大出口的同时，提出了"走出去"的思想。1996 年江泽民首次把"走出去"作为一个指导思想提出来。

进入 21 世纪，我国"走出去"战略进一步深化拓展。2000 年，十五届五中全会通过的《中共中央关于制定国民经济和社会发展第十个五年计划的建议》中明确提出了实施"走出去"战略。我国的对外经济贸易政策，由过去的主要强调"引进来"转变为"引进来"与"走出去"同步进行。2001 年，"走出去"战略首次写入我国国民经济和社会发展"十五"规划纲要。提出要继续发展对外承包工程和劳务合作，鼓励有竞争优势的企业开展境外加工贸易，带动产品、服务和技术出口。支持到境外合作开发国内短缺资源，促进国内产业结构调整和资源置换，国家要在金融、保险、外汇、财税、人才、法律、信息服务、出入境管理等方面健全对境外投资的服务体系。2006 年，我国国民经济和社会发展"十一五"规划纲要将"走出去"战略的内容进一步拓展。支持有条件的企业对外直接投资和跨国经营。以优势产业为重点，引导企业开展境外加工贸易，促进产品原产地多元化。通过跨国并购、参股、上市、重组联合

等方式，培育和发展我国的跨国公司。按照优势互补、平等互利的原则扩大境外资源合作开发。鼓励企业参与境外基础设施建设，提高工程承包水平，稳步发展劳务合作。

为了促进中国农业"走出去"，"十一五"时期国家出台了多项相关政策。2006 年商务部、农业部和财政部牵头成立了由 10 个部门组成的农业走出去工作部际工作协调领导小组，2008 年商务部和农业部牵头成立了由 14 个部门组成的境外农业资源开发部际工作机制。农业部认真实施国务院批准的《我国远洋渔业发展规划》，积极争取有关部门支持和推动实施。国家开发银行、进出口银行加大金融支持力度，对农垦等有实力的企业在粮食、棉花、油料、橡胶、糖、可再生能源等境外农业战略性资源开发方面给予投融资支持。2010年中央 1 号文件更是提出，要加快国际农业科技和农业资源开发合作，制定鼓励政策，支持有条件的企业"走出去"。

（二）"十二五"时期加快实施农业"走出去"战略的背景和问题

经过"十一五"时期的推进和发展，我国农业"走出去"基础和环境总体向好，但同时也存在较多问题。从基础和环境来看：一是外部环境总体有利。后金融危机时代，各国更加重视农业基础地位，更加关注农业国际合作，农业贸易自由化和投资便利化是大势所趋。我国农业发展取得了举世瞩目成就，许多发展中国家迫切希望中国加大农业投资和南南合作力度，帮助其发展农业生产，改善粮食安全状况。二是国内环境不断改善。我国综合国力不断提升，中央更加重视农业对外开放；各地区、各部门制定鼓励政策，不断加大对农业国际合作的支持力度。农业领域外交成为我国外交的优势资源。三是合作基础更加稳固。我农业企业竞争实力增强，积累了较为丰富的农业贸易、投资等发展经验；农业装备和科技水平不断提升；多双边合作机制不断完善，农业外事、外经、外贸人才队伍不断发展壮大。农业"走出去"面临的问题主要表现在：国内农业走出去的财政支持手段总体薄弱，加上企业综合实力和竞争力不高，企业人才队伍建设相对滞后，无法适应海外发展，农业走出去的发展空间十分有限。多数企业的走出去形式单一，仍主要依靠买地、海外销售等为主，缺乏战略性、长远性的整体规划，难以在市场中立足并取得长远发展。

进入"十二五"时期，世界经贸格局大发展、大变革、大调整继续深化，经济全球化和区域经济一体化进程加快，我国农业发展与世界农业的关联度进一步提高。粮食安全、农业对外投资、气候变化、能源、汇率等问题成为多双边关注热点和焦点，对中国农业发展影响深远。进一步深化"走出去"战略意义重大。一是随着我国人口不断增长、城镇化持续推进和收入水平不断提高，我国粮食等重要农产品的需求仍将刚性增长，但是我国农业生产的资源约束越来越紧、环境压力越来越大、经济成本越来越高，靠增加资源投入来提高农产品产量的空间越来越小，据国内外有关机构预测，到 2020 年仅粮食的供需缺口就在 650 亿千克左右，完全依靠国内农业生产保障农产品供给几乎是不可能的，加快农业"走出去"步伐，用好两个市场、两种资源是我国保障农产品供给的必然选择。其次，适应经济全球化新形势，必须推动对内对外开放相互促进、引进来与走出去更好结合，全面提高开放型经济水平。实施农业走出去战略，积极参与国际竞争与合作，在更广阔的空间进行产业结构调整和资源优化配置，从全球获取资金、技术、市场、战略资源，更多分享经济全球化带来的好处，是我国构建开放型经济的重要组成部分，对于我国全面提高开放型经济水平具有重要意义。第三，长期以来，贫困问题一直困扰着人类社会，截至 2011 年全球范围内至少仍然有 11 亿人口长期生活在每天消费低于 1 美元的绝对贫困线之下。在经济发展欠发达的国家与地区，农业吸纳了大部分的劳动力，而且雇佣了最多的贫困群体。实施农业"走出去"战略能够提高目标国农业发展水平，增加就业，提高收入水平，能为全球减贫作出巨大贡献，有利于树立我国负责任大国形象，进一步提升国际地位和影响力。

在世界经济格局变化、国内经济社会发展背景下，为进一步促进国内农业产业健康发展、提高我国农业综合竞争力、充分发挥我国在世界范围内的农业大国效应、履行大国社会责任，"十二五"时期以来，我国继续深化农业"走出去"战略。

2011 年，我国国民经济和社会发展"十二五"规划纲要重申"走出去"战略的主要内容。强调加快实施"走出去"战略。指出要"按照市场导向和企业自主决策原则，引导各类所有制企业有序开展境外投资合作。深化国际能源资源开发和加工互利合作。支持在境外开展技术研发投资合作，鼓励制造业优势企业有效对外投资，创建国际化营销网络和知名品牌。扩大农业国际合作，发展海外工程承包和劳务合作，积极开展有利于改善当地民生的项目合作。逐步发展我国大型跨国公司和跨国金融机构，提高国际化经营水平。做好海外投资环境研究，强化投资项目的科学评估。提高综合统筹能力，完善跨部门协调机制，加强实施'走出去'战略的宏观指导和服务。加快完善对外投资法律法规制度，积极商签投资保护、避免双重征税等多双边协定。健全境外投资促进体系，提高企业对外投资便利化程度，维护我国海外权益，防范各类风险。'走出去'的企业和境外合作项目，要履行社会责任，造福当地人民。"规划纲要中强调了三点：一是强调不仅要继续实施"走出去"战略，而且要"加快实施"步伐。二是全面推进"走出去"。提出"走出去"的企业要由过去的"以优势产业为重点"，逐步转变为引导各类所有制企业有序到境外投资合作。三是扩大"走出去"领域。以前"走出去"主要强调对外承包工程，现在要求扩大农业国际合作、深化国际能源资源合作、积极开展有利于改善当地民生的合作项目等。

2014 年，中共中央、国务院《关于全面深化农村改革加快推进农业现代化的若干意见》（中发〔2014〕1 号）中提出要"加快实施农业走出去战略"，强调要培育具有国际竞争力的粮棉油等大型企业。支持到境外特别是与周边国家开展互利共赢的农业生产和进出口合作。鼓励金融机构积极创新为农产品国际贸易和农业走出去服务的金融品种和方式。探索建立农产品国际贸易基金和海外农业发展基金。

2015 年，中共中央、国务院印发了《关于加大改革创新力度加快农业现代化建设的若干意见》（中发〔2015〕1 号）重点提出要"提高统筹利用国际国内两个市场两种资源的能力"，包括：支持农产品贸易做强，加快培育具有国际竞争力的农业企业集团。健全农业对外合作部际联席会议制度，抓紧制定农业对外合作规划。创新农业对外合作模式，重点加强农产品加工、储运、贸易等环节合作，支持开展境外农业合作开发，推进科技示范园区建设，开展技术培训、科研成果示范、品牌推广等服务。完善支持农业对外合作的投资、财税、金融、保险、贸易、通关、检验检疫等政策，落实到境外从事农业生产所需农用设备和农业投入品出境的扶持政策。充分发挥各类商会组织的信息服务、法律咨询、纠纷仲裁等作用。

2015 年 3 月 28 日，国家发展改革委、外交部、商务部联合发布了《推动共建丝绸之路经济带和 21 世纪海上丝绸之路的愿景与行动》。《愿景与行动》提出，沿线各国资源禀赋各异，经济互补性较强，彼此合作潜力和空间很大。未来在政策沟通、设施联通、贸易畅通、资金融通、民心相通等方面加强合作。其中与农业相关的包括：①为务实合作及大型项目实施提供政策支持。②加强基础设施建设规划、技术标准体系的对接，推进建立统一的全程运输协调机制；改善边境口岸通关设施条件，加快边境口岸"单一窗口"建设，降低通关成本，提升通关能力。加强供应链安全与便利化合作，推进跨境监管程序协调，推动检验检疫证书国际互联网核查，开展"经认证的经营者"（AEO）互认。降低非关税壁垒，共同提高技术性贸易措施透明度，提高贸易自由化便利化水平。③拓宽贸易领域，优化贸易结构，挖掘贸易新增长点，促进贸易平衡。创新贸易方式，发展跨境电子商务等新的商业业态。建立健全服务贸易促进体系，巩固和扩大传统贸易，大力发展现代服务贸易。把投资和贸易有机结合起来，以投资带动贸易发展。加快投资便利化进程，消除投资壁垒。加强双边投资保护协定、避免双重征税协定磋商，保护投资者的合法权益。④拓展相互投资领域，开展农林牧渔业、农机及农产品生产加工等领域深度合作，积极推进海水养殖、远洋渔业、水产品加工、海水淡化、海洋生物制药、海洋工程技术、环保产业和海上旅游等领域合作。探索投资合作新模式，鼓励合作建设境外经贸合作区、跨境经济合作区等各类产业园区，促进产业集群发展。在投资贸易中突出生态文明理念，加强生态环境、生物多样性和应对气候变化合作，共建绿色丝绸之路。⑤资金融通。深化金融合作，推进亚洲货币稳定体系、投融资体系和信用体系建设。加强金融监管合作，推动签署双边监管合作谅解备忘录，逐步在区域内建立高效监管协调机制等。

二、实施农业"走出去"战略的主要政策和措施

党的十八大以来，我国开放的格局初步形成。为加快推进农业"走出去"，各部门多方联动、多措并举，通过加强农业"走出去"顶层设计、改善贸易合作环境、实施财政税收等支持政策、推进合作项目实施以及强化"一带一路"沿线国家农业合作，为农业"走出去"创造了有利的条件。

（一）建立农业对外合作部际联席会议制度

一是建立了农业对外合作部际联席会议制度。2014年，为加快推进农业走出去，建立了农业对外合作部际联席会议制度。明确了对外农业投资合作信息采集、处理、发布流程及负责部门，强化了投资合作信息管理、服务和分析总结工作。至2015年，农业对外合作部际联席会议已召开两次全体大会。会议部署了"十三五"时期农业"走出去"的重点工作和任务。包括：加快构建农业"走出去"规划体系、支持政策体系、企业信用评价体系、人才队伍体系和公共信息服务体系等五大保障体系，不断提升我国农业的国际竞争力、资源配置力、市场控制力和全球影响力。

二是系统开展农业"走出去"政策创设工作。组织有关专题的调研，形成支持农业"走出去"的政策性建议。加强沟通协调，研究启动实施农业"走出去"扶持试点工作，完善农业"走出去"贷款贴息试点方案并争取年内启动实施，研究论证农机购置补贴境外延伸政策。

三是编制农业合作发展规划。2015年，农业编制了《农业对外合作战略规划2016—2020》，统筹推进国别规划、行业规划编制，指导重点省份编制地方规划，形成农业"走出去"的规划体系。

（二）强化与"一带一路"沿线国家农业合作

一是加快自贸协定签署和推进。截至目前，我国已经签署并实施14个自贸协定，涉及22个国家和地区，分别是我国与东盟、韩国、澳大利亚、新加坡、巴基斯坦、冰岛、瑞士、智利、秘鲁、哥斯达黎加、新西兰的自贸协定，内地与香港、澳门的《更紧密经贸关系的安排》（CEPA），以及大陆与台湾的

《海峡两岸经济合作框架协议》（ECFA）。正在谈判进程中的自贸区有8个，分别是《区域全面经济伙伴关系协定》（RCEP）、中日韩、中国—海合会、中国—挪威、中国—斯里兰卡、中国—巴基斯坦的自贸区第二阶段谈判、中国—马尔代夫、中国—格鲁吉亚自贸区谈判。另外，我国与印度、哥伦比亚、摩尔多瓦和斐济正在开展自贸区联合可行性研究。此外，区域全面经济伙伴关系RCEP（Regional Comprehensive Economic Partnership）谈判也有望于2016年结束。RCEP谈判于2012年启动，是目前亚洲正在建设的规模最大的自贸区，涵盖了全球一半以上的人口，经济和贸易规模占全球的30%。

二是签订双边合作框架协议。2011年以来，我国相继签订了《中美农业合作战略规划》《中新渔业合作安排》《中德关于进一步加强农业合作的共同声明》、《中塔两国农业合作谅解备忘录》《中赞农业合作谅解备忘录》《中俄农业合作的谅解备忘录》《在华共建中德农业中心的框架协议》《古中农业示范园区框架协议》等双边合作文件，为进一步深化双边多边农业合作奠定了良好基础。

三是细化双边多边合作机制。2012年，我国编制了《农业部南南合作项目前期准备工作细则》《农业部南南合作人员选派及管理细则》和《农业部南南合作培训管理细则》等配套工作制度，进一步提升了"南南合作"管理的规范化、制度化、科学化，保障了项目实效。2012年，新启动了利比里亚、塞内加尔、乌干达等三个国家的南南合作项目，共派出专家和技术员102人。同年4月成功召开首届中日韩农业部长会议，签署《首届中日韩农业部长会议联合宣言》，建立三国农业合作新机制。

四是积极举办及参与双多边会议。包括：中哈口岸和海关合作分委会第7次会议、中亚区域经济合作第11次部长会议、金砖国家领导人第四次会晤筹备工作、金砖国家农产品和粮食安全专家会议及农业合作工作组第二次会议、召开第二次中英非农业合作会议、世界动物卫生组织（OIE）第80届国际代表大会等，这些会议的召开和推进为推动中哈农产品快速通关"绿色通道"建设、将农业纳入中亚区域合作框架、将我方关切纳入《新德里宣言》及其行动计划以及为金砖国家农业合作等打下了坚持基础。2013年我国举办了首届中国—拉丁美洲和加勒比农业部长论坛并发布《中国—拉丁美洲和加勒比农业部长论坛北京宣言》、博鳌亚洲论坛首次农业圆桌会议、第三届中国—亚欧博览会上合组织粮食安全研讨会，在中非合作圆桌会议框架下举办了第一届中非农业合作研讨会。举办了首届中国与南欧国家农业合作圆桌会议，实现了对南欧次区域农业合作零的突破。深入参与金砖国家农业与农村发展工作组第3届会议、世界动物卫生组织第81届国际代表大会、亚太区域委员会第28届会议、东盟与中日韩大米紧急储备第4次协商会、大湄公河次区域农业工作组第11

次会议、东盟与中日韩粮食安全战略圆桌会议、生物质能源论坛、中国—NE-PAD农业合作工作组第二次会议等重要区域多边会议。充实和完善双边合作机制，积极发挥与有关国家农业联委会或工作组的作用，通过高层互访磋商并推动农产品贸易、农业投资、农业技术合作等事宜，深化双边农业领域务实合作。2015年，我国组织召开了亚太经合组织（APEC）第三届农业与粮食部长会议，会议通过了《APEC粮食安全北京宣言》，强化了APEC粮食安全和农业合作机制。同年，在境外成功举办了第9届中国—中东欧国家农业经贸合作论坛，15个中东欧国家的部长级代表团出席，带动了我国与中东欧的农业投资、贸易、技术合作。深入参与第14届东盟与中日韩（10＋3）农林部长会议、上合组织成员国第3次农业部长会议、大湄公河次区域第11次工作组会议等重要区域多边会议，充分发挥双边机制对农业合作的引领作用，积极组织中芬农业合作论坛、中丹养猪企业家圆桌会议、中澳奶业对话会等双边农业活动。

五是推动我国与"一带一路"沿线国家项目合作。通过中缅合作机制协调推进总额1亿美元的中缅农业小额信贷项目和3.5亿美元优惠信贷的缅现代农业改进与育种项目；推动中塔农业科技示范中心建设，在越南、老挝、缅甸、印度尼西亚、柬埔寨等地开展水稻、玉米、蔬菜等优质高产农业技术和品种试验示范，一些品种表现出较大增产优势，得到当地政府和农民的充分认可；推动老挝动物疫病防控实验室和中老边境动物疫病监测站建设，与蒙古共同推进跨境动物疫病防控和区域化管理；在越南开展水稻稻飞虱观测，与哈萨克斯坦开展联合治蝗，拓展了我国与沿线国家的农业合作内容。

（三）加大财政税收、资金投入和保险政策支持

一是安排财政专项资金。财政资金支持是促进农业"走出去"的主要手段。现有方式主要包括：①综合性的对外贸易和企业发展性资金，如对外经济技术合作专项资金、中小企业国际市场开拓专项资金、中小外贸企业融资担保专项资金。②区域发展资金，如外经贸区域协调发展促进资金、东盟基金、中非发展基金。③行业资金，如农轻纺产品贸易促进资金和农业国际交流与合作专项资金。④特定业务资金，如技术出口贴息资金、非洲人力资源开发基金和对外承包工程保函风险专项资金。资金支出方式主要有直接资助、贴息、奖励、有偿使用基金、股权投资等。如农业部在"十二五"期间安排专项资金支持多家农业企业赴外投资合作，参与国际竞争。充分发挥境外技术试验示范区的先导作用，重点支持有关企业在塔吉克斯坦、吉尔吉斯斯坦、朝鲜、柬埔寨、老挝等国家建设农业技术示范园、示范田、试验站等，示范我国先进农业技术。

二是设立产业投资基金。国家开发银行与其他国内外机构合资设立 4 只产业投资基金，即中瑞合作基金、中国—东盟中小企业投资近、中国比利时直接股权投资基金和中非发展基金有限公司，以股权和准股权投资等方式支持中国企业包括农业领域的"走出去"。

三是加大信贷融资力度。包括：①优惠贷款。中国进出口银行对境外农业投资提供境外投资专项贷款和援外优惠贷款；国家开发银行根据国家总体战略对农业进行投融资政策倾斜，支持包括农业国际合作等现代农业发展领域类投资项目。②境外投资保险和担保。由中国信用保险有限公司承办境外投资保险、提供担保；中国出口信用保险公司为中国境外投资企业承办对外投资战争、罢工、政治等风险。2013 年，农业部与中国出口信用保险公司签订战略合作协议，推动中国信保为企业对外农业合作提供优惠保险，分散经营风险。

四是强化税收优惠政策。现有优惠主要包括两方面：①对出口和对外投资企业的税收优惠支持；②对特定农业项目（如替代种植）、特定区域（如东盟、边境地区）和农产品的个别税收支持，主要通过对税收体系中具体税收（增值税、关税、所得税及相关税收协定）的调整（翟雪玲，2015）。

（四）推动实施海外农业合作交流项目

"十二五"期间，为加快推进农业走出去战略实施，我国积极推动农业对外合作项目的实施。

一是支持企业赴海外开展项目。2012 年，农业部支持安徽袁氏农业、湖北种子集团等 10 余家种子企业和科研单位在印度尼西亚、柬埔寨等国开展优质高产农作物示范项目。在亚洲国家示范农作物品种和组合 243 个，在国外成功注册农作物品种约 50 个，农作物试验示范面积 10 741 公顷，优良农作物品种推广面积 75.6 万公顷。通过开展优质农作物品种的试验示范，有效提高了亚洲国家农作物产量，增产幅度在 30% 以上；支持开展与周边国家的跨境动植物疫病防控工作，在越南建设 4 个水稻稻飞虱观测站，在柬埔寨、缅甸等国建设和完善 4 个重大动物疫病监测实验室，与哈萨克斯坦开展联合治蝗，都取得显著经济、生态和社会效益。利用 FAO 技术与资金支持，促成中蒙俄动物疫病防控合作。2013 年组织百名企业家出席首届中美农业高层研讨会。

二是向中国进出口银行推荐海外投资项目。农业部积极向中国进出口银行推荐农业对外合作项目。其中，2013 年推荐 246 个对外合作项目，2014 年，推荐了 96 个农业对外合作贷款项目（申贷金额达 207 亿元）。截至 2014 年底中国进出口银行已推荐的 72 个企业、84 个项目批贷 222 亿元。

三是稳步开展援外技术合作。"十二五"时期，充分利用我国在联合国粮农组织设立的 3 000 万美元信托基金，加快实施"南南合作"项目，帮助发展中国家提高农业发展水平。2014 年为发展中国家举办了 38 期培训班，培训了 659 名农业技术和管理人员培训；完成了第一批 14 个援非农技示范中心的监测评价工作；成功实施了第 14 期援埃塞俄比亚农业职教项目，并完成了第 15 期援埃塞俄比亚农业职教项目筹备工作、为发展中国家培训了大批农业官员、技术与管理人员、青年学生，传授、推广了一大批我国实用的农业技术与管理经验，为推动我国与发展中国家农业合作发挥了积极作用。

（五）积极扩大农产品出口贸易

"十二五"时期，我国积极推进农产品出口。一是完成了农产品出口促进工作整体规划制定和《农业企业境外参展规划（2013—2020）》制定工作。二是整合境外展会参展资源，着力打造国家级农业展团。2011 年以来，为推介中国农产品走向世界，我国举办博览会。包括：渔业博览会、薯业博览会、种业博览会；中国—亚欧博览会、第 2 届中国优质水果推介活动、第 4 届中国—东盟优质水果推介活动；还举办组织和支持中国企业参加境外农业展会，推动优势农产品出口。三是改善通关环境。配合国家口岸办、海关总署、新疆自治区积极推动并开通了中哈巴克图—巴克特口岸农产品快速通关"绿色通道"，推进中国与中亚国家农业贸易。在推进农业"走出去"的同时，还强化提升农业品牌建设，增强农业走出去综合竞争力。金融危机以来我国农产品贸易出口增速首次超过进口增速。2014 年我国农产品进口额同比增长 3.1%，出口额增长 6.1%，连续两年出口增长速度高于进口增长速度；出口市场结构进一步优化，出口额在 1 亿美元以上的贸易伙伴由 53 个增加到 59 个，出口目的地相对集中的格局有所改善；特色农产品竞争优势进一步凸显，水产品、蔬菜和水果出口稳定发展，一些产品如苹果汁、罗非鱼和大蒜出口稳居世界首位，劳动密集型产品的技术、品牌、质量等内涵优势逐步增长。

三、农业"走出去"取得的主要成效

"十二五"时期，在中央各部门、地方政府和相关企业的共同推动下，我国农业对外合作呈现出规模扩大、速度加快、主体多样、区域布局和产业结构多元化的新格局。

（一）农业对外投资规模稳步扩大

2006 年以来，我国政府出台多项措施支持农业"走出去"，鼓励企业积极开展农业对外直接投资，投资规模稳步扩大。2006—2013 年间，我国农业对外投资直接投资净额由 1.85 亿美元增长至 18.13 亿美元，增长了 8.8 倍，年均增长 38.5%。农业对外直接投资存量从 2004 年的 8.17 亿美元增长到 2013 年的 71.79 亿美元，增长了 7.8 倍，年均增长 36.4%。

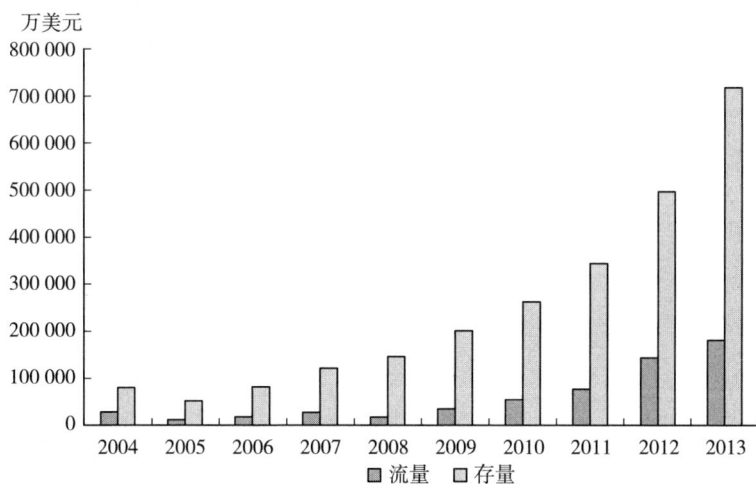

图 7-1 2004—2013 年中国农业对外投资存量和净额
资料来源：2013 年度中国对外直接投资统计公报。

近年来，我国农业对外投资步入稳定增长阶段。2005 年以来，中国农业对外投资流量占对外投资总流量比重基本维持在 1% 上下；农业对外投资存量占对外投资总存量比重 2005—2007 年保持在 1% 水平，此后 2008 年下降至 0.3%，2009 年以来有缓慢回升。2013 年，中国农业对外投资流量和存量占对外投资总量比重仅分别为 1.7% 和 1.1%，均位于对外投资行业分布的第九和第十三位。

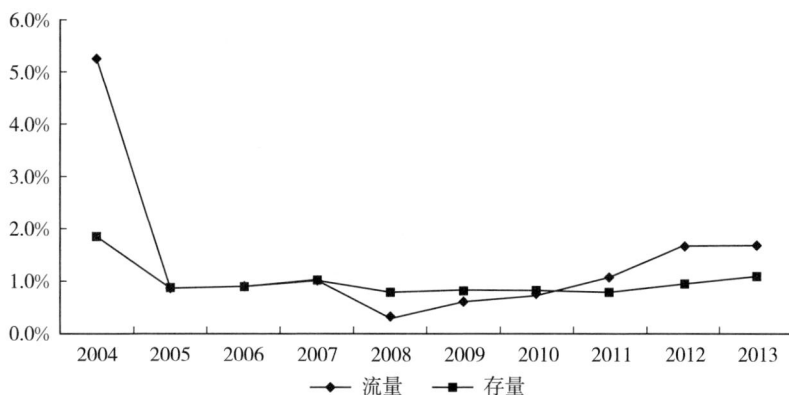

图 7-2 2004—2013 年农业对外投资流量和存量占比

(二)行业领域逐渐拓展延伸

目前我国农业对外直接投资已经从最初的海外直接种植、渔业捕捞发展到多个行业和领域,包括粮食及油料作物种植、农畜产品养殖和加工、仓储和物流体系建设、森林资源开发与木材加工、园艺产品生产、橡胶产品生产、水产品生产与加工、设施农业、农村能源与生物质能源及远洋渔业捕捞等,产业链条逐步拉长。总的来看,发展规模较大、发展速度较快的产品和行业主要集中在我国国内需求较为旺盛、国内生产比较优势不强的种植业以及远洋渔业。种植业产品主要包括大豆、玉米、水稻、天然橡胶、棕榈油、木薯等产品。据统计,全国仅农垦就有 23 个垦区实现了农业"走出去",境外种植面积达到 18.13 万公顷。农垦经营内容从粮食、天然橡胶向油料、糖料、蔬菜等作物扩展,从传统种植业向畜牧养殖业、农产品加工、食品采购和营销延伸,从农业生产向码头仓储、现代物流、建材生产等领域拓展。

(三)海外市场布局日趋广泛

我国农业"走出去"已经遍及全球五大洲。截至 2014 年年底,中国 1.85 万家境内投资者设立对外直接投资企业近 3 万家,分布在全球 186 个国家(地区)。2014 年底对外直接投资存量前 20 位的国家地区存量占总量的近 90%,对"一带一路"沿线国家的直接投资流量为 136.6 亿美元,占中国对外直接投资流量的 11.1%。其中,农业投资海外市场布局日益广泛,主要集中在三大区域:周边地区(包括东盟、俄罗斯及中亚)、非洲(主要是食物短缺国家)、拉美(主要是巴西、阿根廷等国家)。2012 年,我国在东盟、俄罗斯、澳大利亚、中国香港、美国和欧盟农业投资流量分布为 3 亿美元、2.35 亿美元、0.88 亿美元、0.87 亿美元、0.22 亿美元和 0.12 亿美元,占农业对外投资流量总额的比重分别为 20.5%、16.1%、6.1%、5.9%、1.5%和 0.8%。在这些地区农业投资存量分别达到 9.97 亿美元、12.8 亿美元、1.23 亿美元、2.4 亿美元、0.68 亿美元和 3.64 亿美元,占农业对外投资存量总额的比重分别为 20.1%、25.8%、2.5%、4.8%、1.4%和 7.3%。总体上,投资布局符合由近及远的发展变动规律。从国内省份看,基本上根据自身区位优势和产业优势,有侧重的选择地区和领域。华南地区主要与东盟国家在天然橡胶、渔业资源、热带水果方面开展投资合作;东北和西北地区重点与俄罗斯及中亚国家在大豆、水稻及农产品精深加工方面进行投资合作;华东、西南等地区重点与非洲、拉美及南太平洋岛国在境外农业种植、渔业开发及农产品加工领域进行投资合作。

(四)农业投资主体类型多样

20世纪80年代以前,我国农业对外直接投资大多是以承担国家对外援助项目为主,主要由国有企业承担。随着农业"走出去"战略的实施,农业直接对外投资快速增加,农业投资主体呈现多样化趋势。截至2013年年底,我国有551家境内投资机构在全球80多个国家和地区开展农业投资合作,比2009年增加143家,占比上升0.2个百分点,达到3.6%。对外直接投资企业数量达到2.5万家,农业对外直接投资企业为1157家,比2009年增加507家,占比为4.5%,比2009年下降0.5个百分点。

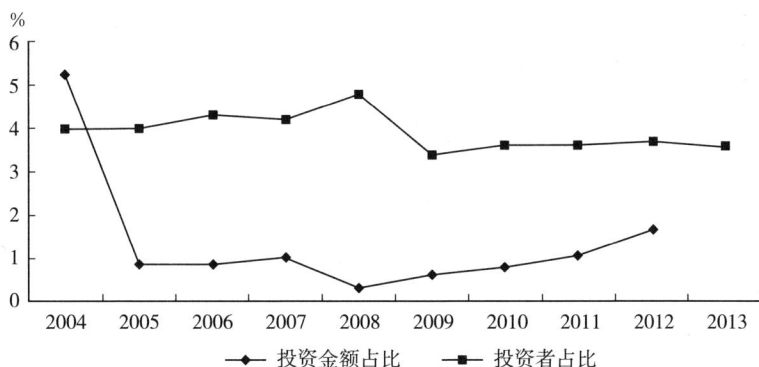

图7-3 2004—2013年农业对外投资企业数量和投资金额占对外投资比重

从境内投资者在中国工商行政管理部门登记注册情况看,对外投资公司类型包括有限责任公司、国有企业、私营企业、股份有限公司、股份合作企业、外商投资企业、港澳台商投资企业和集体企业。近年来,民营企业的综合实力不断增强,逐渐发展成为我国农业"走出去"的新生力量。目前,不仅有中粮、中农发、中水、农垦等大型国有企业,也有浙江卡森集团、青岛瑞昌、中兴能源等民营企业参与境外农业合作开发。

(五)农业投资合作方式多元

从投资合作方式来看,我国企业最初大多以独资形式进行境外投资开发活动,但从实践看,独资方式存在较大风险,很容易成为所在国的攻击对象,项目成功率较低。随着农业对外投资的发展,投资合作方式日渐多元化。目前,我国农业企业已探索出了多种合作形式,包括合资、合作等,共同开发,效果较好。从具体经营模式看,企业根据不同国家的特点采取不同模式,有"公司+农户"的,有直接新建、收购或租用生产基地或加工厂的,还有直接利用当地成熟的生产服务体系等。至2012年,我国有4000多家农产品加工企业在境外投资设厂或设立分支机构、营销体系。

(六)农业投资层次逐渐升级

农业对外直接投资的企业经过多年的摸爬滚打,投资合作层次逐渐升级,从最初的合作开发资源逐渐向资本合作经营转变,推动国际产业并购。企业在境外开展的农业投资包括贸易型投资、生产型投资、加工型投资、服务型投资和技术型投资。至 2012 年,我国农垦集团企业已在法国、英国、马来西亚、澳大利亚和新西兰等成功并购境外企业 6 家,涉及食品加工、品牌营销网络、原料基地和仓储码头等等,并购金额近 100 亿元。近年来,我国农业企业加快走出去步伐,逐步实现跨国收购并购。2012 年 6 月,上海农垦的光明集团下属的上海糖酒集团投资控股法国著名葡萄酒经销商 DIVA 波尔多葡萄酒公司 70% 股权,这是中国企业首次收购一家法国葡萄酒商。11 月,上海光明集团完成对世界第二大谷物食品生产企业英国维他麦公司 60% 股权的收购交割,收购资金 1.8 亿英镑、置换债务 9 亿英镑,这是我国食品业至今完成的最大一宗海外并购项目。2013 年 5 月 29 日,双汇国际控股有限公司发布公告收购美国及全球最大的生猪及猪肉生产商——史密斯菲尔德公司。历经 120 天的审查、投票,收购于 2013 年 9 月正式完成。收购资金 71.2 亿美元,其中,双汇收购史密斯菲尔德 1.4 亿股,股票交易金额 47.2 亿美元,承担 24 亿美元的债务。并购实现后,史密斯菲尔德将作为双汇国际的全资子公司,继续运营史密斯菲尔德食品及其现有品牌。双汇收购史密斯菲尔德公司是近年来我国农业企业对美最大并购项目。2013 年,北京德青源公司与美国最大的养猪企业史密斯菲尔德公司就养殖场废弃物处理签订合同。同年,在俄罗斯农业部《关于加强兔业领域合作的谅解备忘录》的框架推动下,中俄双方投资 1 亿美元在俄建立肉兔生产企业,国内企业与俄零售巨头签署贸易合作协议,该项目将在山东潍坊农产品加工出口基地及配套设施建设,通过该项目未来每年将对俄出口兔肉、水果、鸭肉、海产品、蔬菜等 5 万吨,增加双边贸易额 5 亿美元。

四、农业"走出去"面临的主要问题

国家提出实施农业"走出去"战略以来,我国企业在东南亚、非洲、俄罗斯、澳大利亚等国家和地区,广泛开展种植业、养殖业和农产品加工业等领域的投资,取得了较大的成绩。但总体上看,我国农业"走出去"进展还相对缓慢,明显落后于矿产、油气资源开发以及工业、建筑业,也明显落后于日本、美国等经济发达国家。存在的主要障碍和困难如下:

(一)农业"走出去"企业竞争能力不强

一是部分企业抵抗风险的能力相对较弱。企业受经营管理水平、投资规模等因素影响,抵抗风险的能力相对较弱。二是企业缺乏适合国际化经营的人才。特别是缺乏具有国际化经营管理能力的人才、技术人才以及小语种人才,不利于海外开展生产经营活动。三是企业综合竞争力不强。目前国内仍缺乏规模较大,抗风险能力较强、跨国经营的经验较为丰富的企业,特别是有能力在投资地建立码头、仓储等农产品物流体系的企业,在全球化贸易体系中缺乏竞争力。

(二)国内服务体系还有待进一步完善

一是农业"走出去"投资信息服务不到位。目前我国尚未建立起统一、全面的农业走出去信息服务平台,相关信息普遍存在碎片化、公开程度低、获取难度较大等问题,不利于指导企业走出去。二是贷款难问题普遍存在。贷款难是我国企业面临的普遍问题,对外农业投资项目中尤为突出,主要是境外资产难以抵押、境外农业经营风险较大。国家的政策性贷款规模太小,而且主要集中在少数大企业,难以解决多数企业的对外农业投资项目的贷款难问题。三是"走出去"企业缺乏相应的保险产品和服务。四是缺乏行业协会。行业协会在发达国家农业"走出去"中扮演了重要的角色,能维持行业自律、协调价格、应对贸易纠纷、抵御海外风险和提供各种服务。目前我国行业协会发育较不成熟,发挥的协调和谈判作用不大。

(三)国外投资坏境和政策环境还不够稳定

一是部分国家和地区政治社会不稳定,加大了在这些国家和地区进行农业投资的风险。二是部分投资目标国(地区)政策连续性较差。国家政策"朝令夕改",执行落实又不到位,给企业的对外农业投资带来了很大的风险。三是投资国设置有产业政策壁垒。如部分国家采取对本地产业实行保护的政策,对别国企业开展农业投资的产业和规模设限,限制土地的买卖和租赁。四是投资目标国农业基础条件较差。如电力、水利、交通等设施落后,影响生产经营以及产品流通。五是签证限制严格,制约本土人才赴海外开展经营活动。目前较多国家如俄罗斯、印度等国对劳务输入限制较多,部分企业的管理人员和专业技术人员只能通过商务签证、旅游签证到国外进行工作,时限非常短,导致企业本土专业人才难以开展工作且耗费大量成本。六是生产机械设备出境受到通关管理的限制。目前国内大部分企业需通过出口的方式将农业机械设备运到相关国家和地区,面临较高的通关费用和运输成本。

（四）农业"走出去"的政策还要进一步放宽

一是国内投资项目审批手续还较为复杂、环节多、时间长。二是在境外使用国内种子受到国家种子出口管理的限制。限制了企业对育种行业的境外投资，对外投资种植业使用国内优质种子带来了不利影响。三是粮食和棉花等农产品回运受到进口关税配额管理的限制。企业在境外投资建设种植业生产基地的产品回运困难较大。四是生产的产品运回国内的通关税费负担较重。

五、推动农业"走出去"的对策建议

结合我国近年来农业对外直接投资发展实际和当前国内外新形势，综合考虑农业对外直接投资对于国家经济产业安全的战略意义，强化政府宏观指导、政策措施推动，强化企业投资风险意识是确保农业对外投资稳步、健康的重要措施。

（一）强化国家宏观指导

充分利用现有"农业对外合作部际联席会议制度"，进一步加强部门间务实协作；加快推进体制改革，尽早建立统一的管理协调机制。整合改革完善现行贸易促进体制，建立符合世贸组织规则和我国国情，功能齐全、高效有序的农业贸易促进体系，通过政府公共服务和财政支持的引导，形成以国家级贸易促进机构为主导，地方政府、行业协会、科研机构、农业企业相互配合，相互补充、相互促进的体系。

（二）加大政策支持力度

一是加大财政投入力度。充分利用并拓展现有对外经济技术合作专项中与境外农业资源开发有关的资金，研究设立专门的农产品境外基地建设基金，在企业资本金注入、境外并购、前期基础投资等方面加大支持力度。二是完善金融支持政策。在贷款利率、期限、额度上给予农业投资贸易项目重点倾斜，对战略性项目给予专项金融支持，放宽贷款限制。适度放宽融资条件。三是完善税收优惠政策。避免境外投资企业双重征税。对列入国家进口计划的返销农产品特别是运回的资源型农产品，免征进口税。在特定项目税收领域，积极建立特定项目、省份、区域下的对外农业投资合作税收优惠政策。四是加大保险支持力度。

（三）加强政府公共管理和服务

一是强化信息服务能力建设。增设驻外机构农业参赞或农业外交官，强化有关信息收集、分析和预测；建立"走出去"农业企业数据资料库，定期发布投资国的投资政策和环境、法律商业惯例、土地政策、宏观经济、招商信息等，搭建政府、企业和驻外机构之间的信息交平台；加强各部门信息采集或统计系统的对接和数据共享，集合多部门优势，使面上数据和行业数据有机整合。依托数据信息资源，为各级政府和"走出去"企业研究与决策提供支撑。二是积极推动成立农业对外投资行业协会。强化协会的自律功能，发挥协会在境外农业开发项目竞标过程中的协调作用，规范企业行为。加强行业协会在应对价格协调、贸易纠纷、抵御海外风险等方面的作用。三是强化人才培养。培养熟悉国际农业投资政策法规、具有跨国经营理念和经验的复合型人才。定期举办农业对外投资企业经验交流会、理论培训班，加强相关管理人员在国外农业投融资、财税、保险等政策法规等方面的情况交流和培训。

（四）强化企业风险防范意识

随着我国农业对外投资规模日益扩大，投资地区和领域逐步广泛，企业面临的政治、经济和社会文化风险日益加剧，强化企业风险防范意识对于企业实现健康走出去至关重要。一是慎重选择投资地区。企业在走出去前应多渠道了解投资地区政治、经济、社会、文化及环境等方面情况，评估政治和环境风险。尽量避免到政治不安定、民族主义和宗教情绪比较浓重以及国际评估机构认为具有潜在政治风险的国家进行投资。二是理性评估投资项目。企业选择投资项目切忌盲目跟风，在"走出去"前，应对项目投资风险进行客观评估，理性评判项目实施存在的不确定性和面临的风险，进行科学决策。三是储备和建立专业人才团队。包括引进和培养精通对外投资实务与贸易、熟知投资地区工会、劳工、税收、环保等方面法律法规和本地文化的人才。四是强化企业社会责任意识。在全球化背景下，对外投资企业履行会责任不仅关乎企业自身发展战略的实现，也关乎对外投资合作的可持续发展。在投资地区履行社会责任、树立良好形象是改善内外部环境、有效规避防范投资经营风险的重要途径。

第8章　农产品市场信息体系建设

农产品市场和农业信息体系建设是现代农业发展不可或缺的重要支撑。为转变农业发展方式，提高农业综合生产能力，加快发展现代农业，实现全面建成小康社会的目标，"十二五"时期，我国出台了一系列政策措施大力促进农产品市场体系和农业信息体系建设，在政策的扶持激励下，我国农产品市场信息体系建设快速发展。

一、政策制定过程和形成背景

（一）"十一五"时期的工作进展和存在的主要问题

1. 农产品市场体系建设

"十一五"时期，国家加强顶层规划，进行市场体系工程建设，并出台一系列政策措施，加快推进农产品市场体系建设。

在顶层规划方面，2006 年 10 月，商务部组织编制了《农村市场体系建设"十一五"规划》（以下简称《规划》），对我国农村市场体系建设进行了宏观指导，明确了农村市场体系建设的目标和重点。2006 年 12 月，农业部印发了《"十一五"时期全国农产品市场体系建设规划》（农市发〔2006〕21 号），对全国农产品市场体系建设提出明确目标。

在工程建设方面，一是继续实施"万村千乡市场工程"，并于 2009 年 2 月发布《商务部要求加快农村市场体系建设》的通知。二是实施"双百市场工程"。2006 年起商务部在全国实施"双百市场工程"。提出工程目标，包括重点改造 100 家大型农产品批发市场和着力培育 100 家大型农产品流通企业，重点推动农产品流通标准化和规模化，提高优势农产品市场营销水平。为进一步推动"双百市场工程"建设进程，2007、2008、2009 年商务部连续下发《商务部 财政部关于 2007 年继续实施"双百市场工程"的通知》（商财发〔2007〕145 号）、《商务部关于做好 2008 年"万村千乡市场工程"工作的通知》（商建发〔2008〕52 号）、《商务部 财政部关于加快农产品流通网络建设推进"双百市场工程"的通知》（商建发〔2009〕277 号），主要支持支持农产品批发市场进行冷链、质量安全可追溯、安全监控、废弃物处理等准公益性设施以及交易厅棚、仓储物流、加工配送、分捡包装等经营性设施建设和改造；支持农贸市场进行交易厅棚、冷藏保鲜、卫生、安全、服务等设施建设和改造。三是实施农产品批发市场"升级拓展5520工程"。2006年，农业部组织实施了农产品批发市场"升级拓展5520工程"：在5年内通过多方筹资重点扶持建设500个农产品批发市场，推进设施改造升级和业务功能拓展20项工作。四是开展"农超对接"试点工作。商务部、农业部自2008年起启动"农超对接"试点工作。2010年4月1日，商务部启动了"农超对接信息服务系统"以进一步规范"农超对接"项目管理，积极推动"农超对接"工作。五是开展农产品流通"绿色通道"建设。2006、2009年分别印发了关于进一步完善"五纵二横"绿色通道网络实现省际间互通和进一步完善和落实鲜活农产品运输"绿色通道"政策的有关文件。

在政策支持方面，一是资金支持。商务部、财政部于2006年度对农产品现代流通体系建设项目予以资金支持，并于2006年7月21日印发了《农村物流服务体系发展专项资金管理暂行办法》的通知（财建〔2006〕364号）。2009年，财政部根据《财政部、商务部关于做好支持搞活流通扩大消费有关资金管理的通知》（财建〔2009〕16号）和《财政部关于印发〈农村物流服务体系发展专项资金管理办法〉的通知》（财建〔2009〕228号）以及商务部、财政部有关业务指导文件规定，修订了《农村物流服务体系发展专项资金管理办法》，对农村物流服务体系发展专项资金的使用进行了明确说明。二是税收优惠政策。按照商务部、财政部、国家税务总局《关于开展农产品连锁经营试点的通知》（商建发〔2005〕1号）的有关规定，财政部为农产品连锁经营试点提供税收优惠政策。

在市场监管方面，一是规范市场食品安全操作行为。2008年，商务部办公厅发布《农产品批发市场食品安全操作规范（试行）》（商运字〔2008〕43号）。二是进一步规范对市场主体的管理。具体措施包括落实停止收取个体工商户管理费和集贸市场管理费政策。三是强化市场建设管理。2005年《商务部、农业部、国家税务总局、国家标准委关于开展农产品批发市场标准化工作的通知》（商建发〔2005〕30号）下发后，各地都积极出台相关文件规范农产品市场体系建设。

经过"十一五"时期的快速发展，我国农产品市场建设在市场体系构建、基础设施建设、培育市场主体、改进现代交易方式、完善流通配套设施建设等方面已取得突出成效。全国范围内农产品大市场、大流通的格局已经形成。但是市场体系建设不完善，产地市场、销地市场作用不突出，现代农产品流通方式、农产品交易方式尚未建立，仓储物流设施较为落后，影响了农产品流通效率和农产品质量安全。

2. 农产品信息体系建设

"十一五"时期,国家为加强农产品信息体系建设出台一系列政策文件,并实施了一批重点工程。

在顶层规划方面,2006年农业部下发了《关于进一步加强农业信息化建设的意见》(农市发〔2006〕16号)和《"十一五"时期全国农业信息体系建设规划》(农市发〔2006〕20号)(以下简称《规划》),指导"十一五"时期农业信息体系建设。2007年,农业部编制出台了《全国农业和农村信息化建设总体框架(2007—2015)》(农市发〔2007〕33号),全面部署农业信息化建设的发展思路,明确了全面建设小康社会过程中农业信息化建设和信息服务工作的目标任务、重点内容和具体措施。

在工程建设方面,一是全面实施"金农"工程。包括信息应用系统建设,包括农业和农村经济监测预警系统建设、统一的农产品和生产资料市场监管信息系统建设和农村市场与科技信息服务系统建设。农业信息资源建设,进一步加大对国际国内两类农业信息资源的有效整合。农业信息网络建设,重点推进地、县农业部门信息服务平台建设,强化基层农业部门信息服务基础。二是加快推进"三电合一"信息服务工程。2007年9月,农业部发布了《农业信息服务"三电合一"工程"十一五"建设规划(2006—2010)》,进一步明确了"十一五"时期,"三电合一"信息服务工程的主要工作,包括平台服务系统建设、信息资源建设和人才队伍建设。三是启动实施"信息化村示范工程"。全国以省(区、市)为实施主体,共选择十万个有条件的行政村,建设信息服务站(点),面向村民开展信息服务。

在技术推广应用方面,在农业决策支持、土地管理、作物栽培、畜禽饲养、病虫害防治、测土配方施肥、资源环境监测、农产品营销、乡村财务管理等方面大力推广应用信息技术,建设现代农业,服务新农村建设。

经过"十一五"时期的快速发展,农业信息体系框架基本形成,农业信息基础设施建设逐步完善,农业信息体系工程建设成效显著,信息技术在现代农业建设中应用范围不断扩大。但信息体系为"三农"服务的手段不足,方式单一,发挥作用有限,在信息收集、挖掘、利用方面仍有较大发展空间。

(二)"十二五"时期出台的政策文件及其背景分析

1. 农产品市场体系建设

"十二五"期间,国家从农产品批发市场建设,创新农产品现代流通方式、发展农产品新型流通业态,培育现代农产品流通主体,推动多种形式产销对接等方面出台了一系列政策文件进行农产品市场体系建设规划部署。

2011年,《全国农业和农村经济发展第十二个五年规划》提出在优势产区建设和培育一批具有重大国际影响力的鲜活农产品批发市场，积极发展现代流通方式和新型流通业态，提高农产品生产流通组织化程度，推行农产品流通标准化，加强产销信息引导，落实和完善鲜活农产品运输"绿色通道"政策，加快形成流通成本低、运行效率高的农产品营销网络。

2011年，商务部、农业部联合发布《商务部、农业部关于全面推进农超对接工作的指导意见》（商建发〔2011〕43号）提出推进"农超对接"，打造安全、高效的流通链条和舒适、便捷的消费环境。推广应用现代流通技术，力争"十二五"期间大中型城市生鲜农产品经超市销售比重翻一番，达到30%。

2012年中央1号文件《关于加快推进农业科技创新持续增强农产品供给保障能力的若干意见》（中发〔2012〕1号）提出推进全国性、区域性骨干农产品批发市场建设和改造，建设一批非营利性农产品批发、零售市场。充分利用现代信息技术手段，发展农产品电子商务等现代交易方式。大力发展订单农业，推进生产者与批发市场、农贸市场、超市、宾馆饭店、学校和企业食堂等直接对接，支持生产基地、农民专业合作社在城市社区增加直供直销网点，形成稳定的农产品供求关系。

2012年，《国务院关于深化流通体制改革加快流通产业发展的意见》（国发〔2012〕39号）提出鼓励大型流通企业向农村延伸经营网络，统筹农产品集散地、销地、产地批发市场建设，构建农产品产销一体化流通链条，积极推广"农超对接""农批对接""农校对接"以及农产品展销中心、直销店等产销衔接方式，在大中城市探索采用流动售卖车。

2012年，《国务院办公厅关于印发〈国内贸易发展"十二五"规划〉的通知》（国办发〔2012〕47号）提出建立新型农机市场体系，支持农产品冷链物流发展，积极推动"农超对接""农批对接"等多种产销衔接方式发展。创新农产品流通方式，鼓励拍卖、网上零售等现代交易方式发展，探索发展农产品流通领域的电子商务。

2013年中央1号文件《中共中央国务院关于加快发展现代农业进一步增强农村发展活力的若干意见》（中发〔2013〕1号）提出统筹规划农产品市场流通网络布局，重点支持重要农产品集散地、优势农产品产地市场建设，加强农产品期货市场建设。加快推进以城市标准化菜市场、生鲜超市、城乡集贸市场为主体的农产品零售市场建设。大力培育现代流通方式和新型流通业态，发展农产品网上交易、连锁分销和农民网店。继续实施"北粮南运""南菜北运""西果东送"、万村千乡市场工程、新农村现代流通网络工程，启动农产品现代流通综合示范区创建。

2014年中央1号文件《关于全面深化农村改革加快推进农业现代化的若干意见》（中发〔2014〕1号），进一步提出加强农产品市场体系建设。着力加强促进农产品公平交易和提高流通效率的制度建设，加快制定全国农产品市场发展规划，加强市场流通网络建设，开展公益性农产品批发市场建设试点。健全大宗农产品期货交易品种体系。加快发展主产区大宗农产品现代化仓储物流设施，完善鲜活农产品冷链物流体系。支持产地小型农产品收集市场、集配中心建设。完善农村物流服务体系，推进农产品现代流通综合示范区创建，加快邮政系统服务"三农"综合平台建设。实施粮食收储、供应安全保障工程。启动农村流通设施和农产品批发市场信息化提升工程，加强农产品电子商务平台建设。加快清除农产品市场壁垒。

2014年，商务部等13部门发布《关于进一步加强农产品市场体系建设的指导意见》指出把增强公益性、高效性和稳定性作为农产品市场体系建设的主线，从优化农产品市场体系架构，培育农产品现代流通主体，推动农产品流通创新，完善政策支持体系等方面对农产品市场体系建设进行了全面部署。

2015年中央1号文件，《关于加大改革创新力度加快农业现代化建设的若干意见》（中发〔2015〕1号）提出创新农产品流通方式。加快全国农产品市场体系转型升级，着力加强设施建设和配套服务，健全交易制度。完善全国农产品流通骨干网络，加大重要农产品仓储物流设施建设力度。健全农业市场规范运行法律制度。健全农产品市场流通法律制度，规范市场秩序，促进公平交易，营造农产品流通法治化环境。完善农产品市场调控制度，适时启动相关立法工作。

2015年《中共中央国务院关于深化供销合作社综合改革的决定》（中发〔2015〕11号）提出提升农产品流通服务水平。加强供销合作社农产品流通网络建设，创新流通方式，推进多种形式的产销对接，建立产地到消费终端的农产品市场网络，积极参与公益性农产品批发市场建设试点，继续实施新农村现代流通服务网络工程建设，加快发展供销合作社电子商务。

2. 农产品信息体系建设

"十二五"期间，国家从夯实农业农村信息化基础，农业生产信息化、农业经营信息化、农业政务管理信息化等方面出台了一系列政策文件推进农业信息体系建设。

2011年11月，农业部印发《全国农业农村信息化发展"十二五"规划》的通知（农市发〔2011〕5号）提出了"十二五"时期我国农业农村信息化发展的五大任务、四大区域、三项工程和四项措施，为"十二五"农业农村信息化发展提供指导。

2012年6月28日，国务院发布《国务院关于大力推进信息化发展和切实保障信息安全的若干意见》，明确指出要推进农业农村信息化，提高农业生产经营信息化水平，完善农业农村综合信息服务体系，实现信息强农惠农。

2012 年，《国务院办公厅关于印发国内贸易发展"十二五"规划的通知》（国办发〔2012〕47 号）提出继续推进新农村现代流通服务网络工程，建立统一的信息服务平台和农村商业信息库。完善全国鲜活农产品市场信息平台，健全农产品信息网络，形成全国统一的信息发布机制。

2013 年中央 1 号文件《中共中央国务院关于加快发展现代农业进一步增强农村发展活力的若干意见》（中发〔2013〕1 号）提出"加快用信息化手段推进现代农业建设"。2013 年 4 月农业部出台《关于加快推进农业信息化的意见》（农市发〔2013〕2 号），提出重点推进农业生产经营、市场信息服务、科技创新推广、质量安全监管、重大动植物疫病防控、农村经营管理、农业电子商务、生产指挥调度、农业基础数据和现代农业示范区等十个方面的信息化建设，争取用五年的时间，农业农村信息化水平有一个大的提升，向"农业生产智能化、农业经营网络化、农业行政高效透明、农业服务便捷灵活"的目标迈进。

2014 年中央 1 号文件《关于全面深化农村改革加快推进农业现代化的若干意见》（中发〔2014〕1 号），提出推进农业科技创新，建设以农业物联网和精准装备为重点的农业全程信息化和机械化技术体系。

2015 年中央 1 号文件《关于加大改革创新力度加快农业现代化建设的若干意见》（中发〔2015〕1 号）强调"推进信息进村入户"。2015 年 8 月国务院发布《国务院办公厅关于加快转变农业发展方式的意见》（国办发〔2015〕59 号）指出开展"互联网＋"现代农业行动。鼓励互联网企业建立农业服务平台，加强产销衔接。推广成熟可复制的农业物联网应用模式，大力实施农业物联网区域试验工程。支持研发推广一批实用信息技术和产品，提高农业智能化和精准化水平。强化农业综合信息服务能力，推进农业大数据应用，完善农业信息发布制度。大力实施信息进村入户工程，研究制定农业信息化扶持政策。加快国家农村信息化示范省建设。

二、政策内容及主要措施

围绕农产品市场和信息体系建设，国家出台了一系列政策文件进行规划部署，实施了一批重点工程。

（一）农产品市场体系建设

一是继续实施"万村千乡市场工程"。"万村千乡市场工程"由商务部 2005 年 2 月开始启动，工程的主要内容是通过安排财政资金，以补助或贴息的方式，引导城市连锁店和超市等流通企业向农村延伸发展"农家店"，满足农民消费需求，改善农村消费环境，促进农业产业化发展。截至 2010 年年底，全国累计建设 52 万家连锁化农家店，2 667 个配送中心，覆盖了全国 80% 的乡镇和 65% 的行政村。"十二五"期间，我国全面深入推进"万村千乡市场工程"。2012 年《商务部办公厅关于规范物流配送中心和乡镇商贸中心项目建设有关工作的通知》（商办建函〔2012〕303 号）从科学制订项目建设规划，统一项目建设标准，规范项目资金管理，加强项目进度督导等方面对"万村千乡市场工程"进行工作部署，同时修订了《"万村千乡市场工程"物流配送中心建设规范》、制定了《"万村千乡市场工程"乡镇商贸中心建设规范》。

二是继续开展"新农村现代流通服务网络工程"。由中华全国供销合作总社 2007 年开始实施，通过支持农副产品、农资配送中心改造项目，农副产品冷链物流系统改造项目，农副产品、农资连锁经营网点改造项目，农副产品、农资批发交易市场改造项目等建设促进农资和农副产品服务网络的改造运营。

三是探索开展"农产品现代流通综合示范区创建"。2014 年商务部，公安部，交通运输部，农业部，中华全国供销合作总社发布《关于开展农产品现代流通综合示范区创建工作的指导意见》（商建函〔2014〕971 号），指出农产品现代流通综合示范区创建是对近年来农产品流通领域各项试点工作的深化和拓展。计划利用 3~5 年时间创建一批农产品现代流通综合示范区，在设施功能、流通方式、技术应用、信息服务、公益性等方面发挥综合示范作用，带动区域农产品流通规模和效率大幅提升，流通网络布局日趋合理，协同创新能力显著增强，流通现代化水平大幅提升。

四是深化产地批发市场建设。根据《国民经济和社会发展第十二个五年划纲要》中提出的关于"建设一批国家级重点大型批发市场和区域性批发市场"的要求，农业部组织编制了《建设国家级农产品专业市场工作方案》，明确了国家级农产品专业市场建设的总体思路、基本目标、建设内容、布局条件、实现方式、支持重点和工作安排，"十二五"期间重点培育 10~15 家国家级专业批发市场，打造成相关产品的物流集散中心、价格形成中心、信息传播中心、科技研发中心和会展贸易中心。

五是培育农产品市场流通主体。为提高农村经纪人参与市场流通的能力，农业部提出了加强农产品经纪人队伍建设的意见，组织编制了《关于加强农村经纪人培训规划（2011—2020)》，提出了农村经纪人的培训思路、原则、人员计划、培训内容、预期目标等，重点向农产品经纪人开展市场信息、流通政策、运销储藏加工技术、质量安全知识与法规、农业科技等方面知识培训，启动了农村经纪人培训试点。

六是大力发展农产品电子商务。2015 年农业部会同发改委、商务部共同印发了《推进农业电子商务发展行动计划》，与商务部等 19 部门联合印发了《关于加快发展农村电子商务的意见》，在北京市、河北省等 9 省市开展农业电子商务鲜活农产品直配和农资下乡试点工作，加强农产品电子商务培训，为大学生村官等培训农产品电子商务的课程。

（二）农产品信息体系建设

一是继续实施"金农工程"。"金农工程"是1994年提出并实施的农业信息化建设工程。主要实施农业信息应用系统建设、农业信息资源建设和农业信息网络建设。"十二五"期间，农业部对"金农工程"一期进行验收和评价。按照重点推进基础信息资源、农业行政管理及基层农村经营管理政务信息化建设的要求，提出了金农二期建设框架。

二是加快推进"三电合一"工程。自2005年以来，农业部在全国开展了"三电合一"农业综合信息服务平台的建设工作，即综合利用电视、电话、电脑三种信息载体，开展农业信息服务。主要内容包括利用互联网络采集发布信息，为电话语音系统和电视节目制作提供信息资源；利用电话语音系统，为农业生产经营者提供语音咨询和专家远程解答服务；利用电视渠道，针对热点和共性问题制作播放电视节目，提高信息服务入户率。截至2012年，农业部在全国3个省、60个地市和248个县开展了"三电合一"项目建设。

三是建设"12316三农综合信息服务平台"工程。12316平台是"十二五"期间农业部农业信息化重点项目，项目围绕建设一个中央级的农业综合信息服务平台，围绕"一门户、五系统"的开发目标，建设12316农业综合信息服务门户、12316语音平台、12316短彩信平台、农民专业合作社经营管理系统、双向视频诊断系统、12316农业综合信息服务监管平台等应用系统。建立集12316热线电话、网站、电视节目、手机短彩信、移动客户端等于一体，多渠道、多形式、多媒体相结合的12316中央平台。按照边建设、边应用、边完善的原则，在北京等地进行了系统示范应用和平台对接。2015年农业部出台文件，加快试点省份12316服务热线升级改造，积极推动教育、医疗、村务公开、就业务工等信息的发布和公开。

四是开展农业物联网试验示范。实施农业物联网区域试验工程和国家物联网应用示范工程，农业部指导开展农业物联网的相关研究和应用试点。重点在农业资源精细监测和调度、农业生态环境监测和管理、农业生产过程精细管理、农产品质量溯源、农产品物流等领域进行探索。

五是发展农业电子商务。包括农产品网络营销促销综合服务平台建设；经营性的农村电子商务平台建设；农产品批发市场信息化建设，电子显示报价屏、触摸屏、电子结算系统、电子监控系统、仓储物流配送系统等信息技术和产品；支持农业企业、农民专业合作社使用管理信息系统，进行网站建设等；促使生产者和电商平台尽心对接，开展农业电子商务鲜活农产品直配和农资下乡试点工作。

六是推进信息进村入户试点工程。2014 年为落实中央 1 号文件要求，促进"互联网＋"行动计划在农村落地，农业部组织北京、辽宁等 10 个试点省（市）、22 个试点县（市、区）开展了信息进村入户试点。在试点县进行益农信息社建设，将电信、银行、保险、供销等便民服务资源引入益农信息社，推动电子商务进村，在益农社落地，帮助村民查询信息、网上购物。将益农社建成现代信息产业技术、新产品的发布推广平台。

三、政策执行情况及其效果评价

"十二五"期间我国农产品市场信息体系各项政策不断推进落实，市场信息体系建设取得较快发展。

（一）农产品市场体系建设

1. 农产品市场体系进一步完善

一是市场规模和交易量不断增长。截至 2014 年年底，全国农产品批发市场 4 469 家，产地市场约占 70％。2013 年年底，亿元以上农产品专业批发市场 1 019 家，摊位数 57.66 万个，分别比 2004 年增加 622 家和 39.38 万个；营业面积 4 316.3 万平方米，年成交额 14 584.1 亿元，增长 5.7 倍。从市场结构看，在 2013 年亿元以上的专业农产品批发市场中，粮食市场占 10.1％，肉粮禽蛋市场占 13.5％，水产品市场占 14.7％，蔬菜市场占 30.6％，干鲜果品市场占 13.4％，棉麻土畜烟叶产品市场及其他农产品市场占 17.9％。已形成以蔬菜水产等鲜活农产品为主的大型专业市场流通网络，在引导农民调整农业结构、实现增产增收和保障供给等方面，发挥了不可替代的作用。

二是全国性产地示范市场建设较快。自 2011 年农业部和陕西省政府共同启动建设第一个全国性产地示范市场——洛川苹果市场以来，到 2014 年年底，已累计启动了牡丹江木耳、舟山水产、赣南脐橙、重庆生猪、斗南花卉、眉县猕猴桃、荆州水产、定西马铃薯、大连水产、信阳茶叶等 11 个全国性产地示范市场（以下简称全国性市场）建设。带动相关产业规模化发展、标准化生产、商品化处理、产业化经营和品牌化销售，提升产品和产业的影响力等方面的积极作用已逐步显现。

2. 农产品市场基础设施逐步完善

"十二五"期间我国农产品市场基础设施建设发展较快。2014 年，我国三分之二的农产品批发市场建有检验检测中心，53％的市场建有信息中心，42％的市场建有废弃物处理中心，29.8％的市场建有电子结算中心。全国冷库总容量 3 320 万吨，公路冷藏车 7.5 万辆，同比增长分别为 24％和 39％。

3. 农产品市场主体类型多元

随着我国农产品市场体系建设进程以及培育农产品市场流通主体步伐不断加快，我国农产品市场主体呈现出多元化、多层次特征。进入市场的主体不仅包括私人商贩，还有快速成长起来的农民经纪人、农民合作社、农业龙头企业、农业流通企业、农产品电商等主体。

4. 流通模式和现代交易方式日益多样

随着经济社会的发展，"农超对接"、电子商务等新型流通模式快速发展，农产品流通模式日益多样化。目前"农超对接"在农产品流通中的占比已达15％，超过1 000家连锁企业与约1.6万个农民合作社实现对接。2014年全国农产品电子商务交易额超过870亿元，电子商务成为农产品流通创新的重要推动力。我国大型批发市场中已形成网上交易、拍卖交易、订单交易、协商交易、合约交易等多种现代化交易方式。

（二）农产品信息体系建设

1. 农业信息体系逐步完善

一是组织体系不断完善。覆盖面较广的农业信息工作组织和队伍体系基本形成，全国所有省市区农业部门都设立了农业信息化管理和服务机构。截至2013年年底，全国39％乡镇建立信息服务站、22％行政村设立信息服务点，全国专兼职信息员超过18万人；组建了一支覆盖种植、畜牧、兽医、水产、农机行业和领域的专业门类齐全、结构合理、经验丰富的专兼职专家队伍，培养了一批训练有素、服务热情的专业话务员；相继建设并开通了29个省级、78个地级和352个县级语音平台，中央平台建设也正式上线。

二是信息平台和内容不断完善。各地在农业信息服务工作中，面向基层、面向农业信息服务工作，积极整合相关部门信息资源，积累了一批宝贵的专业、特色及满足个性化需求的信息资源。如北京市221信息平台实现了全市信息资源的共建共享。依托国家农业数据中心、科技数据分中心的建设，农业部已形成了40条信息采集渠道、8 000多个信息采集点，农业信息数据源源不断地进入14个大型农业数据库，全国涉农网站总数已超过4万多个。此外，建成了一批重要的信息管理系统和数据库，信息化在农业政务管理领域中的广泛应用。

2. 农业信息化服务水平稳步提高

一是服务领域不断拓展。在技术信息咨询与服务的基础上，各地充分挖掘信息服务新方法，拓展服务新领域，及时发布与农民生产、经营、生活息息相关的政策信息和市场信息，为农民提供了科技、市场、政策、价格、假劣农资投诉举报等全方位的即时信息服务，服务范围已经延伸到了法律咨询、民事调解、电子商务、文化节目点播等方方面面，缩小了城乡"数字鸿沟"，推动了农民生产生活方式的改变，极大的促进了城乡经济社会的协调发展。

二是服务模式日趋多元。农业部 2011 年开通了农民手机报，为各级政府领导和农业部门干部推送重要农业信息。各地在实践中不断探索和创新，结合本地特点，形成了一批有实效、接地气的信息服务模式。如浙江的"农民信箱"、上海的"农民一点通"、福建的"世纪之村"、山西的"我爱我村"、甘肃的"金塔模式"、云南的"数字乡村"等，有效满足了广大农民的信息需求。

三是服务机制不断完善。农业部分别与中国移动、中国联通、中国电信签署了战略合作协议，各地也与电信运营商和有关企业开展多种形式的合作，统筹利用各自工作体系和资源，共同打造为农服务平台。注重加强与畜牧、水产、农机、粮食、统计等涉农部门的沟通协调，充分发挥各自优势，共建平台、共享资源。如截至 2013 年年底，12316 已覆盖全国 1/3 农户，年均助农减损增收逾百亿元，河南的"一键服务"，农民咨询电话可以通过 12316 转接到相关主管部门处理。

3. 信息技术在农业生产领域应用不断拓宽

一是农业部以农业物联网应用示范工程为抓手推进现代信息技术在农业生产过程中的集成、组装和应用，农业生产智能化水平不断提高。二是在农业生态环境的监测和管理方面，利用传感器感知技术、信息融合传输技术和互联网技术，构建农业生态环境监测网络，实现对农业生态环境的自动监测。三是在农业生产过程的精细管理方面，应用于大田种植、设施农业、果园生产、畜禽水产养殖作业，实现生产过程的智能化控制和科学化管理，提高资源利用率和劳动生产率。四是在农产品质量溯源方面，通过对农产品生产、流通、销售过程的全程信息感知、传输、融合和处理，实现农产品"从农田到餐桌"的全程追溯，为农产品安全保驾护航。五是在农产品物流方面，利用条形码技术和射频识别技术实现产品信息的采集跟踪，有效提高农产品在仓储和货运中的效率，促进农产品电子商务发展。

四、存在的主要问题和政策建议

（一）农产品市场体系建设

经过"十二五"时期发展，我国覆盖城乡的农产品市场体系已基本形成，但仍处于初级发展阶段，缺乏统筹规划、布局不合理，组织化和标准化程度低，市场信息不对称，市场制度建设滞后等问题依然存在。未来应从市场体系规划、基础设施建设、流通主体培育、扶持政策跟进等方面加强农产品市场体系建设。

1. 做好顶层规划，加强基础设施建设

重点加强全国性、区域性农产品产地、集散地和销地批发市场，具有国际影响力的农产品交易（会展）中心以及物流节点建设。鼓励各地建设或改造农贸市场、菜市场、社区菜店、生鲜超市等农产品零售市场网络基础设施建设，完善农产品零售网络。加大农产品冷链物流基础设施建设力度，建设具有集中采购和跨区域配送能力的农产品冷链物流集散中心，建立覆盖农产品生产、加工、运输、储存、销售等环节的全程冷链物流体系。

2. 培育壮大市场主体，完善农产品产销衔接体系

鼓励农产品流通企业和批发市场实现跨区域发展，发展农产品第三方物流，为农产品流通提供社会化的公共物流服务。加强农产品流通合作组织建设，积极培育农民经纪人队伍和经纪公司。培育新型流通主体，促进农产品流通领域创业创新。鼓励具备条件的农产品市场主体利用自身优势，向农产品生产和消费两端延伸经营链条，建立稳定的产销关系。开展"农批零对接""农超对接""农社对接"等各种形式的产销对接。

3. 推动流通信息化建设，完善农产品市场安全稳定运行制度

加快移动互联网、物联网、二维码、无线射频识别等信息技术在农产品流通领域应用，发展"互联网＋农产品流通"，促进农产品商流、物流、信息流、资金流四流融合。发展农产品电子商务，积极培育各类农产品电子商务平台，鼓励有条件的地区和农产品流通企业建立区域性农产品信息数据库和企业网上信息平台。加强市场交易和管理制度建设，规范交易行为，保障市场高效运行。

4. 建立公益性农产品市场实现机制，完善政策支持体系

开展公益性农产品市场建设试点，探索市场化环境下公益性的实现方式，建设一批骨干农产品公益性批发市场、区域公益性农产品批发市场和平价菜市场、田头公益性市场。落实完善有利于农产品市场和批发商发展的税收政策，加强宏观信贷政策指导，金融和信贷支持力度，加大用地保障力度，在土地利用总体规划和城乡规划中统筹安排农产品批发市场用地规模、布局，优先保障符合农产品市场发展规划的市场用地供应。加大运输保障力度，保障农产品运输的便利性，鼓励使用专用运输车辆进行鲜活农产品运输。

（二）农产品信息体系建设

经过"十二五"时期发展，我国初步搭建了面向农民需求的农业信息服务平台，农业综合信息服务日渐综合化、多样化，但我国农产品信息体系整体发展水平不高，地区发展不平衡等问题依然存在。未来需要从加大财政投入、促进地区间、领域间平衡发展等方面加强农产品信息体系建设。

1. 加快农村信息基础设施建设

我国农业信息体系整体发展水平低。一些地方尤其是基层农业信息基础条件严重不足,信息传输在乡、村、户环节出现"梗阻",信息化"最后一公里"成为制约农民获取信息的主要问题。同时,符合区域产业发展特点、针对性、及时性、有效强的信息严重不足,信息服务的"最初一公里"成为农业农村信息化的瓶颈。今后要加强农村地区电脑、宽带网络等基础设施建设,提高农村地区信息终端普及率。调研农民信息需求,为农户的生产经营活动提供用得上、用得起、用得好的有效信息和产品。

2. 促进地区之间农业信息平衡发展

目前我国农业信息体系建设发展不平衡。一方面,区域发展不平衡,经济发展水平较快的地区相对较高,偏远、贫穷的欠发达地区信息化水平普遍偏低。另一方面,领域发展不平衡,生产和经营环节信息技术应用落后于电子政务和信息服务发展。今后应加强对落后、贫困地区农业信息化投入力度,加强基础设施建设。增强对农业生产、技术指导、生产资料采购、农产品销售等方面的信息收集和发布力度,切实改善农业生产条件和提高生活水平。

3. 加强农业信息化的支持力度

目前我国农业信息化投入不足。由于农业生产过程长、生产类型及农产品多样、农村经济社会管理复杂等特性,决定了农业农村信息化建设内容的复杂性,农业信息系统和产品的普适性较低,需要持续、稳定的资金投入。今后应探索供给机制,完善财政支持体系。可以通过中央和地方的专项建设资金支持以及税收政策、信贷政策、价格监管等手段的运用,形成中央和地方、政府和企业以及第三部门共同支撑的投入机制。

4. 加强信息推广力度和部门统筹

目前一些政府和生产经营主体对农业信息化重要性的认识不足,农业信息技术产品集成示范应用力度不够,部门统筹不足都制约着我国农业农村信息化的快速发展。各级政府部门必须提高对农业信息化建设意义的认识,加大对农业信息化的资金和人力投入。农业信息化建设是一项系统工程,为有效解决各自为战、叠床架屋的局面,需要从中央层面做好顶层设计,对农业信息化建设进行整体部署,打破部门界限,摒除部门利益,形成联动工作机制。还应解决中央与地方政府在农业信息化建设中的功能定位,明确各自分工。为有效推进信息(技术)在农业生产经营过程中的应用,一方面可以面向特定用户,推进现代信息技术示范及应用;另一方面也要面向普通农户,加强农业信息资源的开发利用,强化查询智能化设计,改善信息平台的易用性。

第9章　动物疫病防控体系建设

　　动物疫病防治工作关系国家食物安全和公共卫生安全，关系社会和谐稳定，是政府社会管理和公共服务的重要职责，也是农业农村工作的重要内容。改革开放以来，党中央、国务院高度重视动物疫病防控工作，出台了一系列法律法规和指导性意见，科学谋划、加强领导，增加投入，动物防控工作取得了积极进展。我国已基本形成了以《动物防疫法》为核心，以《重大动物疫情应急条例》《兽药管理条例》《病原微生物实验室生物安全管理条例》《生猪屠宰管理条例》为骨干的兽医法律体系。建立了相对完善的兽医行政管理、技术支撑、动物卫生监督和兽医药品监察工作体系，具备了保障养殖业生产安全、动物产品质量安全、公共卫生安全和生态安全的基础条件。

一、政策制定过程和形成背景

（一）"十一五"时期的工作进展和存在的主要问题

　　针对中国禽流感疫情高发的情况，根据国务院要求，国家发展改革委员会同农业部等部门编制了《全国动物防疫体系建设规划（2004—2008年)》。《规划》针对动物防疫体系的薄弱环节，提出了动物疫病预防与控制中心项目、基层动物防疫设施项目、检疫监督设施项目、兽药质量及残留监控设施项目、国家动物防疫技术支撑项目及兽用生物制品生产项目等六方面的重点建设项目。2005年5月14日，《国务院关于推进兽医管理体制改革的若干意见》出台，对全国兽医管理体制改革作出了重大部署。为适应动物防疫新形势的需要，提高全社会依法防疫意识，适应加入世界动物卫生组织（OIE）后与国际接轨的要求，农业部总结了动物防疫法实施经验，2006年起草了《动物防疫法（修订草案）》（送审稿），并报送国务院法制办公室。2007年8月30日，第十届全国人民代表大会常务委员会第二十九次会议修订通过新的《中华人民共和国动物防疫法》，自2008年1月1日起施行。2007年修订了《中华人民共和国动物防疫法动物防疫法》，重点对免疫、检疫、疫情报告和处理等制度作了修改、补充和完善，新增了疫情风险评估、疫情预警、疫情认定、无规定动物疫病区建设、官方兽医、执业兽医管理、动物诊疗、动物防疫保障机制等方面的内容。2008 年 4 月，农业部下发了《关于加强村级动物防疫员队伍建设的意见》，就加强村级动物防疫员队伍建设、人员选拔与配置、责任落实、培训与考核、组织领导、经费保障、督查和指导等做了规定。意见要求，要按照"因地制宜、按需设置、明确责任、择优选用、注重素质、创新机制"的原则，努力建立起适应重大动物疫病防控工作需要的村级动物防疫员队伍。"十一五"期间，国家加大了动物防疫投入，但与我国畜禽饲养量和动物疫情形势相比，兽医基础设施条件仍比较薄弱，技术支撑保障能力仍显不足。同时，在兽医机构、队伍建设以及教育、科技水平等方面还有欠缺，兽医事业发展的保障能力还不强。

（二）"十二五"期间出台的政策文件及其背景分析

针对"十一五"期间动物防控体系建设存在的以上问题，《国民经济和社会第十二个五年规划纲要》将动植物保护工程列为"十二五"规划的新农村建设重点工程，要求建设六级动物疫病防控体系，重点加强基层动物疫病体系建设。《中共中央国务院关于加快推进农业科技创新持续增强农产品供给保障能力的若干意见》（中发〔2012〕1 号）在狠抓"菜篮子"产品供给中着重强调要制定和实施动物疫病防控二期规划，及时处置重点疫情。《中共中央国务院关于加大改革创新力度加快农业现代化建设的若干意见》（中发〔2015〕1 号）在深入推进农业结构调整中强调要完善动物疫病防控政策。党中央、国务院及各部委在此期间先后出台了 20 余项政策文件，依次为《2011 年国家动物疫病监测计划》（农医发〔2010〕48 号）、《2011 年全国高致病性禽流感和口蹄疫等主要动物疫病流行病学调查方案》（农医发〔2010〕49 号）、农业部关于畜牧兽医行政执法六条禁令（农医发〔2011〕29 号）、《2011 年国家动物疫病强制免疫计划》（农医发〔2011〕6 号）、《2012 年国家动物疫病强制免疫计划》（农医发〔2012〕1 号）、《2012 年国家动物疫病监测计划》（农医发〔2012〕2 号）、《国务院办公厅印发国家中长期动物疫病防治规划（2012—2020 年）》（国办发〔2012〕31 号）、《2013 年国家动物疫病监测与流行病学调查计划》（农医发〔2013〕9 号）、《国务院办公厅关于建立病死畜禽无害化处理机制的意见》（国办发〔2014〕47 号）、《关于进一步加强畜禽屠宰检验检疫和畜禽产品进入市场或者生产加工企业后监管工作的意见》（农医发〔2015〕18 号）、《2013 年国家动物疫病强制免疫计划》（农医发〔2013〕8 号）、《常见动物疫病免疫推荐方案（试行）》（农医发〔2014〕10 号）、《牛羊常见疫病防控技术指导意见（试行）》（农医发〔2014〕11 号）、《2015 年国家动物疫病监测与流行病学调查计划》（农医发〔2015〕10 号）、《非洲猪瘟防治技术规范（试行）》（农医发〔2015〕31 号）、《全国小反刍兽疫消灭计划（2016—2020 年）》（农医发〔2015〕34号）。为了更好的应对动物H7N9禽流感，农业部印发了《动物H7N9禽流感紧急监测方案》和《动物H7N9禽流感应急处置指南（试行）》（农医发〔2013〕13号）、《2013年下半年动物H7N9禽流感监测方案》（农医发〔2013〕28号），发布了农业部第1919号令。总体来看，"十二五"期间，国家通过制定动物疫病防控规划，加强对动物疫病监测与强制免疫工作、强化对畜禽屠宰检验检疫和畜禽产品监管、建立病死畜禽无害化处理机制及规范畜牧兽医行政执法行为等措施，有效防控了口蹄疫、高致病性禽流感等重大动物疫病，有力保障了北京奥运会、上海世博会等重大活动的动物产品安全，为促进农业农村经济平稳较快发展、提高人民群众生活水平、保障社会和谐稳定作出了重要贡献。

二、主要政策和措施

（一）制定《国家中长期动物疫病防治规划》

为进一步加强动物疫病防治工作，依据动物防疫法等相关法律法规，2012年5月20日，国务院办公厅印发了《国家中长期动物疫病防治规划（2012—2020年）》（国办发〔2012〕31号）（下称《规划》），《规划》坚持立足国情、适度超前，因地制宜、分类指导，突出重点、统筹推进的原则，确立了到2020年的目标：即形成与全面建设小康社会相适应，有效保障养殖业生产安全、动物产品质量安全和公共卫生安全的动物疫病综合防治能力。口蹄疫、高致病性禽流感等16种优先防治的国内动物疫病达到规划设定的考核标准，生猪、家禽、牛、羊发病率分别下降到5%、6%、4%、3%以下，动物发病率、死亡率和公共卫生风险显著降低。牛海绵状脑病、非洲猪瘟等13种重点防范的外来动物疫病传入和扩散风险有效降低，外来动物疫病防范和处置能力明显提高。基础设施和机构队伍更加健全，法律法规和科技保障体系更加完善，财政投入机制更加稳定，社会化服务水平全面提高。制定了重大动物疫病和重点人畜共患病计划防治策略、畜禽健康促进策略、外来动物疫病风险防范策略三大策略，确定了优先防治病种和区域布局，重点开展控制重大动物疫病、控制重大动物疫病、消灭马鼻疽和马传染性贫血、净化种畜禽重点疫病及防范外来动物疫病传入等五大任务。提升动物疫情监测预警、突发疫情应急管理、动物疫病强制免疫、动物卫生监督执法、动物疫病防治信息化及动物疫病防治社会化服务六大能力。

（二）加强屠宰检验检疫和畜禽产品市场监管

为及时掌握动物疫病免疫状况、流行规律和疫情动态，增强重大动物疫情预警预报能力,农业部组织制定了动物疫病监测与流行病学调查计划。要求各地认真组织开展动物疫病监测与流行病学调查工作,全面掌握口蹄疫、高致病性禽流感、布鲁氏菌病等优先防治动物疫病分布状况和流行态势,做好马传贫达标验收和马鼻疽无疫认证。在国家层面设立固定监测点,增加高致病性猪蓝耳病、猪瘟、猪伪狂犬病、新城疫等动物疫病的监测工作。推进种畜禽场主要动物疫病监测净化与评估。加强动物疫情风险分析评估,密切关注外来动物疫病、新发病监测预警和应急处置工作,科学研判防控形势,为防控决策提供科学依据。并加强动物疫病区域化管理,推动无疫区和生物安全隔离区建设。农业部会同财政部制定了国家动物疫病强制免疫计划,对高致病性禽流感、口蹄疫、高致病性猪蓝耳病、猪瘟等4种动物疫病实行强制免疫,群体免疫密度常年维持在90%以上,其中应免畜禽免疫密度要达到100%,免疫抗体合格率全年保持在70%以上。

为深入贯彻《食品安全法》《农产品质量安全法》《动物防疫法》《生猪屠宰管理条例》,认真落实《农业部食品药品监管总局关于加强食用农产品质量安全监督管理工作的意见》(农质发〔2014〕14号),2015年7月,农业部,食品药品监管总局制定并下发了《关于进一步加强畜禽屠宰检验检疫和畜禽产品进入市场或者生产加工企业后监管工作的意见》(农医发〔2015〕18号),要求强化属地管理责任,建立地方政府负总责、监管部门各负其责、企业为第一责任人的畜禽产品质量安全监管责任体系;落实肉品品质检验制度,要规范畜禽屠宰检疫,严格畜禽产品准出管理。同时,强化畜禽产品进入市场或者生产加工企业后的监管,严格畜禽产品准入管理,通过严格执法,确保畜禽屠宰检验检疫和畜禽产品进入市场或者生产加工企业后的监管工作落实到位。

(三)建立病死畜禽无害化处理机制

我国畜禽饲养数量多,规模化程度不高,病死畜禽数量较大,无害化处理水平偏低,随意处置现象时有发生。为全面推进病死畜禽无害化处理,保障食品安全和生态环境安全,促进养殖业健康发展,经国务院同意,2014年10月20日国务院办公厅印发了《关于建立病死畜禽无害化处理机制的意见》(国办发〔2014〕47号),尽快建成覆盖饲养、屠宰、经营、运输等各环节的病死畜禽无害化处理体系,构建科学完备、运转高效的病死畜禽无害化处理机制。要求进一步强化生产经营者主体责任,落实属地管理责任,加强无害化处理体系建设,并完善配套保障政策,加强宣传教育,严厉打击违法犯罪行为。2015年2月,中国保监会、财政部和农业部联合印发《关于进一步完善中央财政保费补贴型农业保险产品条款拟订工作的通知》;农业部又与邮储银行、人保财险签署《银行保险支持兽医卫生监管服务合作协议》,明确将病死畜禽无害化处理作为申请保险理赔的前置条件，进一步完善了保险与无害化处理联动机制。

（四）规范畜牧兽医行政执法行为

针对一些地方还存在个别畜牧兽医行政执法人员违反有关行业管理规定、不依法履职、不作为甚至乱作为的现象。为严明纪律，树立畜牧兽医行政执法队伍良好形象，保证动物防疫和畜禽产品质量安全各项监管职责落实到位，结合畜牧兽医行政执法的特点，2011年12月31日，农业部制定并下发了《农业部关于畜牧兽医行政执法六条禁令》（农医发〔2011〕29号），规定严禁只收费不检疫；严禁不检疫就出证；严禁重复检疫收费；严禁倒卖动物卫生证章标志；严禁不按规定实施饲料兽药质量监测；严禁发现违法行为不查处。违反上述禁令者，将视情节轻重，按现行干部管理权限，分别给予记过、记大过、降职、撤职、开除等处分。构成犯罪的，移交司法机关追究刑事责任。

三、政策执行情况及其效果评价

"十二五"期间，为适应动物疫病发展的需要，国家加大对重大动物疫病强制免疫、监测力度，实施流行病学调查计划强化疫病监测预警和分析研判，动物疫病防控长效机制初步建立，动物疫病防控体系建设取得积极成效。

（一）基层队伍建设得到强化，兽医卫生监督执法能力不断提升

乡镇畜牧兽医站设置逐步完善，村级防疫员队伍建设明显加强，兽医行政、动物疫病预防控制及动物卫生执法监督三大机构更加巩固。截至"十二五"末，我国共设立省级动物卫生监督所32个、市级358个、县级3 162个，县级动物卫生监督机构派出机构22 681个，动物卫生监督机构总人数接近15万人，其中执法人员14.3万人，以官方兽医和执业兽医为主体的新型兽医制度加快推进，全国共认定官方兽医11.05万人，7.67万人获得执业兽医资格。

（二）工作体制机制不断创新，区域动物疫病防控工作取得进展

"十二五"期间，各级兽医部门加大简政放权力度，提高办事效率和服务水平。将"兽药生产许可证核发"许可事项由农业部下放到省级兽医部门，实现了网上审批。实施兽药电子追溯码（二维码）制度，分类、分批、分步推进兽药生产、经营和使用全过程追溯管理。继续推进执业兽医制度，首次面向香港和澳门特别行政区居民中的中国公民开放执业兽医资格考试。生猪屠宰监管职责划归农业部门，打通了从养殖到屠宰卫生质量风险控制与监管链条。各地加快生猪屠宰职能交接，加快健全屠宰监管体系。截至2015年11月底，30

个省级部门完成屠宰监管职责交接，市级和县级屠宰监管职责调整到位率达到94％和87％。全国共清理1 694家不符合条件的屠宰场点，有效净化了市场环境。2013年，针对西藏、新疆等部分省份口蹄疫防控严峻形势，在原来西南和西北片区联防联控基础上，国家建立口蹄疫区域应急联防联控工作机制。动物疫病区域化管理已成为我国控制和消灭优先防治动物疫病的有效抓手和重要手段，不仅有效防控了口蹄疫等重大动物疫病，提升了区域动物卫生水平，同时，通过动物疫病区域化管理实践，建立健全了动物疫病区域化管理的法律法规和技术标准体系，促进了区域兽医体制改革和体系建设，探索了动物疫病防控的新机制新模式，取得了显著的社会、经济和生态效益。

（三）兽医卫生风险控制能力提高，动物疫病防控效果明显

强制免疫、扑杀、无害化处理、基层动物防疫工作补贴补助政策不断完善，动物防疫经费保障体系基本建立。重大动物疫病应急管理、部门合作和区域联防联控机制日趋完善。全国基本消灭了马鼻疽和马传贫；牛肺疫无疫状态通过国际认可；高致病性禽流感、口蹄疫等重大动物疫病流行强度逐年下降，发病范围显著缩小，动物疫病防控取得了显著成效。动物产地检疫和屠宰检疫更加规范，"十二五"期间全国产地检疫畜禽526.45亿头（只、羽），屠宰检疫畜禽304.66亿头（只、羽）；病死畜禽无害化处理长效机制建设顺利推进；兽药产品质量抽检合格率稳步提升，"十二五"末合格率达到94.8％，同比提高了3.7个百分点；动物产品兽药残留抽检合格率保持在99％以上，兽医卫生风险控制能力明显提高，有力地保障了动物产品质量安全。

四、面临的主要问题与政策建议

（一）动物疫病防控体系建设面临的主要问题

一是组织严密的兽医管理体制尚未形成，科学高效的人力物力财力保障机制尚未建立。动物防控体系机构队伍与繁重的执法任务不适应问题突出，直接导致屠宰监管职责调整质量，大部分地区没有建立屠宰监督执法和技术支撑机构；基层执法力量不足，不少省级动物卫生监督机构只有10人左右，直接从事监督执法的县级人员更少。执法人员能力素质不高，全国县级动物卫生监督机构执法人员具有大专以上学历的不到25％，在地市级这一比例也不超过60％。一些地方县级动物卫生监督机构乡镇分所得执法人员老龄化问题严重，部分基层执法人员缺少必备的法律和专业素养，法律制度和纪律规范执行不严。从养殖到屠宰全链条兽医卫生风险防范控制体系尚不健全，覆盖城市农村兽医社会化服务体系尚不完备。

　　二是现行法律制度滞后于生产发展需要。当前，还没有管理兽医队伍的专门法律，2007年修订的《动物防疫法》仅对官方兽医、职业兽医和乡村兽医三类兽医人员管理作了原则性规定，与实际工作需求相比仍存在一些空白。《生猪屠宰管理条例》的调整范围应根据形势变化做出相应调整，生猪定点屠宰场设立条件应根据生猪屠宰转型升级的需要进一步细化实化。此外，法律执行还有不到位的问题，比如《动物防疫法》第14、17和73条明确规定，养殖者是强制免疫的责任主体。但是，由于我国散养动物比例较大，政府兽医部门在执行过程中实际上承担了免疫任务。

　　三是疫情发生的隐患仍然存在，动物疫病防控形势依然严峻。从国内来看，重大动物疫病病原更加复杂，流行毒株日趋复杂。国内仍然存在A型东南亚97-G1、G2毒株，O型缅甸98毒株和泛亚毒株，且病原污染面较大。人畜共患病防控难度加大。部分地区布病、包虫病出现反弹，感染畜群呈扩大趋势，个别地区家畜感染率居高不下，人间病例持续上升。随着气候逐步转冷，候鸟即将南迁，带毒野鸟跨区域传播疫情的风险进一步加大。传统养殖和流通方式引发疫情的风险仍然存在。同时，活畜禽的频繁长途调运，依然是疫病跨区域传播的重要因素。从境外疫情传入的风险形势看，随着边境地区人员交流和贸易频繁，防范难度大。与我相邻的东南亚、中亚、东亚国家疫情严重。受经济利益驱动，大批动物及动物产品走私入境，成为当前动物疫病跨境传播的最大风险。而边境地区基层防疫体系薄弱，监测预警和活畜流通监管能力还难以适应工作需要。

（二）完善动物疫病防控体系建设的政策建议

　　要以改革精神和法治思维，谋划破解发展难题，有效防控重大动物疫情、保障动物产品卫生安全。必须增强机遇意识和忧患意识，主动适应环境变化，有效化解各种矛盾。

　　一是要继续深化兽医管理体制机制改革。健全完善兽医工作体系。加强核心能力建设，科学合理配置人力财力物力资源。建立兽医体系效能评估机制。出台兽医机构条件能力建设标准，确立优先发展事项和重点建设任务，夯实兽医体系提供动物疫病风险防治和动物产品质量安全监管等公共服务的平台基础。调整理顺兽医机构关系。省市县三级，重点理顺监督执法与技术支撑机构之间的关系，建立兽医卫生信息通报、资源共享协作机制；乡镇一级，重点统筹基层监督执法力量、防疫监管力量和兽医服务力量，形成动物疫病预防控制与动物检疫、动物监督执法相互支持，兽医公共管理与社会化服务相互促进的工作格局。持续推进新型兽医制度建设，突出质量导向，扩大和充实官方兽医与执业兽医队伍；兼顾实际需求，管好和放活乡村兽医与村级防疫员队伍。研究调整官方兽医资格认定范围，实施新一轮官方兽医培训规划。加强执业兽医管理，完善准入考试制度，严格兽医执业条件要求，优化执业兽医队伍发展环境，引导符合条件的乡村兽医向执业兽医发展。完善村级防疫员考评机制，提高村级防疫员组织化水平。

二是加强兽医卫生法治建设。遵循兽医队伍建设规律、动物疫病和人畜共患病防治规律、养殖屠宰加工业发展规律，立足现状，借鉴国际成熟经验，加快兽医人员管理立法，开展《动物防疫法》《兽药管理条例》修订和《畜禽屠宰管理条例》制定工作。健全法律法规配套标准，完善技术规程和标准体系，为规范开展兽医卫生公共管理和社会化服务工作提供法律保障。大力推行基层综合执法，全面履行畜牧兽医部门法定职责。建立省市级畜牧兽医行政执法与综合执法协调机制，加强对县级畜牧兽医综合执法的业务指导。重点以县级动物卫生监督机构为依托，整合畜牧兽医执法队伍，统一行使动物防疫检疫、种畜禽、饲料、兽药、畜禽屠宰、生鲜乳、兽医实验室生物安全、动物诊疗机构和兽医从业人员监督执法等职责，逐步实现执法人员统一管理，执法力量统一调度。明确细化综合执法机构职能，完善执法委托手续，确保执法行为合法有效。充实综合执法人员力量，提高执法装备水平，建立条件能力与执法任务相匹配的保障机制。强化兽医系统学法用法宣传教育，增强权力法定、权责一致意识。健全普法工作机制，综合运用传统媒体和新媒体，定期开展兽医法制宣讲和主题教育活动，扩大宣传教育的覆盖面和渗透力，形成管理服务对象和相关利益方积极参与兽医法治建设的良好氛围。

三是提高动物疫病防治能力。对口蹄疫和禽流感，继续实施以强制免疫为主的综合防治策略。对布鲁氏菌病和奶牛结核病，兼顾免疫和监测，严格动物移动管理，开展养殖场和重点养殖区监测净化。对狂犬病，加强犬类登记管理和狂犬病疫情监测。加大免疫力度，提高免疫率。对血吸虫病，重点控制牲畜传染源，实施农业综合治理。对包虫病，落实驱虫、免疫等预防措施，加强检疫和屠宰管理。对高致病性猪蓝耳病、猪瘟、新城疫、沙门氏菌病、禽白血病、猪伪狂犬病和猪繁殖与呼吸综合征，强化种源控制，严格设定畜禽种用标准。维持马鼻疽全国无疫状态，到2020年全国消灭马传染性贫血。坚持疏堵结合，重点防范非洲猪瘟、牛海绵状脑病等13种外来动物疫病。加强进口风险评估、口岸检验检疫等关键环节管理，严厉打击非法进口动物及动物产品行为。完善外来病监测网络，全面提高外来动物疫病风险预警和风险防范能力。

四是推动兽医社会化服务体系发展。建立完善生产经营者履行主体责任、政府依法监管和社会广泛参与的兽医社会化服务治理机制。综合运用畜牧兽医扶持补贴政策和金融保险杠杆等市场化手段，引导社会力量进入兽医服务领域。鼓励养殖和兽药生产经营企业、动物诊疗机构及其他市场主体成立动物防疫服务队、合作社等多种形式的服务机构，规范整合村级防疫员资源，向中小规模养殖者提供高质量的免疫、诊疗、用药等兽医卫生服务。推广"政府购买服务"，探索将兽医公益性服务交由具有资质、具备能力的兽医服务组织和其他市场主体承担，优化基层动物防疫补贴经费使用的新机制。支持兽医行业组织发挥桥梁纽带作用，促进资源整合、行业自律、专业服务和权益维护，为兽医事业发展注入新动力、增强新活力、拓展新空间。

五是构建兽医卫生监管服务信息化体系。构建从养殖到屠宰全链条兽医卫生风险追溯监管信息体系，形成以动物生命周期为主线，全面及时准确采集、传输、分析、应用动物疫病和其他兽医卫生数据信息的制度体系和运转机制，实现关键环节数据信息资源的融合利用，提升兽医卫生风险监测分析、预测、预警管理效能。建立动物疫病防控信息管理、预警预测和应急指挥系统，提升动物疫病防控决策能力。加强国家兽药基础信息平台和国家兽药产品追溯系统建设，实现兽药质量安全可追溯。建设畜禽屠宰行业管理系统，动态监测全国畜禽屠宰基本信息，逐步实现对屠宰场点的在线可视化管理。建立兽医卫生公共管理服务数据信息规范体系，实现各类公共机构数据共享。完善信息平台、交换接口等关键技术标准，促进公共机构与市场主体数据资源的关联对接和融合利用。完善信息化建设运行管理规章制度，加强日常安全运行维护管理，保障兽医行业信息化建设有序开展。

六是提高兽医卫生风险控制能力。要以强化养殖档案管理为突破口，全面掌握辖区内动态情况。加大监督抽查力度，重点打击违法违规行为，源头控制兽药残留风险。要严格日常监管，通过实行网格化监管、建立黑名单制度，推动落实养殖企业主体责任。严格按照产地检疫规程和报检制度实施检疫，严禁未经检疫或检疫不合格的动物离开饲养地。强化省际间公路动物卫生监督检查站功能作用，严格实施运输动物及动物产品监督检查，严防动物疫情跨区域传播。要继续做好生猪定点屠宰资格审核清理工作，从严掌握生猪定点屠宰企业清理标准。对新设立的畜禽屠宰企业，要严格审核把关，不得擅自降低标准、违反审批程序进行畜禽屠宰企业许可。要加强对屠宰废弃物处置的监管，防止非食用组织进入食物链或被不法分子用于炼制"地沟油"。要严格落实屠宰检疫制度，继续组织开展生猪屠宰专项整治行动，围绕重要时节、重点区域和薄弱环节，持续保持高压态势，严厉打击私屠滥宰、添加"瘦肉精"、注水或注入其他物质等各类违法犯罪行为，严防检疫不合格的动物产品进入流通环节。要继续推进病死畜禽无害化处理体系建设，努力确保不出现大规模乱抛病死畜禽危害环境和食品安全的现象。

第 10 章　农产品质量安全管理

我国在提高食物供给水平、改善国民营养状况等方面取得了显著成就。随着居民收入水平的提高，消费者在追求食品多样性、口感的同时，更加关注食品安全问题。农产品质量安全关系到人民生命财产的安全，对加快转变农业发展方式，提高农业整体竞争力，对实现农业现代化，全面实现全面小康具有保驾护航的重要意义。

一、政策背景及演变过程

（一）"十一五"时期的工作进展和存在的主要问题

"十一五"期间，农产品质量安全法制建设逐步得到完善。国家相继制定了《农产品质量安全法》《食品安全法》和与之相配套的《食品安全法实施条例》《乳品质量安全监督管理条例》等法律法规，农业部和各地方人大、政府依法制定了系列配套法规和规章。在组织机构方面，2010 年国务院成立食品安全委员会，统筹协调食品安全工作，进一步明确了各部门的职责分工，统分结合的工作格局初步构成。同时，国家继续完善检验检测制度，深入推进执法监管，先后组织实施了农产品质量安全专项整治、"助奥行动"、奶站和饲料专项整治、"农产品质量安全整治暨执法年"等重大活动。农业标准化、规模化生产成效显著，农产品认证工作也取得了诸多成绩。然而，农产品质量安全问题隐患仍然存在，农产品质量安全过程监管体系建设仍不健全，大量兼业的小规模农民农产品质量安全控制能力低，安全意识不高；农产品流通环节的质量安全保障比较匮乏；农产品全程监测水平仍较低。

（二）"十二五"时期出台的政策文件及其背景分析

"十二五"期间，政府采取通过完善相关法律法规、加强农产品质量监管、加大产地安全及投入品管理、加快推进农业标准化认证体系建等措施和手段，提高农产品质量安全水平。《国民经济和社会发展第十二个五年规划纲要》将"菜篮子"建设工程、动植物保护工程列为"十二五"规划的新农村建设重点工程。《中共中央国务院关于加快推进农业科技创新持续增强农产品供给保障能力的若干意见》（中发〔2012〕1号）在狠抓"菜篮子"产品供给中着重强调要加快推进区域布局、标准化生产、规模化种养，提升"菜篮子"产品整体供给保障能力和质量安全水平。同时提出，强化食品质量安全监管综合协调，加强检验检测体系和追溯体系建设，开展质量安全风险评估。2013年中央1号文件，食品安全提升到了新高度，在建立重要农产品供给保障机制中，突出强调要提高食品安全水平。《中共中央国务院关于加快发展现代农业进一步增强农村发展活力的若干意见》（中发〔2013〕1号）指出要改革和健全食品安全监管体制，加强综合协调联动，落实从田头到餐桌的全程监管责任，加快形成符合国情、科学完善的食品安全体系。对农产品食品安全提出了更加明确的任务：健全农产品质量安全和食品安全追溯体系。强化农业生产过程环境监测，严格农业投入品生产经营使用管理，积极开展农业面源污染和畜禽养殖污染防治。支持农产品批发市场食品安全检测室（站）建设，补助检验检测费用。健全基层食品安全工作体系，加大监管机构建设投入，全面提升监管能力和水平。《关于全面深化农村改革加快推进农业现代化的若干意见》（中发〔2014〕1号）将农产品质量安全管理放在与构建国家粮食安全战略、完善粮食等重要农产品价格形成机制、健全农产品市场调控制度与合理利用国际农产品市场同等重要的位置。对强化农产品质量和食品安全监管提出了具体任务：在建立最严格的覆盖全过程的食品安全监管制度的同时，完善法律法规和标准体系，落实地方政府属地管理和生产经营主体责任。支持标准化生产、重点产品风险监测预警、食品追溯体系建设，加大批发市场质量安全检验检测费用补助力度。加快推进县乡食品、农产品质量安全检测体系和监管能力建设。严格农业投入品管理，大力开展园艺作物标准园、畜禽规模化养殖、水产健康养殖等创建活动。首次提出了完善农产品质量和食品安全工作考核评价制度，开展示范市、县创建试点。《关于加大改革创新力度加快农业现代化建设的若干意见》（中发〔2015〕1号）突出了政策的连续性、针对性，强化了政策的系统性，围绕提升农产品质量和食品安全水平。除继续强化农产品质量安全监管，推动农产品标准化生产，建立全程可追溯、互联共享的农产品质量和食品安全信息平台外，突出了品牌的重要性，鼓励地方大力发展名特优新农产品，培育知名品牌。除此之外，依法治国的理念在农产品质量安全管理方面得到了深化，强调健全食品安全监管综合协调制度，强化地方政府法定职责。加大防范外来有害生物力度，保护农林业生产安全。落实生产经营者主体责任，严惩各类食品安全违法犯罪行为，提高群众安全感和满意度。

二、主要政策和措施

(一) 完善农产品质量安全法制建设

1. 修订《食品安全法》

2015 年 4 月 24 日，第十二届全国人大常委会第十四次会议审议通过新修订的《中华人民共和国食品安全法》。新版食品安全法共十章，154 条，于 2015 年 10 月 1 日起正式施行。主要修改包括五个方面：一是禁止剧毒高毒农药用于果蔬茶叶；二是保健食品标签不得涉防病治疗功能；三是婴幼儿配方食品生产全程质量控制；四是网购食品纳入监管范围；五是生产经营转基因食品应按规定标示。

2. 启动修订《农产品质量安全法》

根据全国人大和国务院关于农产品质量安全与食品安全监管新的职能分工，为使执法监管与法律规定相协调，在国家修订《食品安全法》的基础上，2014 年 11 月 24 日，农业部会同国家食药总局着手修订《农产品质量安全法》。

3. 修订《饲料和饲料添加剂管理条例》

2011 年 11 月，国务院令第 609 号公布了修订后的《饲料和饲料添加剂管理条例》，修订后的条例明确了地方人民政府、饲料管理部门以及生产经营者的质量安全责任，建立各负其责的责任机制；进一步完善了生产经营环节的质量安全控制制度，解决生产经营者在生产经营过程中不遵守质量安全规范的问题；进一步规范了饲料的使用，解决养殖者不按规定使用饲料、在养殖过程中擅自添加禁用物质的问题；完善了监督管理措施，加大对违法行为的处罚力度，提高违法成本。条例自 2012 年 5 月 1 日起施行。

4. 开展农产品质量安全执法活动

农产品质量安全执法活动方面，除了 2010 年以来实行的例行检测活动，国务院还继续开展全国食品安全专项整治活动。"十二五"期间，国务院办公厅下发《国务院办公厅关于印发 2011 年食品安全重点工作安排的通知》（国办发〔2011〕12 号）、《国务院办公厅关于印发 2012 年食品安全重点工作安排的通知》（国办发〔2012〕16 号）、《国务院办公厅关于印发 2013 年食品安全重点工作安排的通知》（国办发〔2013〕25 号）、《国务院办公厅关于印发 2014 年食品安全重点工作安排的通知》（国办发〔2014〕20 号）、《国务院办公厅关于印发 2015 年食品安全重点工作安排的通知》（国办发〔2015〕10 号），部署下一年工作重点，通过严格监管执法，着力解决突出问题，健全法规标准，完善制度体系，规范生产经营，全面落实企业责任，强化宣传和应急处置，提高风险管控水平，完善治理体系，坚持依法行政，加大投入力度，加强能力建设等措施，进一步提高食品安全治理能力和保障水平。农业部深入专项整治，在农药整治、"瘦肉精"整治、生鲜乳整治、兽用抗菌素整治及水产品整治等方面，从源头上开展治理，强化产地监测，推进检打联动，强化整治效果，并积极开展春季、夏季、秋季行动和种子打假护权行动，严厉打击制售假劣农资坑农害农行为。

5. 提升应对农产品质量安全突发事件的能力

为建立健全应对农产品质量安全突发事件运行机制，有效预防、积极应对农产品质量安全突发事件，提高应急处置工作效率，最大限度地减少农产品质量安全突发事件的危害，保障公众健康、生命安全和产业健康发展，维护正常的社会经济秩序。2014 年 1 月，农业部修订了《农产品质量安全突发事件应急预案》，从应急准备、应急响应、应急处置和应急评估四个方面入手，在职责分工、指标分级、组织体系、事件报告、事件评估等方面作了较大调整和完善，对农业部本级和地方各级农业行政主管部门处置农产品质量安全突发事件作出了详细规定和明确要求。

（二）加强农产品质量安全监管

1. 加强食用农产品质量安全监督管理

为确保食品药品监管工作上下联动、协同推进，平稳运行、整体提升，2013 年 4 月 10 日，国务院颁布实施了《国务院关于地方改革完善食品药品监督管理体制的指导意见》（国发〔2013〕18 号）。要求地方结合本地实际，整合监管职能和机构，整合监管队伍和技术资源，加强监管能力建设，健全基层管理体系。地方参照国务院整合食品监督管理职能和机构的模式，组建了食品药品监督管理机构，对食品药品实行集中统一监管。针对我国农业生产经营分散，监管力量薄弱，农产品质量安全仍存在较大隐患等问题，2013 年 12 月 12 日，国务院办公厅下发了《国务院办公厅关于加强农产品质量安全监管工作的通知》（国办发〔2013〕106 号）从强化属地管理责任，落实监管任务，推进农业标准化生产，深入开展专项治理，提升监管能力六个方面强化了农产品质量安全监管工作。为认真落实《国务院机构改革和职能转变方案》、《国务院关于地方改革完善食品药品监督管理体制的指导意见》（国发〔2013〕18 号）和《国务院办公厅关于加强农产品质量安全监管工作的通知》（国办发〔2013〕106 号）要求，2014 年 10 月 31 日农业部、食品药品监管总局联合下发了《农业部 食品药品监管总局关于加强食用农产品质量安全监督管理工作的意见》（农质发〔2014〕14 号）从严格落实食用农产品监管职责、加快构建食用农产品全程监管制度、稳步推行食用农产品产地准出和市场准入管理、加快建立食用农产品质量追溯体系、深入推进突出问题专项整治、加强监管能力建设和监管执法合作、强化检验检测资源共享、加强舆情监测和应急处置、建立高效的合作会商机制九个方面提出了具体措施。

2. 完善农产品质量安全风险评估

"十二五"期间组建了 98 家农业部农产品质量安全风险评估实验室和 145 家农业部农产品质量安全风险评估实验站。自 2012 年起,国家专门设立了农产品质量安全风险评估财政专项,目前年投入经费 9 000 多万元。为规范农产品质量安全风险评估实验室运行管理,提高农产品质量安全风险评估工作,2012 年 1 月 1 日,农业部颁布实施了《农业部农产品质量安全风险评估实验室管理规范》(农质发〔2011〕13 号),该规范共 46 条,从职责任务、基本条件、考核认定、运行管理等方面对农产品质量安全风险评估实验室进行了规范。农业行业科技专项也安排了风险评估项目,初步搭建起了国家农产品质量安全风险评估体系。围绕"菜篮子"和"米袋子"农产品存在的风险隐患问题,对蔬菜、果品、柑橘、茶叶、食用菌、粮油作物产品、畜禽产品、生鲜奶、水产品、特色农产品、农产品收贮运环节和农产品质量安全环境因子 12 大类开展了风险评估工作。

3. 完善农产品质量安全监管办法

为加强农产品质量安全管理,规范农产品质量安全监测工作,根据《中华人民共和国农产品质量安全法》《中华人民共和国食品安全法》和《中华人民共和国食品安全法实施条例》,2012 年 8 月 14 日,农业部制定了《农产品质量安全监测管理办法》(中华人民共和国农业部令 2012 年第 7 号)。该办法明确了农产品质量安全监测的主体,风险管理、监督抽查及工作纪律。

4. 推进乡镇农产品质量安全监管公共服务机构建设

针对大多数乡镇农产品质量安全监管工作"缺机构、缺人员、缺手段"现状,《国民经济和社会发展第十二个五年规划纲要》中提出加强农业公共服务能力建设,加快健全乡镇或区域性农产品质量监管等公共服务机构。农业部制定并发下了《农业部关于加快推进乡镇农产品质量安全监管公共服务机构建设的意见》(农质发〔2011〕7 号),配套出台 5 项推进措施,明确了乡镇监管机构建设方式和工作职责。农业部组织召开全国乡镇农业公共服务机构建设工作会议和乡镇农业公共服务机构建设座谈会,对加快建立健全乡镇农业公共服务机构提出了明确的目标、任务和要求。安徽、重庆、湖南、江苏、陕西、浙江、甘肃等近半数省份制定了具体的建设规划和实施方案。

（三）从源头控制农产品质量安全

1. 建立病死畜禽无害化处理机制

"十二五"期间国家为全面推进病死畜禽无害化处理，保障食品安全和生态环境安全，2014 年 10 月 20 日，国办发布的《国务院办公厅关于建立病死畜禽无害化处理机制的意见》（国办发〔2014〕47 号）中规定，从事畜禽饲养、屠宰、经营、运输的单位和个人是病死畜禽无害化处理的第一责任人，负有对病死畜禽及时进行无害化处理并向当地畜牧兽医部门报告畜禽死亡及处理情况的义务。地方各级人民政府对本地区病死畜禽无害化处理负总责。在完成调查并按法定程序做出处理决定后，要及时将调查结果和对生产经营者、监管部门及地方政府的处理意见向社会公布。重要情况及时向国务院报告。加强无害化处理体系建设，县级以上地方人民政府要根据本地区畜禽养殖、疫病发生和畜禽死亡等情况，统筹规划和合理布局病死畜禽无害化收集处理体系，组织建设覆盖饲养、屠宰、经营、运输等各环节的病死畜禽无害化处理场所，处理场所的设计处理能力应高于日常病死畜禽处理量。按照"谁处理、补给谁"的原则，建立与养殖量、无害化处理率相挂钩的财政补助机制。各地区要综合考虑病死畜禽收集成本、设施建设成本和实际处理成本等因素，制定财政补助、收费等政策，确保无害化处理场所能够实现正常运营。

2. 推进标准化生产及安全种养

"十二五"期间，国家大力推进农产品标准化生产，从源头控制农产品质量安全。加强标准制修订，2014 年农业部、国家卫生计生委联合发布了食品安全国家标准《食品中农药最大残留限量》（GB2763—2014），规定了 387 种农药在 284 种（类）食品中的 3 650 项最大残留限量，该标准规定的残留限量，覆盖了蔬菜、水果、谷物、油料和油脂、糖料、饮料类、调味料、坚果、食用菌、哺乳动物肉类、蛋类、禽内脏和肉类等 12 大类作物或产品。除常规的谷物、蔬菜、水果外，包含了果汁、果脯、干制水果等初级加工产品的农残限量指标。我国已对 135 种兽药做出了禁限规定，其中有兽药残留限量规定的兽药 94 种，涉及限量值 1 548 个，允许使用不得检出的兽药 9 种，禁止使用的兽药 32 种；建立了兽药残留检测方法标准 519 项。基本覆盖我国常用农药品种和常见农产品和食品种类。

3. 加强农产品认证、农产品品牌化和农产品质量安全信用体系建设

发展安全优质农产品，实施品牌化战略是提升农产品质量安全和竞争力的有效途径。"十二五"期间，国家继续扩大无公害、绿色、有机农产品认证和地理标志农产品的认证和监管工作，通过规范认证程序，严格证后监管，"三品一标"总数达到 10.7 万个，有力推动了"三品一标"健康发展。国家"十

二五"规划提出"推动自主品牌建设"战略，2011年，国家质检总局会同国
家发改委、工信部、农业部、国资委、国家知识产权局、国家旅游局七部门研
究制定并印发了《关于加强品牌建设的指导意见》，就全面加强我国自主品牌
建设，推动经济又好又快发展提出了指导要求。农业部专门出台了加强农业品
牌建设的指导意见，各地积极开展农业品牌培育、营销推介、监督管理的工作
力度，有力推动各地打造了一批特色鲜明、质量稳定、信誉良好、市场占有率
高，在国内国际都较具影响力的中国农产品品牌。为稳步推进农产品质量安全
信用体系建设，2014年12月24日，农业部制定并下发了《农业部关于加快
推进农产品质量安全信用体系建设的指导意见》（农质发〔2014〕16号），要
求各级农业行政主管部门要充分认识做好农产品质量安全信用体系建设工作的
紧迫性和使命感，做好组织、指导、协调和保障工作，积极推进农产品质量安
全信用体系建设。

三、政策执行情况及其效果评价

（一）农产品质量安全水平总体稳定

"十二五"期间，尽管农产品质量安全问题隐患仍然存在，但农产品质量
安全水平总体上还是高于"十一五"期间，农产品质量安全保持"总体稳定、
稳步趋好"的良好态势。

表10-1　"十二五"时期农产品质量安全例行监测结果

年份	蔬菜	畜产品	水产品	说明
2011	97.4%	99.6%	96.8%	农业部根据农产品质量安全监测计划组织开展了4次农产品质量安全例行监测工作。全年共监测全国144个大中城市5大类产品91个品种91项参数，抽检样品近4万个。
2012	97.9%	99.7%	96.9%	农业部例行监测覆盖全国150个大中城市、102个品种、87种参数，抽取样品6万个，获取有效数据128万个。
2013	96.6%	99.7%	94.4%	全年开展了4次农产品质量安全例行监测，共监测全国153个大中城市5大类产品103个品种87项参数，抽检样品38 984个，总体合格率为97.5%。
2014	96.3%	99.2%	93.6%	农业部组织开展了4次农产品质量安全例行监测，共监测全国31个省（区、市）151个大中城市5大类产品117个品种94项指标，抽检样品43 924个，总体合格率为96.9%。

资料来源：根据历年《农产品质量安全例行监测信息》整理。

（二）农产品质量安全监管能力显著提升

在各级政府和农业主管部门的努力下，农产品监管制度构建等工作逐步完善，农产品质量安全监管能力显著提升。

一是制度构建取得积极进展。农业部和食品药品监管总局签订合作框架协议，并联合印发加强全程监管的指导意见，厘清了管理职责，建立了部际联动机制，监管的合力逐步形成。各级地方政府层层抓落实，湖北、浙江、陕西、广西、吉林、辽宁等省将监管体系建设作为政府绩效考核的重要指标，出台地方指导性意见，省市县各级政府层层签订责任书。二是监管机构和力量逐步强化。"十二五"期间，全国已有86%的地市、71%的县市、97%的乡镇建立了监管机构，监管管理人员11.7万人。三是完善例行监测制度。监测预警能力大幅度提升，例行监测范围扩大到了151个大中城市、117个品种、94项指标，基本涵盖主要城市、产区和品种、参数。三是监测评估力度加大。农产品质量安全检验检测体系逐步完善，中央、省、市、县四级已投资建设质检机构3 332个，检测人员3.5万人。认定风险评估实验站145个，"菜篮子"和大宗粮油等12类农产品已纳入风险评估范围。湖北、江苏、山东、河南等地已启动省级风险评估工作。天津、辽宁、河北、山东、浙江、河南、四川等地组建专家委员会，决策咨询和风险评估工作水平不断提高。

（三）全程控制的标准体系基本形成

"十二五"期间，生产过程质量监控效果显著，无公害、绿色、有机和地理标志农产品总数达到10.7万个，"三品一标"跟踪抽检合格率达到99%以上。在中央专项资金的扶持下，开展了"三园两场"及标准化示范县创建工作，农资统购统销、病虫害统防统治等"五统一"服务效果显著，得到了人民群众的普遍欢迎，通过推广标准化生态防控技术，"三园两场"质量安全水平得到了有效提升。农产品质量安全标准示范作用农业标准化水平不断提升。

四、主要问题与对策建议

"十二五"期间，农产品质量安全保持了"总体稳定、逐步向好"的发展态势，但是也要看到，当前问题还未彻底解决，风险隐患还未完全消除，长效机制还没有建立，形势不容乐观。主要表现三个方面，一是种植业蔬菜限用农药、养殖业"瘦肉精"和抗生素、渔业孔雀石绿和硝基呋喃等问题依然存在，在个别地区、个别品种上还比较突出，容易引发农产品质量安全系统性风险和突发事件。二是基层监管体系建设滞后，县乡两级普遍存在"缺机构、缺人员、缺经费、缺手段"的问题，很多监管职责和任务在基层难以落实到位。三是农业投入品种类多，质量不合格、假冒伪劣、滥用、错用问题仍然比较突出，给质量安全带来不少隐患。农业标准化生产水平低，"三园两场"覆盖面不广，生产档案记录制度未完全落实，产地准出和质量追溯实施起来制约因素多，确保农产品质量安全的难度较大。

针对以上问题，"十三五"期间农产品质量安全工作提出如下政策建议：

（一）完善农产品质量安全顶层设计

进一步理顺农产品质量安全各部门职能，完善农产品食品质量安全标准，健全农产品质量安全检测检验体系，健全风险评估、事故预防和应急处置机制，加快食品安全诚信体系建设。为此，要加快制定全国农产品质量安全监测规划和计划，明确各级农业部门依法监测的重点。对例行监测没有覆盖的产品，开展专项监测，摸清问题隐患。制定实施农产品质量安全风险评估工作规划，全面摸清"米袋子""菜篮子"产品危害因子的种类、范围和危害程度，提出全程监管的关键点和技术措施。完善风险评估相关的制度规范，充分发挥风险评估专家委员会和专家组的作用，为公众解疑释惑，普及农产品质量安全知识。完善层级、各行业应急预案，强化协调联动，建立舆情监测体系，加强应急培训演练，提高应急处置技能。加快建立食品安全诚信体系，完善诚信承诺、警示约谈和"红黑名单"制度，在食品企业中按诚信等级实行分类管理，加大对失信企业的日常检查频次，对监管中发现的问题及时向社会公布，在食品安全监管部门网站上建立"曝光台"。并正在组织力量研究开发产品质量安全追溯系统软件，筛选确定纳入追溯系统管理的企业和合作社名单，加快监控网络系统的建立和完善。

（二）加大执法监管和违法违规查处力度

继续开展专项整治活动，严厉打击违法犯罪行为，严格规范生产经营活动，坚决遏制农产品质量安全突出问题。要始终保持高压严打态势，防止出现反复。深入开展农产品质量安全排查治理行动，逐个行业、逐个产品地排查问题和隐患，对查出的问题隐患，要一个个地进行整治，整治一个巩固一个。

（三）推进标准制修订和标准化生产

抓好标准集成转化、标准化示范创建、"三品一标"公共品牌引领。对"三品一标"，要重点加强证后监管，严格认证程序，提高认证门槛，严把认证质量审核关。要抓紧建立退出机制。积极探索无公害农产品强制认证模式，开展无公害农产品省级认证、部级备案试点。对标准制修订，要依法加快农兽药残留标准清理步伐，抓紧转化一批国际食品法典标准，制定一批执法急需的安全标准和质量要求。大力推进标准化示范创建，不断扩大"三园两场"建设比例和规模，支持农业标准化整体推进示范创建，加强宣传教育和技术指导，大力推进农业标准化生产。加快转化一批国际食品法典标准，推动食品法典和官方评议，加强国际交流与合作，提升我国在农产品质量安全国际标准方面的话语权和影响力。

（四）加强基层监管队伍能力建设

继续完善地区监管机构建设，充实监管人员，落实监管经费，改善监管条件。推进乡镇监管机构的标准化建设和规范化运行，鼓励有条件的地方配备村级协管员，切实解决监管"最后一公里"问题。按照大农业的架构和综合建设的思路，稳步推进农业系统内检测机构调整，贯通产前、产中、产后全过程。加强基层监管人员培训，建立农产品质检人员国家职业资格证书制度，提升基层监管、检测、执法人员的能力素质和业务水平。

第11章　农业农村资金投入

　　"十二五"时期是我国工业化、城镇化持续发展，全面建设小康社会的关键时期，是深化改革开放、加快转变经济发展方式的攻坚时期，也是推进社会主义新农村和农业现代化建设的关键时期。这一时期在科学发展观指导下，按照统筹城乡发展的要求，国家继续把解决好"三农"问题作为全党工作的重中之重。中央连续5个一号文件聚焦"三农"，都对有关农业农村资金投入的内容做出了强调和要求，出台了一系列强农惠农政策，农业农村资金投入持续增加，有效地调动了农民生产积极性，带动了农业增产、农民增收，农村各项社会事业蓬勃发展，开创了农业农村发展的新局面。财政支农投入力度加大的同时，也给财政支农资金管理提出了新的任务和要求，国家在细化支农重点、规范资金使用管理、加强督察检查、提高资金使用效益等方面做出了积极的探索和实践。总的来说，这一时期农业农村资金投入力度持续加大，财政支农重点突出，着重强调农业农村发展中的短板和关键性环节，为我国粮食生产连续增收、农民收入持续较快增长、农村扶贫事业加快发展、农业现代化快速推进等提供了强有力的资金保障。

一、政策背景和问题分析

（一）"十一五"时期的工作进展和存在的主要问题

　　随着工业化、城镇化进程的稳步推进，"十一五"期间国家秉承财政支农的工作思路，进一步加大了对"三农"的支持力度，细化了财政支农的重点与要求，支农内涵不断深化，在积极推进农业农村经济改革和发展，促进农民持续增收方面发挥了重要作用。一是支农资金规模大幅增加，财政支农稳定增长机制基本确立。为贯彻落实中共中央提出的"工业反哺农业、城市支持农村"和对农村实施"多予少取放活"的支农惠农方针，农业农村资金投入大幅增加，2006—2010年，中央财政累计支农资金达到29 106亿元，占财政支出的16.18％。二是支农结构不断优化，财政支农惠农政策框架已具雏形，支农重点较为突出。"十一五"期间，不断优化支农结构、逐渐突出支农重点，在完善财政支农框架的同时，明确要求新增投资向农业基础设施、农村社会事业等重点领域倾斜，特别强调土地出让收益、耕地占用税等直接用于农田建设等项目。三是开展了支农资金整合工作，在一定程度上提高了支农资金效益。

　　"十二五"时期之前，农业和农村资金投入取得了丰硕的成绩，为保增长、促增收作出了突出贡献，但是由于基础弱、底子薄，支农资金的投入仍然存在一些问题。一是农业农村资金投入总量依然不足。尽管中央财政支农力度不断增加，但直到"十一五"末期，我国农业农村资金投入严重不足，农业农村发展资金短缺的现状仍未根本改变。二是农业农村资金投入覆盖不全面。在基础设施建设中对道路建设的投入多，而改善农业生产条件的小型农田水利等基础设施的资金投入少。农业科技支出偏低，尤其是农业技术推广资金经费严重不足，使得农业科技服务难以满足需求。对农业发展的社会化服务体系支持力度小，涉及农产品生产的产业化经营和社会化服务等环节缺乏支持。三是资金渠道分散。支农资金的支配上涉及部门较多，一项支农政策往往同时涉及多个部门，资金的整体效益难以发挥，整合难度也大。四是农业农村资金投入的保障制度不健全。

（二）"十二五"时期出台的政策文件及背景分析

　　2010 年，我国人均 GDP 超过 4 000 美元，全国公共财政收入突破 8 万亿元大关，人民生活得到极大改善，中央财政支农力度不断增加，但我国农业农村发展资金短缺的现状仍未改变，与发达国家农业财政支出相比，在绝对数额上也存在较大差距。因此，"十二五"期间，中共中央继续坚持"多予少取放活"的方针，不断调整国民收入分配格局，增加国家财政和预算内固定资产投资对农业农村的投入。2011—2015 年，国家连续出台了 5 个中央 1 号文件，即《中共中央国务院关于加快水利改革发展的决定》（中发〔2011〕1 号）、《中共中央国务院关于加快发展现代农业进一步增强农村发展活力的若干意见》（中发〔2012〕1 号）、《中共中央国务院关于切实加强农业基础建设进一步促进农业发展农民增收的若干意见》（中发〔2013〕1 号）、《中共中央国务院关于全面深化农村改革加快推进农业现代化的若干意见》（中发〔2014〕1 号）、《中共中央国务院关于加大改革创新力度加快农业现代化建设的若干意见》（中发〔2015〕1 号），以及十八届三中全会决定、十八届五中全会决定、《十二五规划纲要》等（表 11 - 1），均对农业农村资金投入做出了明确的规定，都强调了持续增加农业农村资金投入的重要性，这些文件为夯实农业基础、建设社会主义新农村和发展现代农业的资金投入提供了政策保障。

　　同时，"十二五"时期我国工业化、城镇化持续发展，农村劳动力持续转移，农业投入结构不断调整，加之消除贫困、共同富裕，全面建设小康社会逐渐成为社会共识，因此这一时期的农业农村资金投入的重点主要有以下几个方面。一是在民生方面促近农民持续增收，改善人居环境；二是在生产方面调整农业生产结构，打造现代农业；三是在资金使用效率方面整治涉农资金。相应出台了一系列配套政策，包括《中华人民共和国国民经济和社会发展第十二个五年规划纲要》、《中央财政草原生态保护补助奖励资金管理暂行办法》（财农〔2011〕532号）、《国务院关于支持农业产业化龙头企业发展的意见》（国发〔2012〕10号）、《国务院办公厅关于印发〈农村残疾人扶贫开发纲要（2011—2020年）〉的通知》（国办发〔2012〕1号）、《国务院办公厅关于进一步做好减轻农民负担工作的意见》（国办发〔2012〕22号）、《关于确定2012年省级支农资金整合县的通知》（财农〔2012〕568号）、《国务院办公厅关于改善农村人居环境的指导意见》（国办发〔2014〕25号）、《农业综合开发推进农业适度规模经营的指导意见》（财发〔2015〕12号）、《中央财政农业资源及生态保护补助资金管理办法》（财农〔2014〕32号）、《国务院办公厅关于加快转变农业发展方式的意见》（国办发〔2015〕59号）、《财政部、发展改革委、农业部关于开展涉农资金专项整治行动的实施意见》（财农〔2015〕7号）等。

表11-1 2011—2015年文中涉及农业农村资金投入政策梳理

年份	文件名称	主要内容
2011	《中共中央国务院关于加快水利改革发展的决定》（中发〔2011〕1号）	健全农田水利建设新机制，中央和省级财政要大幅增加专项补助资金，市、县两级政府也要切实增加农田水利建设投入，引导农民自愿投工投劳。从土地出让收益中提10%用于农田水利建设，充分发挥新增建设用地土地有偿使用费等土地整治资金的综合效益。
2012	《中共中央国务院关于加快发展现代农业进一步增强农村发展活力的若干意见》（中发〔2012〕1号）	持续加大财政用于"三农"的支出，持续加大国家固定资产投资对农业农村的投入，持续加大农业科技投入，确保增量和比例均有提高。发挥政府在农业科技投入中的主导作用，保证财政农业科技投入增幅明显高于财政经常性收入增幅，逐步提高农业研发投入占农业增加值的比重，建立投入稳定增长的长效机制。按照增加总量、扩大范围、完善机制的要求，继续加大农业补贴强度，新增补贴向主产区、种养大户、农民专业合作社倾斜。提高对种粮农民的直接补贴水平。落实农资综合补贴动态调整机制，适时增加补贴。加大良种补贴力度。扩大农机具购置补贴规模和范围，进一步完善补贴机制和管理办法。健全主产区利益补偿机制，增加产粮（油）大县奖励资金，加大生猪调出大县奖励力度。探索完善森林、草原、水土保持等生态补偿制度。研究建立公益林补偿标准动态调整机制，进一步加大湿地保护力度。加快转变草原畜牧业发展方式，加大对牧业、牧区、牧民的支持力度，草原生态保护补助奖励政策覆盖到国家确定的

（续）

年份	文件名称	主要内容
2012	《中共中央国务院关于加快发展现代农业进一步增强农村发展活力的若干意见》（中发〔2012〕1 号）	牧区半牧区县（市、旗）。加大村级公益事业建设一事一议财政奖补力度，积极引导农民和社会资金投入"三农"。有效整合国家投入，提高资金使用效率。切实加强财政"三农"投入和补贴资金使用监管，坚决制止、严厉查处虚报冒领、截留挪用等违法违规行为。
2013	《中共中央国务院关于切实加强农业基础建设进一步促进农业发展农民增收的若干意见》（中发〔2013〕1 号）	健全农业支持保护制度，不断加大强农惠农富农政策力度。适应农业进入高投入、高成本、高风险发展时期的客观要求，必须更加自觉、更加坚定地加强对农业的支持保护。要在稳定完善强化行之有效政策基础上，着力构建"三农"投入稳定增长长效机制，确保总量持续增加、比例稳步提高。加大农业补贴力度。按照增加总量、优化存量、用好增量、加强监管的要求，不断强化农业补贴政策，完善主产区利益补偿、耕地保护补偿、生态补偿办法，加快让农业获得合理利润、让主产区财力逐步达到全国或全省平均水平。鼓励社会资本投向新农村建设。各行各业制定发展规划、安排项目、增加投资要主动向农村倾斜。继续实施基层农技推广体系改革与建设项目，建立补助经费与服务绩效挂钩的激励机制。加大公共财政对农村基础设施建设的覆盖力度，逐步建立投入保障和运行管护机制。设立专项资金，对在连片特困地区乡、村学校和教学点工作的教师给予生活补助。继续提高新型农村合作医疗政府补助标准，积极推进异地结算。健全新型农村社会养老保险政策体系，建立科学合理的保障水平调整机制。完善农村优抚制度，加快农村社会养老服务体系建设。加大扶贫开发投入，全面实施连片特困地区区域发展与扶贫攻坚规划。搞好农村人口和计划生育工作。
2014	《中共中央国务院关于全面深化农村改革加快推进农业现代化的若干意见》（中发〔2014〕1 号）	健全"三农"投入稳定增长机制。完善财政支农政策，增加"三农"支出。完善农业补贴政策。按照稳定存量、增加总量、完善方法、逐步调整的要求，积极开展改进农业补贴办法的试点试验。加快建立利益补偿机制。整合和统筹使用涉农资金。稳步推进从财政预算编制环节清理和归并整合涉农资金。完善农田水利建设管护机制。深化水利工程管理体制改革，加快落实灌排工程运行维护经费财政补助政策。

（续）

年份	文件名称	主要内容
2015	《中共中央国务院关于加大改革创新力度加快农业现代化建设的若干意见》（中发〔2015〕1号）	坚持把农业农村作为各级财政支出的优先保障领域，加快建立投入稳定增长机制，持续增加财政农业农村支出，中央基建投资继续向农业农村倾斜。优化财政支农支出结构，重点支持农民增收、农村重大改革、农业基础设施建设、农业结构调整、农业可持续发展、农村民生改善。转换投入方式，创新涉农资金运行机制，充分发挥财政资金的引导和杠杆作用。改革涉农转移支付制度，下放审批权限，有效整合财政农业农村投入。切实加强涉农资金监管，建立规范透明的管理制度，杜绝任何形式的挤占挪用、层层截留、虚报冒领，确保资金使用见到实效。

二、主要政策内容和措施

（一）建立财政支农资金稳定增长长效机制

针对农业农村资金投入总量依然不足的现状，"十二五"期间中共中央继续坚持"多予少取放活"的方针，不断调整国民收入分配格局，增加国家财政和预算内固定资产投资对农业农村的投入。这不仅是建设社会主义新农村和现代农业的迫切需要，也是统筹城乡发展的基本要求。中共中央明确提出了要大幅增加对农业农村资金投入，要推动城乡发展一体化。《"十二五"规划纲要》规定了"三农"工作的重点，即在工业化、城镇化深入发展的历史背景下，继续加大强农惠农力度，统筹城乡发展，提高农业现代化水平和农民生活水平。党的十八大报告也明确指出要："坚持工业反哺农业、城市支持农村和多予少取放活方针，加大强农惠农富农政策力度，让广大农民平等参与现代化进程、共同分享现代化成果。"2012—2015连续四个1号文件都明确要求要不断增加"三农"资金支出，建立财政支农资金稳定增长机制。2012年中央1号文件提出了三个持续加大："持续加大财政用于'三农'的支出，持续加大国家固定资产投资对农业农村的投入，持续加大农业科技投入，确保增量和比例均有提高。"2013年中央1号文件提出要"健全农业支持保护制度，不断加大强农惠农富农政策力度。适应农业进入高投入、高成本、高风险发展时期的客观要求，必须更加自觉、更加坚定地加强对农业的支持保护。要在稳定完善强化行之有效政策基础上，着力构建"三农"投入稳定增长长效机制，确保总量持续增加、比例稳步提高。2014 年和 2015 年中央 1 号文件继续提出要完善政策支农政策，健全"三农"投入稳定增长机制，在各级财政支出过程中把农业农村作为优先保障领域，中央基建投资继续向农业农村倾斜。

（二）鼓励财政支农资金向生产环节倾斜

1. 重点支持农业基础设施建设

基础设施建设是强化农业基础、提高农业综合生产能力的基础，也是实现农业现代化的基本前提。《"十二五"规划纲要》提出要全面加强农田水利建设。2011 年中央 1 号文件指出："中央和省级财政要大幅增加专项补助资金，市、县两级政府也要切实增加农田水利建设投入，引导农民自愿投工投劳。"并提出："从土地出让收益中提 10％用于农田水利建设，充分发挥新增建设用地土地有偿使用费等土地整治资金的综合效益。"2014 年中央 1 号文件提出要"完善农田水利建设管护机制。深化水利工程管理体制改革，加快落实灌排工程运行维护经费财政补助政策。"2015 年 1 号文件继续提出在转换投入方式，优化财政支农结构的过程中要继续重点支持农业基础设施建设。2015 年国务院《国务院办公厅关于加快转变农业发展方式的意见》（国办发〔2015〕59 号）提出要"整合新增建设用地土地有偿使用费、农业综合开发资金、现代农业生产发展资金、农田水利设施建设补助资金、测土配方施肥资金、大型灌区续建配套与节水改造投资、新增千亿斤粮食生产能力规划投资等，统筹使用资金，集中力量开展土地平整、农田水利、土壤改良、机耕道路、配套电网林网等建设，统一上图入库，到 2020 年建成 8 亿亩高标准农田。"

2. 重点支持科技投入

科技是农业现代化发展的重要推动力，农业科技政策的有效实施可以将科技成果转化为实际生产力，科技在传统农业向现代农业转变的过程中，扮演者重要角色。《"十二五"规划纲要》中明确提出要加快农业科技创新："推进农业基础集成化、劳动过程机械化、生产经营信息化。"在连续的几个中央 1 号文件中，都涉及到了对农业科技的推进与支持。尤其是 2012 年中央 1 号文件，把"农业科技"摆上了更为突出位置，指出："实现农业持续稳定发展、长期确保农产品有效供给，根本出路在科技。农业科技是确保国家粮食安全的基础支撑，是突破资源环境约束的必然选择，是加快现代农业建设的决定力量。"同时文件还要求："发挥政府在农业科技投入中的主导作用，保证财政农业科技投入增幅明显高于财政经常性收入增幅，逐步提高农业研发投入占农业增加值的比重，建立投入稳定增长的长效机制。"2013 年的中央 1 号文件中也提出要继续完善基础农机推广体系，建立补助经费与服务绩效挂钩的激励机制。

3. 重点支持培育新型农业经营主体

新型农业经营主体是农业生产分工不断深化的产物，是农村改革发展的重要推动力量。"十二五"以来培育新型农业经营主体已经成为建设现代农业的重要抓手。支农资金，尤其是新增支农资金重点向其倾斜。2012 年国务院出台《关于支持农业产业化龙头企业发展的意见》（国发〔2012〕10 号），进一步明确了扶持龙头企业发展的政策措施。2013 年首次把家庭农场写入 1 号文件，并且在文件中提出在继续增加农业补贴资金规模的同时，新增补贴要向新型生产经营主体倾斜。党的十八大报告指出要完善农村基本经营制度，推进农业经营方式创新，构建新型农业经营体系。十八届三中全会决定也提出："加快构建新型农业经营体系，坚持家庭经营在农业中的基础性地位，推进家庭经营、集体经营、合作经营、企业经营等共同发展的农业经营方式创新。""鼓励农村发展合作经济，扶持发展规模化、专业化、现代化经营，允许财政项目资金直接投向符合条件的合作社，允许财政补助形成的资产转交合作社持有和管护，允许合作社开展信用合作。鼓励和引导工商资本到农村发展适合企业化经营的现代种养业，向农业输入现代生产要素和经营模式。"2015 年财政部印发《农业综合开发推进农业适度规模经营的指导意见》（财发〔2015〕12 号）再次明确提出要扶持新型农业经营主体，建议："完善扶持政策，放宽立项门槛，将在工商部门注册登记的种养大户、家庭农场、农业社会化服务组织纳入扶持范围，实现对新型农业经营主体的全覆盖。"

4. 重点支持培育农业社会化服务体系

农业社会化服务体系有助于运用社会各方面的力量，帮助经营规模相对较小的农业生产单位，克服经营规模小的弊端，获得大规模生产效益，它是农业现代化的典型标志，也是实现农业现代化的重要支撑。《"十二五"规划纲要》明确指出要健全农业社会服务化体系。2012—2015 中央 1 号文件中又连续 4 年连续提出扶持发展农业社会化服务体系。强调提出要健全经费保障和激励机制，通过落实工资倾斜和绩效工资政策强化基层公益性农技推广服务，改善基层农技推广人员工作和生活条件。通过财政扶持、税费优惠、信贷支持、政府购买服务等多项措施，鼓励和引导社会力量参与公益性服务，发展主体多元、形式多样、竞争充分的社会化服务。加大中央和省级财政对主要粮食作物保险的保费补贴力度，将主要粮食作物制种保险纳入中央财政保费补贴目录。

（三）优化财政支农资金支出结构

1. 继续支持各项农业补贴

《"十二五"规划纲要》指出要大力增加农民转移性收，要求："健全农业补贴制度，坚持对种粮农民实行直接补贴，继续实行良种补贴和农机具购置补贴，完善农资综合补贴动态调整机制。"并且"积极发展政策性农业保险，增加农业保险费补贴品种并扩大覆盖范围。""十二五"期间，这一指导思想在中央 1 号文件中均有体现。2012 年中央 1 号文件指出："继续加大农业补贴强度，新增补贴向主产区、种养大户、农民专业合作社倾斜。提高对种粮农民的直接补贴水平。落实农资综合补贴动态调整机制，适时增加补贴。加大良种补贴力度。扩大农机具购置补贴规模和范围，进一步完善补贴机制和管理办法。"2013 年中央 1 号文件继续要求加大农业补贴力度。提出要"按照增加总量、优化存量、用好增量、加强监管的要求，不断强化农业补贴政策。"2014 年中央 1 号文件再次强调对于农业补贴政策要稳定存量、增加总量，并且积极开展改进农业补贴办法的试点试验。

2. 持续加大农村扶贫力度

《"十二五"规划纲要》提出要："加大扶贫投入，逐步提高扶贫标准"。2010 年我国城乡收入比为 3.23∶1，城乡收入差距较大，因此扶贫工作的重点仍在农村。因此十八大报告指出要："深入推进新农村建设和扶贫开发，全面改善农村生产生活条件。"《国务院办公厅关于印发〈农村残疾人扶贫开发纲要（2011—2020 年）〉的通知》（国办发〔2012〕1 号）中提出了："到 2020 年，稳定实现农村残疾人不愁吃、不愁穿，全面保障平等享受基本医疗、基本养老、教育、住房和康复服务。"的目标。2013 年的中央 1 号文件也提出要："加大扶贫开发投入，全面实施连片特困地区区域发展与扶贫攻坚规划。"

3. 不断改善农村人居环境

"十二五"期间，支农资金在改善农村人居环境方面的支持力度较大。《十二五规划纲要》中明确指出要以推进城乡经济社会发展一体化为原则，努力推进新农村建设，着重加强农村基础设施建设、提升公共服务和改善人居环境，全面推进农村水电路气房的改造和完善，大力推动农业废弃物综合利用。《国务院办公厅关于进一步做好减轻农民负担工作的意见》（国办发〔2012〕22 号）指出："将农民负担监管领域向农村基础设施建设、农村公共服务、农业社会化服务等方面延伸"2013 年中央 1 号再次强调要加强支农资金对农村生活条件改善的支持，提出要："加大公共财政对农村基础设施建设的覆盖力度，逐步建立投入保障和运行管护机制。设立专项资金，对在连片特困地区乡、村学校和教学点工作的教师给予生活补助。"《国务院办公厅关于改善农村人居环境的指导意见》（国办发〔2014〕25 号）对农村基本生活条件改善、农村综合环境治理都做出了明确指示。还提出了农村危房改造的目标，提出："到 2020 年基本完成现有危房改造任务，建立健全农村基本住房安全保障长效机制。"

4. 完善农村社会保障体系

"十二五"期间,大幅度增加了国家对农村社会保障体系的资金支持力度。《"十二五"规划纲要》指出在"十二五"期间要:"扩大公共财政覆盖农村范围,全面提高财政保障农村公共服务水平。""完善农村社会保障体系,逐步提高保障标准。""增加新型农村社会养老保险基础养老金,提高新型农村合作医疗补助标准和报销水平。"2013年的1号文件中也特别指出要:"继续提高新型农村合作医疗政府补助标准,积极推进异地结算。健全新型农村社会养老保险政策体系,建立科学合理的保障水平调整机制。完善农村优抚制度,加快农村社会养老服务体系建设。"

(四)加强农业生态安全保护投入

21世纪以来,生态承载问题日益突出,"十二五"时期,支农资金在绿色、可持续方面也做出了一定部署。五年之初,《"十二五"规划纲要》指出要在治理面源污染、农村清洁工程、农村污水处理等多个方面改善农村环境的综合治理。2011年财政部、农业部共同印发《中央财政草原生态保护补助奖励资金管理暂行办法》(财农〔2011〕532号)。2012年1号文件又提出要:"健全主产区利益补偿机制,增加产粮(油)大县奖励资金,加大生猪调出大县奖励力度。探索完善森林、草原、水土保持等生态补偿制度。研究建立公益林补偿标准动态调整机制,进一步加大湿地保护力度。加快转变草原畜牧业发展方式,加大对牧业、牧区、牧民的支持力度,草原生态保护补助奖励政策覆盖到国家确定的牧区半牧区县(市、旗)。加大村级公益事业建设一事一议财政奖补力度。"2013年1号文件则继续强调要进一步完善耕地补偿和生态补偿办法。2014年财政部、农业部又共同印发《中央财政农业资源及生态保护补助资金管理办法》(财农〔2014〕32号)来确保障资金的正常运转,这一切都表明国家对农业生态的重视上升到了战略高度。

(五)提高财政支农资金使用效率

为进一步规范和加强管理,强化监管责任,提高支农资金使用效率,"十二五"期间在提高农业资金使用效率方面做了一定努力。2012年中央1号文件明确提出对于支农资金要"有效整合国家投入,提高资金使用效率",并要求加强农业资金投入的使用监管力度,坚决制止、严厉查处虚报冒领、截留挪用等违法违规行为。2014年和2015年中央1号文件继续在对提高农业资金使用效率方面明确提出,提出整合涉农资金,优化财政支农支出结构,强化资金管理等要求。要从财政预算编制环节清理和归并整合涉农资金;支农重点为农民增收、农村改革、农村基础设施建设、农业结构调整、农业可持续发展以及民生改善；杜绝支农资金使用过程中挤占挪用、层层截留、虚报冒领等现象。2015年《财政部、发展改革委、农业部关于开展涉农资金专项整治行动的实施意见》（财农〔2015〕7号）颁布，涉农资金的专项治理提出来更具体的要求。

三、政策执行情况及其效果评价

（一）财政支农资金投入稳定增长

"十二五"期间，在工业化、城镇化深入发展的历史背景下，继续坚持"多予少取放活"的方针，继续加大强农惠农力度，统筹城乡发展，不断调整国民收入分配格局，提高农业现代化水平和农民生活水平，农业农村资金投入持续增加，为建设社会主义新农村和推进现代农业发展做出重要贡献。2011—2013年，中央财政用于"三农"的支出安排分别是10 497亿元、12 297亿元、13 799亿元，比上一年分别提高了22％、17％和12％，提高百分比高于同期中央财政总支出的17％、14％和7％，占中央财政总支出的百分比分别为18.6％、19.2％和20.1％。2011—2014年，中央财政用于农林水事务支出分别为4 785亿元、5 996亿元、6 005亿元和6 474亿元，比上一年分别提高了23％、25％、2％和8％，年均增长14％，高于提高百分比高于同期中央财政总支出的年均11％。这也使得"三农"支出和中央财政用于农林水事务支出占财政支出的比重不断增加（表11-2）。

表11-2　中央财政用于农林水事务支出情况

年份	农林水支出（亿元）	年增长率（％）	中央财政支出（亿元）	年增长率（％）	农林水支出占财政支出的比重（％）
2011	4 785	23	56 414	17	8
2012	5 996	25	64 148	14	9
2013	6 005	2	68 509	7	9
2014	6 474	8	74 174	8	9
2015			81 430	10	

注：①数据来源：2011—2015年全国人大《关于中央和地方预算执行情况与中央和地方预算草案的报告》。②2015年中央财政支出为预算数字。

"十二五"时期，国家针对农业和农村发展的薄弱环节，继续保持对农村固定资产的投资，加强了农业基础设施建设，农民生产生活条件得到改善，农业综合生产能力不断增强。2011—2014年，农村固定资产投资额分别为9 089亿元、9 841亿元、10 547亿元和10 756亿元，投资总额呈稳步增加趋势。

（二）财政支农资金结构得到优化

"十二五"期间，国家进一步优化支农结构、突出支农重点，完善了财政支农框架，将农业农村基础设施建设、农业补贴、农机和农业技术推广、高标准农田建设、生态补助奖励、生态修复治理、扶贫、村级公益事业等方面列为财政支农框架的重点。其特点是针对农业农村发展的薄弱环节和关键环节进行重点投入。农业固定资产对发展农业生产、提高农业产出、推进农业现代化建设具有重要意义，2011—2014年，农、林、牧、渔固定资产投资（不含农户）建筑安装工程投资额分别为10 578亿元、8 095亿元、6 087亿元、4 571亿元，在固定资产投资（不含农户）建筑安装工程中的占比由2011年的1.65%，增加到2014年的3.10%，头四年投入总计29 331亿元，明显超过"十五"期间五年的总投入额7 893亿元。农村基础设置建设投入也明显增加，"十二五"期间，农业部会同国家发改委安排的农业农村基础设施建设投资达1 459.06亿元，比"十一五"期间的836.8亿元增长了74.36%。为贯彻落实十八届三中全会和中央农村工作会议精神，2014年财政部和农业部拨付粮食直补资金151亿元、农资综合补贴资金1 071亿元、农机购置补贴237.55亿元，截至2014年，全国农业机械总动力达10.81亿千瓦，农作物耕种收综合机械化水平达到61.6%，提前实现"十二五"规划目标。越来越重视科技推广，2015年安排农业技术推广与服务补助资金152.45亿元，比2014年增长20.9%，在2015年粮食的增产中，科技贡献率达到56%以上。为保证农村义务教育，2011—2014年，中央财政累计安排农村义务教育学生营养改善计划专项资金462.3亿元。农村扶贫效果明显，2014年各级财政共支出农村低保资金870.3亿元，全国农村贫困人口从2010年的16 566万人减少到2014年年底的7 017万人。农业保险快速发展。2014年，中央财政拨付农业保险保费补贴144.52亿元。环境治理得到重视，自2008年农村环境"以奖促治"政策实施以来，中央财政累计安排农村环境综合整治资金315亿元，到2015年年底，预计将完成7万个建制村的环境整治任务，超额完成"十二五"规划目标。另外，2011—2014年各级政府累计投入一事一议财政奖补资金2 567亿元，促进了村级公益事业建设健康有序开展。

（三）支农资金统筹整合取得较大进展

中央多个1号文件明确提出对于支农资金要"有效整合国家投入，提高资金使用效率"。各地根据中央精神，纷纷开展试点推进支农资金整合、监管等工作，组织探索适宜当地特色的支农资金有效利用模式。例如：安徽省财政厅印发《关于确定2012年省级支农资金整合县的通知》（财农〔2012〕568号）；

按照《财政部发展改革委农业部关于开展涉农资金专项整治行动的实施意见》（财农〔2015〕7 号）要求，四川省发布了《四川省人民政府办公厅关于开展涉农资金专项整治行动的实施意见》（川办发〔2015〕28 号）。这些举措都是为了进一步加强支农资金整合力度，逐步形成立项科学、分配规范、使用高效、运行安全的资金管理机制，切实提高财政支农资金使用效益。结合当地特色，各地做法各有亮点，可以归纳为：一是以县域为单位开展试点，逐年扩大试点范围，稳步推进；二是上下部门密切配合，由省级财政部门编制预算，确定当年支农资金的重点投向，由市县级财政根据省级财政预算，整合本级财政资金做好支农项目规划；三是成立了资金整合协调领导小组，具体负责项目申报、制度完善、资金管理、项目督查和项目审计等工作；四是在资金使用上建立了支农整合资金专项账户，明确资金的去向和使用原则；五是强化外部监督，严格责任追究；六是一些地方推行惠农政策"直通车"，惠农补贴以"一卡通"的形式直接打卡到农户，避免中间截留。

四、强化财政资金投入的政策建议

（一）继续加大财政支农资金投入力度

近年来，尽管中央财政支农力度不断增加，取得了明显成效，但长期以来我国农业农村资金投入严重不足，资金短缺的现状仍未改变，与发达国家农业财政支出相比，在绝对数额上仍存在较大差距。而且，农业属于弱势产业，同等投入下产出较低，因此随着国家财力不断增加，应继续调整财政支农比例和增幅，以适应农业农村发展需求，在"三农"投入上只做加法，不做减法。

（二）不断优化资金投入结构

"十三五"时期，在农业农村投入上，不仅要从资金增量上想办法，还要在优化结构上做文章，保证投入总量持续增加的同时，突出投入重点，优化投入结构。保证资金向种养大户集中，向粮食生产区集中，向可持续发展领域集中。

（三）提高涉农资金使用效率

当前我国涉农的职能部门较多，一项支农政策往往同时涉及发改委、财政部、农业部、林业局、水利部、科技部等多个部门。尽管支农资金总额逐年增加，但资金项目众多，管理分散，资金的整体效益发挥受限。因此有必要在中央层面统筹考虑，加强资金整合力度，集中力量办大事。一是加强顶层设计，制定合理的支农资金分配框架，对涉农资金进行梳理归类，避免支农目标的冲突和重复;二是精简涉农资金管理部门,将涉农管理职能适度向农业部门转移;三是整合、归并或转化性质相近、用途相同或已不符合实际情况的支农资金,例如将种粮直补、农资综合补贴、良种补贴合并为农业专项补贴。

(四)切实保障支农资金落到实处

在部分地区,仍然存在将涉农资金挪为他用的现象。为保证安全和效率,在涉农资金使用过程中,应完善监管机制,确保涉农资专款专用。一是加强法制建设,修补《农业法》,制定有关农业投入的法律法规;二是引入第三方监管,在不涉及利益冲突的情况下监督管理;三是信息公开,赋予农户知情权和监督权;四是建立项目评估和问责制。

第 12 章　农业生产经营补贴

　　"十二五"时期，中央强农惠农政策进一步完善，按照稳定存量、增加总量、完善方法、逐步调整的要求，继续实施粮食直补、良种补贴、农机具购置补贴和农资综合补贴政策，新增补贴向主产区和优势产区集中，向新兴农业经营主体倾斜，补贴的精准性和指向性进一步提高，在促进农业生产发展、实现农民增收以及现代农业建设方面发挥了积极作用。

一、政策背景和演变过程

（一）"十一五"时期的工作进展和存在的主要问题

　　"十一五"时期，是农业农村发展十分困难的时期，也是改革开放以来最好的时期之一。面对宏观经济形势急剧变化、农产品市场大幅波动、各种自然灾害频繁发生、重大突发事件不断出现等诸多挑战，国家持续加大农业农村投入，推进现代农业和新农村建设，农业农村发展取得了巨大成就，"十一五"规划确定的主要发展目标提前实现。

　　一是政策补贴力度逐年加大。2004 年以来，中央针对农业生产补贴的力度不断加大。2009 年"四补贴"总额共计 1 124.5 亿元，与 2004 年相比，增加了 6.74 倍。其中，用于种粮补贴、良种补贴和农资综合补贴的资金总额达到 994.5 亿元，相当于平均每亩粮食补贴达到 70.02 元。与"十五"期末相比，补贴幅度增加了近 5.5 倍。

　　二是农业生产积极发展。"十一五"期间，在多重强农惠农政策共同激励下，我国农业生产积极发展。2004—2009 年，粮食种植面积持续增加。2009 年，全年粮食种植面积 10 897 万公顷，与"十五"期末（2005 年）相比，增加了 470 万公顷，年均增长率达 1.11％。2004—2009 年，我国粮食连续六年丰产，2009 年全国粮食总产量达 5 308 亿千克，连续三年突破万亿斤，比 2004 年增加 613.5 亿千克。粮食产量年均增长率达 2.49％。油料生产在 2008 年实现较大恢复的基础上进一步发展。2009 年，油料种植面积 1 360 万公顷，产量 3 100 万吨，分别比上年增加 5.92％、5.08％。此外，畜牧、水产业继续保持稳定发展。2008 年，我国粮食综合优质率达 65％，品种品质结构进一步优化。

三是农民收入快速增长。"十一五"期间，中央加大了对农业生产的扶持力度，有力地促进了农民收入快速增长。一是农民收入总量快速增长。2009年，全国农村居民人均收入达到5 135元，实现自2004年以来的连续六年快速增长，年均实际增长率达到7.7%。二是综合补贴下，农民转移性收入快速增长。2004—2009年，全国农村居民转移性收入由116元上升至398元，占人均纯收入比重由3.9%上升至7.7%。2009年转移性收入对农民人均纯收入增长的贡献率高达19%。三是农民收入增长势头良好。2010年，农村居民收入继续保持增长趋势，一季度，全国农村居民人均现金收入1 814元，同期增长11.8%，扣除物价因素，实际增长9.2%，增速高于上年同期。

四是农业机械化加快发展。2003—2009年，全国农业机械总动力由6.04亿千瓦提高到8.75亿千瓦，总体增长14.5个百分点，年平均递增2.5个百分点。我国耕种收综合机械化水平从2003年32.5%提高到2009年48.8%，连续四年增幅在3个百分点以上，年均提高2.75个百分点。农机购置补贴政策激励下，农业生产效率显著提高。目前，小麦机械化精良播种技术每亩可节种3~4千克；机械化深施肥可提高化肥利用率10%~15%；联合收割机收获小麦可减少损失3%左右。大型机械深松整地可使玉米亩增产100千克；水稻机插秧亩增产达50千克左右。

"十一五"末期，我国粮食等主要农产品产量稳步增长，农产品供求基本平衡，农业生产结构进一步优化，农民收入持续增长。但受资源环境约束、农业基础薄弱、市场竞争压力加大、农民增收难度增加等影响，我国农业和农村经济发展仍遭遇了诸多困难。

一是农业发展方式依然粗放，中国人多地少，耕地资源严重不足，随着工业化和城市化的推进，耕地面积还将继续减少；淡水资源总体短缺，时空分布不均，不少地方超量开采地下水，缺水将成为制约许多地区农业发展的瓶颈；农业生态环境整体恶化的局面没有改变，台风、酷暑和严寒等极端气候现象发生的概率增加，区域性、季节性的干旱、洪涝灾害交替出现并有加剧的迹象。随着农村劳动力转移规模的逐步扩大，留在农村从事农业的劳动力整体素质下降。农业基础设施和技术装备落后，农业科技自主创新能力不强。

二是农民收入水平低，城乡收入差距持续扩大。进一步依靠农业发展促进家庭经营性收入增长的空间不大。在农业连续6年丰收、粮食产量连续3年超5亿吨的基础上，粮食等主要农产品产量大幅度提高的难度加大；受国内农产品供求状况和国际农产品贸易形势变化的影响，短期内农产品价格大幅度上升的空间有限。

（二）"十二五"时期出台的政策文件及背景分析

"十二五"时期是全面建设小康社会的关键时期，是深化改革开放、加快转变经济发展方式的攻坚时期，中央提出要在工业化、城镇化深入发展中同步推进农业现代化，完善以工促农、以城带乡长效机制，加大强农惠农力度，提高农业现代化水平和农民生活水平，建设农民幸福生活的美好家园。

在"十二五"规划思想指导下，《中共中央国务院关于加快推进农业科技创新持续增强农产品供给保障能力的若干意见》（中发〔2012〕1号）提出按照增加总量、扩大范围、完善机制的要求，继续加大农业补贴强度，新增补贴向主产区、种养大户、农民专业合作社倾斜。提高对种粮农民的直接补贴水平。落实农资综合补贴动态调整机制，适时增加补贴。加大良种补贴力度。扩大农机具购置补贴规模和范围，进一步完善补贴机制和管理办法。健全主产区利益补偿机制，增加产粮（油）大县奖励资金，加大生猪调出大县奖励力度。探索完善森林、草原、水土保持等生态补偿制度。研究建立公益林补偿标准动态调整机制，进一步加大湿地保护力度。加快转变草原畜牧业发展方式，加大对牧业、牧区、牧民的支持力度，草原生态保护补助奖励政策覆盖到国家确定的牧区半牧区县（市、旗）。加大村级公益事业建设一事一议财政奖补力度，积极引导农民和社会资金投入"三农"。有效整合国家投入，提高资金使用效率。切实加强财政"三农"投入和补贴资金使用监管，坚决制止、严厉查处虚报冒领、截留挪用等违法违规行为。

2013年，《中共中央国务院关于加快发展现代农业进一步增强农村发展活力的若干意见》（中发〔2013〕1号）中指出要按照增加总量、优化存量、用好增量、加强监管的要求，不断强化农业补贴政策，完善主产区利益补偿、耕地保护补偿、生态补偿办法，加快让农业获得合理利润、让主产区财力逐步达到全国或全省平均水平。继续增加农业补贴资金规模，新增补贴向主产区和优势产区集中，向专业大户、家庭农场、农民合作社等新型生产经营主体倾斜。落实好对种粮农民直接补贴、良种补贴政策，扩大农机具购置补贴规模，推进农机以旧换新试点。完善农资综合补贴动态调整机制，逐步扩大种粮大户补贴试点范围。继续实施农业防灾减灾稳产增产关键技术补助和土壤有机质提升补助，支持开展农作物病虫害专业化统防统治，启动低毒低残留农药和高效缓释肥料使用补助试点。完善畜牧业生产扶持政策，支持发展肉牛肉羊，落实远洋渔业补贴及税收减免政策。增加产粮（油）大县奖励资金，实施生猪调出大县奖励政策，研究制定粮食作物制种大县奖励政策。增加农业综合开发财政资金投入。现代农业生产发展资金重点支持粮食及地方优势特色产业加快发展。

在2012、2013年中央提出要稳定和健全农业支持补贴政策基础上，《中共中央国务院关于全面深化农村改革加快推进农业现代化的若干意见》（中发〔2014〕1号）强调按照稳定存量、增加总量、完善方法、逐步调整的要求，积极开展改进农业补贴办法的试点试验。继续实行种粮农民直接补贴、良种补贴、农资综合补贴等政策，新增补贴向粮食等重要农产品、新型农业经营主体、主产区倾斜。在有条件的地方开展按实际粮食播种面积或产量对生产者补贴试点，提高补贴精准性、指向性。加大农机购置补贴力度，完善补贴办法，继续推进农机报废更新补贴试点。强化农业防灾减灾稳产增产关键技术补助。继续实施畜牧良种补贴政策。

2014年5月，习近平总书记做出了我国经济发展进入新常态的重要判断，如何在经济增速放缓背景下继续强化农业基础地位、促进农民持续增收，成为必须破解的一个重大课题。《中共中央国务院关于加大改革创新力度加快农业现代化建设的若干意见》（中发〔2015〕1号）提出要提高农业补贴政策效能，强调增加农民收入，必须健全国家对农业的支持保护体系。保持农业补贴政策连续性和稳定性，逐步扩大"绿箱"支持政策实施规模和范围，调整改进"黄箱"支持政策，充分发挥政策惠农增收效应。继续实施种粮农民直接补贴、良种补贴、农机具购置补贴、农资综合补贴等政策。选择部分地方开展改革试点，提高补贴的导向性和效能。完善农机具购置补贴政策，向主产区和新型农业经营主体倾斜，扩大节水灌溉设备购置补贴范围。实施农业生产重大技术措施推广补助政策。实施粮油生产大县、粮食作物制种大县、生猪调出大县、牛羊养殖大县财政奖励补助政策。扩大现代农业示范区奖补范围。健全粮食主产区利益补偿、耕地保护补偿、生态补偿制度。

二、政策内容及主要措施

（一）粮食直接补贴

2004年，中央1号文件《中共中央国务院关于促进农民增加收入若干政策意见》提出要深化粮食流通体制改革，指出为保护农民利益，要建立对农民的直接补贴制度。2004年，国务院出台《国务院关于进一步深化粮食流通体制改革的意见》（国发〔2004〕17号），要求粮食主产省（区）从粮食风险基金中安排100亿元，是主产区粮食风险基金规模的40%，对种粮农民进行直接补贴，并要求三年后将现有粮食风险基金的一半用于这一方面。2004年的实际执行数比规定的要高，当年种粮直补为116亿元，此后几年连续增加，2005年和2006年分别达132亿元和142亿元，2007年以后均维持在151亿元。

"十二五"期间，党中央、国务院高度重视农业补贴政策的有效实施，明确要求在稳定加大农业补贴力度的同时，逐步完善农业补贴政策，改进农业补贴办法，提高农业补贴政策效能。2011—2014 年，中央继续实行种粮农民直接补贴政策，补贴规模维持在 151 亿元的水平，与"十一五"末期持平，2015年中央财政安排补贴资金 140.5 亿元对种粮农民实行直接补贴，资金原则上要求发放给从事粮食生产的农民，具体由各省级人民政府根据实际情况确定。

（二）良种补贴

良种补贴是指国家对农民选用优质农作物品种而给予的补贴，目的是支持农民积极使用优良作物种子，提高良种覆盖率。2002 年国家启动了大豆良种补贴政策试点工作，是中国第一个直接针对农民的生产性补贴，良种补贴资金为 1 亿元，2002—2015 年，良种补贴的资金规模不断扩大、覆盖的品种范围逐渐增加。"十二五"期间，良种补贴方式基本延续"十一五"的主要做法，覆盖的产品包括水稻、小麦、玉米、大豆、油菜、棉花、马铃薯、花生、青稞、天然橡胶、生猪、奶牛等品种，其中水稻、小麦、玉米和棉花的良种补贴实现了全覆盖，2014 年补贴资金规模达到 215 亿元，2015 年中央财政安排农作物良种补贴资金 203.5 亿元，对水稻、小麦、玉米、棉花、东北和内蒙古的大豆、长江流域 10 个省（市）和河南信阳、陕西汉中和安康地区的冬油菜、藏区青稞实行全覆盖，并对马铃薯和花生在主产区开展补贴试点。小麦、玉米、大豆、油菜、青稞每亩补贴 10 元，新疆地区的小麦良种补贴 15 元；水稻、棉花每亩补贴 15 元；马铃薯一、二级种薯每亩补贴 100 元；花生良种繁育每亩补贴 50 元、大田生产每亩补贴 10 元。水稻、玉米、油菜补贴采取现金直接补贴方式，小麦、大豆、棉花可采取现金直接补贴或差价购种补贴方式，具体由各省（区、市）按照简单便民的原则自行确定。

表 12 - 1　粮食类品种良种补贴政策

	品种	补贴内容
作物良种补贴	大豆	补贴标准：10 元/亩；2002 年开始在东三省和内蒙古高油大豆生态适宜区进行试点，2010 年大豆良种补贴在辽宁、吉林、黑龙江、内蒙古等省（区）实行全覆盖。
	小麦	补贴标准：10 元/亩，新疆地区的小麦良种补贴 15 元/亩；补贴品种：主要为优强筋和弱筋小麦品种，兼顾优质高中筋和中筋小麦品种。2003 年在河北、河南、山东、江苏、安徽 5 省试点，2010 年实现全覆盖。
	水稻	补贴标准：早稻 10 元/亩，中稻、粳稻 15 元/亩，晚稻 7 元/亩；2008 年将晚稻补贴标准提高至 15 元/亩。2004 年在湖南、湖北等 7 省试点；2010 年水稻良种补贴在全国实行全覆盖。
	玉米	补贴标准：10 元/亩；补贴品种：青贮玉米、高淀粉、高油等专用玉米。2004 年在内蒙古、辽宁等 8 省区进行试点；2010 年玉米良种补贴在全国 31 个省（区、市）实行全覆盖。

天然橡胶良种补贴。天然橡胶是我国实施良种补贴的第一个经济作物。2006 年中央财政安排专项资金 2 000 万元对海南、云南和广东的 8 个市县 12 个橡胶品种实行了补贴,补贴面积 1.54 万公顷。2009 年,财政部和农业部出台《中央财政天然橡胶良种补贴项目资金管理办法》(财农〔2009〕70 号),以加强中央财政天然橡胶良种补贴项目资金的管理,提高资金使用效益。根据《2014 年中央财政天然橡胶良种补贴项目实施指导意见》(农办财〔2014〕37 号),天然橡胶良种补贴区域为《全国天然橡胶优势区域布局规划(2008—2015 年)》确定的海南、云南、广东优势植胶区,严禁利用耕地和毁坏水源林、生态林种植橡胶树,海南、广东植胶区海拔高度不超过 350 米,云南植胶区海拔高度不超过 900 米。补贴对象为补贴区域内使用优良品种的植胶者,补贴标准为袋装苗每株补贴 3 元,裸根苗每株补贴 1 元,每亩补贴 33 株;补贴方式采取现金直接补贴或实物售价折扣补贴方式,具体由各省结合本省实际,按照简单便民原则确定。2014 年,补贴面积 1.87 万公顷以上,补贴胶园 100% 应用优良品种,品种纯度 100%,种植成活率 95% 以上。

油菜良种补贴。2007 年《国务院办公厅关于促进油料生产发展的意见》(国办发〔2007〕59 号)提出加大油料生产扶持力度,设立油菜良种补贴项目。具体补贴区域为长江流域"双低"油菜优势区,包括江苏、浙江、安徽、江西、湖北、湖南、重庆、四川、贵州、云南省(直辖市)以及河南的信阳地区,补贴面积 1 亿亩,补贴标准 10 元/亩。油菜良种补贴实行江苏、浙江、安徽、江西、湖南、湖北、重庆、贵州、四川、云南及河南信阳、陕西汉中、安康地区实行冬油菜全覆盖,但在江淮、鄂北、豫南及西南麦油交错区上年度种小麦的地块上改种油菜不享受补贴,边角地、新开荒地种植的油菜不享受补贴。

马铃薯良种补贴。2009 年国家启动实施马铃薯良种补贴政策。马铃薯实施脱毒种薯扩繁和大田种植补贴,每亩补贴 100 元,补贴对象为农民、种植大户、家庭农场、农民合作社或企业,2014 年马铃薯补贴覆盖河北、山西、内蒙古、吉林、黑龙江、湖北、重庆、四川、贵州、云南、陕西、甘肃、青海、宁夏和黑龙江农垦等 15 个省区,补贴面积 16.67 万公顷。

花生良种补贴。2010 年国家开始实施花生良种补贴政策。补贴标准:大田生产用种每亩补贴 10 元;良种繁育每亩补贴 50 元。补贴范围:重点补贴黄淮海花生集中产区,适当兼顾其他花生主产区。具体补贴范围为河北、辽宁、吉林、江苏、安徽、江西、山东(含青岛)、河南、湖北、广东、广西、四川等 12 个省(自治区)。补贴对象:各试点省(自治区)确定的项目区内参与良种繁育和使用良种进行生产的农民。2014 年大田生产用种补贴 200 万公顷、良种繁育补贴 13.3 万公顷。

青稞良种补贴。2010 年，国家开始启动青稞良种补贴。青稞良种补贴标准为 10 元/亩，补贴区域针对四川、云南、西藏、甘肃、青海等省（自治区）的藏区实行全覆盖。

生猪良种补贴。2007 年，国家为加快生猪品种改良，提高生猪良种化水平，促进我国养猪业持续健康发展，针对生猪良种进行补贴（财农〔2007〕186 号）。补贴标准：每头能繁母猪年补贴 40 元，补贴品种包括杜洛克猪、长白猪、大约克夏猪等国家批准的引进品种，以及培育品种（配套系）和地方品种；补贴对象：项目区内使用良种猪精液开展生猪人工授精的母猪养殖者，包括散养户和规模养殖户（场）。《2014 年畜牧发展扶持资金实施指导意见》（农办财〔2014〕60 号）提出，能繁母猪良种补贴数量 1 652.25 万头。

肉牛良种补贴。2009 年，针对 200 万头肉用能繁母牛进行良种补贴。补贴标准：每头能繁肉牛补贴 10 元；补贴试点地区：河南、四川、吉林、山东、内蒙古、新疆、甘肃、云南、辽宁、宁夏等 10 个肉牛主产省（自治区）；补贴对象：项目区内使用良种精液开展人工授精的肉牛养殖场（小区、户）。根据《2014 年畜牧发展扶持资金实施指导意见》（农办财〔2014〕60 号），2014 年补贴肉用能繁母牛 451 万头，补贴品种包括国家批准引进和自主培育的品种，以及优良地方品种，补贴标准与"十一五"基本一致。

羊良种补贴。2009 年，针对 7.5 万只绵羊种公羊进行良种补贴试点。补贴标准：每只绵羊种公羊每年补贴 800 元；试点补贴地区：内蒙古、新疆、青海、河北、甘肃、黑龙江、吉林、宁夏、西藏等 9 个绵羊主产省（自治区）及新疆生产建设兵团；补贴对象：项目县内存栏绵羊能繁母羊 30 只以上的养殖户，"十二五"期间，继续对绵羊、山羊、种公羊实施良种补贴，补贴标准维持 800 元不变，补贴品种包括国家批准引进和自主培育的品种，以及优良地方品种。

（三）农机补贴

2004 年，《中共中央国务院关于促进农民增加收入若干政策意见》中，提出"要提高农业机械化水平，对农民个人、农场职工、农机专业户和直接从事农业生产的农机服务组织购置和更新大型农机具给予一定补贴"。农业部印发《农业机械购置补贴资金使用管理办法（试行）》（农财发〔2004〕6 号）通知，进一步明确了农机具购置补贴的原则、做法和标准。主要补贴小麦、水稻、玉米、大豆四大粮食作物作业机械，其中包括：①大中型拖拉机等农用动力机械，②农田作业机具，主要包括耕整、种植、植保、收获和秸秆还田等机具；③粮食及农副产品的产后处理机械；④秸秆、饲草加工处理及养殖机械。按照中央农业机械购置补贴专项资金使用管理办法有关规定，使用中央资金的补贴率不超过机具价格的 30％，且单机补贴额原则上不超过 3 万元。2010 年，全国总体上继续执行不超过 30％ 的补贴比例，其中汶川地震重灾区县、重点血防疫区补贴比例可提高到 50％。单机补贴额原则上不超过 5 万元，100 马力以上大型拖拉机、高性能青饲料收获机、大型免耕播种机、挤奶机械、大型联合收割机、水稻大型浸种催芽程控设备、烘干机单机补贴限额可提高至 12 万元；大型棉花采摘机、甘蔗收获机、200 马力以上拖拉机单机补贴额可提高至 20 万元。2013 年规定，"一般机具单机补贴限额不超过 5 万元；挤奶机械、烘干机单机补贴限额可提高到 12 万元；100 马力以上大型拖拉机、高性能青饲料收获机、大型免耕播种机、大型联合收割机、水稻大型浸种催芽程控设备单机补贴限额可提高到 15 万元；200 马力以上拖拉机单机补贴限额可提高到 25 万元；甘蔗收获机单机补贴限额可提高到 20 万元，广西壮族自治区可提高到 25 万元；大型棉花采摘机单机补贴限额可提高到 30 万元，新疆维吾尔自治区和新疆生产建设兵团可提高到 40 万元。"2014 年，农机购置补贴范围继续覆盖全国所有农牧业县（场），补贴对象为纳入实施范围并符合补贴条件的农牧渔民、农场（林场）职工、农民合作社和从事农机作业的农业生产经营组织。补贴机具种类涵盖 12 大类 48 个小类 175 个品目，在此基础上各省（区、市）可在 12 大类内自行增加不超过 30 个其他品目的机具列入中央资金补贴范围。中央财政农机购置补贴资金实行定额补贴，即同一种类、同一档次农业机械在省域内实行统一的补贴标准。一般机具单机补贴限额不超过 5 万元；挤奶机械、烘干机单机补贴限额可提高到 12 万元；100 马力以上大型拖拉机、高性能青饲料收获机、大型免耕播种机、大型联合收割机、水稻大型浸种催芽程控设备单机补贴限额可提高到 15 万元；200 马力以上拖拉机单机补贴限额可提高到 25 万元；甘蔗收获机单机补贴限额可提高到 20 万元，广西壮族自治区可提高到 25 万元；大型棉花采摘机单机补贴限额可提高到 30 万元，新疆维吾尔自治区和新疆生产建设兵团可提高到 40 万元。不允许对省内外企业生产的同类产品实行差别对待。同时在部分地区开展农机深松整地作业补助试点工作。

补贴兑现方式从间接补贴向直接补贴转变。2011 年前，我国一直实行"差价购机，省级结算"。从 2012 年开始，农业部在全国 17 个省市开展补贴资金结算级次下放、农民全价购机、选择部分机具普惠等完善农机购置补贴操作方式试点，即采取"全价购机、县级结算、直补到卡"资金兑付方式试点。2013 年农业部、财政部进一步加大试点工作力度，要求尚未开展该试点的省、自治区、直辖市，2013 年要选择部分市县开展试点；条件成熟的，也可在全省范围内试行。从江苏、浙江、湖南等地的试点看，"全价购机"使农民在农机具的价格上拥有更多的"话语权"，促使补贴机具销售价格有所下降，享受到了更多实惠。

2009 年 8 月，农业部发布《农机作业补贴试点方案》，围绕提升关键环节
农机作业水平，在粮食主产区选点，分别开展深松整地、秸秆机械化还田、机
械化插秧等作业补贴试点。2011 年，山西省开展农机深松整地作业补贴项目，
对土地实施农机深松作业，并进行机械整地，达到能够实施播种的作业标准，
每亩补贴不超过 30 元。2012 年，浙江省印发《浙江省农业机械化作业环节补
贴资金管理办法（试行）的通知》，对水稻机械化插秧作业环节（按亩次）、农
作物病虫害统防统治（水稻按季）等每亩各补贴 40 元，补贴资金由省 和县
（市、区）财政承担。

表 12 - 2　2009 年重点环节农机作业补贴试点

补贴试点项目	试点地区
深松整地作业补贴	黑龙江省双城市、克山县、黑龙江农垦友谊农场
秸秆机械化还田作业补贴	山东省章丘市、恒台县、江苏省扬州市邗江区、如皋市
机械化插秧补贴	浙江省平湖市、余姚市
机收油菜作业补贴	浙江省平湖市、余姚市
机械化植保作业补贴	浙江省余姚市

农机报废更新补贴试点政策。为加快淘汰老旧高能耗农业机械，鼓励引导
农业机械报废更新，切实优化农机装备结构，保障农机安全生产，根据《农业
机械安全监督管理条例》和《国务院关于促进农业机械化和农机工业又好又快
发展的意见》等有关法律法规要求，2012 年，农业部、财政部、商务部出台
了《2012 年农机报废更新补贴试点工作实施指导意见》。2014 年继续在山西、
江苏、浙江、安徽、山东、河南、新疆、宁波、青岛、新疆生产建设兵团、黑
龙江省农垦总局开展农机报废更新补贴试点工作。农机报废更新补贴与农机购
置补贴相衔接，同步实施。报废机具种类主要是已在农业机械安全监理机构登
记，并达到报废标准或超过报废年限的拖拉机和联合收割机。农机报废更新补
贴标准按报废拖拉机、联合收割机的机型和类别确定，拖拉机根据马力段的不
同补贴额从 500 元到 1.1 万元不等，联合收割机根据喂入量（或收割行数）的
不同分为 3 000 元到 1.8 万元不等。

（四）农业生产资料综合直接补贴

受国际市场石油价格波动影响，农业生产资料快速涨价，增加了农民种粮
成本，种粮收益随之降低。为保护农民利益，在原有粮食直补的基础上，从
2006 开始，中央财政资金新增 120 亿元，用于对农民进行农资综合直补。
2007 年，这一补贴达到 276 亿元。到 2008 年，由于全球石油价格大涨，农民

的生产成本明显增加，为此，当年国家大幅度增加这一补贴，达到 716 亿元，全国平均每亩补贴 40 元。2009 年，中央决定进一步完善农资综合补贴政策，发布《进一步完善农资综合补贴动态调整机制的实施意见》（财建〔2009〕492 号），提出农资综合补贴动态调整机制坚持"价补统筹、动态调整、只增不减"的基本原则。2012 年 3 月，考虑到汽油价格上涨及其他农业生产资料价格变化的因素，财政部在原有农资综合直补资金的基础上，再次增加拨付了 243 亿元资金，全国亩均新增补贴资金约 14 元。2013 年，部分地区农资综合直补资金每亩为 96.74 元。目前，农资综合直补已成为我国所有补贴政策中额度最大的补贴之一，在降低农民生产成本、保护农民生产积极性方面起着关键的作用。

2015 年 5 月 13 日，财政部和农业部发布《关于调整完善农业三项补贴政策的指导意见》（财农〔2015〕31 号），提出了调整完善农业补贴政策的建议，决定从 2015 年调整完善农作物良种补贴、种粮农民直接补贴和农资综合补贴等三项补贴政策，通过"三合一"更有效发挥财政资金支持粮食生产作用。补贴改革主要出于两方面的考虑，一是转变农业发展方式迫切需要调整完善农业"三项补贴"政策。我国农业生产成本较高，种粮比较效益低，主要原因就是农业发展方式粗放，经营规模小。受制于小规模经营，无论是先进科技成果的推广应用、金融服务的提供、与市场的有效对接，还是农业标准化生产的推进、农产品质量的提高、生产效益的增加、市场竞争力的提升，都遇到很大困难。因此，加快转变农业发展方式，强化粮食安全保障能力，建设国家粮食安全、农业生态安全保障体系，迫切需要调整完善农业"三项补贴"政策，加大对粮食适度规模经营的支持力度，促进农业可持续发展。二是提高政策效能迫切需要调整完善农业"三项补贴"政策。在多数地方，农业"三项补贴"已经演变成为农民的收入补贴，一些农民即使不种粮或者不种地，也能得到补贴。而真正从事粮食生产的种粮大户、家庭农场、农民合作社等新型经营主体，却很难得到除自己承包耕地之外的补贴支持。农业"三项补贴"政策对调动种粮积极性、促进粮食生产的作用大大降低。因此，增强农业"三项补贴"的指向性、精准性和实效性，加大对粮食适度规模经营支持力度，提高农业"三项补贴"政策效能，迫切需要调整完善农业"三项补贴"政策。按照指导意见，政策分为两方面的内容，一是在全国范围内调整 20％的农资综合补贴资金用于支持粮食适度规模经营，各省、自治区、直辖市、计划单列市要从中央财政提前下达的农资综合补贴中调整 20％的资金，加上种粮大户补贴试点资金和农业"三项补贴"增量资金，统筹用于支持粮食适度规模经营。支持对象为主要粮食作物的适度规模生产经营者，重点向种粮大户、家庭农场、农民合作社、农业社会化服务组织等新型经营主体倾斜，体现"谁多种粮食，就优先支持谁"。二是选择部分地区开展农业"三项补贴"改革试点,2015 年两部门选择安徽、山东、湖南、四川和浙江等 5 个省,由省里选择一部分县市开展农业"三项补贴"改革试点。试点的主要内容是将农业"三项补贴"合并为"农业支持保护补贴",政策目标调整为支持耕地地力保护和粮食适度规模经营。两部门明确,试点地区将安排 80% 的农资综合补贴存量资金,加上种粮农民直接补贴和农作物良种补贴资金,用于耕地地力保护。补贴对象为所有拥有耕地承包权的种地农民,享受补贴的农民要做到耕地不撂荒,地力不降低。

(五) 农业保险保费补贴

2007—2008 年,财政部先后出台了《中央财政农业保险保费补贴试点管理办法》(财金〔2007〕25 号)、《能繁母猪保险保费补贴管理暂行办法》(财金〔2007〕66 号)、《中央财政种植业保险保费补贴管理办法》(财金〔2008〕26 号)和《中央财政养殖业保险保费补贴管理办法》(财金〔2008〕27 号),开始在吉林、内蒙古、新疆、江苏、四川和湖南等 6 省区开展种植养殖业保险保费补贴政策试点工作,并鼓励地方政府设立保险保费补贴,随着国家和地方财力的不断增强,农业保险保费补贴扩展到全国范围,补贴品种扩大到种植业、养殖业和林业 3 大类 15 个小类,包括水稻、小麦、棉花、马铃薯、大豆、花生、油菜、糖料、能繁母猪、育肥猪、奶牛、天然橡胶、森林、青稞、藏系羊、牦牛等,2010—2014 年中央及地方各级政府提供农业保险保费补贴从101.5 亿元增加到 250.7 亿元,合计拨付资金 901.17 亿元。2012 年 11 月 12日,中华人民共和国国务院令第 629 号正式公布《农业保险条例》,为规范农业保险活动,保护农业保险活动当事人的合法权益,促进农业保险事业健康发展提供了依据,条例高度重视防范农业保险经营风险。为确保农业保险依法合规经营,真正发挥支农惠农作用,条例作了如下规定:一是规定保险机构应当有完善的农业保险内控制度,有稳健的农业再保险和大灾风险安排及风险应对预案,其偿付能力以及农业保险业务的准备金评估、偿付能力报告编制应符合国务院保险监督管理机构的规定。二是为切实保证财政给予的保险费补贴依法使用,规定禁止以虚构或者虚增保险标的、虚假理赔、虚列费用等任何方式骗取财政给予的保险费补贴。三是对违反条例规定行为的法律责任作了明确规定。

2015 年,保监会、财政部和农业部颁发《关于进一步完善中央财政保费补贴型农业保险产品条款拟订工作的通知》,农险产品保障力度大幅提高,保险责任显著扩大,惠农力度不断增强,保险责任显著扩大,种植业保险在原有自然灾害的基础上,增加了旱灾、地震等重大灾害,泥石流、山体滑坡等地质灾害以及病虫草鼠害；养殖业保险责任扩展到所有疾病和疫病。主要粮食作物保障水平大幅提高，全国大部分省市保险金额已覆盖直接物化成本，平均保障水平提高10％至15％。同时，农业保险赔付标准提高，理赔条件降低。升级后的产品取消了绝对免赔条款，同时提高了对农作物不同生长阶段和绝产情形下的赔付标准。农业大省根据近年来风险特点、风险分布和经营情况，下调保险费率，部分地区种植业保险费率降幅接近50％。

（六）畜禽产品生产补贴

为推动畜牧养殖业标准化规模发展，2007年《国务院关于促进生猪生产发展稳定市场供应的意见》（国发〔2007〕22号）提出要扶持生猪标准化规模饲养，每年安排25亿元用于在全国范围内补贴规模化生猪养殖，按照规定，申报的养猪场要实行人畜分离、集中饲养、封闭管理；符合乡镇土地利用总体规划，不在法律法规规定的禁养区内；经改造后粪污集中处理、达标排放，实现饲养标准化，优先支持农民专业合作组织的规模养殖场（小区）。各类项目的中央投资补助标准为：分年出栏500～999头、1 000～1 999头、2 000～2 999头和3 000～10 000头四个档次予以补助，1万头以上不再安排补助投资。其中：年出栏500～999头的养殖场（小区）每个中央平均补助投资20万元，其中：苏浙粤每个补助15万元，西部12省（区）每个补助25万元，其他地区每个补助20万元，京津沪地区不安排。年出栏1 000～1 999头的养殖场（小区）每个中央平均补助投资40万元，其中：京津沪苏浙粤每个补助30万元、西部12省（区）每个补助50万元，其他地区每个补助40万元。年出栏2 000～2 999头的养殖场（小区）每个中央平均补助投资60万元，其中：京津沪苏浙粤每个补助50万元，西部12省（区）每个补助70万元，其他地区每个补助60万元。年出栏3 000～10 000头的养殖场（小区）每个中央平均补助投资80万元。考虑到云南、贵州、重庆的特殊情况，云南、贵州、重庆可适当降低年出栏规模，安排部分300～499头的养殖场（小区、重点户），中央平均补助投资为10万元。2008年以来，为提高我国奶牛标准化规模饲养水平，转变饲养方式，促进奶业产业持续健康发展，中央财政安排资金补贴奶牛规模养殖场，2010—2012年各安排资金为5亿元，2013年增加到10亿元。2015年安排3亿元支持内蒙古、四川、西藏、甘肃、青海、宁夏、新疆以及新疆生产建设兵团肉牛肉羊标准化规模养殖场（小区）建设。支持资金主要用于养殖场（小区）水电路改造、粪污处理、防疫、挤奶、质量检测等配套设施建设等。2015年国家继续支持畜禽标准化规模养殖，但因政策资金调整优化等原因，暂停支持生猪标准化规模养殖场（小区）建设一年。

三、政策取得的主要成效

（一）补贴结构不断优化

2004 年以来，我国基本构建了以"四大补贴"为主体的农业补贴框架，补贴资金从 146 亿元增加到 1 682 亿元，"十二五"期间，四大补贴资金稳定增长，补贴增长的原则由增加总量向稳定总量、优化增量、完善办法过渡，更加注重补贴的精准性和指向性。2015 年，国家启动了新一轮的农业补贴改革，将种粮直补、良种补贴和农资综合补贴合并为农业支持保护补贴，政策目标调整为支持耕地地力保护和粮食适度规模经营。

表 12 - 3　2010 年以来农业"四补贴"情况

单位：亿元

年份	2010	2011	2012	2013	2014
种粮补贴	151	151	151	151	151
良种补贴	204	220	224	226	215
农资综合补贴	716	835	1 078	1 014	1 078
农机补贴	155	175	215	218	238
合计	1 226	1 381	1 668	1 609	1 682

（二）农业生产较快发展

"十二五"期间，在多重强农惠农政策共同激励下，我国农业生产积极发展。2004—2014 年，粮食种植面积持续增加。2014 年，全年粮食种植面积11 273 万公顷，比 2009 年增加了 376 万公顷，粮食生产实现"十一"连增，2014 年全国粮食总产量达 60 710 万吨，粮食生产连续两年跨上 1.2 万亿斤台阶。棉油糖等经济作物稳定发展。2014 年，棉花生产受比较效益低的影响，长江流域和黄河流域棉区面积大幅调减，生产进一步向新疆棉区集中。油料生产基本稳定，糖料生产呈下滑态势。菜果茶等园艺作物面积产量"双增"。蔬菜旺季有余、淡季不淡。水果花色品种丰富，实现增产增收。

（三）农民收入快速增长

"十二五"期间，中央继续对农业生产进行扶持，有力地促进了农民收入快速增长。一是农民收入总量快速增长。2014 年，全国农村居民人均收入达到 9 892 元，比 2010 年增加近 4 000 元，年均增长率达到 10.1％。农民收入的增幅连续实现了"两个高于",即高于 GDP 增长,高于城镇居民的收入增长,连续 11 年保持较快增长。二是农民财产性和转移性收入快速增长。2004年以来,国家强农惠农富农政策密集出台,农民转移性收入绝对数量和占农民人均纯收入比重都增加较快。同时,随着农村改革不断深化,农民的土地、房屋等财产更多地参与收入分配,农村的社区合作、股份合作快速发展,征地补偿标准逐步提高,农民的财产性收入增长很快,一些发达地区农民的财产性收入占到 1/3 以上,2004—2013 年财产性和转移性收入年均增速分别达到23.3%和 16.1%,二者之和已经占到总收入的 12.2%。三是城乡居民收入差距问题依然突出。2014 年农村居民收入实际增长速度连续第 5 年超过城镇居民,城乡居民收入相对差距继续缩小。按新口径计算,城乡居民人均可支配收入比为 2.75∶1,比上年缩小 0.06。但城乡居民收入不平衡的问题依然突出,主要表现在城乡居民收入的绝对差距继续扩大,由上年的 17 037 元继续扩大到 18 355 元。

(四)农业机械化加快发展

2011—2014 年,全国农业机械总动力由 9.77 亿千瓦提高到 10.81 亿千瓦,总体增长 10.64%,年均增长 3.42%。我国耕种收综合机械化水平从2011 年的 54.8%提高到 2014 年的 61.6%,扩大了 6.8 个百分点以上,提前实现"十二五"规划目标。农机装备结构进一步优化。大中型拖拉机和配套农具保有量分别达 567.95 万台、889.64 万部,同比分别增长 7.8%、7.6%;水稻插秧机、联合收获机分别达 67 万台、158.42 万台,同比分别增长 10.8%、11.5%,玉米收割机达到 36.04 万台,同比增长 25.7%,连续 6 年增幅超过20%。粮食生产机械化水平不断提高,玉米机收等重点薄弱环节机械化加快推进。水稻机械种植、收获水平分别达 39.6%、84.6%。玉米机收水平达到57.8%,已连续 6 年增幅超过 5 个百分点。油菜、花生、马铃薯、棉花、甘蔗等作物机械化取得积极进展。农机社会化服务持续发展。农机作业服务组织达到 175.12 万个,其中拥有农机原值 50 万元(含 50 万元)以上的农机服务组织 3.46 万个,比上年增加 5 271 个;农机合作社达到 4.94 万个,增加 7 191个,服务农户数超过 4 500 万余户。全国规模以上农机企业主营业务收入累计达 4 180 亿元,同比增加 8.8%。

四、趋势分析和政策建议

农业补贴是国家强农惠农富农政策的重要组成部分。自 2004 年起,国家先后实施了良种补贴、种粮农民直接补贴、农资综合补贴、农机补贴、农业保险保费补贴和畜禽产品补贴等多项生产经营补贴政策,对于促进粮食生产和农民增收、推动农业农村发展发挥了积极的作用。随着农业农村发展形势发生深刻变化，一些农业政策效应在递减，政策效能在逐步降低，迫切需要调整完善。

一是调整和完善农业三项补贴政策。良种补贴、种粮农民直接补贴和农资综合补贴三项补贴已经演变成为农民的收入补贴，一些农民即使不种粮或者不种地，也能得到补贴。而真正从事粮食生产的种粮大户、家庭农场、农民合作社等新型经营主体，却很难得到支持。农业"三项补贴"政策对调动种粮积极性、促进粮食生产的作用降低。在 2015 年试点基础上，经国务院同意，2016年在全国范围内将农业"三项补贴"合并为农业支持保护补贴，政策目标调整为支持耕地地力保护和粮食适度规模经营，进一步加强补贴政策的指向性、精准性和实效性，提高政策效能。

二是进一步加强现代金融保险的作用，完善农业支持保护政策。2016 年中央 1 号文件提出了"完善农业保险制度，把农业保险作为农业重要支持手段"的要求，在大力推进农业供给侧改革的政策背景下，充分发挥农业保险供给侧结构性改革的作用，撬动和推进农业供给侧改革全局具有重要意义。应扩大农业保险的覆盖范围和层次，鼓励和引导农业保险商业模式创新，完善农业保险宏观调控和市场监管机制。

第13章　农村金融改革创新

"十一五"时期，农村金融改革在许多方面有突破性进展，包括农业银行股份制改革，成立中国邮政储蓄银行并探索服务"三农"的有效形式，放宽农村地区银行业金融机构准入政策，在全国开展农业保险保费补贴试点，推进农村金融产品和服务方式创新试点，建立健全政策扶持体系等方面。但总的看，农村金融仍是农业农村发展的短板，农村金融的政策扶持体系还不完善，制约农村金融创新发展的深层次体制机制障碍仍然存在，农村金融供给还不能有效满足农业农村的现实需求。"十二五"时期，国内外经济形势复杂多变，农村融资难、融资贵问题更为突出。为解决这个问题，十八届三中全会决定、2011—2015 年中央 1 号文件都把推进农村金融改革创新作为重要内容进行部署，国务院颁布了《农业保险条例》《关于开展农村承包土地的经营权和农民住房财产权抵押贷款试点的指导意见》（国发〔2015〕45 号），国务院办公厅下发了《关于金融支持"三农"发展的若干意见》（国办发〔2014〕17 号），有关部门和机构还联合出台了《金融支持新型农业经营主体共同行动计划》《关于财政支持建立农业信贷担保体系的指导意见》等政策措施，进一步推进农村金融组织创新和抵押担保方式创新，加大政策扶持力度，有效提高了农村金融服务水平。

一、主要政策内容

依据 2011—2015 年中央 1 号文件、国务院办公厅《关于金融服务"三农"发展的若干意见》（国办发〔2014〕17 号）和十八届三中全会决定等文件精神，"十二五"时期农村金融改革主要包括以下几个方面的内容。

（一）建立健全正向激励扶持政策

综合运用财政税收、货币信贷、金融监管等政策措施，推动金融资源继续向"三农"倾斜，确保农业信贷总量持续增加、涉农贷款比例不降低。

（1）完善符合农村银行业金融机构和业务特点的差别化监管政策，适当提高涉农贷款风险容忍度，实行适度宽松的市场准入、弹性存贷比政策。

（2）加强财税杠杆与金融政策的有效配合，落实县域金融机构涉农贷款增量奖励、农村金融机构定向费用补贴、农户贷款税收优惠、小额担保贷款贴息等政策。

（3）完善涉农贷款统计制度，优化涉农贷款结构。

（二）继续深化农村金融机构改革

1. 继续深化农村信用社改革

提高农村信用社资本实力和治理水平，增强农村信用社支农服务功能。保持县域法人地位长期稳定，牢牢坚持立足县域、服务"三农"的定位。

2. 强化各类商业银行金融服务功能

一是稳定大中型商业银行的县域网点，扩展乡镇服务网络，根据自身业务结构和特点，建立适应"三农"需要的专门机构和独立运营机制。二是强化商业金融对"三农"和县域小微企业的服务能力，扩大县域分支机构业务授权，不断提高存贷比和涉农贷款比例，将涉农信贷投放情况纳入信贷政策导向效果评估和综合考评体系。

3. 继续推进大型农村金融机构改革

一是农业银行三农金融事业部改革试点覆盖全部县域支行。二是强化农业发展银行政策性职能定位，加大对水利、贫困地区公路等农业农村基础设施建设的贷款力度，审慎发展自营性业务。三是国家开发银行要创新服务"三农"融资模式，进一步加大对农业农村建设的中长期信贷投放。四是鼓励邮政储蓄银行拓展农村金融业务。

4. 支持社会资本参与设立新型农村金融机构

积极发展村镇银行，逐步实现县市全覆盖。符合条件的适当调整主发起行与其他股东的持股比例，支持商业银行到中西部地区县域设立村镇银行。支持由社会资本发起设立服务"三农"的县域中小型银行和金融租赁公司。对小额贷款公司，拓宽融资渠道，完善管理政策，加快接入征信系统，发挥支农支小作用。

（三）创新农村金融产品与服务方式

1. 发展新型农村合作金融组织

在管理民主、运行规范、带动力强的农民合作社和供销合作社基础上，坚持社员制、封闭性原则，在不对外吸储放贷、不支付固定回报的前提下，推动社区性农村资金互助组织发展，不断丰富农村地区金融机构类型。完善地方农村金融管理体制，明确地方政府对新型农村合作金融监管职责，鼓励地方建立风险补偿基金，有效防范金融风险。适时制定农村合作金融发展管理办法，稳妥开展农民合作社内部资金互助试点，落实地方政府监管责任。

2. 创新金融产品和服务

一是继续发展农户小额信贷业务，加大对种养大户、农民专业合作社、县域小型微型企业的信贷投放力度。二是优先满足农户信贷需求，加大新型生产经营主体信贷支持力度，加大对科技型农村企业、科技特派员下乡创业的信贷支持力度。三是创新符合农村特点的抵（质）押担保方式和融资工具，建立多层次、多形式的农业信用担保体系。积极探索农业科技专利质押融资业务，积极发展涉农金融租赁业务。扩大林权抵押贷款规模，完善林业贷款贴息政策。开展信贷资产质押再贷款试点，大型农机具融资租赁试点，做好承包土地的经营权和农民住房财产权抵押担保贷款试点工作。大力发展政府支持的"三农"融资担保和再担保机构，完善银担合作机制。继续加大小额担保财政贴息贷款等对农村妇女的支持力度，提供更优惠的支农再贷款利率。大力推进农村信用体系建设，完善农户信用评价机制。强化农村普惠金融。

3. 鼓励符合条件的涉农企业开展直接融资

支持符合条件的农业企业在主板、创业板发行上市，督促上市农业企业改善治理结构，引导暂不具备上市条件的高成长性、创新型农业企业到全国中小企股份转让系统进行股权公开挂牌与转让，推动证券期货经营机构开发适合"三农"的个性化产品。支持银行业金融机构发行"三农"专项金融债，鼓励符合条件的涉农企业发行债券。

（四）发展农业保险

1. 扩大农业保险险种和覆盖面

扩大畜产品及森林保险范围和覆盖区域。鼓励开展多种形式的互助合作保险，扶持发展渔业互助保险。探索开办涉农金融领域的贷款保证保险和信用保险等业务。

2. 完善农业保险保费补贴政策

提高中央、省级财政对主要粮食作物保险的保费补贴比例，逐步减少或取消产粮大县县级保费补贴，不断提高稻谷、小麦、玉米三大粮食品种保险的覆盖面和风险保障水平。加大对中西部地区、生产大县农业保险保费补贴力度，适当提高部分险种的保费补贴比例。鼓励保险机构开展特色优势农产品保险，有条件的地方提供保费补贴，中央财政通过以奖代补等方式予以支持。开展设施农业、农作物制种、渔业、农机、农房保险和重点国有林区森林保险保费补贴试点。

3. 推进建立财政支持的农业保险大灾风险分散机制

健全农业再保险体系，规范农业保险大灾风险准备金管理。

二、政策执行情况

农村金融体制改革创新的不断深化，以及正向激励扶持政策的不断完善，对信贷资金更多地投向"三农"发挥了重要引导作用。2014年年末，全口径涉农贷款余额23.6万亿元，比2010年年末增加11.8万亿元，年均增加19％，高于各项贷款总额年均增速4.8个百分点。其中，农户贷款余额5.36万亿元，比2010年年末增加2.75万亿元，年均增加19.8％，高于各项贷款总额年均增速5.5个百分点；农林牧渔业贷款余额3.34万亿元，比2010年年末增加1.03万亿元，年均增加9.7％。

（一）农村金融扶持力度不断加大

1. 货币信贷政策

一是差别化存款准备金政策。2014年，人民银行两次实施"定向降准"，分别下调县域农村商业银行和农村合作银行存款准备金率2个和0.5个百分点，对符合审慎经营要求且"三农"或小微企业贷款达到一定比例的商业银行下调人民币存款准备金率0.5个百分点。二是对农村金融机构的支农再贷款支持力度进一步加大。调整信贷政策支持再贷款发放条件，下调支农、支小再贷款利率0.25个百分点、0.4个百分点，2014年12月末全国支农再贷款余额2 154亿元，比上年同期增加470亿元，该年累计发放3 102亿元。三是继续发挥再贴现引导优化信贷结构的功能。2014年12月末，再贴现余额为1 372亿元，比上年同期增加235亿元，该年累计发放3 858亿元。

2. 财政税收政策

一是县域金融机构涉农贷款增量奖励力度加大。截至2014年年底，中央财政累计向试点地区1.74万农户次县域金融机构和小额贷款公司拨付奖励资金115.34亿元，其中2014年中央财政拨付奖励资金26.03亿元，比上年增长24.5％。二是农村金融机构定向费用补贴力度加大。截至2014年年底，中央财政累计向5 062户次农村金融机构拨付补贴资金103.45亿元，其中2014年中央财政拨付补贴资金26.19亿元。三是继续实施农村金融税收优惠政策。2014年12月，国务院常务会议决定，将以下两项已经执行到期的税收优惠政策延长至2016年12月31日：对金融机构农户小额贷款的利息收入免征营业税，并在计算所得税应纳税所得额时，按90％计入收入总额；对保险公司为种植业、养殖业提供保险业务取得的保费收入，在计算应税所得额时，按90％计入收入总额，并对县域农村金融机构的金融保险业收入减按3％的税率征收营业税。同时，将享受税收优惠政策的农户小额贷款限额，从5万元提高到10万元。四是农业保险保费补贴力度加大。目前，中央、省级、市县财政分别提供了30%～50%、25%～30%、10%～15%的保费补贴，各级财政合计保费补贴比例达到75%左右。地方特色优势农产品主要由地方给予保费补贴。截至2014年年末，中央财政累计拨付保费补贴资金632.7亿元，其中2014年拨付144.52亿元，是2007年的6倍多，年均增长31%。

3. 正向激励机制

一是继续实施信贷政策导向评估。人民银行发布了《关于做好2013年度涉农和小微企业信贷政策导向效果评估有关事项的通知》（银办发〔2014〕36号），积极完善各项指标评分标准，加强对评估结果的综合运用，推动评估结果与再贷款、再贴现、同业拆借准入和限额调整、债券市场备案等有效结合。二是加强对县域法人金融机构将新增存款一定比例用于当地贷款的考核，对新增存款投放当地达到标准的县域法人金融机构执行较低的存款准备金率，并适当给予优惠利率的支农再贷款支持。同时，加强对农村信用社改革进展情况的动态监测，充分发挥支农再贷款、再贴现等政策工具的激励越苏作用，促进农村信用社改善农村金融服务。

（二）农村金融机构改革不断深化

1. 中国农业银行"三农金融事业部"改革持续推进

2013年11月底在原有12个省（区、市）试点的基础上扩大到全国19个省（区、市）。目前，农业银行县域72%的机构、79%的人员、83%的存款和85%的贷款已纳入试点范围。截至2014年12月末，19个试点省（区、市）县事业部贷款余额2.26万亿元，比年初增加2 340亿元，增幅11.55%，高于试点分行整体贷款增幅0.96个百分点。

2. 中国农业发展银行改革取得新突破

2014年国务院第63次常务会议已原则同意农业发展银行改革实施总体方案，进一步强化政策性职能，在农村金融体系中切实发挥出主体和骨干作用。

3. 新型农村金融组织蓬勃发展

截至2014年年末，全国共发起设立1 296家新型农村金融机构，其中村镇银行1 233家（已开业1 153家、筹建80家），贷款公司14家（已开业14家），农村资金互助社49家；累计吸引各类资本893亿元，存款余额5 826亿元，各项贷款余额4 896亿元，其中小微企业贷款余额2 412亿元，农户贷款余额2 137亿元，两者合计占各项贷款余额的92.91%。同时，小额贷款公司业务规模不断扩大。截至2014年年末，纳入人民银行统计体系的小额贷款公司8 791家，从业人员11万人，贷款余额9 420亿元，同比增长15%。

4. 新型农村金融合作组织发展迅速

目前开展农村信用互助的机构和组织主要有四类：一是银监会批准设立的

农村资金互助社。截至 2014 年 3 月末，全国共组建农村资金互助社 49 家，服务社员 3.6 万人，存款余额 16.4 亿元，贷款余额 13.1 亿元。二是扶贫办牵头批设的贫困村互助基金试点。截至 2014 年 3 月末，全国共成立扶贫互助社 20 700 家，参与社员 191.4 万人，筹资余额 49.6 亿元，放款余额 18.1 亿元。三是开展信用合作的农民专业合作社。截至 2014 年 3 月末，开办信用合作的农民专业合作社 2 159 家，参与社员 19.9 万人，累计筹资 36.9 亿元，累计放款 42.4 亿元。四是供销社内部融资平台。截至 2014 年 3 月末，开展资金互助的供销社 341 家，参与社员 15.1 万人，筹资余额 26.7 亿元，放款余额 19.2 亿元。

（三）农村金融产品不断创新

1. 新型农业经营主体的金融支持加大

2014 年人民银行出台《关于做好家庭农场等新型农业经营主体金融服务的指导意见》（银发〔2014〕42 号），重点加大对新型农业经营主体购买农业生产资料、受让土地承包经营权、从事农业基础设施建设维修等农业生产的信贷支持。积极开展"主办行"制度，指导农业发展银行、农业银行、邮政储蓄银行和农村信用社等涉农金融机构在农业重点县各支持至少一家新型农业经营主体。

2. 创新抵押担保方式取得新进展

一是政策性信贷担保体系建设开局良好。自相关部门出台《关于财政支持建立农业信贷担保体系的指导意见》以来，湖南省、河南省等地区已出台相关实施方案，积极筹建省级政策性信贷担保机构。二是承包土地的经营权抵押融资试点取得明显成效。全国大多数省份均已出台相关试点实施方案。从调研的情况看，农村改革试验区的土地承包经营权抵押试点已经取得明显成效。比如，农村改革试验区宁夏平罗县 2013 年开展农村土地承包经营权抵押贷款业务，截至 2014 年 6 月累计办理 5 100 多笔，发放贷款 2.2 亿元。三是担保奖补政策的效果较好。通过对龙头企业发展订单农业、为农户贷款提供担保给予财政奖补，2014 年，33 家国家重点龙头企业订单采购农户农产品 6 亿多元，帮助 5 000 多户农户获得贷款超过 9 亿元。开展合作社贷款担保保费补助试点地区，2014 年为 124 个合作社提供担保金额 3.03 亿元，担保贷款放大比例达 1∶33.3。

（四）农业保险市场发展迅速

1. 农业保险覆盖面不断扩大

2014 年，我国农业保险保费收入 325.70 亿元，同比增长 6.20%；提供风险保障 1.66 万亿元，同比增长 19.68%；参保农户 2.47 亿户次，同比上升 15.71%。目前，农业保险在开办区域上已覆盖全国所有省（区、市）。农业保险主要农作物承保面积达到 1.01 亿公顷，约占全国播种面积的 61.6%，其中，水稻、玉米、小麦三大口粮作物的保险覆盖率分别达到 68.7%、69.5% 和 49.3%。

2. 保障水平不断提高

2007—2014 年，农业保险提供风险保障从 1 126 亿元增长到 1.66 万亿元，年均增速 57.1%，累计提供风险保障 5.72 亿元。全国共建立农业保险乡（镇）级服务站 2.3 万个，村级服务点 28 万个，覆盖全国 48% 的行政村，协保员近 40 万人。

3. 目标价格保险试点加快推进

在黑龙江、河北、湖南、河南分别启动水稻、玉米、小麦目标价格保险试点，生猪价格保险试点从北京扩大到四川、重庆和湖南等省，蔬菜价格保险试点从上海扩大到江苏、广东、山东、宁夏等省（区）。气象指数保险、水文指数保险等创新型产品也不断涌现。小额贷款保证保险业务得到较快发展。

（五）涉农直接融资稳步发展

1. 在银行间市场

截至 2014 年年末，218 家涉农企业（包括农林牧渔业、农产品加工业）发行 782 只、7 233.39 亿元债务融资工具，期末余额 2 953.58 亿元。

2. 在证券交易所

2013—2014 年，首发上市的农业企业有 3 家，融资 17.3 亿元；农业类上市公司再融资 20 家，融资 250.6 亿元。截至 2014 年年末，共有 66 家涉农非上市公众公司在全国股份转让系统挂牌，其中 2014 年新增公司 55 家，5 家公司共发行股份 4 556.9 万股，共募集资金 12 511.45 万元。2014 年，共 3 家涉农企业发行公司债券融资 18 亿元，共 28 家涉农企业发行中小企业私募债券融资 53.26 亿元，1 只涉农小额贷款资产支持专项计划成功设立，融资 5 亿元。

3. 在期货市场

2014 年，商品期货交易所新增挂牌品种包括晚籼稻和玉米淀粉。另外，根据基金业协会登记备案数据，截至 2014 年第三季度末，各类私募基金投资农林牧渔等涉农行业投资余额 172 亿元。

三、存在的突出问题

但也要看到，农村融资难、融资贵问题仍然是当前各方面反映比较强烈的问题。2014 年，涉农贷款的增量低于上年，增速低于各项贷款平均增速。主要原因是农村金融的政策扶持体系还不完善，制约农村金融创新发展的深层次体制机制障碍仍然存在，农村金融供给还不能有效满足农业农村的现实需求。

（一）缺乏有效手段引导信贷资金支持农业发展

农业经营方式创新、提升农业综合生产能力、农业社会化服务产业发展、农业发展方式等重点领域的资金需求量大，一些项目的建设周期长，缺乏有效抵押物，风险也较大，金融机构对其贷款的积极性不高，需要政府采取有力措施进行引导。当前，部分地区开展金融支持农业规模化生产和集约化经营试点，人民银行也积极开展"主办行"制度，指导农业发展银行、农业银行、邮政储蓄银行和农村信用社等涉农金融机构在农业重点县各支持至少一家新型农业经营主体。这些都是很好的探索，也取得了一些成绩。但是总的来说，涉及的面还比较窄、力度也不大。而且，对部分重点领域，还没有出台针对性强、引导有力的政策措施。

（二）农村金融创新的配套制度和政策跟不上

从土地承包经营权抵押融资试点看，土地承包经营权确权登记颁证工作还没有完成，抵押登记、估值等中介服务体系还不完善、配套风险补偿和资产处置机制还没有建立。从农村合作金融发展情况看，登记注册机构不明确，监管主体和责任也不明确，缺乏相应的实施方案和配套监管政策。由此，土地承包经营权抵押融资和农民合作社开展信用合作都存在较大风险，尤其是国家有关部门批准试点以外的这些金融创新风险更是不容小视。

（三）农业保险覆盖面和保障水平有待提高

一是保障水平不能满足农业生产经营的需要。目前农业保险主要承保物化水平，保障水平低。截至 2013 年年底，三大口粮作物保险保障程度约占物化成本的 75%，但仅占全部生产成本的 33%。而且，对农业生产大灾风险转移分散机制还不健全。现有保障水平已远远不能满足农户特别是新型农业生产组织的需求。二是部分基层政府补贴负担重。由于一般需要县级财政承担 10%～15% 不等的保费补贴，许多地方尤其是粮食生产县认为保费做的越多财政负担越重，不得不采取根据县财政配套能力来控制参保面指标的做法。三是保险机构和农民利益之间利益失衡。目前的保费财政补贴一般按照保费的一定比例计算，在缺乏有效制约机制的情况下，保险机构往往通过争取高费率、低保额的产品，以及严格的赔付条件来降低赔付责任。据统计，2010—2014 年，我国农业保险平均简单赔付率为 63.87%，最高仅为 74.1%，近两年农业保险毛收入（保费—赔款）都在 100 亿元左右，一定程度上影响了财政补贴的效率。

四、主要政策建议①

针对上述问题，要继续推进农村金融改革创新，继续加强政策支持，确保"涉农贷款增量不低于上年、增速不低于各项贷款平均增速"要求不折不扣落到实处。

（一）进一步强化农村金融支持政策

继续综合运用财税、货币、监管等政策，加强窗口指导，推动信贷资金更多投向"三农"。建议各级财政对各类涉农贷款担保基金提供一定比例的资金配套，尽可能提高这些基金对涉农贷款的担保能力；对各类农村资金互助组织按互助股金的等比例配股，股金交由合作社管护，尽可能扩大互助合作的受益面；对各类新型农村金融组织，比照农村信用社给予货币政策、税收政策等优惠，对其发放涉农贷款给予相应的奖励和补助，并提供相应的业务指导和帮助。

（二）进一步健全农村金融监管政策

对农民合作社开展信用合作，建议抓紧出台监督管理办法，明确登记监管责任，建立财政支持的风险保障基金，防范信用合作金融风险；对农业发展银行等政策性银行，建议明确并强化其对支持现代农业发展重点领域的责任。

（三）进一步创新农村金融产品和服务方式

加快农村"两权"的确认、登记、颁证工作，稳妥开展农村承包土地经营权和农民住房财产权抵押贷款试点，尽快修订有关法律法规，推动开展"两权"流转交易，解决"两权"抵押物的处置流通和变现问题。积极推进大型农业机械设备融资租赁和农产品营销贷款试点，加大财政支持力度，扩大试点范围。

（四）进一步加强农村信用体系建设

完善农户、家庭农场等农业经营主体的信用信息采集与应用机制，推进农业经营主体的信用评价和信用村、信用乡镇创建，出台以信用为基础的相关政策措施，增进农业经营主体的信用价值，提高其融资可获得性和便利性。

---

① 本部分主要参考农业部农村经济研究中心：《当前涉农财税、金融、贸易政策及"十三五"完善的几点建议》，2015。

（五）进一步完善农业保险政策

一是尽快建立主要粮食等品种基本保险普惠补贴制度。认真落实中央 1 号文件提出的降低和取消产粮大县保费补贴配套比例的政策要求。在此基础上，建议对主产区主要粮食作物和大宗经济作物，实行基本保障水平保险全覆盖，保额以全部直接物化成本为标准，保费由中央和省级财政全额分担，县级财政和农民不再支付保费。对非主产区，根据农民实际承保面积，中央财政依据保额给予一定比例（50％以下）的保费补贴。二是尽快建立中央财政对地方优势特色农业保险的"以奖代补"制度。对现已纳入中央财政补贴的其他农产品、地方特色农产品保险，保险经营企业按照核定的费率和保额，以商业化方式经营，中央和省级财政根据投保人的认可程度，确定费用奖励标准和金额给予奖励，以鼓励保险机构主动提高农业保险服务水平。三是尽快建立主要农产品市场保险制度。在粮食等主要农产品主产区，整合现行最低收购价、临时收储、自然灾害保险等相关支持政策，研究开发农民收益保险品种，加快试点探索，从保自然风险逐步向保市场风险和自然风险并重转变。在生猪养殖大县，对规模养殖场全面开展生猪目标价格保险试点，将生猪保险理赔与病死猪无害化处理有机结合起来。针对新型农业经营主体的避险需求，建议采取"基本险＋附加险"的模式，开发覆盖直接物化成本、完全成本、基本收益等不同保障水平的保险产品，财政对基本险的保费给予全额补贴，对高保障附加险的保费给予一定比例的补贴。

第14章　农业科技创新和推广

"十二五"时期，国家先后出台和颁布了一系列有关农业科技推广的政策和法规，进一步强化了对农业科技创新和技术推广支持力度，为"十三五"时期我国现代农业的发展打下了坚实的基础。

一、农业科技创新

（一）政策背景及主要内容

农业科技是发展现代农业的科技保障，是确保主要农产品供给安全的基础支撑，是应对农业外部生产环境新变化的必要手段，具有基础性、公共性、社会性等特征。"十二五"期间，我国农业外部生产环境发生了明显改变。一方面，尽管我国粮食实现了"十二连增"，但是粮食供需长期处于紧平衡的状态没有改变，加上国际农产品供给的压力，保障粮食安全更是面临严峻挑战。另一方面，我国农业资源短缺，开发过度、污染加重，以往依靠消耗农业水土资源、不断增施化肥农药来确保农产品有效供给的方式难以为继。因此，亟需通过农业科技创新加快农业发展方式转变，实现农业可持续发展。

党中央、国务院一直以来都高度重视农业科技创新工作。"十二五"期间，每年的中央1号文件都会进一步强调科技创新，其中2012年的中央1号文件更是以"农业科技创新"作为主题。这些文件为进一步推进农业科技创新工作提供了有效指导，奠定了良好基础。

2011年，《中共中央国务院关于加快水利改革发展的决定》（中发〔2011〕1号）明确指出，健全水利科技创新体系，强化基础条件平台建设，加强基础研究和技术研发，力争在水利重点领域、关键环节和核心技术上实现新突破，获得一批具有重大实用价值的研究成果，加大技术引进和推广应用力度；提高水利技术装备水平。

2012年，《中共中央国务院关于加快推进农业科技创新持续增强农产品供给保障能力的若干意见》（中发〔2012〕1号）首次以"农业科技创新"作为主题，文件明确指出，依靠科技创新驱动，引领支撑现代农业建设，明确农业科技创新方向，突出农业科技创新重点，完善农业科技创新机制，改善农业科技创新条件，着力抓好种业科技创新。

2012 年，《国务院关于印发〈全国现代农业发展规划（2011—2015 年）〉的通知》（国发〔2012〕4 号）明确要求，增强农业科技自主创新能力。明确农业科技的公共性、基础性、社会性地位，加强基础性、前沿性、公益性重大农业科学技术研究，强化技术集成配套，着力解决一批影响现代农业发展全局的重大科技问题。

2013 年，《中共中央国务院关于加快发展现代农业进一步增强农村发展活力的若干意见》（中发〔2013〕1 号）中提出，加强农业科技创新能力条件建设和知识产权保护，继续实施种业发展等重点科技专项，加快粮棉油糖等农机装备、高效安全肥料农药兽药研发；推进国家农业科技园区和高新技术产业示范区建设。

2014 年，《中共中央国务院关于全面深化农村改革加快推进农业现代化的若干意见》（中发〔2014〕1 号）要求，推进农业科技创新，深化农业科技体制改革；采取多种方式，引导和支持科研机构与企业联合研发；加大农业科技创新平台基地建设和技术集成推广力度，推动发展国家农业科技园区协同创新战略联盟，支持现代农业产业技术体系建设；加强以分子育种为重点的基础研究和生物技术开发，建设以农业物联网和精准装备为重点的农业全程信息化和机械化技术体系，推进以设施农业和农产品精深加工为重点的新兴产业技术研发，组织重大农业科技攻关。

2015 年，《中共中央国务院关于加大改革创新力度加快农业现代化建设的若干意见》（中发〔2015〕1 号）提出，强化农业科技创新驱动作用。健全农业科技创新激励机制，完善科研院所、高校科研人员与企业人才流动和兼职制度，推进科研成果使用、处置、收益管理和科技人员股权激励改革试点，激发科技人员创新创业的积极性。建立优化整合农业科技规划、计划和科技资源协调机制，完善国家重大科研基础设施和大型科研仪器向社会开放机制。加强对企业开展农业科技研发的引导扶持，使企业成为技术创新和应用的主体。加快农业科技创新，在生物育种、智能农业、农机装备、生态环保等领域取得重大突破。建立农业科技协同创新联盟，依托国家农业科技园区搭建农业科技融资、信息、品牌服务平台。

2015 年，《国务院办公厅关于加快转变农业发展方式的意见》（国办发〔2015〕59 号）要求，强化农业科技创新，提升科技装备水平和劳动者素质。按照深化科技体制改革的总体要求，深入推进农业科技管理体制改革，提高创新效率。推进农业科技协同创新联盟建设。加快农业科技创新能力条件建设，按程序启动农业领域重点科研项目，加强农业科技国际交流与合作，着力突破农业资源高效利用、生态环境修复等共性关键技术。探索完善科研成果权益分配激励机制。建设农业科技服务云平台，提升农技推广服务效能。深入推进科技特派员农村科技创业行动，加快科技进村入户，让农民掌握更多的农业科技知识。

（二）政策执行情况及其效果评价

1. 农作物育种领域成果颇丰

"十二五"期间，我国在常规育种和转基因生物育种方面取得了一大批原创性成果，为我国粮食连年增收奠定了坚实基础。一是常规育种方面，培育出一大批单产高、品质好、抗逆性强的农作物新品种。"十二五"期间，我国共育成粮食和经济作物新品种370多个，其中，优质香稻品种占国内高档香米市场的70%以上，打破了国外品种在高档米市场的垄断；济麦22占全国小麦种植总面积的一成以上；部分玉米新品种在黄淮海等地区多次创造了大面积高产记录。二是转基因新品种培育及产业化成果显著。"十二五"期间，我国在基因克隆与功能验证、规模化转基因操作、新品种培育、生物安全评价等关键技术和转基因动植物新材料创制、品种培育及产业化方面取得重要突破。目前已经攻克了基因克隆、转基因操作与生物安全评价等8大核心技术，获得抗虫、抗除草剂、优质和高产等关键基因96个，打破了发达国家长期的技术垄断。培育出中棉70等转基因抗虫棉新品种，使国产抗虫棉市场份额达到95%。研制出转基因抗虫水稻、高植酸酶玉米并获得安全证书。转基因抗虫玉米、抗病小麦等产品进入或完成了安全评价的生产性试验阶段。

2. 现代农业产业技术体系建设成绩显著

现代农业产业技术体系建设起源于2007年，开始在水稻、玉米、小麦、大豆、油菜、棉花、柑橘、苹果、生猪、奶牛等10个大宗农产品开展试点工作。经过"十二五"期间的建设，体系在有效整合农业科技资源、凝聚农业科研队伍、促进科技与产业紧密结合等方面取得了重要成效：开展了主要动植物种质资源培育与创新利用，培育了一批多产高效新品种，满足了产业对高产、多抗、多用途及专用型品种的需求；研发推广了一批优质高效种养技术，有效提高了生产效益，促进了农业增产、农民增收。粮油作物类体系研发了系列增产高效配套栽培技术；集成推广了一批持久、安全的动植物疫病综合防控技术，构建形成了主导品种病害检测与防治体系，有效降低了病虫危害；研发创制和推广了一批高效新型农业设施与装备，有效解决了轻简化省力型农作问题，满足了促进机械化生产的需求；形成了一批农产品保鲜、贮运、加工与质量提升技术，有效解决了产业链短、产品附加值低等瓶颈问题。

3. 农业整体科研实力显著提升

"十二五"期间，在农业科技创新政策的支持下，农业科技创新投入不断增多，农业科研平台建设和农业科研人才队伍建设两个方面都取得了长远的发展。一是强化农业科研平台建设。近年来，通过农业部重点实验室建设项目，明确了学科群体系中综合性重点实验室、专业性/区域性重点实验室和科学观测实验站三个层次的研究方向和任务分工，有效提升了学科群协同创新能力。目前，按照学科或领域，形成以30个综合性重点实验室为龙头，228个专业性（区域性）重点实验室为骨干，269个农业科学观测实验站为延伸的"学科群"。二是加大科研创新人才队伍建设。农业科技创新人才队伍是农业科技创新的第一要素。"十二五"期间，通过利用农业科技重大项目吸引、凝聚和培养了一大批优秀科技人才。其中，参加转基因重大专项的院士27人、"长江学者"20人、"千人计划"专家19人、"国家杰出青年科学基金"获得者54人，先后引进7位海外高层次人才；产业技术体系有9 100余名团队成员参与；农业行业科研专项有7 900余名农业科技人员参加。遴选农业科研杰出人才150人，给予专项培养支持①。

4. 实用性农业科学技术研发能力显著增强

"十二五"期间，我国实用性农业技术研发能力显著增强。其中，种植业方面，截至2014年，共研发作物高效栽培技术50余套、畜禽和水产饲养管理新技术70余项。研发的玉米深松高产栽培技术，使示范区玉米平均每亩增产150千克。养殖业方面，我国动植物疫情防控和病虫害综合治理技术研究取得重要进展，重大动植物疫病监测预警技术体系趋于完善，极大提升了动植物疫病防控能力和技术水平，保障了农业生产安全。高致病性禽流感疫苗研发处于国际领先水平，在禽流感防控中发挥了关键作用。农业机械化方面，研制了一大批高效、轻便、省力化的农业机械化装备，其中，小麦生产基本实现全程机械化，水稻机插、机收和玉米收获机械化快速推进，推进我国农业生产方式实现了人畜力为主向机械作业为主的历史性跨越。此外，一大批农产品深加工关键技术难题被攻克并得到大规模应用，主要农产品深加工或二次以上加工比例达到30%以上，有效提高了农产品附加值，延伸了产业链条。

（三）存在问题及对策建议

"十二五"期间，我国农业科技工作不断创新并取得新的成效，为现代农业的快速发展提供了有效的保障，为保障国家粮食安全打下了坚实的基础。截至"十二五"末，我国农业科技进步贡献率达56%，农作物耕种收综合机械

---

① 国务院新闻办公室网站，http://www.scio.gov.cn/xwfbh/gbwxwfbh/fbh/Document/1382749/1382749.htm。

化水平超过 61%，粮食亩产提高到 359 千克，品种对提高单产的贡献率达到 43%①。虽然我国农业科技成绩斐然，但是新形势下，相对于农业"转方式、调结构"等新要求，我国农业科技创新能力依旧相对不足，主要表现在以下几个方面：一是农业科技总体投入与农业科技创新的任务艰巨性不匹配；二是农业科技投入领域不均衡，主要表现在对农业新品种培育、病虫害防控、农业生命科学、生物技术等方面投入的科技力量较多，但对农产品加工、高效种养、资源环境、质量安全控制、农业机械化等科技力量投入较少；三是对农业关键技术开发投入较多，对农业基础性工作和基础研究方面投入较少。

我国正处于加快推进农业现代化的关键时期，稳粮增收调结构、提质增效转方式，对农业科技创新提出了更新更高更迫切的要求。因此，对"十三五"期间农业科技创新的政策建议如下：

一是加大农业科技创新投入力度，形成稳步增长机制。农业科技创新具有基础性、公益性、社会性的效益，其发展水平关系农业生产高水平发展和国家的核心利益，因此，公共财政要继续强化在农业科技创新方面的投入，并形成稳步增长机制。同时，要发挥财政资金的撬动作用，注重财政投入与金融政策的配合协同作用，逐步完善多层次、多元化、多渠道的农业科技投入体系，引导更多的涉农企业、农户、社会资本投向农业科技创新，推动农业科技快速发展。

二是加快推进农业科研体制改革，激发农业科技创新活力。长久以来，我国的农业科技力量主要集中在科研院校、事业单位，社会化市场化的科技创新力量还比较薄弱，特别是农业科技企业创新水平远远低于国外。因此，未来要进一步加快推进农业科研体制改革，鼓励一部分农业科研院所和事业单位转制为企业；同时，完善人才考核机制和利润分配机制，鼓励体制内的农业科研力量向企业等社会化机构流动。以此激发全社会的农业科技创新积极性，形成全民农业科技创新氛围。

三是发挥财政项目引导作用，加强薄弱环节的科技创新能力建设。国家财政科研经费加大用于基础性公益性研究的投入，发挥财政资金的引导和撬动作用，特别是注重对农产品加工、高效种养、资源环境、质量安全控制、农业机械化等科技力量的资金投入，从而引导社会资本加大对这些薄弱领域的科研建设，形成能够与农业转型升级相适应的科技创新能力。

四是加强农业科研队伍建设，培养农业科技创新骨干力量。首先，要大力实施创新人才推进计划和农业科研杰出人才培养计划，加快培养一批具有世界

① 财政部网站，http://www.mof.gov.cn/zhengwuxinxi/caijingshidian/jjrb/201504/t20150410_1215016.html。

前沿水平的农业科技创新的领军人才和创新团队，并且注重发挥农业科技项目的带动和培养作用。其次，健全人才激励考核机制。一方面，以完善工资分配激励约束机制为核心，健全符合公益性科研单位特点、体现岗位绩效和分级分类管理要求的收入分配与激励制度，保证科研人员能够从自身研究成果中获益，最大限度地调动科研拔尖人才和创新团队的积极性和创造性，让科研人员能够安心研究、体面生活。另一方面，要改革人才考核评价机制，建立动态合理的考核办法，不断保持农业科技创新的活力。最后，要加强人才引进工作，吸引一批具有世界前沿水平的高级农业专家。

二、农业科技推广

（一）政策背景及主要内容

农业技术推广是农业教育、科研与农民以及政府与农民之间联系的桥梁和纽带，在促使农业科研成果和实用技术尽快应用于农业生产、增强科技支撑保障能力、促进农业和农村经济可持续发展等方面起着重要作用。

党中央、国务院一直以来都高度重视农业科技推广工作。"十二五"期间，每年的 1 号文件都会提及农业科技推广内容。2011 年，《中共中央国务院关于加快水利改革发展的决定》（中发〔2011〕1 号）明确指出，健全基层水利服务体系。建立健全职能明确、布局合理、队伍精干、服务到位的基层水利服务体系，全面提高基层水利服务能力。以乡镇或小流域为单元，健全基层水利服务机构，强化水资源管理、防汛抗旱、农田水利建设、水利科技推广等公益性职能，按规定核定人员编制，经费纳入县级财政预算。大力发展农民用水合作组织。2011 年，《国务院办公厅关于开展 2011 年全国粮食稳定增产行动的意见》（国办发〔2011〕13 号）指出，开展科技特派员农村科技创业行动，充分发挥科技型龙头企业示范带动作用和科研院所、高等院校优势，继续完善农业科技专家大院、星火科技、12396 等科技服务模式。2012 年，《中共中央国务院关于加快推进农业科技创新持续增强农产品供给保障能力的若干意见》（中发〔2012〕1 号）提出，提升农业技术推广能力，大力发展农业社会化服务，强化基层公益性农技推广服务。充分发挥各级农技推广机构的作用，着力增强基层农技推广服务能力，推动家庭经营向采用先进科技和生产手段的方向转变。进一步完善乡镇农业公共服务机构管理体制，加强对农技推广工作的管理和指导。切实改善基层农技推广工作条件，按种养规模和服务绩效安排推广工作经费。改进基层农技推广服务手段，充分利用广播电视、报刊、互联网、手机等媒体和现代信息技术，为农民提供高效便捷、简明直观、双向互动的服务。加强乡镇或小流域水利、基层林业公共服务机构建设，健全农业标准化服务体系。引导高等学校、科研院所成为公益性农技推广的重要力量，强化服务"三农"职责，完善激励机制，鼓励科研教学人员深入基层从事农技推广服务。2013 年，《中共中央国务院关于加快发展现代农业进一步增强农村发展活力的若干意见》（中发〔2013〕1 号）中提出，强化农业公益性服务体系。不断提升乡镇或区域性农业技术推广、动植物疫病防控、农产品质量监管等公共服务机构的服务能力。继续实施基层农技推广体系改革与建设项目，建立补助经费与服务绩效挂钩的激励机制。继续实施农业技术推广机构条件建设项目，不断改善推广条件。支持高等学校、职业院校、科研院所通过建设新农村发展研究院、农业综合服务示范基地等方式，面向农村开展农业技术推广。加强乡镇或小流域水利、基层林业公共服务机构和抗旱服务组织、防汛机动抢险队伍建设。充分发挥供销合作社在农业社会化服务中的重要作用。加快推进农村气象信息服务和人工影响天气工作体系与能力建设，提高农业气象服务和农村气象灾害防御水平。2014 年，《中共中央国务院关于全面深化农村改革加快推进农业现代化的若干意见》（中发〔2014〕1 号）要求，加大农业科技创新平台基地建设和技术集成推广力度，推动发展国家农业科技园区协同创新战略联盟，支持现代农业产业技术体系建设。继续开展高产创建，加大农业先进适用技术推广应用和农民技术培训力度。推行科技特派员制度，发挥高校在农业科研和农技推广中的作用。2015 年，《中共中央国务院关于加大改革创新力度加快农业现代化建设的若干意见》（中发〔2015〕1 号）提出，大力推广节水技术，全面实施区域规模化高效节水灌溉行动。稳定和加强基层农技推广等公益性服务机构，健全经费保障和激励机制，改善基层农技推广人员工作和生活条件。发挥农村专业技术协会在农技推广中的作用。

（二）政策执行情况及其效果评价

1. 基层农技推广体系进一步完善

"十二五"期间，通过健全机构、明确职责、理顺体制、稳定队伍、创新机制、优化模式、强化管理等一系列措施，推动基层农技推广体系进一步完善，公共服务能力显著提升。同时，加大经费保障力度，将基层推广机构纳入全额拨款事业单位，农技人员工资纳入地方财政预算。中央财政每年安排 26 亿元资金，在 2 555 个县实施农技推广体系改革与建设补助项目，基本覆盖全国农业县。启动实施乡镇推广机构条件建设项目，累计安排中央投资 58 亿元，实现全国 3 万个乡镇推广机构条件建设全覆盖。通过这些改革措施，基层农技人员多年期盼的"办公有场所、服务有手段、下乡有工具、工作有经费、待遇有保障"成为现实。2013 年主导品种、主推技术的入户率和到位率达到 95%

以上，农技人员入户率、农户满意度分别达到 97% 和 90%①。

2. 农业科技成果转化与应用水平明显提升

"十二五"期间，我国积极建立农业科技成果转化交易平台，通过建设国家种业科技成果产权交易平台，能够合理协调交易机构、当事人和服务商三方关系，兼顾社会和经济效益，形成政府公共职能与市场机制有机协调，实现科技成果产权转化交易的规范有序和高效快捷，加速成果推广应用。目前，农业科技成果转化交易平台主要有全国农业科技成果转化交易服务平台、国家种业科技成果产权交易平台，等等，其中，2013 年年底，全国农业科技成果转化交易服务平台就已经拥有 2 585 项农业科研成果、339 家农业科研教学单位、304 家企业、1 475 家中介机构和 3 075 名农业科技专家信息。这些平台的应用有效地为科研教学单位等各类技术成果持有者、转化者和政府部门提供信息咨询、成果征集与发布、成果评价与专利评估、成果展览展示交易等全方位服务。

3. 强化科技推广队伍建设，增强服务能力

"十二五"期间，农业部会同人社部等部门联合印发了《关于实施农业技术推广服务特设岗位计划的意见》，在全国启动实施农技推广特岗计划，探索逐步建立基层农技人员补充的良性机制。实施万名农技推广骨干人才培养计划，做好基层农技人员培训工作，提升技术推广和培训能力。仅 2012 年，就培训 3 500 名农技推广骨干人才。同时，大力开展农业科技服务"送、带、促"活动，实行专家定点联系到县，农技人员包村联户制度，完善"专家组＋试验示范基地＋农技推广人员＋科技示范户＋辐射带动户"的农业科技成果快速转化通道。仅 2013 年当年，就培育 200 多万科技示范户，辐射带动 3 000 万周边农户，推广 160 个主导品种和 100 项主推技术。

4. 培养造就了一大批专业服务能手和新型职业农民

"十二五"期间，一是通过实施农村劳动力培训阳光工程，向农业服务和农村社会管理领域转型，重点开展农机使用与维修人员、沼气建设服务人员、村级动物防疫员、畜禽繁殖员、创业农民等农业从业人员培训，有力地促进了农村劳动力就地就近转移就业和农民创业，拓宽了农民就业渠道，增加了农民收入。二是大力推进新型职业农民培育试点，通过创新培育机制模式，提高补助标准等方式，重点培育家庭农场、农民合作社、农业企业及社会化服务组织等新型农业生产经营主体的骨干农民。仅 2014 年，中央财政就投入 11 亿元用于新型职业农民培育，引导各地配套投入超过 5 亿元。全年培育新型职业农民

---

① 国务院新闻办公室网站，http://www.scio.gov.cn/xwfbh/gbwxwfbh/fbh/Document/1382749/1382749.htm。

超过 100 万人。

（三）存在问题及对策建议

"十二五"期间，我国农业科技推广体系改革与发展取得了显著成绩，但是目前我国农业科技推广模式还主要是政府主导下的二元推广模式，即农村广播电视学校和农村职业学校的农业培训，以及农技站等政府职能部门的农业推广。市场化社会化的农业科技推广组织力量还比较薄弱。目前农业科技推广体系主要面临的问题有：

一是农业科技推广经费不足，制约农业科技成果推广和转化。目前，基层农业技术推广机构和人员经费普遍不足，部分地区存在"线断、网破、人散"的现象，推广方式单一、手段落后，科技成果推广不力，不能完全满足农民的技术需求。

二是农业培训和农业实践脱节，导致农民参与农业培训的积极性不高。目前，农业技术推广部门主要采取专家集中授课、技术资料发放、科技下乡等多元化形势来对农民进行培训，开展科技推广。但是实际上，很多培训内容理论与时间相脱节，培训内容的实用性和培训力度有待增强，这也导致了部分农民参加培训的积极性不高。

三是人力资源匮乏，科技推广人才流失严重。由于薪酬、晋升、激励机制不健全，高层次人才下不去、留不住，农业推广人员学历低，专业素质不高，人才流失严重。

四是农业科技推广人员知识更新较慢，缺乏必要的培训。新形势下，农业科技不断提升，很多农技人员知识储备不够，并且每年农技推广人员培训的机会较少，多数农业技术推广部门都没有专门的农业科技推广人员培训，造成现有农技人员的知识水平和整体素质较低，对现代农业新技术的熟悉程度和操作能力不够，难以适应现代农业发展的需求。

农业科技推广是实现农业增效、农民增收的重要措施和有力保证。当前和今后一个时期，农业科技推广应当突出抓好几项重点工作。

一是加大农业科技推广投入，完善公益性农技推广体系。通过加大农业科技推广投入力度，进一步提高基层农业技术推广机构人员待遇、福利和推广服务保障水平，改善基层农技推广人员的办公条件，确保基层农业技术推广体系队伍的稳定。同时，吸引企业、农业培训学校、高校教师、农民合作社加入农业推广工作，允许其申请农业科技推广项目资金，变现有的二元推广结构为多元推广结构，统筹协调各领域人才作用，实现农业科技协同推广。

二是加强农业技术推广人员队伍建设，提高服务能力。积极做好农业技术推广人员，特别是基层农业技术推广人员的培养工作，可以通过研修学习、集中培训和现场实训等多种方式，大力开展农技推广骨干人才培养工作，特别是实用型新技术的培训，同时探索建立农技人员"跟踪科研、学习技术、快速应用"的长效机制，保障农业技术推广人员能够及时更新知识储备，适应农业发展新形势的要求。

三是创新农业科技推广服务供给机制，提高供给效率。为提高农业科技推广项目资金的使用效率，满足农业科技推广服务的需求，政府应当创新农业科技推广服务的供给模式，采取政府采购、以奖代补等方法支持农业企业、农民合作社、家庭农场、农业技术协会等组织参与提供农业技术推广服务。同时，鼓励社会科技人员采取技术转让、技术承包、科技服务、技术入股等多种形式参与到农技推广工作中。

第 15 章　深化种业体制改革

我国是农业生产大国和用种大国，农作物种业是国家战略性、基础性核心产业，是促进农业长期稳定发展、保障国家粮食安全的根本。"十二五"时期，我国出台了一系列政策措施深化种业体制改革，在政策的引导激励下，我国现代种业发展取得新进展。

一、政策形成过程和背景分析

（一）"十一五"时期的工作进展和存在的主要问题

"十一五"时期，我国种业发展比较平缓。种业体制改革集中在行政管理部门和种子生产经营机构的脱钩，以及筹备成立农业部种子管理局等行政机构完善方面。2006 年 5 月，国务院办公厅印发了《关于推进种子管理体制改革加强市场监管的意见》（国办发〔2006〕40 号），对推进种子管理体制改革、完善种子管理体系和强化种子市场监管作出了具体部署，要求种子生产经营机构与农业行政管理部门的分开。根据《国务院办公厅关于印发农业部主要职责内设机构和人员编制规定的通知》（国办发〔2008〕76 号）和《中央编办关于农业部增设种子管理局和调整编制的批复》（中央编办复字〔2011〕110 号），经农业部党组 2011 年第 9 次会议审议通过《种子管理局主要职责内设机构和人员编制规定》，成立种子管理局。

"十一五"时期我国农作物种业与发展现代农业的要求还不相适应。存在育种创新能力较低，种子企业竞争能力较弱，种子生产水平不高，种子管理力量薄弱、监管技术和手段落后、工作经费不足，种业发展支持体系不健全等问题。

（二）"十二五"时期出台的政策文件及背景分析

"十二五"期间我国种业发展迅速，围绕发展现代种业，深化种业体制改革，国家出台了一系列政策文件。

2011 年 4 月，国务院印发《国务院关于加快推进现代农作物种业发展的意见》（国发〔2011〕8 号），首次把农作物种业定位为国家战略性、基础性核心产业，明确提出了推进种业体制改革，提升专业科技创新能力、企业竞争能力、供种保障能力和市场监管能力，构建以产业为主导、企业为主体、基地为依托、产学研相结合、育繁推一体化的现代种业体系的目标和重点建设任务。

2011年8月，农业部印发《全国农业和农村经济发展第十二个五年规划》，提出建设现代种业工程，提高育种设施装备条件，加强制种基地、畜禽品种选育场、水产遗传育种中心和原良种场建设，并建设重要动植物基因资源库及转基因技术转化平台。

2012年12月，国务院办公厅印发《全国现代农作物种业发展规划（2012—2020年）》指出，到2015年，初步形成科研分工合理、产学研结合的育种新机制，从重点任务、发展布局、重点工程、保障措施等方面进行全面部署。

2013年12月，国务院办公厅印发《关于深化种业体制改革提高创新能力的意见》（国办发〔2013〕109号），指出深化种业体制改革，充分发挥市场在种业资源配置中的决定性作用，强化企业技术创新主体地位，调动科研人员积极性，构建商业化育种体系，加强国家良种重大科研攻关，提高基础性公益性服务能力，加快种子生产基地建设和种子市场监管，加快推进现代种业发展，建设种业强国。

2014中央1号文件《关于全面深化农村改革加快推进农业现代化的若干意见》进一步强调加快发展现代种业，建立以企业为主体的育种创新体系，推进种业人才、资源、技术向企业流动，做大做强育繁推一体化种子企业，培育推广一批高产、优质、抗逆、适应机械化生产的突破性新品种。推行种子企业委托经营制度，强化种子全程可追溯管理。

2015年5月，农业部办公厅印发《农业部办公厅关于加快推进种业"事企脱钩"工作的通知》（农办种〔2015〕17号）指出为进一步深化种业体制改革，就确定为公益性的科研院所和高等院校所办的种子企业，包括以科研单位名义或以其下属机构名义发起设立，"人、财、物"尚未彻底分开的种子企业进行种业事业脱钩。就脱钩范围、脱钩标准、有关要求进行工作部署，确保2015年底前完成种业事企脱钩。

2015年8月，国务院办公厅印发《国务院办公厅关于加快转变农业发展方式的意见》（国办发〔2015〕59号）强调深化种业体制改革。完善种业科研成果权益分配机制，健全种业科技资源、人才向企业流动机制，做大做强育繁推一体化种子企业。实施现代种业提升工程，加强国家种质资源体系、植物新品种测试体系和品种区域试验体系建设，加大种质资源保护力度。实施粮食作物制种大县财政奖励补助政策，积极推进海南、甘肃、四川三大国家级育种制种基地建设，规划建设一批区域级育种制种基地。

2015年11月4日，十二届全国人民代表大会常务委员会第十七次会议修订通过《中华人民共和国种子法》（以下简称《种子法》），自2016年1月1日起施行。新修订的《种子法》以发展现代种业、保障粮食安全、保护农民利益为宗旨，坚持市场化改革方向，按照鼓励创新、简政放权、放管结合原则，对种业科研育种、生产经营、监督管理等制度进行了全面改革。

二、政策内容及主要措施

围绕深化种业体制改革，发展现代种业的任务，"十二五"期间主要实施了一批重点工程和项目。

（一）种业基础性公益性研究工程

"十二五"期间，包括建设农作物种质资源库、生物育种领域国家重点实验室、国家工程技术研究中心、南繁科研育种基地。支持开展一批育种理论、方法、遗传机理等重大课题和现代育种、机械化制种、种子加工、质量检测等共性关键技术研究，推进农作物种质资源深度评价、材料规模化创制与利用，支持水稻、小麦、大豆等常规品种和马铃薯、甘蔗、果树、茶树等无性繁殖作物品种选育，全面提高农作物种业科技创新能力。

（二）商业化育种工程

"十二五"期间，发改委、科技部、农业部等部委重点支持和引导有实力的"育繁推一体化"种子企业，改善育种基础设施和技术装备条件，建设育种研发中心、种子加工处理中心、品种测试体系和展示示范基地。推进商业化育种模式建设，鼓励企业开展杂交作物育种材料筛选、组合选配与测试、新品种试验示范，培育一批突破性优良品种。鼓励企业与优势科研单位建立科企合作平台，设置院士工作站、博士后流动站。

（三）种子生产基地建设工程

加强国家级和区域级种子生产基地建设，重点建设甘肃杂交玉米制种、四川杂交水稻制种、海南南繁育制种三大种子基地。支持主要粮食作物种子生产大县（场）和重要经济作物种子生产优势县（场）建设，配套建设一批大型现代化种子加工中心，形成相对集中稳定的标准化、规模化、集约化、机械化种子生产基地。增加种子储备财政补贴，调动企业承担国家种子储备的积极性。在现有农业保险中，试点制种风险较高的杂交玉米和杂交水稻等种子生产保险。

182

（四）种业监管能力提升工程

"十二五"期间，农业部积极推动建设和完善一批农作物品种试验站、抗性鉴定站、新品种引进示范场、植物新品种测试（分）中心、植物品种繁殖材料保藏库（圃）以及品种真实性鉴定中心，形成覆盖不同生态区的农作物品种试验网络体系。建设和完善省、市、县三级种子质量监督检测中心，从配备必要的检测设施设备，提升检测能力方面加强建设。强化基地、市场和品种管理，加强种子质量、真实性、转基因检测和检验检疫等工作。

三、政策执行情况及其效果评价

"十二五"期间我国农产品市场信息体系各项政策不断推进落实，市场信息体系建设取得较快发展。

（一）现代种业取得较快发展

一是种子市场规模不断扩大。2014 年全国杂交玉米等 7 类主要农作物种子市值合计 819.28 亿元，全国种子市场总规模约为 1 149.28 亿元，比 2011 年增加 159 亿元。二是种子企业实力不断增强。2014 年我国持有有效经营许可证的种子企业数量为 5 064 家，比 2010 年减少 3 636 家，合计减幅 41.8%。2014 年种子企业资产总额达到 1 639.33 亿元，资产总额超过 1 亿元的企业 306 家，种子企业实现利润总额 81.13 亿元。三是优良品种选育推广明显加快。分子标记、双单倍体、抗病虫检测等先进育种技术手段得到开发应用，育种效率明显提高。2011—2014 年累计审核国家级新品种 525 项。其中转基因生物新品种培育成效显著，新培育抗虫转基因棉花品种 66 个，获得一批自主知识产权的重要基因和关键技术。

（二）种业发展支持力度不断加大

一是加大项目支持和资金扶持力度。"十二五"期间，财政部联合中国农业发展银行、中国中化集团公司出资 15 亿元人民币成立现代种业发展基金；发展改革委设立生物育种专项，2013 年投入 3.36 亿元支持 41 家企业育种能力建设，2014 年投入 3.7 亿元滚动支持 20 多家企业生物育种能力建设；国家项目加大向企业倾斜，种子工程、生物育种能力建设和商业化育种等专项投入 6 亿多元，支持企业商业化育种能力建设。二是加大税收优惠。财政部会同国家税务总局出台了减免育繁推一体化企业所得税政策。三是加大金融扶持力度。2013 年农业发展银行向育繁推一体化企业倾斜，发放贷款 62 亿元。2014 年中国人民银行出台金融支持种业指导意见，保监会组织人保公司等保险机构开展制种保险。

(三) 种子生产基地建设步伐加快

一是完成杂交水稻和玉米制种基地认定。"十二五"期间,认定四川省绵阳市等 31 个市县为国家级杂交水稻种子生产基地,甘肃省张掖市等 26 个市县为国家级杂交玉米种子生产基地。二是加强规划和顶层设计。在南繁基地建设中,创新建设管理机制,将海南 1.79 万公顷适宜南繁用地划入基本农田永久保护,实行用途管制,建设 0.33 万公顷科技核心区和 333.33 公顷生物育种专区。建设甘肃玉米和四川水稻国家级制种基地,财政部通过农业综合开发安排良种繁育项目资金 5.3 亿元。

(四) 种业监管服务能力得到较大提升

一是种子管理体系不断完善。2015 年全国省、地、县三级种子管理服务机构数量 2 735 家,种子管理服务机构共有在编在岗人员 25 389 人,其中专业技术人员占 57.28%,建立起种子质量检验体系、农作物品种区试体系、植物新品种测试体系组成的种子管理服务支撑体系。二是监管服务内容不断增加。市场监管包括种子企业监督抽查、市场检查、开展制种基地检查、大要案查处。三是种业信息调度能力增强。2014 年完成了全国种业信息直报系统升级,构建 6 大项 20 小项种业发展核心指标体系。完成种子市场动态运行监测,主要农作物产供需调度形势分析。运用现代分子检测、物联网技术,建立品种身份 DNA 鉴定数据库,建立种子全程可追溯体系。

(五) 种业管理体制改革取得较大进展

一是种业成果权益化改革不断推进。2014 年农业部试点在中国农科院、中国农大的 4 家科研机构启动种业成果权益化改革试点,建立成果交易平台,加快成果确权公开交易,推动成果向企业流动,支持企业创新发展、做大做强,建设种业强国。二是完成种子企业事企脱钩。"十二五"期间全面完成科研单位与所办种子企业"事企脱钩"。三是出台科研人员向企业流动政策文件。人社部、农业部于 2015 年 1 月联合印发《关于鼓励事业单位种业骨干科技人员到种子企业开展技术服务的指导意见》,从科技人员身份待遇、激励保障、规范管理等方面提出了过渡性宽松政策,规定允许科研人员到企业兼职挂职、领取报酬。

四、存在问题和政策建议

"十二五"期间,我国种业体制改革取得较大进展,但种业创新能力不高、投入力度不足等问题依然存在。中国人的饭碗要牢牢端在自己手里，并且主要装中国粮，所以需要从加大支撑能力建设，加大财政支持力度，培养创新人才等方面加大政策扶持力度，促进现代种业蓬勃发展。

（一）加大种业支撑能力建设力度

加快建设国家农作物种质资源保存和利用体系、国家品种审定试验体系、国家植物新品种测试体系以及品种登记及认证测试能力建设，支持企业加快提升育种创新能力，支持制种大县大市建设优势种子生产基地，切实夯实现代种业发展能力基础。

（二）加大品种更新换代工程财政支持力度

围绕农业"转方式调结构"，建议启动实施资源节约高效利用品种更新换代工程专项，支持开展新品种和种质资源鉴定，品种试验、展示示范补助。实施新型经营主体规模购种补贴政策。为调动适度规模种植的新型经营主体（种植大户、家庭农场、合作社等）选购商品化良种的积极性，充分挖掘良种在转变农业发展方式中的潜力，建议开展新型主体规模购种补贴政策试点，优先在部分粮食主产区，面向适度规模种植的新型经营主体，加大购买良种的补贴力度。

（三）完善创新人才培养和激励机制

支持种子企业通过薪资、股权、期权等激励形式引进一批高层次、高水平创新人才；针对重点创新领域，建议财政支持实施"种业企业创新精英人才计划"，对通过申报和审核并纳入种业精英人才计划的，中央财政每年每人给予相应育种研究经费支持。通过增强企业吸引力和政府推动力，为建立种业人才培养和激励长期机制提供政策支持。

（四）出台种业领域相关研发活动后补助政策

按照国办 109 号文件《按规定开展种业领域相关研发活动后补助》部署，建议出台种业研发活动后补助政策，对重大品种按照推广面积进行后补助；对重大育种材料、功能基因研发及引进，依据其在育成品种中的贡献给予后补助，调动企业及科研育种单位创新的积极性，快速提高自主创新能力。

（五）加大种子企业"走出去"支持力度

对企业建立海外试验站、研发中心、申请海外品种权保护给予支持，对种子出口量大以及通过国外品种审定的企业，给予奖励或研发后补助。对"走出去"开展种业投资的企业,给予前期费用和贷款利息补贴。对"走出去"重点企业实行出口退税或免税优惠。联合政策性银行和保险机构,给予出口优势明显的龙头企业优先提供信贷支持和保费补贴。修订《农作物种质资源管理办法》和对外提供种质资源目录,在保障优异资源不外流的前提下,允许部分有实力的种子企业出口杂交制种亲本种子。

第16章 农村劳动力外出就业

农民工是我国产业工人的主体，为经济社会发展作出了巨大贡献。"十一五"时期，党中央、国务院高度重视农民工工作，把维护农民工权益作为工作重心，专门印发了《国务院关于解决农民工问题的若干意见》（国发〔2006〕5号），并出台了一系列政策措施，在解决农民工工资偏低和拖欠问题、规范农民工劳动管理、加强农民工就业服务和培训、解决农民工社会保障问题、为农民工提供相关公共服务、健全农民工权益保障机制和促进农村劳动力就地就近转移就业方面做了大量的工作，切实推动了农民工转移就业规模持续扩大，职业技能不断提高，工资收入大幅增加，社会保险参保人数较快增长，劳动保障权益维护明显加强，享受基本公共服务范围逐步扩大，关心关爱农民工的社会氛围不断形成。"十二五"时期，党中央、国务院继续高度重视农民工工作，印发了《国务院关于进一步做好为农民工服务工作的意见》（国发〔2014〕40号），在农民工劳动权益保障、促进农民工就业创业、推动农民工市民化和促进农民工社会融合等方面，出台了一系列政策措施，并严格督促各项工作的落实，取得了积极的成效。

一、农民工劳动权益保障

"十二五"时期，党和政府继续把保障农民工的合法权益作为农民工工作的一项重要内容，大力规范使用农民工的劳动用工管理，保障农民工工资报酬权益，加强农民工安全生产和职业健康保护，畅通农民工维权渠道，加强对农民工的法律援助和法律服务工作，确保农民工劳动权益保护落实到位。

（一）主要政策措施

1. 规范农民工劳动用工管理

一是指导和督促用人单位与农民工依法普遍签订并履行劳动合同，在务工流动性大、季节性强、时间短的农民工中推广简易劳动合同示范文本。二是规范用人单位行为，对小微企业经营者开展劳动合同法培训，规范劳务派遣行为，清理建筑领域违法发包分包行为。三是整合劳动用工备案及就业失业登记、社会保险登记，实现对企业使用农民工的动态管理服务。

2. 保障农民工工资报酬权益

一是深入推进集体合同制度。"十一五"期末,人社部提出实施"彩虹计划",推进集体合同制度,在各类已建工会的企业实行集体合同制度,对未建工会的小企业,通过签订区域性、行业性集体合同提高覆盖比例。"十二五"时期,深入推进集体合同制度实施"彩虹计划",逐步建立农民工工资正常增长机制。二是建立健全工资保障机制。在建设领域和其他容易发生欠薪的行业推行工资保证金制度,在有条件的市县探索建立健全欠薪应急周转金制度,完善并落实工程总承包企业对所承包工程的农民工工资支付全面负责制度、劳动保障监察执法与刑事司法联动治理恶意欠薪制度、解决欠薪问题地方政府负总责制度。三是强化对欠薪行为的惩罚力度。2010年8月,"恶意欠薪罪"被写入现行《刑法》修订草案,2011年5月1日《刑法修正案(八)》正式实施,恶意欠薪最高可被处以7年有期徒刑,这意味着对欠薪行为的惩罚力度大大加强。四是强化最低工资保障。在经济发展基础上合理调整最低工资标准,促进农民工工资水平合理增长。

3. 加强农民工安全生产和职业健康保护

一是强化职业安全培训。强化高危行业和中小企业一线操作农民工安全生产和职业健康教育培训,将安全生产和职业健康相关知识纳入职业技能教育培训内容。二是严格执行特殊工种持证上岗制度、安全生产培训与企业安全生产许可证审核相结合制度。三是加强职业病监测和帮扶。督促企业对接触职业病危害的农民工开展职业健康检查、建立监护档案。建立重点职业病监测哨点,完善职业病诊断、鉴定、治疗的法规、标准和机构。重点整治矿山、工程建设等领域农民工工伤多发问题。实施农民工职业病防治和帮扶行动,深入开展粉尘与高毒物品危害治理,保障符合条件的无法追溯用人单位及用人单位无法承担相应责任的农民工职业病患者享受相应的生活和医疗待遇。

4. 畅通农民工维权渠道

全面推进劳动保障监察网格化、网络化管理,加强用人单位用工守法诚信管理,完善劳动保障违法行为排查预警、快速处置机制,健全举报投诉制度,依法查处用人单位侵害农民工权益的违法行为。按照"鼓励和解、强化调解、依法仲裁、衔接诉讼"的要求,及时公正处理涉及农民工的劳动争议。畅通农民工劳动争议仲裁"绿色通道",简化受理立案程序,提高仲裁效率。建立健全涉及农民工的集体劳动争议调处机制。大力加强劳动保障监察机构、劳动人事争议仲裁院和基层劳动争议调解组织建设,完善服务设施,增强维护农民工权益的能力。

5. 加强对农民工的法律援助和法律服务工作

健全基层法律援助和法律服务工作网络,加大法律援助工作力度,使符合条件的农民工及时便捷地获得法律援助。简化法律援助申请受理审查程序，完善异地协作机制，方便农民工异地申请获得法律援助。畅通法律服务热线，加大普法力度，不断提高农民工及用人单位的法治意识和法律素质，引导农民工合法理性维权。

（二）政策执行情况

一是继续开展"春暖行动"。"十二五"期间，人社部继续督促各地以建筑业、采矿业、制造业、住宿和餐饮业、居民服务业为重点，督促企业特别是非公企业、小微企业提高农民工劳动合同签订率和履约质量，2015 年，全国规模以上企业农民工劳动合同签订率达到 90％以上，全国中小企业农民工劳动合同签订率也达到了 65％。各地还积极推进农民工劳动用工备案制度建设，全国共有 216 个城市和地区开展了劳动用工备案工作，包括农民工在内的备案人数达到 5 123 万人。

二是全面开展农民工工资清欠行动。2012 年起，我国全面开展治理拖欠农民工工资问题专项行动，各省、自治区、直辖市劳动保障监察机构通过制定农民工工资清欠应急预案，加强相关法律法规的宣传，建立多部门的联合执法机制等多项措施，使得农民工工资拖欠问题得到了较好地解决。如宁夏银川市劳动监察机构 2015 年共检查用人单位 1 880 家，涉及劳动者 12.4 万人；立案 1 002 件，结案 920 家，法定时限内结案率 98％以上，为 1.05 万名农民工追讨工资 2.02 亿元。山西省 2015 年 3—9 月通过专项整治工作，全省各级劳动保障监察机构累计查处工资类案件 4 936 件，涉及劳动者 13.6 万人，追发劳动者工资等待遇 15.34 亿元。从全国来看，农民工工资拖欠情况得到缓解，据国家统计局调查，2014 年被拖欠工资的农民工所占比重降至 0.8％，比上年下降 0.2 个百分点。

三是强化农民工权益保护。"十二五"时期，在安全生产和职业卫生方面，安监部门深入开展安全生产大检查、"打非治违"专项行动和"四不两直"暗查暗访活动；在煤矿、水泥生产、石材加工、石棉矿采选等职业病危害严重的行业领域开展专项治理。每年组织开展全国"安全生产月""安全生产万里行"等大型活动，通过电视、报刊、政府网站以及安全生产手机报、政府微博、政务微信等媒介，采取农民工喜闻乐见的形式，宣传普及安全生产和职业卫生知识。

四是强化农民工的法律援助和服务。全国总工会专门成立了维护农民工合法权益工作领导小组，统筹协调农民工工作。各级工会组织采取购买法律服务、法律援助志愿者服务、建立农民工维权函告制度等多种形式，为农民工提供免费、方便、快捷的法律援助等。据统计，"五五"普法以来，全国各级工会投入超过 10 亿元，为包括农民工在内的 2.3 亿人次职工提供法律咨询和援助，有效提高了农民工运用法律手段保障自身劳动经济权益的意识。

二、促进农民工就业创业

（一）主要政策措施

1. 强化就业服务

进一步清理针对农民工就业的户籍限制等歧视性规定，保障城乡劳动者平等就业权利。实现就业信息全国联网，为农民工提供免费的就业信息服务。完善城乡均等的公共就业服务体系，有针对性地为农民工提供政策咨询、职业指导、职业介绍等公共就业服务。加强农民工输出输入地劳务对接，输出地可在本地农民工相对集中的输入地设立服务工作站点，输入地应给予支持。组织开展农民工就业服务"春风行动"，加强农村劳动力转移就业工作示范县建设。大力发展服务业特别是家庭服务业和中小微企业，开发适合农民工的就业岗位，建设减免收费的农贸市场和餐饮摊位，满足市民生活需求和促进农民工就业。积极支持农产品产地初加工、休闲农业发展，引导有市场、有效益的劳动密集型产业优先向中西部转移，吸纳从东部返乡和就近转移的农民工就业。

2. 实施职业技能提升计划

一是加大职业培训力度。制定农民工培训综合计划，对农村转移就业劳动者开展就业技能培训，对农村未升学初高中毕业生开展劳动预备制培训，对在岗农民工开展岗位技能提升培训，对具备中级以上职业技能的农民工开展高技能人才培训，将农民工纳入终身职业培训体系。将国家通用语言纳入对少数民族农民工培训的内容。二是强化资金投入。加大培训资金投入，合理确定培训补贴标准，落实职业技能鉴定补贴政策。三是完善培训模式。改进培训补贴方式，重点开展订单式培训、定向培训、企业定岗培训，面向市场确定培训职业（工种），形成培训机构平等竞争、农民工自主参加培训、政府购买服务的机制。鼓励企业组织农民工进行培训，符合相关规定的，对企业给予培训补贴。鼓励大中型企业联合技工院校、职业院校，建设一批农民工实训基地。

3. 加快发展职业教育

努力实现未升入普通高中、普通高等院校的农村应届初高中毕业生都能接受职业教育。全面落实中等职业教育农村学生免学费政策和家庭经济困难学生资助政策。鼓励各地根据需要改扩建符合标准的主要面向农村招生的职业院校、技工院校，支持没有职业院校或技工院校的边远地区各市（地、州、盟）因地制宜建立主要面向农村招生的职业院校或技工院校。加强职业教育教师队伍建设，创新办学模式，提高教育质量。积极推进学历证书、职业资格证书双证书制度。

4. 改进农民工金融服务

一是完善农民工信用档案。建立健全与村委会、社区服务中心和用工单位的信息沟通与共享机制，对农民工及其家庭情况进行资信调查，建立农民工信用档案。二是创新服务产品。把信贷支持农民工就业创业作为完善农民工金融服务的重点，开辟农民工贷款"绿色通道"，开办农民工就业、消费、返乡创业和困难救助等贷款新品种，全面覆盖农民工生产生活需要。三是改进金融服务方式。鼓励农村中小金融机构推广"农民工金融服务中心"做法，设立为农民工提供就近服务的区域外服务点，为农民工向金融机构贷款提供协助。引导农民工务工地金融机构开办农民工金融服务专柜，开办由用工单位担保的农民工小额贷款，探索针对职业教育培训机构和接受培训农民工的贷款管理方法。四是强化信贷扶持政策。引导银行业金融机构大力开展"阳光信贷"，进一步简化贷款手续，缩短审批时间，合理确定期限。对贷款按期还、信用记录好、使用效益高的返乡创业农民工，在贷款利率上给予更多优惠。支持和推动有利于农民工返乡创业的融资担保体系建设，鼓励建立由地方政府主导、民间资本设立的多种所有制形式的融资担保机构，为农民工创业融资提供担保服务。扩大农民工贷款有效抵押物范围，大力推广动产抵押、应收账款质押等新的信贷抵押担保方式，着力解决农民工贷款抵押担保难问题。五是支持农民工返乡就业创业。大力支持农村小企业创业发展，对一些资金需求量大、建设周期较长的地方重点建设项目和农业优势产业给予支持。加大针对返乡农民工个人创业的信贷支持力度，只要符合贷款条件，守信用，有市场，金融机构要适当放宽条件，实行利率优惠。

5. 强化创业扶持

将农民工纳入创业政策扶持范围，运用财政支持、创业投资引导和创业培训、政策性金融服务、小额担保贷款和贴息、生产经营场地和创业孵化基地等扶持政策，促进农民工创业。

（二）政策执行情况

一是就业服务不断改善。"十二五"时期，人力资源和社会保障部联合全国总工会和全国妇联共同搭建供需平台，促进转移就业。连续开展了以促进农民工就业为主题的"春风行动"，通过发放春风卡等宣传资料、组织专场招聘会、提供免费咨询等为农民工提供各项就业服务。各地不断创新服务模式，北京提出外地农民工下车即可享受就业服务，在北京站、北京西站等4个火车站，六里桥等5个长途汽车站，设立9个公共就业服务站，为来京务工人员提供求职帮助和就业宣传引导服务。北京、江苏、广东等省市建立了农民工监测机制，及时掌握农村劳动力流动和用人单位岗位情况；福建、广西等省份发挥现代信息技术优势，利用网络手段开展信息服务；江苏、四川、陕西等省份拓宽服务领域，加强人文关怀，为农民工顺利融入城市创造良好环境。

二是"春潮行动"全面启动。2014年人力资源和社会保障部启动实施了面向农村新成长劳动力和拟转移就业劳动者的"春潮行动"。计划每年面向农村新成长劳动力和拟转移就业劳动者开展政府补贴培训700万人次，培训合格率达到90％以上，就业率达到80％以上。这是我国继"阳光工程"后又一次大规模农村劳动力转移培训，全国主要农村劳动力输出省份均已开展实施，仅青海省2014年就完成"春潮行动"农民工培训8.22万人次。

三是农民工返乡创业扶持力度加大。"十二五"时期，农民工返乡创业逐步兴起，各农民工输出大省均出台政策措施鼓励农民工返乡创业。如安徽省大力推进农民创业园建设，2011年启动了第四批50个创业园的建设，建成后安徽省农民工创业园将达到350个，共有934户企业进园创业；四川、贵州、广西等省份出台专门支持农民工创业一揽子政策，鼓励农民工返乡创业。据不完全统计，2011—2013年，贵州省外出务工返乡就业创业人数每年超过30万人。

三、推动农民工市民化

（一）主要政策措施

1. 逐步推动农民工平等享受城镇基本公共服务

深化基本公共服务供给制度改革。积极推进城镇基本公共服务由主要对本地户籍人口提供向对常住人口提供转变，努力实现城镇基本公共服务覆盖在城镇常住的农民工及其随迁家属，使其逐步平等享受市民权利。各地区、各有关部门要逐步按照常住人口配置基本公共服务资源，明确农民工及其随迁家属可以享受的基本公共服务项目，并不断提高综合承载能力、扩大项目范围。农民工及其随迁家属在输入地城镇未落户的，依法申领居住证，持居住证享受规定的基本公共服务。在农民工输入相对集中的城市，主要依托社区综合服务设施、劳动就业社会保障服务平台等现有资源，建立农民工综合服务平台，整合各部门公共服务资源，为农民工提供便捷、高效、优质的"一站式"综合服务。

2. 保障农民工随迁子女平等接受教育的权利

一是保障平等接受义务教育权利。输入地政府要将符合规定条件的农民工随迁子女教育纳入教育发展规划，合理规划学校布局，科学核定公办学校教师编制，加大公办学校教育经费投入，保障农民工随迁子女平等接受义务教育权利。公办义务教育学校要普遍对农民工随迁子女开放，与城镇户籍学生混合编班，统一管理。二是积极创造条件着力满足农民工随迁子女接受普惠性学前教育的需求。三是采取政府购买服务方式支持民办教育。对在公益性民办学校、普惠性民办幼儿园接受义务教育、学前教育的，采取政府购买服务等方式落实支持经费，指导和帮助学校、幼儿园提高教育质量。四是因地制宜制定随迁子女升学考试具体政策。根据城市功能定位、产业结构布局和城市资源承载能力，根据进城务工人员在当地的合法稳定职业、合法稳定住所（含租赁）和按照国家规定参加社会保险年限，以及随迁子女在当地连续就学年限等情况，确定随迁子女在当地参加升学考试的具体条件，制定具体办法。北京、上海等人口流入集中的地区要进一步摸清底数，掌握非本地户籍人口变动和随迁子女就学等情况，抓紧建立健全进城务工人员管理制度，制定出台有关随迁子女升学考试的方案。

3. 加强农民工医疗卫生和计划生育服务工作

继续实施国家免疫规划，保障农民工适龄随迁子女平等享受预防接种服务。加强农民工聚居地的疾病监测、疫情处置和突发公共卫生事件应对，强化农民工健康教育、妇幼健康和精神卫生工作。加强农民工艾滋病、结核病、血吸虫病等重大疾病防治工作，落实"四免一关怀"等相关政策。完善社区卫生计生服务网络，将农民工纳入服务范围。鼓励有条件的地方将符合条件的农民工及其随迁家属纳入当地医疗救助范围。巩固完善流动人口计划生育服务管理全国"一盘棋"工作机制，加强考核评估，落实输入地和输出地责任。开展流动人口卫生计生动态监测和"关怀关爱"活动。

4. 逐步改善农民工居住条件

统筹规划城镇常住人口规模和建设用地面积，将解决农民工住房问题纳入住房发展规划。支持增加中小户型普通商品住房供给，规范房屋租赁市场，积极支持符合条件的农民工购买或租赁商品住房，并按规定享受购房契税和印花税等优惠政策。完善住房保障制度，将符合条件的农民工纳入住房保障实施范围。加强城中村、棚户区环境整治和综合管理服务，使居住其中的农民工住宿条件得到改善。农民工集中的开发区、产业园区可以按照集约用地的原则，集中建设宿舍型或单元型小户型公共租赁住房，面向用人单位或农民工出租。允许农民工数量较多的企业在符合规划和规定标准的用地规模范围内，利用企业办公及生活服务设施用地建设农民工集体宿舍，督促和指导建设施工企业改善农民工住宿条件。逐步将在城镇稳定就业的农民工纳入住房公积金制度实施范围。

5. 有序推进农民工在城镇落户

进一步推进户籍制度改革，实施差别化落户政策，促进有条件有意愿、在城镇有稳定就业和住所（含租赁）的农民工及其随迁家属在城镇有序落户并依法平等享受城镇公共服务。各类城镇要根据国家户籍制度改革的部署，统筹考虑本地区综合承载能力和发展潜力，以就业年限、居住年限、城镇社会保险参保年限等为基准条件，制定具体落户标准，向社会公布。

6. 保障农民工土地承包经营权、宅基地使用权和集体经济收益分配权

做好农村土地承包经营权和宅基地使用权确权登记颁证工作，切实保护农民工土地权益。建立健全土地承包经营权流转市场，加强流转管理和服务。完善土地承包经营纠纷的调解仲裁体系和调处机制。深化农村集体产权制度改革，探索农村集体经济多种有效实现形式，保障农民工的集体经济组织成员权利。完善相关法律和政策，妥善处理好农民工及其随迁家属进城落户后的土地承包经营权、宅基地使用权、集体经济收益分配权问题。现阶段，不得以退出土地承包经营权、宅基地使用权、集体经济收益分配权作为农民进城落户的条件。

（二）政策执行情况

一是启动农民工市民化进程监测。为全面准确及时掌握农民工市民化进程与变化，天津、山东等多个省份相继启动开展了农民工市民化进程监测调查。天津市首次启动农民工市民化进程监测调查。定期收集农民工在输入地的就业生活相关信息，主要从就业、收入与消费、居住条件、健康与医疗、个人活动（时间利用）、社会融合、定居、农民工子女教育等八个维度来反映农民工市民化状况，为科学制定农民工政策，加强和改善为农民工服务提供可靠依据。

二是随迁子女教育问题逐步解决。截至 2014 年年底，全国随迁子女在公办学校就学比例保持在 80%，政府购买的民办学校学位不断增加，2014 年达到 124.6 万个。国家财政性教育经费保障随迁子女就学的比例已经达到了 83.5%。2013 年异地高考破冰，共有 12 个省市组织实施了随迁子女在当地参加高考。

三是农民工住房条件不断改善。从 2011 年起，在城市工业园区、开发区，务工人员相对比较集中的城区区域，政府或者大型用工企业通过建设公租房来解决农民工的住房问题，在人员相对不是很集中的城市区域，通过长期租赁或购买住房作为公租房房源，用于安排进城农民工的住房问题，对家庭困难的农民工还给予租金补贴。部分省市还把符合条件的农民工纳入廉租房的保障范围。四川从 2013 年开始专门对进城农民工开展"进城农民工住房保障专项行动"，从城市的公租房中拿出 30% 的房源用于解决农民工住房问题，房租价格一般比市场租金低 50%。到 2014 年年末，四川已经解决了 5 万户农民工家庭共计 16 万人的住房问题。

四是农民工进城落户取得进展。"十二五"时期，农民工在就业地落户问题取得重要进展，除超大城市外，多数省份以合法稳定就业和合法稳定住所（含租赁）等为前置条件，全面放开了建制镇和小城市落户限制。也就是说农民工只要在建制镇和小城市有稳定工作和住所，就可以在当地落户。

四、促进农民工社会融合

（一）保障农民工依法享有民主政治权利

重视从农民工中发展党员，加强农民工中的党组织建设，健全城乡一体、输入地党组织为主、输出地党组织配合的农民工党员教育管理服务工作制度。积极推荐优秀农民工作为各级党代会、人大、政协的代表、委员，在评选劳动模范、先进工作者和报考公务员等方面与城镇职工同等对待。创造新办法、开辟新渠道，支持农民工在职工代表大会和社区居民委员会、村民委员会等组织中依法行使民主选举、民主决策、民主管理、民主监督的权利。

（二）丰富农民工精神文化生活

把农民工纳入城市公共文化服务体系，继续推动图书馆、文化馆、博物馆等公共文化服务设施向农民工同等免费开放。推进"两看一上"（看报纸、看电视、有条件的能上网）活动，引导农民工积极参与全民阅读活动。在农民工集中居住地规划建设简易实用的文化体育设施。利用社区文化活动室、公园、城市广场等场地，经常性地开展群众文体活动，促进农民工与市民之间交往、交流。举办示范性农民工文化活动。鼓励企业开展面向农民工的公益性文化活动，鼓励文化单位、文艺工作者和其他社会力量为农民工提供免费或优惠的文化产品和服务。

（三）加强对农民工的人文关怀

关心农民工工作、生活和思想状况，加强思想政治工作和科普宣传教育，引导农民工树立社会主义核心价值观。开展"人文关怀进企业、进一线"活动。通过依托各类学校开设农民工夜校等方式，开展新市民培训，培养诚实劳动、爱岗敬业的作风和文明、健康的生活方式。对有需要的农民工开展心理疏导。努力推进农民工本人融入企业、子女融入学校、家庭融入社区、群体融入城镇。

（四）健全农村留守儿童、留守妇女和留守老人关爱服务体系

实施"共享蓝天"关爱农村留守儿童行动，完善工作机制、整合资源、增

加投入，依托中小学、村民委员会普遍建立关爱服务阵地，做到有场所、有图书、有文体器材、有志愿者服务。继续实施学前教育行动计划，加快发展农村学前教育，着力解决留守儿童入园需求。全面改善贫困地区薄弱学校基本办学条件，加快农村寄宿制学校建设，优先满足留守儿童寄宿需求，落实农村义务教育阶段家庭经济困难寄宿生生活补助政策。实施农村义务教育学生营养改善计划，开展心理关怀等活动，促进学校、家庭、社区有效衔接。加强农村"妇女之家"建设，培育和扶持妇女互助合作组织，帮助留守妇女解决生产、生活困难。全面实施城乡居民基本养老保险制度，建立健全农村老年社会福利和社会救助制度，发展适合农村特点的养老服务体系，努力保障留守老人生活。加强社会治安管理，保障留守儿童、留守妇女和留守老人的安全，发挥农村社区综合服务设施关爱留守人员功能。

五、政策执行效果评价

（一）农民工规模持续增加

"十二五"时期，农民工就业规模持续增加。截至 2015 年年末，全国农民工总量达 2.74 亿人，其中外出农民工 1.68 亿人，本地农民工 1.06 亿人。比"十一五"末新增农民工总量 3 524 万人。外出农民工中，住户中外出务工和举家外出务工的农民工数量均有所增长。

表 16-1 农民工规模

单位：万人

	2010 年	2011 年	2012 年	2013 年	2014 年	2015 年
农民工总量	24 223	25 278	26 261	26 894	27 395	27 747
本地农民工	8 888	9 415	9 925	10 284	10 574	10 863
外出农民工	15 335	15 863	16 336	16 610	16 821	16 884
其中：住户中外出农民工	12 264	12 584	12 961	13 085	13 243	——
举家外出农民工	3 071	3 279	3 375	3 525	3 578	——

（二）农民工收入水平持续提升

"十二五"时期，得益于国民经济的持续健康增长，农民工收入水平一直保持较高的增长速度。2015 年农民工人均月收入 2 864 元，比"十一五"末增加 1 174 元，年均增速达 11.1%。

（三）农民工市民化进程逐步推进

中国社会科学院发布的数据显示，2011 年中国农民工市民化进程综合指数为 39.56%，2012 年比 2011 年小幅上升 0.07 个百分点，达到 39.63%。比较农民工市民化进程在公共服务、经济生活、文化素质三方面的情况，2009—2011 年间每年提高 1.5 个百分点，但 2012 年比 2011 年下降了 0.47 个百分点。

六、趋势分析与政策建议

（一）农村劳动力外出就业的趋势分析

1. 总量快速增长的趋势已基本结束

当前，我国农村外出就业劳动力持续较快增长的趋势已基本结束。这种趋势性变化的一个重要特征就是农村外出就业劳动力增速自 2010 年起已连续五年回落，年度新增农村外出就业人员数量也从 700 万人降至 200 万人左右。预计未来农村外出就业劳动力总量将进入低速增长期，增速维持在 1% 左右。主要依据就是我国当前人口结构已经出现变化，劳动力供给总量已开始下降。根据第六次人口普查的数据，2015—2020 年，我国乡村年均新进入劳动年龄人口数量不到 800 万人，比 2009—2014 年进入劳动年龄的人口数年均少 100 万人，比 2003—2008 年进入劳动年龄的人口数年均少 300 万人，劳动年龄人口基数的大幅下降必然会制约新增外出就业劳动力的数量。此外，随着经济社会发展，农村适龄劳动力接受教育的时间正逐步延长，这就推迟了他们进入劳动力市场的时间，从而降低了总体的劳动参与率。

2. 总量低速增长的新常态将逐步确立

未来一段时期，我国农村劳动力外出就业持续增长的势头仍将继续，总量低速增长将成为新常态。一是外出就业意愿强烈。从农民工自身而言，新生代农民工已成为外出就业的主力军，他们渴望走出农村、融入城市的愿望十分强烈，在我国城镇化加速推进的大背景下，外出就业已成为农村新生代劳动力的首选。二是新增就业岗位有保证。虽然当前经济增长下行压力大，但近年来就业弹性逐步回升，尤其是第三产业吸纳就业的能力显著增强，二相抵消，每年新增就业岗位可以有保证。三是现代农业发展有助于推动剩余劳动力外出就业。当前，我国农村土地流转逐步加快，规模经营主体不断涌现，农业吸纳劳动力数量将逐步下降，这有助于进一步推动剩余劳动力向非农产业、城镇转移就业。

（二）政策建议

1. 强化农民工劳动权益保护

各级政府部门应高度重视农民工的劳动权益保护，切实落实国家关于维护农民工权益的各项政策措施。建立健全地方性的农民工权益保障平台，加大对违法违规行为的曝光，强化对违法行为的处罚，尤其是对拖欠农民工工资的行为要发现一起查处一起，认真落实最高人民法院等四部门出台的《关于加强涉嫌拒不支付劳动报酬犯罪案件查处衔接工作的通知》，对"恶意欠薪"加大执法和处罚力度。进一步强化法律援助和服务。建议地方设立公益性的农民工法律援助服务中心，为农民工提供常态化的免费法律咨询等服务。

2. 加大对农民工就业创业的扶持

加强对青年农村劳动力的就业培训，通过补贴、学费减免等多种方式鼓励未升学农村青年劳动力参加就业培训。加强对农民工创业的扶持。进一步扩大享受国家双创政策的农民工范围，支持农民工在外创业。推动农村普惠金融体系的发展，对信用档案完善的农民工给予一定的信用贷款额度，降低农民工创业门槛。

3. 进一步推动农民工市民化

进一步放松对农民工落户城镇的限制，全面推进城镇基本公共服务对常住人口的覆盖。保障农民工随迁子女接受教育的权利。输入地政府要把农民工随迁子女学前教育纳入服务范畴，满足农民工随迁子女接受普惠性学前教育的需求。公办义务教育学校要普遍对农民工随迁子女开放，与城镇户籍学生混合编班，统一管理。

第 17 章　农业农村人才队伍建设

农业农村人才队伍建设是我国人才队伍建设的重要组成部分，农业农村人才服务于"三农"事业发展，要推动农业现代化发展、转变农业发展方式，必须要依靠人才驱动。我国工业化和城市化进程加快，生产方式改变，市场竞争加剧，农业农村的发展处于关键时期，农业农村人才队伍的建设任务更加紧迫，也是我国实施"人才强国"战略的必然要求。

"十二五"期间，我国进一步加强了农业农村人才队伍建设，制定了相关政策，采取了相应措施，为发展现代农业、推进社会主义新农村建设提供强有力的人才支撑。只有加强农业农村人才队伍建设，才能加快农业科技进步，切实转变农业发展方式，确保现代农业发展有坚实基础；才能强化农村公共服务能力，促进农村社会全面进步，确保社会主义新农村建设有重要依靠；才能有效带动农村人力资源整体开发，促进农民全面发展，确保广大农民持续平等参与现代化进程，共享更多改革发展成果。

一、政策形成过程和背景分析

（一）"十一五"时期的工作进展和存在的主要问题

"十一五"期间，在农业农村人才队伍建设方面，一是推进了农村实用人才队伍建设，实施了农村实用人才带头人素质提升计划，加强了培训基地建设。二是加强了农业专业技术人才队伍建设，农技推广员评审、国务院特殊津贴专家推荐评选、博士服务团成员选派、"西部之光"访问学者培养管理等工作持续开展，农业领域引进海外高层次人才计划也积极落实。三是加强了农业高技能人才队伍建设，农业职业标准、培训教材和题库建设等有所推进，鉴定机构管理有所加强，鉴定组织实施体系不断完善。但是总体来说，目前的人才竞争中，我国人才竞争力较弱的局面还未从根本上改变，还面临着人才方面的巨大挑战。我国 2010 年的人才贡献率约为 26.6%，到 2020 年目标达到 35%，而发达国家的人才贡献率一般为 40%～60%。我国大多数农民文化素质还比较低，农村实用人才的水平有限，投身农业相关领域的研究人员不多，拥有较高专业技术知识和专业素质的人才较少，农业农村人才队伍建设任重而道远。

（二）"十二五"时期出台的政策文件及背景分析

"十二五"期间，我国进一步加强了农业农村人才队伍建设，制定了相关政策，采取了相应措施，为发展现代农业、推进社会主义新农村建设提供强有力的人才支撑。"十二五"初期，根据《中共中央关于推进农村改革发展若干重大问题的决定》和《国家中长期人才发展规划纲要（2010—2020年)》的总体要求，以发展现代农业、推进社会主义新农村建设为目标，中央人才工作协调小组审议通过《农村实用人才和农业科技人才队伍建设中长期规划（2010—2020年)》，指出只有加强农业农村人才队伍建设，才能加快农业科技进步，切实转变农业发展方式，确保现代农业发展有坚实基础；才能强化农村公共服务能力，促进农村社会全面进步，确保社会主义新农村建设有重要依靠；才能有效带动农村人力资源整体开发，促进农民全面发展，确保广大农民持续平等参与现代化进程，共享更多改革发展成果。根据《中央人才工作协调小组实施〈国家中长期人才发展规划纲要（2010—2020年)〉任务分工方案》要求，2011年10月20日，农业部、教育部、科学技术部、人力资源部印发了《现代农业人才支撑计划实施方案》，以深入落实全国人才工作会议精神和《国家中长期人才发展规划纲要（2010—2020年)》，实施人才强农战略，培养现代农业和社会主义新农村建设亟需的农业人才。农业部印发《2011—2020年农业职业技能开发工作规划》，贯彻落实了《农村实用人才和农业科技人才队伍建设中长期规划（2010—2020年)》和《高技能人才队伍建设中长期规划（2010—2020年)》要求，推进了农业职业技能开发工作。2012年5月10日，农业部印发《农业科研杰出人才培养计划实施办法》，旨在加强高层次农业科技人才队伍建设，加快培养农业科技领军人才和创新团队。2012年10月9日，农业部印发《万名农技推广骨干人才培养计划实施方案》，加强农技推广人才队伍建设，提升科技服务能力。农业部、教育部发布《关于实施基层农技推广特设岗位计划的意见》，加强农业技术推广队伍建设，促进高校涉农专业毕业生到基层就业。2013年7月3日，农业部印发《农村实用人才认定试点工作方案》，对做好农村实用人才认定、增强农村实用人才队伍建设具有重要意义。2014年3月14日，教育部、农业部印发《中等职业学校新型职业农民培养方案试行》，为培养更多合格的新型职业农民提供保障。2014年4月17日，农业部印发了《农村实用人才带头人示范培训考核管理办法》，进一步提高了农村实用人才带头人示范培训管理的科学化、制度化、规范化水平。

二、主要政策措施

（一）丰富人才队伍，培养各类人才

1. 农业科研人才

一是重点培养农业科研领军人才，打造科研创新团队。《农村实用人才和农业科技人才队伍建设中长期规划（2010—2020 年)》强调要以培养农业科研领军人才为重点，着力打造科研创新团队，带动农业科技人才队伍全面发展。支持高等农业院校根据产业发展需求调整优化学科结构，为农业发展输送更多合格的专业人才，充分发挥现代农业产业技术体系、转基因重大专项、行业科研专项等重大项目凝聚人才、发现人才、培养人才的重要作用，在创新实践中不断增强科研人员的创新能力。2012 年中央 1 号文件提出振兴发展农业教育。推进部部共建、省部共建高等农业院校，实施卓越农林教育培养计划，办好一批涉农学科专业，加强农科教合作人才培养基地建设。继续实施创新人才推进计划和农业科研杰出人才培养计划，加快培养农业科技领军人才和创新团队。进一步完善农业科研人才激励机制、自主流动机制。制定以科研质量、创新能力和成果应用为导向的评价标准。

二是注重科研人才选拔，建立高层次农业科研人才队伍。《农村实用人才和农业科技人才队伍建设中长期规划（2010—2020 年)》提出通过院士推荐、各类专家选拔、中华农业英才奖评选等方式，大力促进领军人才涌现。在优化人才队伍结构方面，将领军人才选拔与人才梯队建设相结合，充分发挥领军人才在培养创新人才、打造创新团队中的核心作用。计划选拔 1 500 名研究基础好、发展潜力大、创新意识强的中青年科研骨干，支持其根据产业发展需求和农业科技前沿的发展动态，自主选题开展研究。《农村实用人才和农业科技人才队伍建设中长期规划（2010—2020 年)》和 2012 年出台的《农业科研杰出人才培养计划实施办法》提出要选拔 300 名农业科研领军人才，在全国建立 300 个农业科研创新团队，建立 300 个农业科研优秀创新团队，建立一支学科专业布局合理、整体素质能力较高、自主创新能力较强的高层次农业科研人才队伍。

三是创造良好条件，积极引进科研人才。《农村实用人才和农业科技人才队伍建设中长期规划（2010—2020 年)》提出分层次引进战略科学家和创新创业领军人才。建设海外高层次农业人才创新创业基地，引进 200 名左右海外高层次农业人才回国（来华）创新创业。落实相关待遇，创造良好条件，以学科建设和产业发展急需紧缺人才为重点，加大海外高层次人才引进力度；有计划地推荐和选拔有国际竞争力、年富力强的农业科学家竞选国际科技组织的领导

职务。

四是加强科研体制改革，完善相关机制。《农村实用人才和农业科技人才队伍建设中长期规划（2010—2020年）》提出进一步明确农业科研院所的性质定位，增加创新编制数量，稳定和壮大农业科研创新人才队伍。在科研环境建设方面，鼓励农业科研院所建立面向社会的科研信息发布和资源共享平台，拓展服务功能；引导农业企业加大科研投入，集聚和培养研发人才，逐步成为农业科技创新主体。

五是加大支持力度，丰富人才激励方式。《农业科研杰出人才培养计划实施办法》提出对入选的农业科研杰出人才及其创新团队，分年度给予人才培养专项资金支持。支持资金主要用于农业科研杰出人才及其创新团队开展自主选题、学术交流、学习培训和文献出版等支出。农业部各科研项目计划向农业科研杰出人才及其创新团队倾斜。现代农业产业技术体系的岗位专家优先从农业科研杰出人才中遴选产生。优先推荐农业科研杰出人才申报国家级科技计划。积极支持农业科研杰出人才及其创新团队承担重大科研项目、参与国内外学术交流、加快科技成果转化等，充分发挥其在科技创新、人才培养、决策咨询等方面的作用。

2. 农业技术推广人才

一是实施特岗计划，加强人才配备。《农村实用人才和农业科技人才队伍建设中长期规划（2010—2020年）》明确了适应发展现代农业对科技成果转化应用的迫切要求，大力加强农业技术推广人才队伍建设。在农业技术推广方面建设基层农业公共服务体系，建立乡镇或区域性农技推广服务机构；在此基础上组织培训农技人员，加快更新农技推广人才的知识储备，积极探索农技推广队伍人员补充机制。具体而言，在人才配备方面，组织实施基层农技推广机构特设岗位计划，鼓励和引导高校、职业院校涉农专业毕业生到基层农技推广机构工作。2013年，农业部会同人社部等部门联合印发了《关于实施农业技术推广服务特设岗位计划的意见》，在全国启动实施农技推广特岗计划，探索逐步建立基层农技人员补充的良性机制。2013年，提出各省（自治区、直辖市）根据本地实际情况，选择机构改革到位、人员紧缺、工作基础好、积极性高的县（市、区）进行农技特岗计划试点。计划2014年到2015年，各省（自治区、直辖市）在总结试点工作经验的基础上，逐步扩大农技特岗计划的实施范围。农技特岗计划所需资金可结合基层农技推广体系改革与建设补助等项目统筹安排，适当给予补助。

二是加强扶持培养，开展定期培训。2011年出台的《现代农业人才支撑计划实施方案》提出工作目标是从2011年至2020年有计划、有步骤地选拔和支持培养1万名有突出贡献的农业技术推广人才，通过学习研修、学术交流和观摩培训等方式，显著提升科技水平和业务能力，不断改善基层农技推广队伍结构，增强服务现代农业发展的支撑能力。重点扶持培养基层农业技术推广人员，优先考虑农技推广体系改革与建设示范县和获得全国农牧渔业丰收奖的基层农技推广人员。扶持基层农技推广人员到高等农业院校、科研院所、大型农业企业学习和研修，开展新品种、新技术的试验示范和推广活动，参加新技术、新产品的展览展示活动，不断提高他们的整体水平。2012 年中央 1 号文件提出广泛开展基层农技推广人员分层分类定期培训。完善基层农技推广人员职称评定标准，注重工作业绩和推广实效，评聘职数向乡镇和生产一线倾斜。

三是完善人才评价办法，修订相关法律。《农村实用人才和农业科技人才队伍建设中长期规划（2010—2020 年）》在人才评价方面，提出完善农业技术推广研究员评审办法，引导推广人员面向农业生产一线开展服务。加大农业技术转移人员的培养培训力度，加速科技成果转化为现实生产力。2012 年《农业技术推广法》完成修订，并于 2013 年 1 月 1 日正式实施，把中央近年来对农业技术推广工作的决策部署、各地区各部门的工作实践、农业系统探索出的行之有效的做法经验上升为法律规范。修订后的法律针对性、约束性、可操作性显著增强，为进一步加强农技推广工作、促进农业科技成果转化与应用提供了更为有力的法制保障。

四是加强基层选拔，丰富实施措施。《农村实用人才和农业科技人才队伍建设中长期规划（2010—2020 年）》提出结合基层农技推广体系改革与建设示范县项目，依托现代农业技术培训基地，组织 24 万名农技推广人才开展知识更新培训，选聘 3 万名高校涉农专业毕业生充实基层农技推广队伍。选拔 1 万名有突出贡献的农业技术推广人才，开展技术交流、学习研修、观摩展示等活动。依托农业科研院所和高等院校，建设农业技术转移中心，培养 1 000 名左右高水平、专业化的农业技术转移人才。2012 年农业部出台了《加快农业科技创新与推广的意见》，将农技推广体系建设情况纳入对省级农业部门绩效管理延伸考核，有效推动了工作落实。全国 31 个省（自治区、直辖市）出台了指导农业科技创新与推广工作的专门文件，一些省份召开专题会议，制定具体意见和实施方案。2012 年印发《万名农技推广骨干人才培养计划实施方案》，提出农技推广骨干人才选拔和培养以行业和专业为主开展。人员构成统筹考虑种植业、畜牧业、渔业、农机化等行业以及栽培、植保、土肥、畜牧兽医、水产养殖、农机等专业。人员以县级农技推广人员为主，兼顾省级、地市级和乡镇人员。从基层（以县为主）选拔 1 万名左右有较高知名度和专业技术权威的农技推广骨干，通过一段时间的培养，使之成为本地本领域本专业农技推广的首席专家，成为当地主导品种、主推技术引进、试验、示范和推广的引领者，成为农技推广体系与国家现代农业产业技术体系对接的农技推广骨干，成为农业部指导全国农技推广工作的联络员,为现代农业发展提供强有力的科技支撑和人才保障。经农业部认定的农技推广骨干人才将统一纳入人才数据库,由农业部相关司局和推广单位进行重点联系和培养。每年分批次、分产业选派到国家或省级农业技术培训基地开展1周以上的集中、专业培训。在基层农技推广体系改革与建设补助项目经费使用中,对农技推广骨干给予倾斜,支持其开展下乡指导、科技培训、试验示范基地建设、技术资料印制等业务工作。在国家现代农业产业技术体系建设中,优先将农技推广骨干作为各综合实验站的联络员和推广专家,支持其参与政策咨询、技术推广和示范基地建设。在农业推广研究员职称评定、全国农牧渔业丰收奖评选以及其他科技推广类奖励评选中,对于入选的农技推广骨干在同等条件下优先考虑。支持农技推广骨干牵头申报或参与实施农业科技、相关行业重点项目,符合条件的优先支持。

3. 农村实用人才

根据《农村实用人才和农业科技人才队伍建设中长期规划(2010—2020年)》(中组发〔2011〕10号)精神,农村实用人才分为生产型、经营型、技能服务型、技能带动型和社会服务型五类,相关政策主要针对生产型、经营型、技能服务型农村实用人才,包括创业培训、项目支持、信贷支持、土地利用、税费减免等。

一是着力人才培养,开展人才培训。《农村实用人才和农业科技人才队伍建设中长期规划(2010—2020年)》指出以村组干部、农民专业合作组织负责人、大学生"村官"为重点,着力培养社会主义新农村建设急需的带头人队伍。通过开展农村实用人才带头人示范性培训,不断总结推广"把社会主义新农村建设的先进村作为课堂、把社会主义新农村建设的实践者请上讲台、把社会主义新农村建设的典型编写成案例"的有效模式。鼓励各省(区、市)积极组织开展本地农村实用人才带头人培养工作。通过农村实用人才带头人的带头作用,帮助农民致富、增强建设社会主义新农村的能力,努力造就一大批勇于创业、精于管理、能够带领群众致富的复合型人才。2014年改进农村实用人才带头人示范培训管理方式,出台《农村实用人才带头人示范培训考核管理办法》。对培训基地培训服务工作的考核内容、考核方法、考核结果应用等作出了相应规定,为进一步提高农村实用人才带头人示范培训管理的科学化、制度化、规范化水平提供了保障。2014年农业部联合教育部印发《中等职业学校新型职业农民培养方案(试行)》,推动中高等职业教育教学改革,吸引更多农民参加中高等职业教育,提高职业素质技能。将农民中等职业教育纳入国家助学政策体系,为农民接受中等职业教育提供了方便和保障。招生对象年龄一般在50岁以下,初中毕业以上学历(或具有同等学力),主要从事农业生产、经营、服务和农村社会事业发展等领域工作的务农农民以及农村新增劳动力。招生重点是专业大户、家庭农场经营者、农民合作社负责人、农村经纪人、农业企业经营管理人员、农业社会化服务人员和农村基层干部等。培养具有高度社会责任感和职业道德、良好科学文化素养和自我发展能力、较强农业生产经营和社会化服务能力，适应现代农业发展和新农村建设要求的新型职业农民。

二是打通多种渠道，提升人才能力建设。《农村实用人才和农业科技人才队伍建设中长期规划（2010—2020年）》指出继续实施阳光工程、绿色证书工程、科技入户工程、新农村实用人才培训工程、百万中专生计划、农村实用技术培训计划、雨露计划，积极开展农村党员干部现代远程教育。支持农村专业技术协会开展农业实用技术咨询、技术指导与技术培训，充分发挥农村专业技术协会在培养农村实用人才中的作用；积极引导各类经济组织、农业产业化龙头企业开展岗位培训和技术指导；大力加强科技示范基地和优质农产品示范园建设，引导农民自觉学习运用先进实用技术；积极开展农业实用技术交流活动，鼓励农业技术骨干、科技示范户、种养能手开办农家课堂，进行现场技术指导；组织专家、农技人员通过田间示范、巡回指导、联户结对等方式，帮助农民提高生产能力。2014年编制《全国新型职业农民培育条件能力建设规划（2014—2020年）》，加快推进空中课堂、田间课堂、流动课堂和智慧农民云平台一体化建设。进一步厘清新型职业农民的内涵及特征，明确了新型职业农民培育工作的路径、模式、方法，提出了符合我国实际的"三位一体、三类协同、三级贯通"新型职业农民发展道路。"三位一体"是在培育环节而改变以往单纯对农民开展培训的形式，综合运用教育培养、认定管理和政策扶持三种手段培育农民；"三类协同"是就培育对象而言，将新型职业农民分为生产经营型、专业技能型和社会服务型三个类型，实行差别化培育。"三级贯通"是就培育成果运用而言，对新型职业农民进行资格认定，并分为初、中、高三个级别。

三是研究制定认定办法，开展认定工作。2013年农业部印发的人事劳动工作要点强调要抓好农村实用人才认定工作，2013年印发《农村实用人才认定试点工作方案》，主要任务是明确认定分类和范围；制定认定标准，各试点省（区、市）要在充分调研论证的基础上，根据当地产业发展实际，参照《农村实用人才分类与认定标准参考因素》，研究提出农村实用人才的认定标准；规范认定程序；制定管理制度；梳理扶持政策，重点研究梳理针对生产型、经营型、技能服务型农村实用人才的优惠和扶持政策，包括创业培训、项目支持、信贷支持、土地利用、税费减免等。

四是提供补助支持，明确人才建设目标。《农村实用人才和农业科技人才队伍建设中长期规划（2010—2020年）》指出目标在全国选建一批农村实用人才培训基地，不断增强其在培养农村实用人才和建设社会主义新农村中的示范带动作用。依托农业部农村实用人才培训基地,遴选3万名农村实用人才带头人和大学生"村官"开展示范性培训,通过专家授课、交流研讨、参观考察等方式,帮助他们开阔眼界、增强信心、提高带领农民群众建设社会主义新农村的本领。支持地方大规模开展农村实用人才带头人培训工作,培养造就一大批留得住、用得上、带头致富和带领农民群众共同致富能力强的农村实用人才带头人。2012年中央1号文件提出积极发挥农民技术人员示范带动作用,按承担任务量给予相应补助。加快培养村干部、农民专业合作社负责人、到村任职大学生等农村发展带头人。大力培养种养大户、农机大户、经纪人等农村生产经营型人才。培育新型职业农民,对未升学的农村高初中毕业生免费提供农业技能培训,对符合条件的农村青年务农创业和农民工返乡创业项目给予补助和贷款支持。

(1) 农村生产型人才。《农村实用人才和农业科技人才队伍建设中长期规划(2010—2020年)》指出以中青年农民、返乡创业者和农村女性劳动者为重点,着力培养农村生产型人才。因地制宜地培养符合当地农产品优势的种植、养殖、加工能手。计划选拔7万名种植、养殖、加工和农机大户,依托农业企业、科技园区和特色培训基地,通过观摩、交流、培训,使其掌握新技术新品种,树立新理念,提高示范带动能力。对有创业意愿、有一定产业基础的青壮年农民开展创业培训,提高其创业能力。选拔20万个种植大户,结合粮棉油高产创建示范项目,优先给予技术培训,优先给予物化补助,优先给予跟踪服务,培养成为种植业示范标兵。选拔20万个养殖大户,结合畜禽标准化规模养殖和畜牧良种补贴等项目,支持其扩大规模、更新品种、改进养殖方式,培养其成为养殖业示范能手。选拔50万个农机大户,结合农机购置补贴政策、农机化技术推广等项目,开展技能培训,培养成为农机大户示范点,优先获得农业机械购置补贴,优先满足补贴机具数量需求。

2011年出台的《现代农业人才支撑计划实施方案》也提出工作目标是从2011年至2020年,共选拔扶持7万名在农业生产经营一线、具有一定产业规模和良好发展基础、示范带动能力强的农村生产能手,通过组织开展特点鲜明、针对性强的培训工作,不断提高农村生产能手带领群众艰苦创业、发展生产、勤劳致富的能力,并积极探索农村生产能手培训模式和工作机制。按年度组织实施,每年培训7 000人。通过学习培训、参观考察、经验介绍、研讨交流等方式进行培养,内容包括:优秀农村实用人才带头人传授发展经验;参观考察新农村建设现场;讲授社会主义新农村建设、现代农业建设、农村创业兴业等方面的方针政策;讲授种植、养殖、捕捞、农产品加工等方面的实用技术。

(2) 农村经营型人才。《农村实用人才和农业科技人才队伍建设中长期规划（2010—2020 年）》指出以农村经纪人、农民专业合作组织负责人和农业产业化龙头企业经营者为重点，着力培养农村经营型人才。

　　加大力度培养农产品经纪人，《农村实用人才和农业科技人才队伍建设中长期规划（2010—2020 年）》提出，提高经纪人的营销能力，通过营销能力促进农产品的流通。依托相关培训机构，通过集中教学、模拟操作、现场实习等方式，培养 3 万名农村经纪人，提高他们的经营素质和带动能力。2011 年出台的《现代农业人才支撑计划实施方案》提出工作目标是从 2011 年至 2020 年，共选拔扶持 3 万名农村经纪人，以职业技能培训为基础，以实施职业资格认证为手段，以提高农村经纪人经营素质为目的，立足基层、就近培训、规范管理、统一发证，逐步建立起农村经纪人职业技能培训与资格认证体系，造就一支熟悉农产品流通政策、经营管理素质较高、经纪行为规范的农村经纪人队伍，为农产品主产区每个乡镇培训 1 名持证上岗的农村经纪人，促进产销衔接，繁荣农村经济。采取职业资格认证培训的方式，按年度组织实施，每年培训 3 000 人。根据培训内容统一编发教材、制订方案，集中开展现场教学、实习，规范结业考核、鉴定颁证，培训达到标准学时数并经考核合格的，颁发国家职业资格证书。

　　通过实施《农民专业合作社法》加大力度培养农民专业合作组织带头人；支持农业产业化龙头企业充分发挥辐射带动作用培养经营人才。《农村实用人才和农业科技人才队伍建设中长期规划（2010—2020 年）》提出，在其带动下提高农民专业合作组织的专业服务能力和市场应变能力。开展法律法规和工商管理知识培训，提高企业管理者的经营能力和管理水平。计划选拔 3 万名农业产业化龙头企业负责人、专业合作组织负责人，支持其进入高等院校、科研院所接受专业技术和经营管理知识教育，赴龙头企业、发达地区或境外参观考察、访问研修。2011 年出台的《现代农业人才支撑计划实施方案》提出工作目标是从 2011 年至 2020 年，共选拔扶持 3 万名农业产业化龙头企业和农民专业合作社负责人。按照统一规划、分类指导、分级负责、注重实效的原则，培养造就一支了解农业政策、精通经营管理、富有社会责任、掌握服务农户技能的高素质的农业产业化龙头企业和农民专业合作社负责人队伍，示范带动农户比例由当时的 40% 提高到 60% 以上。按年度组织实施，每年培训 3 000 人，采取学习培训、研讨交流、参观考察、观摩展示等方式，对农业产业化龙头企业负责人主要开展政策法规、经济管理、金融税收、国际贸易、商务谈判、企业与农户利益联结机制建设等方面的培训。对农民专业合作社负责人主要开展政策法规、质量安全、经济地理、市场营销、国内外合作社成功案例等方面的培训。

　　（3）农村技能服务型人才。完善农村技能服务型人才培养体系，《农村实用人才和农业科技人才队伍建设中长期规划（2010—2020 年）》指出，以提高职业技能为核心，加快培养动物防疫员、植物病虫害综合防治员、农村信息员、农产品质量安全检测员、肥料配方师、农机驾驶操作和维修能手、农村能源工作人员以及农产品加工仓储运输人员、畜禽繁殖服务人员等各类农村技能服务型人才。完善以职业院校、广播电视学校、技术推广服务机构等为主体，学校教育与企业、农民专业合作组织紧密联系的农村技能服务型人才培养体系。2012 年中央 1 号文件提出深入推进大学生"村官"计划，因地制宜实施"三支一扶"、大学生志愿服务西部等计划。大力培养农民植保员、防疫员、水利员、信息员、沼气工等农村技能服务型人才。

加强人才培养，完善鉴定机制。《农村实用人才和农业科技人才队伍建设中长期规划（2010—2020 年）》提出，推动阳光工程培训与农业职业技能鉴定工作有效衔接，普遍提升农业从业人员的技能水平。积极推进农村技能服务型人才培养与农业重大工程项目实施有机结合。在职业教育中推行学历证书和职业资格证书"双证书"制度。鼓励和引导农民参加农业职业技能鉴定，并按规定给予补贴，积极支持贫困家庭劳动力参加农业职业教育和职业技能培训。在农业生产服务的关键职业领域，探索实行职业准入。广泛开展各种形式的职业技能竞赛和岗位练兵活动。依托现有的职业教育培训和职业技能鉴定机构，建设农村技能服务型人才培养基地。加强农业职业技能鉴定基础工作，修订或新开发一批职业技能培训大纲和教材，修订 100 项农业行业国家职业标准，开发 100 个主要职业工种的鉴定试题库，建设 200 个国家农村技能服务型人才培养基地，培训 5 000 名职业技能鉴定质量督导员、考评员。

加强兽医制度建设，推进兽医培养工作。2011 年制定出台了《农业部关于推进执业兽医制度建设工作的意见》，提出了执业兽医制度基本架构。制定出台了《农业部关于做好动物卫生监督执法人员官方兽医资格确认工作的通知》，为推进兽医职业化发展初步奠定了制度基础。2012 年印发的《全国兽医事业发展"十二五"规划》（2011—2015 年）在推进兽医人才队伍建设方面提出以确认官方兽医资格为基础、以加强官方兽医培训为重点，稳步推进官方兽医制度建设。做好执业兽医资格考试工作，加强执业兽医资格准入管理，强化执业兽医注册审查。严格规范兽医服务行为。研究推动建立执业兽医诚信体系，规范兽医服务行为，构建执业兽医管理长效机制。加强行业自律管理，充分发挥行业自律组织在兽医服务体系建设中的作用。按照"稳定队伍、提升能力、推进专业化"要求，加强乡村兽医队伍建设和管理，全面开展乡村兽医培训，健全完善基层动物防疫工作经费补助政策。逐步建立新型兽医人才培养机制和经费保障机制，将兽医队伍培训纳入各级财政保障。建立兽医人才队伍信息化管理库，逐步推进信息化、自动化和网络化管理。

（二）完善人才队伍建设机制，加速人才成长

《农村实用人才和农业科技人才队伍建设中长期规划（2010—2020 年）》指出要遵循人才成长规律，不拘一格选拔、培育和使用人才，加速人才成长。

在人才培养方面，主要通过依托农业大学、职业院校、科研院所、现代远程教育系统、农业技术推广机构以及各类农民教育培训项目，建立"层次分明、结构合理、布局科学、规模适度、开放有序"的人才教育培训体系。引导涉农高校和职业学校调整专业设置，改革教学内容、课程体系和教学方法，采取扩大招生范围、降低门槛、定向就业等招生措施，以及设立专项奖学金、落实好中职涉农专业学生免学费政策和国家助学金政策等助学措施，大力培养农村实用人才和农业科技人才。组织实施好人才培训项目，加大人才培训力度，创新培训方式，拓宽培训渠道；充分发挥重大工程、产业发展项目和经营组织在人才培养中的重要作用，促进人才在实践中成长。鼓励高校和职业院校毕业生到农村创业服务，鼓励城乡、区域、院地之间加强人才培养合作与交流，调动各种社会力量参与人才培养。建立海外高层次人才特聘专家制度；充分利用国际国内两种资源、两个市场，开发人才资源，引进急需紧缺人才。

在人才评价方面，主要通过完善人才评价标准，改进人才评价方式，拓宽人才评价渠道，建立科学化、社会化的人才评价发现机制。完善评价标准体系、深化农业技术人员职称制度改革、完善考核方式、规范考核程序、不断提高考核的科学化水平。根据农村实用人才的成长规律和特点，以知识、技能、业绩、贡献为主要内容，分层级、分地区、分类型制定农村实用人才认定标准，采取灵活、务实的评价方式，开展农村实用人才评价认定工作。农业科研杰出人才及其创新团队在考核方面，要制定培养目标和年度计划。每年 12 月底前向农业部报送当年工作总结和下一年度工作计划。农业部相关司局依据考核结果对农业科研杰出人才及其创新团队建设情况进行评估。评估合格的，按年度拨付专项资金；评估不合格的，停拨支持资金，并视情况撤销其称号。农业科研杰出人才及其创新团队培养期结束，由农业部组织相关同行专家对其进行综合评估。

在人才选拔方面，主要通过完善事业单位人员聘用制度和岗位管理制度，实行公开招聘制度，建立健全农业科技人才"按需设岗、竞聘上岗、按岗聘用、合同管理"的选拔机制，引导和鼓励科技人才面向农业生产一线开展研究、加强服务、创业兴业；完善海外高层次引进人才使用机制，大胆使用中青年科技骨干，担纲重大科研项目、负责关键岗位；创造良好环境，鼓励科研人员潜心研究。建立政府引导、市场调节的农村实用人才选拔使用机制，鼓励农村基层组织、农业企业、农民专业合作组织等通过公开招聘、民主选举等方

式，多渠道选拔高素质人才，充实农村实用人才队伍。

在人才激励方面，主要通过健全科研单位分配激励机制，重点向关键岗位和优秀拔尖人才倾斜，完善事业单位岗位绩效工资制度。建立以政府奖励为基础、用人单位奖励为主体、社会奖励为补充的人才奖励体系，充分体现人才的经济社会价值。不断加大投入，采取有效措施，改善人才的工作生活条件。支持用人单位为各类人才建立补充养老、医疗保险，扩大人才社会保障范围，提高社会保障水平。逐步建立符合农业农村人才特点的知识产权保护、争议仲裁、公益性成果经济利益分享和社会效益奖励等制度，鼓励创新创造，保护农业农村人才合法权益。扶持农村实用人才创业兴业，在进修培训、项目审批、信贷发放、土地使用、税费减免等方面给予优惠；对作出突出贡献的中青年人才，在职称晋升、科技奖励、项目申报等方面予以鼓励和支持。完善工资待遇、职务职称晋升等政策，鼓励人才向基层和生产一线流动。

在人才技能开发制度方面，主要致力于进一步推进农业职业资格证书制度、推进技能人才开发工作与中心工作紧密结合、扎实做好重点职业领域的技能人才培训和鉴定工作、夯实农业职业技能开发工作基础、建立健全职业技能鉴定质量管理体系、广泛开展农业职业技能竞赛活动。在实施时，加强领导和组织实施；加大投入和经费保障力度，积极争取中央和地方财政预算资金，专项用于农业职业技能开发。把职业技能培训和鉴定机构条件改善纳入基本建设投资中，把职业标准制修订和新职业、培训教材、试题库开发工作列入财政预算；加强宣传和舆论引导。

（三）加大投入力度，建立多元投入机制

《农村实用人才和农业科技人才队伍建设中长期规划（2010—2020年）》指出各地要积极争取财政支持，设立农业农村人才队伍建设专项资金，按财政收入的一定比例纳入年度预算；增加专项投入，支持农业科研院所、高等院校开展重大科技攻关、海外高层次人才引进和学科专业、创新团队、后备人才队伍建设。将中央和地方财政安排的农业农村建设项目作为培养农村实用人才和农业科技人才的重要载体和基地。财政投入资金应主要用于组织人才培训，加强人才基地建设，实施人才队伍建设重大工程，扶持重点人才开展工作，改善基层人才工作场所和设施装备，开展人才库建设，补贴奖励优秀人才及人才队伍建设先进集体和个人，为农村实用人才创业提供贷款担保贴息等。

2012年中央1号文件提出进一步提高涉农学科（专业）生均拨款标准。加大国家励志奖学金和助学金对高等学校涉农专业学生倾斜力度，提高涉农专业生源质量。加大高等学校对农村特别是贫困地区的定向招生力度。鼓励和引导高等学校毕业生到农村基层工作，对符合条件的，实行学费补偿和国家助学

贷款代偿政策。加快中等职业教育免费进程，落实职业技能培训补贴政策，鼓励涉农行业兴办职业教育。充分发挥各部门各行业作用，加大各类农村人才培养计划实施力度，扩大培训规模，提高补助标准。

三、政策执行情况

(一) 加强队伍建设，强化人才培养

1. 农业科研人才

农业科研杰出人才培养方面，2011 年评选产生首批 50 名农业科研杰出人才。2012 年实施评选产生 100 名农业科研杰出人才及其创新团队，并对以上 150 名农业科研杰出人才及其创新团队给予专项经费支持，落实现代农业人才支撑计划项目资金，用于开展自主选题、学术交流、学习培训和文献出版等。举办农业科研杰出人才培训班，与国家外专局签署《现代农业人才出国（境）培训合作备忘录》，支持农业科研杰出人才及其创新团队开展国际学术交流和合作。2014 年通过专项经费支持，扶持 150 名农业科研杰出人才及其团队成员开展学习培训、合作研究、实践考察、交流引进等活动；组织部分科研杰出人才赴国（境）外访问研修，提升国际竞争力。2014 年中国农科院分三批实施了科技创新工程，中央财政投入专项资金，为农业科研人才提供长期稳定支持。

农业科研人才评选方面，2011 年有 2 人当选中国工程院院士，4 人入选"千人计划"，1 名外国专家荣获"友谊奖"，254 名部属事业单位专业技术人员晋升职称。2013 年农业部组织"两院"院士、百千万人才、"千人计划"、中青年科技创新领军人才、中国青年科技奖、博士后科研工作站等候选对象推荐工作；6 人入选国家百千万人才工程并获得"有突出贡献中青年专家"称号，1 人获得第 13 届中国青年科技奖；农业部系统开展专业技术职务任职资格评审，共有 1 124 人获得晋升。

农业人才交流和引进方面，2012 年加强海外高层次人才创新创业基地建设，借助国家"千人计划"平台，大力引进农业领域海外高层次人才。2013 年下发《农业部办公厅关于加强农业引进国外智力工作的意见》，下达 34 个引进国外技术和管理人才项目，完成出国（境）培训项目的清理工作并落实 15 个培训团组任务。每年都完成"博士服务团"成员管理和选派工作，以及"西部之光"访问学者培养和接收工作。

2. 农业技术推广人才

农业技术推广人才培训方面，2011 年依托基层农技推广体系改革与建设示范县项目，组织 800 个示范县的 8 万名农业技术推广骨干人才到农业院校开

展为期一周的集中培训。2012年围绕种植业、畜牧业、渔业和农机技术推广等领域，开展1万名农技推广骨干人才的全员轮训和1 800名农技推广骨干人才实地培养工作，使其成为本地农技推广工作的首席专家；以农业大县为重点，选拔农业推广骨干参加学习研修、技术交流、观摩展示等，提升他们的科技水平和业务能力。全面开展基层农技人员知识更新培训，加快现有农技人员知识更新，全年培训20万人以上。2013年扶持培养有突出贡献的农业技术推广人才，组织他们到高等农业院校、科研院所、大型农业企业学习和研修；全国各地共遴选22.87万名技术指导员，建设10 498个农业科技试验示范基地，培育208.5万科技示范户，辐射带动3 568万周边农户，培训基层农技推广人员53.8万人次。截至2013年年底，全国乡镇级农技推广机构管理体制实行以县管为主的占60%以上。落实基层农技推广体系改革与建设补助专项中央经费26亿元、乡镇农技推广机构条件建设项目中央投资8亿元。实施万名农技推广骨干人才培养计划，全年培训3 500名农技推广骨干人才。2014年继续依托基层农技推广体系改革与建设示范县项目，实施万名农技推广骨干人才培养计划，全年培训3 500人。

农业技术推广人才评价方面，2012年农业部与人力资源和社会保障部共同开展农业技术推广研究员队伍建设情况专题调研，调整完善农技推广人才评价办法。2014年完善专业技术人员评价方式，会同人社部开展第十一届全国农业技术推广研究员任职资格评审，继续实行向县乡基层人员倾斜政策，共有1 428人获得晋升。

农业技术推广人才引进方面，2011年积极组织实施基层农技推广特设岗位计划，引导农科专业大学生到基层开展推广服务工作。2012年积极推动实施"基层农技推广特岗计划"，同时完善农技人员公开招聘、竞争上岗等制度，专业技术人员在推广队伍中所占比例进一步提高。四川、湖北等省份探索推行资格准入制度，规范农技人员上岗条件。浙江省建立农技人员定向培养机制，甘肃、福建等省招录几千名高校毕业生到县乡推广队伍，为农技推广队伍补充了新生力量。广西、四川等省份明确乡镇农技推广机构由县农业部门直接管理，全国"三权归县"比例进一步提高。大力推广"专家—农技人员—科技示范户"工作机制和"包村联户"等服务模式，各级农业科研院所、农业大学积极组织专家服务团队深入基层开展技术推广服务，农民专业合作社以及植保、农机、沼气等专业化服务组织成为农技推广的重要参与力量。2013年落实基层农技推广特岗待遇，继续通过公开招聘高校农科大学生到乡镇从事农业技术推广、动植物疫病防控、农产品质量安全服务等工作，在乡镇设置农业公共服务特设岗位（特岗农技人员），积极落实特岗农技人员的工资待遇、社会保障、学费补偿、事业单位优先录用等优惠政策，逐步解决基层农技推广队伍老化、专业素质不高的问题。2014 年推进农技推广特岗计划试点，13 个省份招聘特岗农技人员 10 852 名。2014 年各省把强化农技推广队伍建设作为推进农技推广工作高效开展的重要工作，积极采取综合措施抓实做好。安徽省在抓好农技人员编制落实的同时，启动实施了农技推广服务特岗计划，省农委联合省人社厅、教育厅、科技厅下发了《关于实施农业技术推广服务特设岗位计划意见》，将特岗计划纳入"三支一扶"工作中的支农岗位项目计划。江西省实施以基层农技人员定向培养为主的农技推广特岗计划，2014 年江西省招录 337 名立志献身"三农"、服务本土的人员到农业高职学院接受大专学历教育，毕业后返回本县乡镇从事农业技术推广服务工作，有效解决当前农技推广后继乏人问题。

3. 农业实用人才

在农业实用人才培训方面，2012 年举办 31 期农村实用人才带头人示范培训班，示范培养各类农村实用人才带头人 3 100 名。2013 年举办农村实用人才培训班 100 期，培训 1 万人，其中与中组部联合举办大学生"村官"培训班 20 期，培训 2 000 人；新增 2 个农业部农村实用人才培训基地，联合中组部举办 88 期农村实用人才带头人和大学生"村官"示范培训班，培养 8 800 名农村实用人才带头人。2013 年还构建了普及型培训、职业技能培训和农民学历教育培训"三位一体"的农村实用人才培训体系。2014 年新增一批农业部农村实用人才培训基地，与中组部联合举办 117 期农村实用人才带头人和大学生"村官"示范培训班，全年培训 1.17 万人。2014 年，农业部新增 7 个部级农村实用人才培训基地，与中组部联合举办 117 期农村实用人才带头人和大学生"村官"示范培训班，规模同比增长 33%。大规模开展基层农技人员知识更新培训，举办农业科技人员网络大讲堂，累计培训 80 万人次；会同中组部举办乡镇村党组织书记培训示范班；开展农村实用人才带头人和大学生"村官"示范培训，增选一批农村实用人才培训基地，依托培训基地举办 117 期示范培训班，通过专家讲课、参观考察、经验交流等方式。2015 年，继续开展农村实用人才带头人和大学生"村官"示范培训，新增设一批部级农村实用人才培训基地，依托培训基地举办 180 余期示范培训班，培训 1.8 万多名各类农村实用人才和大学生"村官"，并带动各省区市大规模开展农村实用人才培养工作。

在农业实用人才培养扶持方面，2012 年组织实施农村实用人才培养"百万中专生计划"，全年招生培养 10 万人。探索农村实用人才创业兴业扶持机制，积极争取社会资金支持，启动实施"百名农业科教兴村杰出带头人资助项目""全国杰出农村实用人才项目"和"贵州大学生村官创业资助项目"，支持一批群众公认、示范带动能力强的杰出农村实用人才创业兴业。2013 年实施农村实用人才培养"百万中专生计划"，全年招生培养 10 万人；继续实施"百

名农业科教兴村杰出带头人项目",选拔 33 名杰出农村实用人才,每人资助 5
万元。2014 年实施农村实用人才培养"百万中专生计划",完成 7 万人的招生
任务。2014 年继续实施农村实用人才培养"百万中专生计划",改革完善课程
体系,提高办学水平,提升教学质量,全年实现 10 万人以上的招生规模,提
高农村实用人才学历层次。吸引社会力量扶持农村实用人才创业兴业,组织
开展第三批"百名农业科教兴村杰出带头人"和第二批"全国杰出农村实用
人才项目"评选工作,选拔 50 名左右优秀农村实用人才,每人给予 5 万元
的资金资助。2015 年继续实施农村实用人才培养"百万中专生"计划,全
年计划完成 7 万人以上的招生规模,提升农村实用人才学历层次。继续开展
农村实用人才认定试点,研究出台指导性认定标准和扶持政策框架,加强认
定信息管理,构建科学规范的认定体系。组织实施"全国十佳农民"2015
年度资助项目,遴选 10 名从事种养业的优秀新型农民代表,每人给予 5 万
元的资金资助。

(1) 培养农村生产型人才。2013 年中央财政安排阳光工程资金 11 亿元,
全年培训农民 316 万人。选拔扶持 7 000 名自主发展基础好、示范带动能力强
的农村生产能手,开展特点鲜明、针对性强的培训工作。按照"政府主导、上
下联动、多元参与、广泛培训"的大培训工作机制,全国各地共投入培训经费
7.3 亿元,培训农民 4 800 万人次,提供咨询服务 2 100 万人次,开展现场培
训或指导 45 万场次,举办培训班 21 万期,发放技术资料 6.3 亿份,有力提升
了农民科学文化素质和生产技能,为春季农业生产顺利进行和夺取夏粮丰收做
出了积极贡献。

2013 年开始大力推进新型职业农民培育试点,继续在全国选择 100 个县
开展新型职业农民培育试点工作,每个试点县围绕 2~3 个主导产业,培育新
型职业农民 500~1 000 人,印发《农业部办公厅关于新型职业农民试点工作
的指导意见》,召开全国新型职业农民培育试点工作经验交流会。开展"全国
冬春农业科技大培训行动"。2014 年启动新型职业农民培育工程,投入 6 000
多万元经费,实施"农业部新型职业农民流动课堂"建设项目,重点支持试点
示范区 319 所县级农广校,强化重点示范区教育培训支撑能力。中央财政投入
11 亿元用于新型职业农民培育,引导各地配套投入超过 5 亿元。全年培育新
型职业农民超过 100 万人。编制《新型职业农民培育发展规划(2001—2020
年)》,并在陕西和山西 2 个整省、14 个整市、300 个县开展试点示范,重点探
索"三位一体、三类协同、三级贯通"的培育制度。在黑龙江农垦系统先行先
试,建立培育制度。因地制宜探索适应成人学习和农业生产规律的培育模式,
大力推广农民田间学校方法。建立智慧农民云平台,包括在线教育培训、移动
互联服务、在线技术信息咨询、在线认定管理考核和全程跟踪服务。开通中国

新型职业农民网、中国新型职业农民公共微信号；开展百名新型职业农民进农业部、进院校活动。建立新型职业农民免费教育制度，扩大招生规模，完善课程体系，提高教学质量，全年实现10万人以上的招生规模，提升新型职业农民和农村实用人才学历层次。加大职业农民技能开发力度，全年培训鉴定人次超过40万。2014年首次组织实施"全国十佳农民"资助项目，举办首届"全国十佳农民"揭晓仪式，10位新时代的职业农民获得荣誉，在全社会引起强烈反响；组织两岸"十佳农民"座谈交流，营造了关心农业、关爱农民、关注农村的良好氛围。2015年整合教育培训资源，围绕"调结构、转方式"的目标，培育1万名现代青年农场主，壮大新型职业农民队伍，构建新型职业农民教育培训、认定管理和政策扶持互相衔接配套的培育制度，为现代农业发展提供人力支撑，确保农业发展后继有人。

（2）加强农村经营型人才队伍建设。2011年示范性培养3 000名农业产业化龙头企业和农民专业合作组织负责人，依托11个农村实用人才培训基地举办50期培训班，示范培养5 000名基层组织负责人、农民专业合作组织负责人和大学生"村官"。2012年在农产品主产区重点培养3 000名农村经纪人，就近培训、规范管理、统一发证，造就一支业务精、能力强的农村经纪人队伍。2013年在全国选择100个县，每个县选择2～3个主导产业，重点面向种养大户等，通过教育培训、认定登记、政策扶持等措施，吸引和培养造就大批高素质农业生产经营者。遴选3 000名农业产业化龙头企业和农民专业合作组织负责人，采取学习培训、研讨交流、参观考察、观摩展示等方式开展培训。2014年选拔1 500名省级以上农业产业化龙头企业负责人，依托地方农业产业化主管部门推进龙头企业经营管理人才培养。选拔3 000名农村经纪人，依托相关培训机构开展集中教学、模拟操作和现场实习，提高其经营素质和带头能力。选拔1万名村级信息员，依托阳光工程开展互联网和现代信息产品应用、信息资源利用及电子商务等方面技能培训。培训8 700名农村基层组织负责人、农民专业合作社负责人和3 000名大学生"村官"，同时带动各省区市大规模开展培训工作，培养致富带头人和现代农业经营者。

（3）加强农村技能服务型人才队伍建设。培养种植业生产服务、畜牧和渔业生产服务、兽医服务、农机服务、涉农企业服务等各类服务型人才。2012年深入推进阳光工程转型，组织实施新型农民培训阳光工程，扩大培训规模，提高补助标准，全年中央财政安排培训资金11亿元，面向农业产前、产中、产后服务和农村社会管理领域的从业人员开展职业技能培训。2014年建立种植业生产重大技术专家指导团队300人，培训粮棉油糖高产创建与粮食增产模式攻关、园艺作物标准化创建、病虫害统防统治、农药安全使用、测土配方施肥、农情信息采集等六类实用技术人员1万人。加强县级植保机构公共服务专业人才队伍建设，培训病虫害检测防控、植物检疫等专业技才 1 000 人。

加强兽医人才队伍建设，2012 年全国共有 14 117 人取得执业兽医资格证书，其中执业兽医师 7 095 人，执业助理兽医师 7 022 人。举办全国官方兽医师资能力提升班，培训师资人员 104 名。2014 年启动《全国兽医人才队伍建设规划》编制工作，形成规划初稿。继续开展官方兽医资格确认和官方兽医培训工作。截至 2014 年年底，全国共确认官方兽医 10 万余人。继续组织开展全国执业兽医资格考试，创新考试组织形式，由试前审核改为试后审核，首次在西藏开展 C 证试点工作。2014 年全国共有 16 143 人通过执业兽医资格考试，其中执业兽医师和执业助理兽医师分别为 8 280 人和 8 063 人。贯彻落实《执业兽医管理办法》规定，对符合条件的 6 858 名高级职称人员授予了执业兽医师资格。

（二）开展培训宣传，实施资助支持

运用多种培训方式，实施激励扶持措施。扎实做好农村党员干部现代远程教育专题教材制播工作，每年均完成 365 小时的教学节目制播任务。加强对农业农村人才工作的宣传。2011 年编印农村实用人才培训基地宣传画册，编发 35 期《农业农村人才工作动态》，4 次在中组部《人才工作简报》等刊物上宣传农业部农业农村人才工作。搭建农业农村人才信息交流平台，广泛宣传人才工作重大部署、重大举措和重大成效。2014 年发挥农业现代远程教育信息技术、手段和资源传播优势，利用农广校卫星系统、《农广在线》网站、全国基层农业干部远程学习系统和中国农业信息网《农科讲堂》学习平台举办网络大课堂，开展农业科技人员知识更新培训。

动员社会力量加大对农村实用人才创业的帮扶资助，2014 年实施"农业科教兴村杰出带头人"和"全国杰出农村实用人才"资助项目，共有 54 人入选、每人获得 5 万元的资金资助。2014 年各省加大人才激励力度，吉林、山东开展"万名兴农带富之星""乡村之星"评选等活动，江苏设立"种业人才奖励基金"、内蒙古设立"青年创新基金"等举措，极大激发了各类人才的创业兴业热情。

（三）加强职业鉴定，实施人才认定

农业职业技能鉴定方面，2011 年举办农业职业技能鉴定质量管理人员培训班，开展《国家职业分类大典》农业职业部分修订工作，完成 8 项标准、7 个教材、8 个试题库和 6 个职业卷库的制修订工作，完成对 383 家农业行业职业技能鉴定机构质量管理的评估工作。2012 年围绕农业技术指导、肥料配方、病虫害统防统治等重点职业领域，全年共培训鉴定技能型人才 45.68 万人次。2013 年广泛开展职业技能竞赛活动，推动技能鉴定工作，大力开发主体职业的鉴定试题库和技师、高级技师鉴定试卷库。2013 年完成国家职业分类大典农业职业部分修订，全年培训鉴定农民 15.8 万人次。2014 年加大急需紧缺技能型人才的鉴定培养，加大职业农民技能开发力度，全年培训鉴定 44 万农业技能人才。

兽医资格管理方面，2011 年共组织举办 3 期官方兽医师资培训班，培训官方兽医师资 300 多人；截至 2011 年全国共有 18 563 人取得执业兽医师资格，25 277 人取得执业助理兽医师资格；加强乡村兽医登记，培训村级防疫员 20 万人次，兽医从业人员整体素质稳步提升；组织编制乡村兽医和村级防疫员培训规范，共安排培训基层兽医人员 20 余万人。截至 2012 年年底，全国初步确认 101 369 名官方兽医，全国取得执业兽医师资格和执业助理兽医师资格的人数分别达到 25 735 人和 27 108 人；加大培训基层兽医人员培训力度，培训乡村兽医和村级防疫员共 23 万名。

农业实用人才认定方面，2013 年在 11 个省 36 个县开展农村实用人才认定试点，探索建立科学的农村实用人才评价认定体系；印发《农村实用人才认定试点工作方案》，试点工作在北京、黑龙江、江苏、安徽、山东、河南、湖北、湖南、云南、西藏、陕西等 11 省（区、市）的部分县（市）进行，以探索在东、中、西部各类地区开展农村实用人才认定的办法和经验。每个试点省（区、市）根据当地实际，选择不同经济发展水平的 3 个县（市）（整县推进）进行试点。2014 年明确农村实用人才的认定标准，探索认定与补贴、项目、资助、土地利用等挂钩的办法，提高认定的"含金量"，构建扶持农民的政策体系；在 13 个省 299 个县开展农村实用人才认定试点，其中北京、安徽、湖北、云南等 4 个省市整建制推进，探索认定管理、配套政策一体化评价认定体系。

四、面临的问题和对策建议

"十二五"期间，在农业农村人才队伍建设相关政策的指导和相应措施的支持下，农业科研人才结构有所改善，重点领域人才紧缺的状况有所缓解，科研人才总量不断增加，整体素质有所提高；农业科研领军人才迅速成长，一大批年轻专家、学者成为各个学科领域的带头人；企业研发队伍逐步壮大，研发人员数量大幅增加；农技推广人才队伍基本稳定，多元化的推广服务不断发展；农村实用人才总量大幅提高，人才成长途径和培训渠道不断拓宽。

但是，目前我国的农业农村人才队伍建设仍然需要不断加强。农业科研领军人才仍然不足，创新团队建设滞后；技术推广人才技术弱化，队伍面临老化；农村实用人才总量不足、素质偏低、年龄老化，后备力量比较缺乏。具体而言，接受系统培训的农民不多，中等职业教育免费政策没有惠及农民，高层次创业培训缺乏，全国普遍缺少创业兴业的配套政策扶持，农村实用人才创业兴业最需要的土地流转、信贷支持、税费优惠等配套政策还不完善。

针对以上问题，在农业农村人才队伍建设中，要关注以下几个方面：

（一）加强宣传引导，强化思想认识

通过村镇宣传栏、标语、广播、电视等媒体广泛宣传，提高群众对农业农村人才队伍建设相关政策的认识，增强对人才队伍建设的意识和重视，引导群众积极参与相关培训项目，提高自身素质。

（二）完善政策体系，加强组织领导

根据政策实施情况不断完善改进政策体系，加强相关部门的相互联系沟通，增强政策的可行性和落实效果。通过适当形式的评价考核强化工作职责，共同壮大农业农村人才队伍。

（三）抓住重点，统筹各类农业农村人才的培养

以培养领军人才和创新团队为重点，加强农业科研人才队伍建设；以骨干人才为重点，加强技术推广人才队伍建设；以新型职业农民培养为重点，加强农村实用人才队伍建设；着力培养农村实用人才带头人、全面培养农村生产型人才、积极培养农村经营型人才、加快培养农村技能服务型人才。

（四）创新人才工作机制，优化队伍发展

政府要在政策上予以倾斜，继续加大人才队伍建设投入，做好涉农专业大学生的宣传引导，健全农业农村人才的培养培训机制，促进基层专业技术人员学历结构和年龄结构的优化，鼓励优秀人才投身"三农"事业，优化农业农村人才队伍结构。

（五）健全职业资格认定机制，实现人才评价考核

鼓励专业技术人员取得相应职业资格证书，实现资格认定。实施职业技能鉴定或职业能力考核，健全人才培养单位和机构加强评价的办法。为农业农村人才队伍建设提供保障。

（六）规范引导社会力量，助力人才队伍建设

允许农村人才平等参与政府公益性农业技术服务、基础设施建设和产业发展项目，促进花钱买服务市场的形成。加大政策引导和扶持力度，鼓励更多有资质、有能力的个人或团体投入到农业服务行列中来。通过合理运用社会力量加强农业农村人才队伍建设。

第18章　农村生态环境保护

一、政策形成过程和背景分析

(一)"十一五"时期的工作进展和存在的主要问题

"十一五"期间,中国的农业现代化目标已经从过去单一的高产转变为"高产、优质、高效、生态、安全"的综合目标。农业环境保护被提升到农业生态文明建设的高度。出台了《关于加强农村环境保护工作的意见》(2007)、《关于推进社会主义新农村建设的若干意见》(2006)、《关于积极发展现代农业扎实推进社会主义新农村建设的若干意见》(2007)等一系列政策。

这一期间,国家对农村环保的投入也不断加大。2006年国家环保总局发布的《国家农村小康环保行动计划》(2006)提出农村环保资金"以中央财政投入为主,地方配套,村民自愿,鼓励社会各方参与"。《关于加强农村环境保护工作的意见》(2007)对中央、地方政府和乡镇、村庄各级环境保护资金投入责任进行了界定,同时引导和鼓励社会资金参与农村环境保护。2008年中央财政设立农村环保专项资金,通过"以奖代补""以奖促治"等方式开展农村环境集中整治,2008—2010年分别投入5亿元、10亿元、25亿元。

这一阶段农村环境问题表现为:点源污染和面源污染共存,农村生活污染与农业生产污染叠加,乡镇企业污染和城市污染转移威胁共存。并且随着工业和城市污染排放得到一定程度的遏制,农业自身排放的破坏效应日益显现,农业成为重要的污染源,化肥、农药、农用薄膜等以及农业生产废弃物对环境造成的污染和安全问题越来越严重。农村基础设施建设和环境管理依然较落后,农村生活污水和生活垃圾仍然缺少有效的管理手段。

2008年,原国家环保总局升格为国家环境保护部,正式成为国务院组成部门。农业农村环境管理的两个主要部门是环保部自然生态保护司和农业部科技教育司。相比农村环境问题的复杂和广泛性,农村环境管理的力量仍较为薄弱。

（二）"十二五"时期出台的政策文件及背景分析

1. 相关政策清单

自党的十八大提出生态文明建设以来，农业农业环境保护工作得到了前所未有的重视，并体现在"十二五"期间出台的一系列相关的政策文件和法律法规中。主要相关政策归纳如下。

表 18-1　"十二五"期间出台的农业农村环境保护相关法律法规政策

出台年份	出台部门	文件名称	相关内容
2014	国务院	《畜禽规模养殖污染防治条例》（2014）	1. 以生态文明建设的精神为指导，引领现代农业、生态农业发展，推动产业发展走绿色农业、循环农业和低碳农业的路子，采取全过程管理的思路，对产业的布局选址、环评审批、污染防治配套设施建设等前置环节做出了规定，对废弃物的处理方式、利用途径等环节做出了规定。 2. 推动将综合利用作为防治畜禽养殖污染的根本手段，对综合利用的激励措施做出了规定，如对污染防治和废弃物综合利用设施建设进行补贴、对有机肥购买使用实施不低于化肥的补贴等优惠政策、鼓励利用废弃物生产沼气以及发电上网。
2015	全国人民代表大会	《环境保护法》	1. 各级人民政府应当加强对农业环境的保护，促进农业环境保护新技术的使用，加强对农业污染源的监测预警，统筹有关部门采取措施，防治土壤污染和土地沙化、盐渍化、贫瘠化、石漠化、地面沉降以及防治植被破坏、水土流失、水体富营养化、水源枯竭、种源灭绝等生态失调现象，推广植物病虫害的综合防治。 2. 各级人民政府及其农业等有关部门和机构应当指导农业生产经营者科学种植和养殖，科学合理施用农药、化肥等农业投入品，科学处置农用薄膜、农作物秸秆等农业废弃物，防止农业面源污染。禁止将不符合农用标准和环境保护标准的固体废物、废水施入农田。施用农药、化肥等农业投入品及进行灌溉，应当采取措施，防止重金属和其他有毒有害物质污染环境。 畜禽养殖场、养殖小区、定点屠宰企业等的选址、建设和管理应当符合有关法律法规规定。从事畜禽养殖和屠宰的单位和个人应当采取措施，对畜禽粪便、尸体和污水等废弃物进行科学处置，防止污染环境。 3. 各级人民政府应当在财政预算中安排资金，支持农村饮用水水源地保护、生活污水和其他废弃物处理、畜禽养殖和屠宰污染防治、土壤污染防治和农村工矿污染治理等环境保护工作。

　　2014 年既是全面深化改革元年，对于农业环境治理而言也具有里程碑意义。《畜禽规模养殖污染防治条例》于 2014 年 1 月 1 日正式生效，对畜禽养殖污染的预防、综合利用和无害化处理等做出了详细的规定。这是农业污染治理领域第一个专门的国家性法规。该条例也因此具有里程碑的性质。此外，2014 年修订通过、2015 年正式生效的《环境保护法》，新增了较多关于农业环境治理的内容。在农业污染源监测、农村环境综合整治、农药化肥污染防治、畜禽养殖污染防治以及农村生活污染防治等方面做出了较全面的规定，对各级政府在农业农村环境保护方面的作用做出界定。集中体现在第 33、49、50 条。作为环境保护基本法，修订后的《环境保护法》为适应新时期农业农村环境保护工作的开展奠定了法律基础。

表 18 - 2　"十二五"期间出台的全国性规划

出台年份	出台部门	文件名称	相关内容
2011	全国人大	《国民经济和社会发展第十二个五年规划纲要》(2011)	明确将治理农药、化肥和农膜规模等面源污染、畜禽养殖污染防治等方面作为农村环境综合整治的重点领域。
2011	国务院办公厅	《"十二五"节能减排综合性工作方案》(2011)	1. 促进农业和农村节能减排。加快淘汰老旧农用机具，推广农用节能机械、设备和渔船。推进节能型住宅建设，推动省柴节煤灶更新换代，开展农村水电增效扩容改造。发展户用沼气和大中型沼气，加强运行管理和维护服务。 2. 治理农业面源污染，加强农村环境综合整治，实施农村清洁工程，规模化养殖场和养殖小区配套建设废弃物处理设施的比例达到 50% 以上，鼓励污染物统一收集、集中处理。因地制宜推进农村分布式、低成本、易维护的污水处理设施建设。 3. 推广测土配方施肥，鼓励使用高效、安全、低毒农药，推动有机农业发展。
2012	环境保护部、农业部	《全国畜禽养殖污染防治"十二五"规划》	对"十二五"时期畜禽养殖污染防治工作目标、主要任务和保障措施提出了明确要求，进行了全面部署。
2013	农业部	《农业环境突出问题治理规划（2014—2018)》	从 2014 年开始大力推进高毒农药定点经营示范和低毒低残留农药示范补贴工作。对氯磺隆、胺苯磺隆、甲磺隆、福美胂、福美甲胂、毒死蜱和三唑磷等 7 种农药采取进一步禁限用管理措施。

（续）

出台年份	出台部门	文件名称	相关内容
2015	农业部、国家发展改革委、科技部、财政部、国土资源部、环境保护部、水利部、国家林业局	《全国农业可持续发展规划2015—2030》	1. 将全国划分为优化发展区、适度发展区和保护发展区等三大区域，因地制宜、梯次推进、分类施策。 2. 提出了未来一个时期推进农业可持续发展的五项重点任务：一是优化发展布局，稳定提升农业产能。二是保护耕地资源，促进农田永续利用。三是节约高效用水，保障农业用水安全。四是治理环境污染，改善农业农村环境。五是修复农业生态，提升生态功能。 3. 围绕重点建设任务，以最急需、最关键、最薄弱的环节和领域为重点，统筹安排中央预算内投资和财政资金，调整盘活财政支农存量资金，安排增量资金，积极引导带动地方和社会投入，组织实施一批重大工程，全面夯实农业可持续发展的物质基础。

《国民经济和社会发展第十二个五年规划纲要》明确把治理农药、化肥、农膜、畜禽养殖等农业面源污染作为农村环境综合整治的重点领域，要求2015 年农业 COD 和氨氮排放相比 2010 年要分别下降 8% 和 10%，这是国家规划中首次对农业污染排放作出约束性要求。农业自身发展也积极向绿色转型。《全国农业可持续发展规划（2015—2030 年)》则是将目标和任务做了进一步的细化。

表 18-3　"十二五"期间中央 1 号文件涉及农村环境保护的内容

出台年份	出台部门	文件名称	相关内容
2011	中共中央国务院	《中共中央国务院关于加快水利改革发展的决定》（2011）	1. 解决规划内农村饮水安全问题。 2. 实施农村河道综合整治。 3. 开展水电新农村电气化县建设和小水电代燃料生态保护工程建设，搞好农村水电配套电网改造工程建设。 4. 推进农业水价综合改革。
2012	中共中央国务院	《关于加快推进农业科技创新持续增强农产品供给保障能力的若干意见》（2012）	1. 大力推广高效安全肥料、低毒低残留农药，严格规范使用食品和饲料添加剂。

（续）

出台年份	出台部门	文件名称	相关内容
2012	中共中央国务院	《关于加快推进农业科技创新持续增强农产品供给保障能力的若干意见》（2012）	2. 加强农业基础研究，在农业生物基因调控及分子育种、农林动植物抗逆机理、农田资源高效利用、农林生态修复、有害生物控制、生物安全和农产品安全等方面突破一批重大基础理论和方法。 3. 继续搞好农地质量调查和监测工作，深入推进测土配方施肥，扩大土壤有机质提升补贴规模。 4. 农村环境整治作为环保工作的重点，完善以奖促治政策，推行城乡同治。 5. 推进农业清洁生产，引导农民合理使用化肥农药，加强农村沼气工程和小水电代燃料生态保护工程建设。 6. 加快农业面源污染治理和农村污水、垃圾处理，改善农村人居环境。
2013	中共中央国务院	《中共中央、国务院关于加快发展现代农业，进一步增强农村发展活力的若干意见》（2013）	1. 加强农村生态建设、环境保护和综合整治。 2. 继续实施草原生态保护补助奖励政策。加强农作物秸秆综合利用。搞好农村垃圾、污水处理和土壤环境治理，实施乡村清洁工程，加快农村河道、水环境综合整治。
2014	中共中央国务院	《关于全面深化农村改革加快推进农业现代化的若干意见》（2014）	1. 努力走出一条生产技术先进、经营规模适度、市场竞争力强、生态环境可持续的中国特色新型农业现代化道路。 2. 建立农业可持续发展长效机制。促进生态友好型农业发展。加大农业面源污染防治力度，支持高效低残留农药使用、规模养殖场畜禽粪便资源化利用、新型农业经营主体使用有机肥、推广高标准农膜和残膜回收等试点。 3. 编制农业环境突出问题治理总体规划和农业可持续发展规划。启动重金属污染耕地修复试点。 4. 开展村庄人居环境整治。
2015	中共中央国务院	《关于加大改革创新力度加快农业现代化建设的若干意见》（2015）	1. 走产出高效、产品安全、资源节约、环境友好的现代农业发展道路。

（续）

出台年份	出台部门	文件名称	相关内容
2015	中共中央 国务院	《关于加大改革创新力度加快农业现代化建设的若干意见》（2015）	2. 实施农业环境突出问题治理总体规划和农业可持续发展规划。加强农业面源污染治理，深入开展测土配方施肥，大力推广生物有机肥、低毒低残留农药，开展秸秆、畜禽粪便资源化利用和农田残膜回收区域性示范，按规定享受相关财税政策。落实畜禽规模养殖环境影响评价制度，大力推动农业循环经济发展。扩大重金属污染耕地修复。建立健全农业生态环境保护责任制，加强问责监管，依法依规严肃查处各种破坏生态环境的行为。

从"十二五"期间出台的中央1号文件的内容来看，"三农"问题仍然是每年的主题。涉及农民增收、农业现代化发展、农村环境综合整治、农业面源污染防治等，几乎涵盖农业农村发展的方方面面。但总体来看，农业农村环保内容虽然涉及内容越来越细致，但始终较为分散，一直未成为中央1号文件的主题。

表18-4　"十二五"期间出台的其他相关重要文件

出台年份	出台部门	文件名称	相关内容
2015	国务院办公厅	《关于加快转变农业发展方式的意见》	推动农业发展"由数量增长为主转到数量质量效益并重上来，由主要依靠物质要素投入转到依靠科技创新和提高劳动者素质上来，由依赖资源消耗的粗放经营转到可持续发展上来，走产出高效、产品安全、资源节约、环境友好的现代农业发展道路"。
2015	农业部	《关于打好农业面源污染治理攻坚战的意见》	1. 打好农业面源污染防治攻坚战，确保农产品产地环境安全，是实现我国粮食安全和农产品质量安全的现实需要，是促进农业资源永续利用、改善农业生态环境、实现农业可持续发展的内在要求。 2. 要坚持转变发展方式、推进科技进步、创新体制机制的发展思路。 3. 力争到2020年农业面源污染加剧的趋势得到有效遏制，实现"一控两减三基本"。

（续）

出台年份	出台部门	文件名称	相关内容
2015	中共中央、国务院	《生态文明体制改革总体方案》	1. 加大生态环境保护工作对农村地区的覆盖，建立健全农村环境治理体制机制，加大对农村污染防治设施建设和资金投入力度。 2. 逐步建立农业灌溉用水量控制和定额管理 3. 建立农村环境治理体制机制。建立以绿色生态为导向的农业补贴制度，加快制定和完善相关技术标准和规范，加快推进化肥、农药、农膜减量化以及畜禽养殖废弃物资源化和无害化，鼓励生产使用可降解农膜。完善农作物秸秆综合利用制度。健全化肥农药包装物、农膜回收贮运加工网络。采取财政和村集体补贴、住户付费、社会资本参与的投入运营机制，加强农村污水和垃圾处理等环保设施建设。采取政府购买服务等多种扶持措施，培育发展各种形式的农业面源污染治理、农村污水垃圾处理市场主体。强化县乡两级政府的环境保护职责，加强环境监管能力建设。财政支农资金的使用要统筹考虑增强农业综合生产能力和防治农村污染。
2015	住房和城乡建设部、国家发改委、环境保护部、农业部等十个部门	《全面推进农村垃圾治理的指导意见》	1. 五年目标：因地制宜建立"村收集、镇转运、县处理"的模式，有效治理农业生产生活垃圾、建筑垃圾、农村工业垃圾等。到2020年全面建成小康社会时，全国90％以上村庄的生活垃圾得到有效治理，实现"有齐全的设施设备、有成熟的治理技术、有稳定的保洁队伍、有长效的资金保障、有完善的监管制度"；农村畜禽粪便基本实现资源化利用，农作物秸秆综合利用率达到85％以上，农膜回收率达到80％以上；农村地区工业危险废物无害化利用处置率达到95％。 2. 六大任务：建立村庄保洁制度、推行垃圾源头减量、全面治理生活垃圾、推进农业生产废弃物资源化利用、规范处置农村工业固体废物、清理陈年垃圾。
2015	农业部	《到2020年化肥使用量零增长行动方案》	到2020年，初步建立科学施肥管理和技术体系，科学施肥水平明显提升。2015年到2019年，逐步将化肥使用量年增长率控制在1％以内；力争到2020年，主要农作物化肥使用量实现零增长。
2015	农业部	《到2020年农药使用量零增长行动方案》	到2020年，初步建立资源节约型、环境友好型病虫害可持续治理技术体系，科学用药水平明显提升，单位防治面积农药使用量控制在近三年平均水平以下，力争实现农药使用总量零增长。

由以上可见,"十二五"期间国家农村相关政策的发展趋势是由解决单领域问题逐步走向促进农村社会、经济、环境的协调发展,努力构建可持续的现代化农业体系。尤其是国务院办公厅《关于加快转变农业发展方式的意见》明确指出,要推动农业发展"由数量增长为主转到数量质量效益并重上来,由主要依靠物质要素投入转到依靠科技创新和提高劳动者素质上来,由依赖资源消耗的粗放经营转到可持续发展上来,走产出高效、产品安全、资源节约、环境友好的现代农业发展道路"。生态、环保已经成为农业发展自身的内在要求。

2. 政策执行情况

(1)财政投入不断加大。农村环境保护专项资金投入逐年增加,2011年、2012年分别投入40亿元和55亿元。2013年投入生态与资源保护项目资金166.7亿元。2014年投入生态与资源保护项目资金184亿元。其中,草原生态保护奖补157亿元,在13省区和新疆生产建设兵团、黑龙江省农垦总局实施,安排禁牧草原面积8 200万公顷、草畜平衡草原面积1.73亿公顷,改善了284万户牧户生产生活条件,同时加强后续产业培育和扶持,推动畜牧业生产方式转变和农牧民收入提高,基本实现了草原生态改善,以及"禁牧不禁养、减畜不减肉、减畜不减收"的政策目标。耕地保护与质量提升8亿元,选择770个县,重点推广秸秆还田、绿肥种植、增施有机肥、地力培肥改良综合配套等技术,计划实施面积313.59万公顷。湖南重金属污染土壤治理试点11.56亿元,主要用于调整种植结构,推广低镉水稻品种。转产转业与渔业资源保护4亿元,放流重要水生生物苗种和珍稀濒危物种,有效促进了渔业种群资源恢复。农产品产地重金属污染防治3亿元,继续在重污染区进行土壤重金属污染情况普查,并进行长期定位监测。

(2)农业面源污染防治行动取得进展,积极推进农业清洁生产。近年来,农业面源污染问题受到中央领导和社会公众的高度关注。2013年全国化肥施用量为5 912万吨,每公顷施用量为480千克,是国际安全施用水平的两倍多。据测算,全国化肥当季吸收率约为35%,部分氮、磷元素通过径流进入河流和湖泊,已成为导致水体富营养化的重要原因。全国农药年用量超过180万吨,有效利用率为15%～30%,农药的过量使用及其包装废弃物,对水体、土壤、人体健康以及周边生态环境造成直接危害。

"十二五"期间,农业面源污染防治工作提出了明确的"一控两减三基本"量化目标,具体是:农业用水总量控制在3 720亿立方米;化肥农药实现零增长,利用效率达到40%;规模畜禽养殖废弃物处理设施比例达75%以上、秸秆综合利用率85%以上、农膜回收率80%以上。围绕以上目标,具体的行动体系正在形成。

一是农业面源污染监测网络初步建立。目前,我国已经初步构建了由273

个农田氮磷流失、210 个农田地膜残留、25 个畜禽养殖废弃物排放定位监测点和 2 万个农田调查点组成的全国农业面源污染监测网络，不断推进农业面源污染监测常态化、制度化运行。在北方农田残膜污染严重的省份建立了由 210 个监测点组成的地膜污染监测网络，监测网络架构基本形成，未来将继续加密监测点位。同时开发了"农业面源污染调查数据采集系统"，动态更新农业面源污染数据库，并逐渐形成以典型县、典型地块或典型养殖场为单元的农业面源污染调查机制，每两年开展一次数据更新工作。

二是农药化肥零增长行动计划稳步推进。在中央领导指示精神下，2015年，农业部发布了《关于打好农业面源污染防治攻坚战的实施意见》，细化了农业面源污染防治的"一控两减三基本"目标，相继发布了《到 2020 年化肥使用量零增长行动方案》和《到 2020 年农药使用量零增长行动方案》，对化肥、农药的减量化做出了细致安排。全面普及测土配方施肥技术，推广面积达到 0.93 亿公顷；深入实施绿色防控，设立国家级绿色防控示范区 150 个，陆续淘汰高毒农药 33 种；开展农作物病虫专业化统防统治与绿色防控融合推进试点建设，建立示范基地 218 个。

三是养殖污染防治纳入法治轨道。2012 年，农业部会同环境保护部印发了《全国畜禽养殖污染防治"十二五"规划》；2014 年生效的《畜禽规模养殖污染防治条例》和 2015 年生效的新《环境保护法》，为农业面源的依法治污奠定了基础。加快推进畜禽养殖标准化建设，创建标准化示范场 3 397 个；安排中央财政资金 1.8 亿元在 9 省市实施畜禽养殖废弃物综合利用试点项目；因地制宜发展农村沼气工程，提升农村养殖粪便污水处理能力。

四是农村生活污染治理、地膜和秸秆回收示范推广。实施秸秆综合利用项目，开展秸秆还田、养畜、秸秆沼气、秸秆代木、秸秆炭化等方面工作；启动京津冀地区镇域级秸秆全量化利用示范区建设，加快推进秸秆利用的规模化、产业化发展。全国建成农村清洁工程示范村 1 600 余个，生活垃圾、污水、农作物秸秆、人畜粪便处理利用率达到 90% 以上，化肥、农药减施 20% 以上，有效缓解了农业面源污染。推动地膜标准修订，解决残膜易破碎、回收难的问题；2015 年中央投资 1.6 亿元在新疆、甘肃等 7 个省区（兵团）实施地膜回收利用示范，新增残膜加工能力约 4.6 万吨、回收地膜面积约 80.8 万公顷；在 11 个重点省份启动实施可降解地膜对比试验，筛选应用效果好的可降解地膜用于示范推广，积极解决农田"白色污染"问题。

（3）土壤污染监测与修复持续推进。2014 年 4 月国家环保部和国土资源部联合发布的《全国土壤污染状况调查公报》，全国土壤总的超标率为 16.1%，耕地的点位超标率为 19.4%，中东部地区已经有 333.33 万公顷耕地为中重度污染，已经不适宜农作物种植。耕地中重金属的来源主要为工矿企业的尾水排放。

2013 年，进一步推进了产地土壤重金属监测预警、防治和修复工作，构建了基于 GIS 的农产品产地数据管理平台和产地安全管理信息系统，完成了 5.9 万份重金属污染土壤监测样品入库存放。

2014 年国家启动重金属污染耕地修复综合治理工作，先期在湖南省长株潭地区开展试点。中央财政安排专项资金对湖南省试点地区给予补助，支持耕地保护与质量提升。通过加强耕地质量建设和污染修复治理，实现重金属污染耕地的稻米达标生产，确保国家粮食安全和人民群众"舌尖上的安全"。按照"因地制宜、政府引导、农民自愿、收益不减"的基本思路，科学合理确定技术路线及配套措施，通过土壤改良、培肥地力等农艺措施进行综合治理，确保稻米重金属含量不超标。污染较重的耕地（占少部分）调整农作物种植结构，不再种植水稻，改种棉花、蚕桑、麻类、花卉等，并对残余物去向进行监控，不得再回流进入耕地。

（4）推进农业环境综合治理示范建设。已形成了由 2 个生态循环农业试点省、10 个循环农业示范市、283 个国家现代农业示范区、1 100 个美丽乡村以及若干个生态农业示范基地构成的现代生态循环农业典型带动体系；在 4 个重点流域和重要水源地保护区、2 个县域实施畜禽养殖废弃物及农业氮磷污染综合防治示范区建设，积极探索流域农业面源污染防控的有效机制。

二、政策设计和落实中存在的主要问题

（一）农业农村环境管理机构薄弱

2008 年国家环保部成立以后，在国家层面，农业农村环境管理的两个主要部门是环保部自然生态保护司和农业部科技教育司，农村环境管理的具体工作前者由农村环境保护处、后者则由资源环境处主要负责。2012 年，农业部为了加强农业资源环境保护工作，成立了农业生态与资源保护总站，为正局级事业单位，仿照农业部，各地陆续成立了省级站。然而，总体上农业农村环保机构仍处于弱化趋势，这与农业农村环境问题的长期性、复杂性和广泛性严重不匹配，因此加强机构建设十分有必要。

（二）部分政策领域存在空白

农村环保领域仍存在大量的政策空白，如我国目前关于农药包装物回收的法规仅《固体废弃物污染环境防治法》规定了农药生产销售企业、使用者承担农药包装废弃物污染防治责任，但对如何分担回收成本、回收处理的具体技术指引等尚无具体相关条例或实施办法。《近期土壤环境保护和综合治理工作安

排》仅提出"建立农药包装容器等废弃物回收制度",如何建立、建立后如何实施等问题尚无具体的行动方案。

(三)农业农村环境保护投资严重不足

与工业企业污染治理资金机制相比,农业农村环境保护资金机制仍不完善,资金投入不足。如 2010 年以来中央财政投入 120 亿元用于农村环境连片整治,但整治面只占全国 60 万个村庄数量的 2.8%,覆盖范围偏小,公共财政对农村环保领域的投入仍然明显不足。2008 年以来中央财政投入农村环境保护专项资金,虽然数额逐年上升,但对于占国土面积近 70% 的农村地区来说仍然是杯水车薪。另一方面,农业与资源环保资金尚缺乏监管。资金管理缺乏统筹协调、公开不够、监督缺失以及对违规行为处罚不力是涉农项目资金管理方面普遍存在的问题。截留、挤占挪用农业与资源环保项目建设资金的问题仍然存在,农业与资源环保财政投入的效益不明显。

(四)行动落实长期欠账

我国农业农村环境保护基础十分薄弱,长期面临三重滞后。这三重滞后表现为:第一,农业(农村)经济发展落后于国民经济整体和城市(工业)经济发展。最直观的反映就是城乡居民收入差异,这一差异虽然在"十二五"期间持续降低,但仍然接近三倍之多。如 2011 年城乡居民收入比为 3.13:1,2012 年是 3.10:1,2013 年是 3.03:1,2014 年是 2.92:1。第二,国家的环境保护工作仍然滞后于经济增长速度。"十二五"期间中国经济增长速度仍然保持在 7% 以上,但是环境保护投资仍未见显著增长,根据《中国环境统计年鉴》,2011—2013 年我国环境污染治理投资占 GDP 比重分别为 1.50%、1.59% 和 1.67%。而发达国家的环保投资占 GDP 比重基本都在 2% 以上。第三,农业农村环境保护仍然落后于工业环境保护水平。我国已有的环境政策措施,如环境影响评价、"三同时"、排污收费等,其设计之初均是针对工业和城镇点源污染。而过去一段时间我们在农业农村领域采取的一些有限的污染防治和环境保护措施,也不能适应农村环境问题的复杂性。

三、加强生态环境保护的政策建议

在中央的政治话语体系中,生态文明已经成为提及频率极高且不断被强化的重要概念。2012 年,党的十八大将生态文明建设纳入"五位一体"(经济建设、政治建设、文化建设、社会建设、生态文明建设)的总体布局,反映了党在治国理念上对生态环境保护的重视。十八届三中全会《中共中央关于全面深化改革若干重大问题的决定》中用专章强调"加快生态文明制度建设"。2015

年 3 月 24 日中央政治局会议审议通过《关于加快推进生态文明建设的意见》，首次将过去的"四化同步"（新型工业化、城镇化、信息化、农业现代化同步发展）扩展为"五化同步"，增加了绿色化。随着农产品的安全、土壤污染、农业面源污染等问题不断显现，公众对于农业农村环境问题也越来越关注，同时也使农业承受了过多的压力。

"十二五"时期是全面深化改革的阶段，《畜禽规模养殖污染防治条例》(2014) 和新《环境保护法》(2015) 的出台为完善农业农村环境治理体系提供了依据。"十三五"是我国全面建成小康社会的决定性时期，"三农"是小康的短板，农村环境问题则是短板中的短板。当前，农业环境治理面临"社会有共识、中央有决心、转型有需求、粮食有保障"的历史性机遇，下一步应当重点关注几个方面。

（一）加大农业农村环境治理投资力度

持续加大国家环境保护投入，"十三五"期间要努力将我国环境污染治理投资占 GDP 比重逐步提高到 1.8%～2.0%。2014 年我国国内生产总值为 63.61 万亿元，按照 7% 的增速预测，2015 年我国国内生产总值约为 68.06 万亿元。依据《中共中央关于制定国民经济和社会发展第十三个五年规划的建议》，"十三五"期间的年均经济增速不低于 6.5%，按此估算，"十三五"期间我国的国内生产总值 2016 年将达到 72.48 万亿元，"十三五"末年即 2020 年将达到 93.24 万亿元。按照环境污染治理投资占 GDP 比重 1.8% 估算，2016 年环境污染治理投资应达到约 1.3 万亿元。2020 年应至少达到 1.68 万亿元，争取达到 1.86 万亿元。尤其是增加的部分要着重用于农业农村环境保护，体现"工业反哺农村，城市支持农村"决策的落实。投入的方向应着重于：土壤污染重金属治理，化肥农药减施增效，畜禽粪便、农膜、秸秆综合利用、养殖户培训以及节水农业等农业农村环保重点领域。

（二）完善农业农村环境保护政策措施

一是针对一些相关工作已经启动多年的法律法规，要根据最新形势变化，加紧完成制、修订工作，例如《土壤污染防治法》的制定和《农药管理条例》的修订。二是贯彻落实新的《环境保护法》第 33、49、50 条等相关条款的要求，将农业农村环境保护工作纳入地方政府政绩考核内容，加大财政预算在农业环境治理方面的投入；完善《畜禽规模养殖污染防治条例》的配套政策，尽快出台细则或针对一些执行中疑问较多的条款做出权威解释，例如畜禽粪便直接还田是属于综合利用还是污染排放行为？三是针对一些呼声比较高的法律法规制定工作，要启动研究工作。例如《农业资源环境保护条例》《耕地质量保护条例》等，要梳理已有法律法规中相关内容的全面性和包容性，研究出台新条例的必要性和可行性。如工作确有必要，又限于立法程序，可以先从部门规章层面做起。

特别是从 2004 年以来连续出台的 12 个中央 1 号文件来看，"三农"问题均是每年关注的重点，几乎涵盖农业农村发展的方方面面，但唯独缺乏农业农村环境保护这一主题。因此在今后出台的中央 1 号文件中，如果仍然聚焦农业农村，有必要以农业农村环境保护做为主题，围绕这一主题，系统、全面地部署我国农业生态环境保护工作，凸显农业农村环境保护的国家意志，有效解决制约我国农业可持续发展的资源环境约束。

（三）加强农村农村环境保护机构建设

一方面要强化农业环境治理队伍体系。在一时还难以实现大部制的情况下，应当强化农业和环保两个部门在农业农村环境保护方面的职能。中央层面，环保部门主要负责农村环境质量的监督管理，以及农业环境治理行为的核查和评价等工作，并且严厉遏制污染向农业农村转移，做好农村环境质量的监督和守护人。农业部门则负责实施具体的治理和保护措施，建议设立农业资源环境保护局，作为综合司局，协调部内各专业司局预防和减少农业生产环节所产生的环境污染问题。省、县层面参照中央设立相应机构。到乡镇基层，则可以率先进行"大部制"探索，建立农村资源环境保护综合管理站，统筹行使已有的农业、林业、水利、环保等职能。另一方面，要继续强化基层农技推广服务体系，积极推进农业清洁生产技术应用。以地膜回收利用、畜禽清洁养殖和种植业清洁生产技术等为突破口，推进农业废弃物资源循环利用，发展清洁种植，减少不合理水、肥、药、能等资源消耗，从源头减排污染物；全面开展测土配方施肥，积极推广保护性耕作、化学农药替代、化肥机械化深施、精准化施肥和水肥一体化等控源减排技术，推进农家肥、畜禽粪便等有机肥料资源的综合利用，提高肥料利用率。

（四）抓紧解决行动落实中的紧迫问题

在当前社会关注度高、转型压力大、政策和能力建设尚需时日的情况下，要立即采取一系列果断行动，以缓解面源污染日益严峻、广受诟病的现状。结合农业生产的污染来源和农业产地环境保护要求，提出五方面行动建议：一是调整农业补贴方向，已有的农资综合直补重点向有机肥、缓释肥、低毒高效低残留农药、生物农药等领域倾斜，加大对测土配方施肥的推广力度。二是启动农膜以旧换新补贴，可以率先在西北、新疆等缺水地区启动示范。三是启动秸秆还田补助，可以先从水稻秸秆开始，按照每亩补助 20 元，约需 90 亿元，资金需求并不大。四是继续加大和完善对规模养殖场沼气建设、有机肥的补贴；引入市场机制，推行养殖小区粪污的第三方集中处理。五是建立农业生态补偿基金，主要用于土壤质量保护工作，基金的来源可以考虑从土地出让金中提取。

贯彻实施《农业可持续发展规划（2015—2030）》和《农业环境突出问题治理总体规划（2014—2018）》，从源头控制、过程拦截和末端治理等环节入手，以典型农业流域和主要农区为重点示范区，系统设计农业面源污染治理各项工程的总体布局，细化各项工程建设内容，分阶段、分区域推进农业面源污染防治工作。

第 19 章　农田水利建设

"十一五"时期我国频繁发生严重水旱灾害，造成重大生命财产损失，暴露出农田水利等基础设施十分薄弱，必须大力加强水利建设。"十二五"时期，国家制定了一系列支持水利的重大政策举措，指明了水利改革发展的前进方向，描绘了中国特色水利现代化的宏伟蓝图。经过五年的建设，我国农田水利建设政策更加完善，农田水利设施建设取得了阶段性的丰硕成果。

一、政策背景和形成过程

新中国成立以来，我国的农田水利事业得到了很大发展，尤其是 20 世纪60—70 年代，我国农田水利建设盛极一时。但进入 21 世纪后，农田水利建设滞后的问题日益突显，已成为影响农业稳定发展和国家粮食安全的明显短板。为此，"十二五"时期，我国农田水利建设进入一个重大转折期。

（一）政策背景

1980 年以前，国家平均每年的水利投入占全国基本建设的投资比例达到6.7%，"八五"以来，农田水利建设投入资金的规模远远低于 20 世纪 80 年代的总体水平，"九五"至"十一五"期间，水利建设占全国基建投资总额的比例与"一五"至"五五"期间相对的高水平投资相差甚远。[①]"十一五"期间，中央财政通过水利口安排农田水利建设资金达到 465.54 亿元，比"十五"时期增长了 277%，[②] 尽管水利建设资金规模在增加，但水利建设资金占全国基建投资总额的比例是下降的。也正因为农田水利建设滞后，全国一半以上的耕地缺少基本排灌条件，现有灌区大多存在标准低、配套差、老化失修严重等问题，农田水利设施"吃老本"现象异常突出。[③] 在水利设施历史欠账严重的情况下，天灾又多发并发。"十一五"时期，我国水旱灾害多发并发重发，灾情

---

① 罗兴佐，论新中国农田水利政策的变迁，探索与争鸣，2011 年第 8 期。
② 孔祥智，《农业现代化国情教育读本》，北京：中国经济出版社，2015 年。
③ 陈雷，全面贯彻中央农村工作会议精神 奋力推进水利改革发展新跨越，求是，2011 年第 3期。

之重为历史罕见。洪涝灾害如淮河、太湖、长江、松花江等流域发生严重洪涝灾害；旱灾方面，2006年川渝地区发生百年不遇大旱；2007年全国农作物受旱面积达2 939万公顷，绝收面积319万公顷；2009年北方冬麦区大范围干旱，当年全国15个省市遭逢大旱，农作物受旱面积达到0.11亿公顷；2010年西南五省区发生特大干旱，农作物受旱面积超过666.67万公顷，其中绝收面积超过160万公顷。2011年，旱灾依旧，当年春季华北大旱，河北、山西、山东、河南等八省冬小麦受旱面积达702.87万公顷，其中严重受旱面积138.13万公顷。频发而严重的水旱灾害充分暴露出我国水利建设的突出薄弱环节。

（二）形成过程

自2004年中央1号文件重新聚焦"三农"问题后，农田水利建设政策体系得以逐渐构建。2004—2006年，农田水利建设集中在小型基础设施、大型灌区建设，同时逐步扩大农田水利补助专项资金规模。2007年，推行灌溉用水总量控制和定额管理，农田水利建设走进了量化控制的管理时代。2008—2010年，提出推进小型农田水利工程产权制度改革，强化了对农田水利设施的制度管理；支持农民用水合作组织的发展，加大财政对用水组织的扶持力度，反映出用水合作组织在农田水利建设中的作用。

进入"十二五"时期，我国农田水利建设进入新的纪元，2011年中央1号文件明确提出"从土地出让收益中提取10％用于农田水利建设"，为确保农田水利建设的资金来源提供了制度保障。2011年7月，中央召开了水利工作会议，国家领导人全数出席，这是有史以来最高规格的治水会议，阐述了新形势下水利建设的重要地位。会议确定了中国加快水利改革发展的主要目标。2012年中央1号文件重申加快推进土地出让收益用于农田水利建设资金的中央和省级统筹。2012年6月，《水利发展规划（2011—2015年）》提出了"十二五"及今后一个时期水利发展的总体思路、目标任务、建设重点和改革管理举措，成为指导"十二五"时期我国水利改革发展的重要依据。2013—2015年，连续3个中央1号文件均提及农田水利建设，其中，2013年中央1号文件提出逐步扩大农田水利建设由合作社承担的规模，2015年中央1号文件又提出鼓励发展农民用水合作组织，扶持其成为小型农田水利工程建设和管护主体，同时提出吸引社会资本参与水利工程建设和运营。

可以说，"十二五"时期我国农田水利建设的一系列政策大部分延续了"十一五"时期实施的政策，但"十二五"时期从制度上明确了农田水利建设资金的提取标准和使用范围，这突出表现在2011年以后，财政部、水利部先后印发了《关于从土地出让收益中计提农田水利建设资金有关事项的通知》

（财综〔2011〕48 号）、《中央财政补助中西部地区、贫困地区公益性水利工程维修养护经费使用管理暂行办法》（财农〔2011〕463 号）、《中央财政统筹从土地出让收益中计提的农田水利建设资金使用管理办法》（财农〔2013〕14号）、《农田水利设施建设和水土保持补助资金使用管理办法》（财农〔2015〕226 号）、《小型农田水利工程维修养护定额（试行）》（水总〔2015〕315 号）等农田水利建设资金管理办法。至此，我国农田水利建设进入了资金来源有保障、资金使用有规定的时代。

二、政策主要内容

2011 年开启了我国农田水利建设的重大转折，尤其是 2011 年的中央 1 号文件和《水利发展规划（2011—2015 年）》，明确了我国农田水利建设的政策目标和主要任务，随后相关部门制定了一系列政策和措施，着力弥补农田水利建设"短板"。

（一）政策目标和任务

2011 年是我国"十二五"时期的开局之年，2011 年中央 1 号文件和《水利发展规划（2011—2015 年）》确定了我国"十二五"时期农田水利建设的主要目标：力争通过 5 年到 10 年努力，从根本上扭转水利建设明显滞后的局面。"十二五"期间基本完成重点中小河流（包括大江大河支流、独流入海河流和内陆河流）重要河段治理、全面完成小型水库除险加固和山洪灾害易发区预警预报系统建设。基本消除现有病险水库安全隐患，洪涝灾害年均损失率降低到0.7% 以下。初步建立抗旱减灾体系，干旱灾害年均损失率降低到 1.1% 以下。完成 70% 以上大型灌区和 50% 以上重点中型灌区骨干工程续建配套与节水改造任务，农村水利基础设施条件得到显著改善，净增农田有效灌溉面积266.67 万公顷，农田灌溉水有效利用系数提高到 0.53 以上，新增高效节水灌溉面积 333.33 万公顷，发展节水灌溉饲草地 33.33 万公顷，新增农村水电装机容量 1 000 万千瓦。初步建立水土流失综合防治体系，水土流失严重地区的生态环境恶化状况得到有效遏制，新增水土流失综合治理面积 25 万平方公里。

"十二五"时期我国农田水利建设的主要任务：一是加快中小河流治理，2013—2015 年，安排 3 000 条左右中小河流重要河段的治理，治理河长约 4 万公里；二是加快病险水库（闸）除险加固，到 2015 年，基本完成现有病险水库除险加固，完成规划内 2 721 座大中型病险水闸除险加固任务；三是加快推进大中型灌区和大型灌排泵站更新改造，全面推进规划确定的 434 处大型灌区节水改造，力争完成 650 处 0.33 万～2 万公顷重点中型灌区和 1 500 处666.67～3 333.33 公顷一般中型灌区节水改造，完成 251 处大型灌排泵站更新

235

改造；四是加强新灌区建设，加强粮食生产核心区和后备产区的灌区建设，重点加快三江平原灌区以及尼尔基、廖坊、升钟等水库配套灌区建设；五是大力推进小型农田水利建设，以推进小型农田水利重点县建设为重点，加大灌区灌排渠系、雨水集蓄利用、末级渠系节水改造等田间工程建设力度，加快推进农村"五小"工程建设；六是积极发展牧区水利，推进以高效节水灌溉饲草地建设为主的牧区水利工程建设，新建33.33万公顷节水灌溉饲草地，保护草原面积0.13亿公顷；七是加大农村水电建设力度，对9 600座农村水电站实施增效扩容改造。

（二）政策内容和措施

回顾"十二五"时期，我国的农田水利建设政策是在"十一五"时期制定实施的政策的基础上进行了完善，主要政策延续了"十一五"时期的政策，但在2011年中央1号文件中明确提出"从土地出让收益中提取10％用于农田水利建设"后，2011—2015年，财政部和水利部多次联合制定了农田水利建设资金的计提标准、使用范围和分配依据，使得农田水利建设资金的来源和去向日益明晰和具体化。"十二五"时期，我国农田水利建设政策的另一个亮点是政府鼓励投资主体多元化，即鼓励社会资本投资农田水利建设。因此，本部分的政策回顾将聚焦于上述两大政策亮点，对延续"十一五"时期的政策不再详述。

1. 农田水利建设延续"十一五"时期的主要政策

"十二五"时期，我国农田水利建设方面的政策延续了"十一五"时期的主要政策，例如加强农田水利建设规划管理、加大公共财政对农田水利建设的支持力度、加强对农田水利基本建设的金融扶持、加快大中型灌区续建配套和节水改造、加强病险水库除险加固工作、推进农田水利建设管理制度改革等方面的政策。从2011—2015年各年的中央1号文件中可以看出，"十二五"时期我国农田水利建设政策对已有政策进行了完善和补充。2011年《决定》建立了4项农田水利制度。一是用水总量控制制度，确立水资源开发利用控制红线；二是用水效率控制制度，确定用水效率控制红线；三是水功能区限制纳污制度，确立水功能区限制纳污红线；四是水资源管理责任和考核制度，严格实施水资源管理考核制度，水行政主管部门会同有关部门，对各地区水资源开发利用、节约保护主要指标的落实情况进行考核。三条红线以及一项责任考核制度，完善了多年来的农田水利建设使用管理制度。2012—2013年，中央1号文件再次提出要坚持不懈加强农田水利建设，提出加快推进土地出让收益用于农田水利建设，拓宽了水利建设资金来源。2013年，提及合作社参与水利建设，扩大了建设主体。2014年，提出通过以奖代补、先建后补等方式，探索农田水利基本建设新机制。2015 年，重申加快大中型灌区续建配套与节水改造，加快推进现代灌区建设，加强小型农田水利基础设施建设。

表 19 - 1　2011—2015 年中央 1 号文件中关于加强农田水利建设的政策梳理

年份	文件	文件主要内容
2011	《关于加快水利改革发展的决定》	建立 4 项制度：用水总量控制制度、用水效率控制制度、水功能区限制纳污制度以及水资源管理责任和考核制度；力争今后 10 年全社会水利年平均投入比 2010 年高出一倍，明确指出"从土地出让收益中提取 10％用于农田水利建设"；综合运用财政和货币政策，引导金融机构增加对水利信贷资金，广泛吸收社会资金投资水利。
2012	《关于加快推进农业科技创新持续增强农产品供给保障能力的若干意见》	加快推进土地出让收益用于农田水利建设资金的中央和省级统筹，落实农业灌排工程运行管理费由财政适当补助政策；发展水利科技推广、防汛抗旱、灌溉试验等方面的专业化服务组织。
2013	《关于加快发展现代农业 进一步增强农村发展活力的若干意见》	加快大中型灌区配套改造、灌排泵站更新改造、中小河流治理，扩大小型农田水利重点县覆盖范围；及时足额计提并管好用好从土地出让收益中提取的农田水利建设资金；逐步扩大农田水利建设由合作社承担的规模。
2014	《关于全面深化农村改革加快推进农业现代化的若干意见》	盘活农业结余资金和超规定期限的结转资金，由同级预算统筹限时用于农田水利等建设；通过以奖代补、先建后补等方式，探索农田水利基本建设新机制；加大各级政府水利建设投入，落实和完善土地出让收益计提农田水利资金政策。
2015	《关于加大改革创新力度加快农业现代化建设的若干意见》	加快大中型灌区续建配套与节水改造，加快推进现代灌区建设，加强小型农田水利基础设施建设；吸引社会资本参与水利工程建设和运营；鼓励发展农民用水合作组织，扶持其成为小型农田水利工程建设和管护主体。

2. 农田水利建设资金的计提标准、使用范围、分配权重逐渐明晰和具体化

《中共中央 国务院关于加快水利改革发展的决定》（中发〔2011〕1 号）明确规定"从土地出让收益中提取 10％用于农田水利建设"，根据该文件的精神，财政部和水利部在 2011 年 7 月 4 日出台了《关于从土地出让收益中计提农田水利建设资金有关事项的通知》（财综〔2011〕48 号），进一步明确了从土地出让收益中计提农田水利建设资金的口径和资金的具体使用范围。根据财综〔2011〕48 号文：从 2011 年 7 月 1 日起，各地区市、县（区）统一按照当年实际缴入地方国库的招标、拍卖、挂牌和协议出让国有土地使用权取得的土地出让收入，扣除当年从地方国库中实际支付的征地和拆迁补偿支出、土地开发支出、计提农业土地开发资金支出、补助被征地农民社会保障支出、保持被征地农民原有生活水平补贴支出、支付破产或改制企业职工安置费支出、支付土地出让业务费、缴纳新增建设用地土地有偿使用费等相关支出项目后，作为计提农田水利建设资金的土地出让收益口径，严格按照10％的比例计提农田水利建设资金。

为确保各地区及时足额从土地出让收益中计提农田水利建设资金，在《2011年政府收支分类科目》中增设"农田水利建设资金收入"科目，按季度计提，实行分账核算。农田水利建设资金实行专款专用，专项用于农田水利设施建设，并重点向粮食主产区倾斜。具体使用范围包括：小型农田水利设施、田间工程和灌区末级渠系的新建、修复、续建、配套、改造；山丘区小水窖、小水池、小塘坝、小泵站、小水渠等"五小水利"工程建设；发展节水灌溉，推广渠道防渗、管道输水、喷灌滴灌等技术；牧区农田水利建设。同时，也可以用于上述农田水利设施的日常维护支出，但不得用于人员经费、公用经费等经常性开支。随后，2012—2014年的中央1号文件又多次强调了落实和完善土地出让收益计提农田水利资金政策。

2013年4月8日，财政部和水利部印发了《中央财政统筹从土地出让收益中计提的农田水利建设资金使用管理办法》（财农〔2013〕14号），将中央农田水利建设资金的用途分为农田水利建设与管护两大类，其中用于农田水利设施建设的占80％，具体使用范围延续了财综〔2011〕48号文的规定；20％用于农田水利设施的日常维护支出。同时，中央农田水利建设资金采取因素法分配，分配因素及权重是：耕地面积（35％）、粮食产量（40％）、绩效因素（10％）、地区倾斜（15％）。

到2015年12月16日，财政部和水利部对《中央财政小型农田水利设施建设和国家水土保持重点建设工程补助专项资金管理办法》（财农〔2009〕335号）、《中央财政统筹从土地出让收益中计提的农田水利建设资金使用管理办法》（财农〔2013〕14号）、《中央财政补助中西部地区、贫困地区公益性水利工程维修养护经费使用管理暂行办法》（财农〔2011〕463号）等办法进行了整合修订，形成了《农田水利设施建设和水土保持补助资金使用管理办法》（财农〔2015〕226号）。该文件将补助资金的使用范围细分为三大类：农田水利工程设施建设、水土保持工程建设和水利工程维修养护。同时，文件针对每一类水利工程建设或维护的补助资金支出进行了权重分配，具体而言是：①用于农田水利工程设施建设支出部分中，耕地面积（10％）、粮食产量（15％）、地区倾斜（20％）、建设任务（25％）、绩效因素（30％）；②用于水土保持工程建设支出部分中，建设任务（60％）、绩效因素（40％）；③用于水利工程维修养护支出部分中，有效灌溉面积（60％），绩效因素（40％）。

3. 鼓励农田水利建设投资多元化

"十二五"以来，国家出台了一些吸引社会资本参与水利建设的政策措施。早在 2010 年，国务院颁布《关于鼓励和引导民间投资健康发展的若干意见》（国发〔2010〕13 号），明确提出吸引民间资本投资建设农田水利、跨流域调水、水资源综合利用、水土保持等水利项目。2011 年中央 1 号文件提出，要引导金融机构增加对水利信贷资金和广泛吸收社会资金投资水利。2012 年 6 月 19 日，水利部印发了《鼓励和引导民间资本参与农田水利和水土保持工程建设实施细则》（水规计〔2012〕283 号），指明民间资本参与水土保持工程建设包括小流域综合治理、坡耕地改梯田、水土保持植物种植、淤地坝建设等各类水土流失治理开发，以及水土保持科技示范园、水土保持教育社会实践基地建设等；参与方式包括资金投入、实物投入、劳力和机械投入、其他投入四种方式；可以采取五种形式：①以流域（片）为单元开展集中连片水土流失治理开发；②采取承包、租赁、股份合作、拍卖使用权等方式对"四荒"资源进行治理开发；③民营资源开发企业结合生产生活环境改善对周边区域进行水土流失治理开发；④结合水土流失治理进行的水土保持植物资源开发利用；⑤以其他方式参与治理开发。2013 年中央 1 号文件提出逐步扩大农田水利建设由合作社承担的规模。

2014 年 3 月，习近平总书记在中央财经领导小组第五次会议上就保障水安全发表重要讲话，提出"节水优先、空间均衡、系统治理、两手发力"的新时期水利工作方针，特别强调保障水安全要坚持政府作用和市场机制两只手协同发力。同年 5 月，李克强总理主持召开国务院第 48 次常务会议，提出要建立政府和市场有机结合的机制，鼓励和吸引社会资本参与工程建设和管理。2014 年 11 月 16 日，国务院印发了《关于创新重点领域投融资机制鼓励社会投资的指导意见》（国发〔2014〕60 号），指出要鼓励社会资本投资运营农业和水利工程，特别是培育农业、水利工程多元化投资主体。支持农民合作社、家庭农场、专业大户、农业企业等新型经营主体投资建设农田水利和水土保持设施。允许财政补助形成的小型农田水利和水土保持工程资产由农业用水合作组织持有和管护。社会资本愿意投入的重大水利工程，要积极鼓励社会资本投资建设。同时，国发〔2014〕60 号文对社会资本投资建设或运营管理农田水利工程的合理收益作了简要规定。

2015 年 3 月 17 日，国家发展改革委、财政部和水利部制定印发了《关于鼓励和引导社会资本参与重大水利工程建设运营的实施意见》（发改农经〔2015〕488 号），拓宽了社会资本进入水利工程建设的领域，明确指出"除法律、法规、规章特殊规定的情形外，重大水利工程建设运营一律向社会资本开放。"这对于建立公平开放透明的市场规则，营造权利平等、机会平等、规则平等的投资环境，建立健全水利投入资金多渠道筹措机制将产生深远影响。

三、政策实施效果

"十二五"时期是我国水利投资规模最大、建设进度最快、改革力度最强、综合效益最好、群众受益最多的五年。从指标完成情况看，《国民经济和社会发展第十二个五年规划纲要》确定的水利两项重要指标全部实现，列入《全国水利发展"十二五"规划》的其余 10 项目标指标中，有 9 项超额或如期完成，1 项基本完成。[①]

（一）农田水利建设投入持续增加

2009—2014 年，当年完成水利建设投资从 1 894.0 亿元持续攀升至 4 083.1 亿元（表 19-2），2014 年与 2010 年相比，增加了 2 189.1 亿元，增长了 115.59%。以 2013 年为例，当年全年中央投入灌区建设与节水改造工程资金 107.28 亿元，小型农田水利工程建设补助专项资金 243.33 亿元，病险水库（闸）除险加固预算内和财政专项资金 135 亿元，中小河流治理资金 218 亿元。[②] 据水利部资料，"十二五"期间，我国农田水利建设投融资机制取得很好的成效，各级财政投入农田水利建设资金逐年增加，五年累计达 7 500 亿元，占水利建设总投资的 38%，各地共计提土地出让收益 2 300 亿元用于农田水利建设。同时，中央财政也加大了对中西部地区农田水利维修养护资金补助力度，五年累计安排 80 多亿元。[③] 总体而言，"十二五"时期我国水利建设投资和农田水利建设投资规模持续增加，除了落实中央财政资金外，地方鼓励和吸引社会资本投入水利建设也开展了很多实践。例如，辽宁、江西、湖北、重庆等地发行债券筹集水利资金，广东、广西和宁夏的一些水利企业上市融资；内蒙古提出非政府资金投入水利基础设施建设，享受西部大开发和发展非公有制经济、自治区发展民营经济的各项优惠政策；安徽鼓励企业投入资金用于城镇段中小河流治理，并给予政策优惠。

---

① 陈雷，全面贯彻落实党的十八届五中全会精神 奋力谱写"十三五"水利改革发展新篇章——在全国水利厅局长会议上的讲话，水利部网站，2016 年 1 月 13 日。

② 数据来自《中国农业年鉴》（2014 年）。

③ 陈雷，加快推进农田水利改革 夯实现代农业和全面小康社会水利基础——在全国农田水利改革现场会上的讲话，中国水利网站，2016 年 1 月 12 日。

表 19 - 2　当年完成水利建设投资变化情况（2009—2014 年）

年份	2009	2010	2011	2012	2013	2014
投资额（亿元）	1 894.0	2 319.9	3 086.0	3 964.2	3 757.6	4 083.1

资料来源：《全国水利发展统计公报》（2015 年）。

（二）农田水利设施总量继续增多

"十一五"末期，我国农田水利设施建设中，水库有 87 873 座、水库总库容 7 162 亿立方米、水利工程总水量 6 022 亿立方米、堤防长度 29.4 万公里、水闸 43 300 座、农村水电装机容量 5 924.0 万千瓦。"十二五"时期，由于国家财政投入的增加和鼓励社会资本投资水利建设，我国农田水利设施总量增加较快。到 2014 年年底，水库有 97 735 座、水库总库容 8 394 亿立方米、水利工程总水量 6 095 亿立方米、堤防长度 28.4 万公里、水闸 98 686 座、农村水电装机容量 7 322.1 万千瓦，分别比 2010 年增加 9 862 座、1 232 亿立方米、73 亿立方米、一 1 万公里、55 386 座、1 398.1 万千瓦，分别增加了 11.22%、17.20%、1.21%、—3.40%、127.91%和 23.60%（表 19 - 3）。"十二五"时期，全国共完成 5 400 座小（Ⅰ）型、15 891 座重点小（Ⅱ）型病险水库除险加固，基本完成 25 378 座一般小（Ⅱ）型病险水库除险加固，实施大中型病险水闸除险加固，开展 156 条主要支流和 4 500 多条中小河流重要河段治理，建成 2 058 个县级山洪灾害监测预警系统，防洪薄弱环节得到明显加强。[①] 可见，"十二五"是我国农田水利建设的重要时期，为 2011—2015 年粮食连续增产奠定了坚实的基础。

表 19 - 3　我国农田水利设施总量变化情况（2009—2014 年）

指标名称	单位	2009 年	2010 年	2011 年	2012 年	2013 年	2014 年
水库	座	87 151	87 873	88 605	97 543	97 721	97 735
水库总库容	亿立方米	7 064	7 162	7 201	8 255	8 298	8 394
水利工程总水量	亿立方米	5 933	6 022	6 107	6 142	6 183	6 095
堤防长度	万公里	29.1	29.4	30.0	27.2	27.7	28.4
水闸	座	42 523	43 300	44 306	97 256	98 192	98 686
农村水电装机容量	万千瓦	5 512.1	5 924.0	6 212.3	6 568.6	7 118.6	7 322.1

资料来源：《全国水利发展统计公报》（2015 年）。

---

① 陈雷，全面贯彻落实党的十八届五中全会精神 奋力谱写"十三五"水利改革发展新篇章——在全国水利厅局长会议上的讲话，水利部网站，2016 年 1 月 13 日。

（三）农田灌溉和除涝面积不断扩大

"十一五"末期，全国灌溉面积为 66 352 千公顷，其中耕地灌溉面积 60 348 千公顷，节水灌溉面积 27 314 千公顷，除涝面积 21 692 千公顷，水土流失治理面积 106.8 万平方公里。根据《水利发展规划（2011—2015 年）》制定的目标，"十二五"时期需净增农田有效灌溉面积 266.67 万公顷，农田灌溉水有效利用系数提高到 0.53 以上，新增高效节水灌溉面积 333.33 万公顷，新增水土流失综合治理面积 25 万平方公里。从表 19 - 4 可知，到 2014 年年底，全国灌溉面积为 70 652 千公顷，其中耕地灌溉面积 64 540 千公顷，节水灌溉面积 29 019 千公顷，除涝面积 22 369 千公顷，水土流失治理面积 111.6 万平方公里，个别指标已提前完成规划任务。到"十二五"收官的 2015 年，5 年内新增农田有效灌溉面积 500 万公顷、改善灌溉面积 0.19 亿公顷；实施东北节水增粮、西北节水增效、华北节水压采、南方节水减排等区域规模化高效节水灌溉，发展高效节水灌溉面积 0.08 亿公顷；农田灌溉水有效利用系数提高到 0.532，新增水土流失综合治理面积 26 万平方公里，为全国粮食产量"十二连增"提供了有力支撑。

表 19 - 4　我国农田灌溉、除涝及水土流失治理面积变化情况（2009—2014 年）

指标名称	单位	2009 年	2010 年	2011 年	2012 年	2013 年	2014 年
灌溉面积	千公顷	65 165	66 352	67 743	67 780	69 481	70 652
耕地灌溉面积	千公顷	59 261	60 348	61 682	62 491	63 473	64 540
其中：本年新增	千公顷	1 533	1 722	2 130	2 151	1 552	1 648
节水灌溉面积	千公顷	25 755	27 314	29 179	31 217	27 109	29 019
除涝面积	千公顷	21 584	21 692	21 722	21 857	21 943	22 369
水土流失治理面积	万平方公里	104.3	106.8	109.7	103.0	106.9	111.6

资料来源：《全国水利发展统计公报》（2015 年）。

从万亩以上灌区数量及其耕地灌溉面积来看，万亩以上灌区数量从 2010 年的 5 795 处增加到 2014 年的 7 709 处，其中 2 万公顷以上灌区数量从 349 处增加到 456 处；万亩以上灌区耕地灌溉面积从 2010 年的 29 415 千公顷增加到 2014 年的 30 256 千公顷，其中 2 万公顷以上灌区耕地灌溉面积从 15 658 千公顷减少到 11 251 千公顷（表 19 - 5）。整个"十二五"时期，全国共实施 344 处大型灌区、637 处重点中型灌区和 184 处大型灌排泵站更新改造，新建东北三江平原等 24 处大型灌区；开展了四批 2 450 个小型农田水利重点县和 256

个项目县建设，基本覆盖主要农牧业县。[①]

表 19 - 5　我国灌区及灌区耕地灌溉面积变化情况（2009—2014 年）

指标名称	单位	2009 年	2010 年	2011 年	2012 年	2013 年	2014 年
万亩以上灌区	处	5 844	5 795	5 824	7 756	7 709	7 709
其中：2 万公顷以上	处	335	349	348	456	456	456
比例（2 万公顷以上）	%	5.73	6.02	5.98	5.88	5.92	5.92
万亩以上灌区耕地灌溉面积	千公顷	29 562	29 415	29 748	30 087	30 216	30 256
其中：2 万公顷以上	千公顷	15 575	15 658	15 786	11 260	11 252	11 251
比例（2 万公顷以上）	%	52.69	53.23	53.07	37.42	37.24	37.19

资料来源：《全国水利发展统计公报》（2015 年）。

（四）防洪抗旱减灾能力明显提升

农田水利建设的重要作用在于增强农业抵御自然灾害的能力。比较"十一
五"和"十二五"全国的洪涝灾情，"十一五"期间，最严重的洪涝灾情发生
在 2010 年，当年洪涝受灾面积达到 17 866.69 千公顷，成灾面积为 8 727.89
千公顷，造成直接经济损失 3 745.43 亿元；"十一五"的 5 年平均洪涝受灾面
积为 11 710.69 千公顷，成灾面积为 5 724.54 千公顷（表 19 - 6）。再看
2011—2014 年，洪涝灾情最为严重的是 2013 年，受灾面积为 11 777.53 千公
顷，成灾面积为 6 540.81 千公顷，造成直接经济损失 3 155.74 亿元，远低于
2010 年的洪涝灾情。"十二五"前 4 年洪涝平均受灾面积、成灾面积均比"十
一五"要少，分别少 2 684.05 千公顷和 1 065.73 千公顷。

表 19 - 6　全国洪涝灾情统计（2006—2014 年）

年份	受灾面积 （千公顷）	成灾面积 （千公顷）	直接经济损失 （亿元）
2006	10 521.86	5 592.42	1 332.62
2007	12 548.92	5 969.02	1 123.30
2008	8 867.82	4 537.58	955.44
2009	8 748.16	3 795.79	845.96
2010	17 866.69	8 727.89	3 745.43
"十一五" 5 年平均	11 710.69	5 724.54	1 600.55

[①]　陈雷，全面贯彻落实党的十八届五中全会精神 奋力谱写"十三五"水利改革发展新篇章——
在全国水利厅局长会议上的讲话，水利部网站，2016 年 1 月 13 日。

（续）

年份	受灾面积 （千公顷）	成灾面积 （千公顷）	直接经济损失 （亿元）
2011	7 191.50	3 393.02	1 301.27
2012	11 218.09	5 871.41	2 675.32
2013	11 777.53	6 540.81	3 155.74
2014	5 919.43	2 829.99	1 573.55
"十二五"前 4 年平均	9 026.64	4 658.81	2 176.47
平均值减少量	2 684.05	1 065.73	−575.92

资料来源：《全国水利发展统计公报》（2015 年）。

比较"十一五"和"十二五"的干旱灾情，"十一五"期间，干旱灾情最严重的是 2009 年，受灾面积达到 29 258.80 千公顷，成灾面积 13 197.10 千公顷，绝收面积 3 268.80 千公顷，造成粮食损失 348.49 亿公斤。"十二五"的前 4 年，干旱受灾面积和绝收面积最多的是在 2011 年，分别为 16 304.20 千公顷和 1 505.40 千公顷，成灾面积最多的是在 2013 年，为 6 971.17 千公顷（表 19-7）。总体而言，"十二五"时期的干旱灾情比"十一五"时期要减弱很多，"十二五"全国干旱受灾面积、成灾面积、绝收面积、粮食损失量的年平均值都比"十一五"时期要低得多，这折射出"十二五"时期我国农田水利建设增强了农业防洪抗旱减灾的能力。

表 19-7 全国干旱灾情统计（2006—2014 年）

年份	受灾面积 （千公顷）	成灾面积 （千公顷）	绝收面积 （千公顷）	粮食损失 （亿千克）	直接经济损失 （亿元）
2006	20 738.00	13 411.33	2 295.33	416.50	986.00
2007	29 386.00	16 170.00	3 190.67	373.60	1 093.70
2008	12 136.80	6 797.52	811.80	160.55	545.70
2009	29 258.80	13 197.10	3 268.80	348.49	1 206.59
2010	13 258.80	8 986.47	2 672.26	168.48	1 509.18
"十一五" 5 年平均	20 955.68	11 712.48	2 447.77	293.52	1 068.23
2011	16 304.20	6 598.60	1 505.40	232.07	1 028.00
2012	9 333.33	3 508.53	373.80	116.12	533.00
2013	11 219.93	6 971.17	1 504.73	206.36	1 274.51
2014	12 271.70	5 677.10	1 484.70	200.65	909.76
"十二五"前 4 年平均	12 282.29	5 688.85	1 217.16	188.80	936.32
均值减少量	8 673.39	6 023.63	1 230.61	104.72	131.92

资料来源：《全国水利发展统计公报》（2015 年）。

四、存在的主要问题

我国的农田水利建设在"十二五"时期取得了巨大成就，但在当前阶段依旧存在着一些问题。

（一）农田水利设施基础差，"最后一公里"问题突出

我国的农田水利设施建设大多修建于 20 世纪 50—70 年代，普遍存在标准低、不配套、老化失修、效益衰减等问题。全国约 40％的大型灌区、50％～60％的中小型灌区、50％的小型农田水利工程设施不配套，大型灌排泵站设备完好率不足 60％。[①] 许多农田因水利设施年久失修或根本就没有建设相应灌排水设施而沦为"望天田"，据水利部数据，近半数的耕地是"望天田"，缺少基本灌溉条件。近年来小型农田水利建设虽然引起了重视和获得了相应的资金投入，但因疏于建后监管，流于形式的"面子工程"又涌现而出。遍布田间的沟渠、塘坝、井灌、闸站等，被称为水利建设的"最后一公里"。然而正是这"最后一公里"的问题非常突出，例如村里的排灌站破损严重，水泵被盗，电力供应被中断，甚至有些排灌站废弃或退化为杂物仓库。末级沟渠设计不合理，渠系水位过低而不能自动流入农田，部分渠道因塌陷而中断流水，或梗阻，或跑冒，或通而不畅，直接影响农业的稳定发展。总体而言，不少地方投入资金建设"最后一公里"的渠系，但渠系发挥不出应有的排灌功能，部分渠道甚至还阻碍农田排水，是"花钱起反效果"的典型。

（二）财政资金投入有限，缺乏有效的投入保障机制

农田水利建设的资金投入通常都是政府支付。但由于我国农村经济发展缓慢，各级财政压力较大，村级资金匮乏，与农业关系最为密切的小型农田水利设施建设投入不足。同时，由于农村贫困地区较多，很难保障每个地区的每一处农田水利工程都有足够的资金去建设，致使部分地区有建设规划却无实际建设工程。有些地区因财政压力巨大，挪用挤占水利建设资金的现象偶有发生，财政下发资金跟实际建设所需资金存在一定的差距，需要依靠农民自筹，这也容易挫伤农民参与兴修水利的积极性，甚至可能导致一些在建工程项目遭到搁置。尽管国家已出台鼓励社会资本投资水利建设的政策，但中小型农田水利工程的经济效益较低，投资回收期较长，很难发挥出吸引社会资本的作用。

---

① 　包斯朝，李西平．农田水利建设现状分析及对策研究，科技风，2015 年第 20 期：第 163～165 页。

（三）农田水利建设工程设计不合理，配套设施不到位

农田水利建设是一项系统工程，需要在建设之前进行严密论证，但水利建设的技术人员在工程建设中存在盲目借鉴其他水利工程的设计方法方案，在设计阶段缺少认真细致的实地考察和测量，造成工程的设计方案跟建设地的实际情况不符，大大降低了水利工程的利用效率。一些地区因没有考虑建设地的气候、降雨条件和耕作习惯，盲目上马水利项目，造成水利的设计不能满足农田浇灌的需要。有些工程建设没有根据农田的数量和农业需水量进行设计，项目建成后出现设施利用率低，造成国家资源浪费，或是设施超负荷工作而缩短使用年限。此外，选择小型农田水利工程建设较多的是山地地区，因地形复杂、交通不便、经济发展慢、资金投入有限等原因，水利工程建设存在局限性，往往在完成主流工程后，无力完成相应的配套设施。[①]

（四）农田水利"重建设、轻管护"，建后管护薄弱

农田水利建设中"重建设、轻管护"的现象比较普遍，部分小型水利设施产权不清晰，待项目竣工并移交后，设备和设施损毁却得不到及时和有效的修复，建后管护责任和措施不到位。我国的水利工程设计和监理工作是由县（区）级以上单位负责的，基层水利人员容易产生惰性，使得自身的专业能力停步不前甚至还会下降。在一些比较偏远的地区，农田水利管理单位基本上形同虚设。农田水利设施的使用者是广大农民，但由于缺乏完善的农田水利管理制度，也缺少专门的管理人员，各地区对农田水利设施的监管普遍不严格。一些地区虽然制定了农田水利管理制度，但因管理方式落后，且管理职位大多由当地农民担任，[②] 而这些农民又缺乏系统的管理培训知识，致使有人管护却不到位，大大降低了农田水利设施的利用效率和设施使用寿命。

五、政策建议

农田水利建设是加快推进现代农业发展的重要保障。尽管"十二五"时期我国的农田水利建设取得了很大成就，但存在的问题依旧突出，只有及时采取有效措施，进一步完善相关政策，才能彻底扭转农田水利建设滞后于现代农业发展需要的局面。为此，我们建议下一步应着力做好以下几项工作：

---

① 杜文江，小型农田水利灌溉面临的重要问题解析，农业科技与信息，2015 年第 20 期：第 86～87 页。

② 刘颖，新时期我国北方农田水利存在问题及发展对策，黑龙江科技信息，2016 年第 1 期：第213 页。

（一）继续加大对农田水利的投资，拓展农田水利工程投资渠道

从国家层面制定监管办法，促使各地政府真真切切的贯彻落实"从土地出让收益中提取 10％用于农田水利建设"，确保农田水利建设资金有稳定的财政来源。加大各级财政对农田水利建设的投入力度。在加强骨干工程建设的同时，进一步加大对小型农用水利建设的投入。加强农田水利的技术投资，增加对农田水利工程建设的科研投资。进一步加强对农村偏远地区、贫困地区的农田水利建设投资力度。着重关注小型农田水利建设"最后一公里"的问题，认真调查每一笔资金的使用效率，做到有据可查，要确保每一个项目都发挥出应有的效益。政府为社会资本投资农田水利建设搭建公平竞争的平台，对农田水利工程所需用水的开发与使用价格进行详细的规定，对工程造价和经济社会效益进行合理预估，通过部分产权制度改革引入商业模式，吸引更多的社会资金投入农田水利基本建设，同时引导金融机构支持服务农田水利建设。

（二）提升农田水利设计水平，完善配套设施建设

一是对农田水利工程人员进行岗前职业培训和后续深造提升，同时加强工程人员的专业能力监测，清除不具备从业资格或完全不深入现场考察的人员，保障农田水利工程设计队伍的质量，提升农田水利工程的设计质量。二是严格审核农田水利工程的设计方案，严密论证评估，及时修改，确保工程建设符合实际需要。三是设立工程在建监管机构，密切监测工程建设进度和建设材料质量。四是对建设完成的农田水利工程进行评估，同时加大财力支撑，保障后续配套设施。

（三）建立健全农田水利设施监督管护机制

一是要逐步建立健全农村水利基础设施长效管护机制，设立工程问责制，做到"建设一处，落实一处"。二是建立完善的农田水利管理制度，积极引导农村组建用水管护组织，加大对农民组建用水组织的财政资金扶持力度，发挥农民管护农田水利设施的积极性。三是将农田水利建设"最后一公里"渠系的监管维护纳入县乡政府主要领导的绩效考核，促使主要领导高度重视维护农田水利末级渠系，改变"重建设、轻管护"的思想观念。

第 20 章 林草生态建设

生态系统是人类赖以生存和发展的基础，2001 年由联合国有关机构及其他组织资助启动的"千年生态评估（Millennium Ecosystem Assessment, MA）"指出生态系统为人类提供了各种惠益，通过影响安全保障、维持高质量生活所需的基本物质条件、健康以及人类社会文化关系等，对人类福祉产生重要影响。"十一五"期间，我国大力推行退耕还林、自然保护区生态保护和建设、京津风沙源治理、退牧还草、草原生态补偿等措施，巩固了生态建设的成果。"十二五"时期，中国生态文明建设进入快车道，2012 年 11 月，中国共产党第十八次全国代表大会将生态文明建设提升到前所未有的高度，成为社会主义现代化建设"五位一体"总布局的重要一环，写入大会报告和党章。"不以 GDP 论英雄""生态环境也是生产力""绿水青山就是金山银山"等论断逐步深入人心。

一、政策形成的背景与过程

（一）政策形成的基本背景

我国土地的荒漠化和沙化面积大、分布广、危害重，严重威胁着国家生态安全和经济社会可持续发展。据第五次全国荒漠化和沙化监测，截至 2014 年，全国的荒漠化土地面积为 261.16 万平方公里，占国土面积的 27.2％。沙化土地面积 172.12 万平方公里，占国土面积的 17.9％，两者合计占国土面积的 1/3 多。随着国家重点工程的启动，一些重度荒漠化的土地得到治理，而轻度荒漠化的面积还在扩大（国家林业局，2015）。

据环保部全国水土流失遥感普查，2012 年水土流失面积为 294.91 万平方公里，占普查范围总面积的 31.12％，其中水力侵蚀面积 129.32 万平方公里，风力侵蚀面积 165.59 万平方公里。中国是世界上耕地水土流失最严重的国家之一，耕地表土流失量每年约 33 亿吨，占世界每年耕地表土流失量的 14.35％，耕地水土流失占全国水土流失总量的 1/3，耕地水土流失面积占耕地总面积的 34.3％（刘昌明，2001）。东北地区黑土层平均厚度已由 20 世纪 50 年代的 80～100 厘米下降到目前的 20～30 厘米。

草原是中国面积最大的陆地生态系统，占国土面积的 41%。由于不适当的农业和矿产开发，以及过度放牧，大部分草原处于退化状态。草场退化表现为草产量持续下降、牧草盖度和高度降低，严重的就会出现荒漠化。尽管国家实施了退牧还草、京津风沙源项目等草原保护项目，但只是遏制了全国草原生态环境加速恶化的势头，全国草原生态仍呈"点上好转、面上退化、局部改善、总体恶化"态势（农业部，2011）。从 2004—2012 年，草的产量略有提高，但是鼠害面积没有明显减少。

（二）政策形成过程

"十二五"时期，林草生态建设主要是围绕以下两点来展开，一是进一步加大林草生态保护工程建设力度和范围。2011 年中央 1 号文件提出加强长江上中游、黄河上中游、西南石漠化地区、东北黑土区等重点区域及山洪地质灾害易发区的水土流失防治。2012 年中央 1 号文件中对林草生态建更为重视，提出落实天然林资源保护工程二期实施方案，加强"三北"、沿海、长江等防护林体系工程建设；抓紧编制京津风沙源治理二期工程规划，扩大石漠化综合治理实施范围。2013 年中央 1 号文件提出加大三北防护林、天然林保护等重大生态修复工程实施力度，推进荒漠化、石漠化、水土流失综合治理；巩固退耕还林成果，统筹安排新的退耕还林任务。2014 年中央 1 号文件提出继续实施天然林保护、京津风沙源治理二期等林业重大工程；加强沙化土地封禁保护；加大天然草原退牧还草工程实施力度。2015 年中央 1 号文件提出实施新一轮退耕还林还草工程，扩大重金属污染耕地修复、地下水超采区综合治理、退耕还湿试点范围；大力推进重大林业生态工程，加强营造林工程建设；继续扩大停止天然林商业性采伐试点；加快实施退牧还草、牧区防灾减灾、南方草地开发利用等工程。

二是完善生态保护制度和政策。2011 年中央 1 号文件提出搞好水土保持和水生态保护，建立健全水土保持、建设项目占用水利设施和水域等补偿制度。2012 年中央 1 号文件提出适当扩大林木良种和造林补贴规模，完善森林抚育补贴政策；完善林权抵押贷款管理办法，增加贷款贴息规模；探索国家级公益林赎买机制；把农村环境整治作为环保工作的重点，完善以奖促治政策。2013 年中央 1 号文件提出探索开展沙化土地封禁保护区建设试点工作；加强国家木材战略储备基地和林区基础设施建设，提高中央财政国家级公益林补偿标准，完善林木良种、造林、森林抚育等林业补贴政策；继续实施草原生态保护补助奖励政策。2014 年中央 1 号文件提出启动南方草地开发利用和草原自然保护区建设工程。2015 年中央 1 号文件提出继续实行草原生态保护补助奖励政策，开展西北旱区农牧业可持续发展、农牧交错带已垦草原治理、东北黑土地保护试点；提高天然林资源保护工程补助和森林生态效益补偿标准；实施湿地生态效益补偿、湿地保护奖励试点和沙化土地封禁保护区补贴政策。

表 20-1　2011—2015 年 1 号文件关于林草生态建设政策梳理

年份	主要内容
2011	1. 采取坡耕地整治、造林绿化、生态修复等措施，防治水土流失。 2. 进一步加强长江上中游、黄河上中游、西南石漠化地区、东北黑土区等重点区域及山洪地质灾害易发区的水土流失防治。 3. 加强重要生态保护区、水源涵养区、江河源头区、湿地的保护。
2012	1. 巩固退耕还林成果，在江河源头、湖库周围等国家重点生态功能区适当扩大退耕还林规模。 2. 落实天然林资源保护工程二期实施方案，逐步提高防护林造林投资中央补助标准，加强"三北"、沿海、长江等防护林体系工程建设。 3. 抓紧编制京津风沙源治理二期工程规划，扩大石漠化综合治理实施范围，开展沙化土地封禁保护补助试点。 4. 构建青藏高原生态安全屏障，启动区域性重点生态工程。 5. 适当扩大林木良种和造林补贴规模，完善森林抚育补贴政策。 6. 完善林权抵押贷款管理办法，增加贷款贴息规模。 7. 鼓励企业等社会力量运用产业化方式开展防沙治沙。 8. 扩大退牧还草工程实施范围，支持草原围栏、饲草基地、牲畜棚圈建设和重度退化草原改良。 9. 加强牧区半牧区草原监理工作。 10. 加大国家水土保持重点建设工程实施力度，加快坡耕地整治步伐，推进清洁小流域建设，强化水土流失监测预报和生产建设项目水土保持监督管理。
2013	加大三北防护林、天然林保护等重大生态修复工程实施力度，推进荒漠化、石漠化、水土流失综合治理。 巩固退耕还林成果，统筹安排新的退耕还林任务。 探索开展沙化土地封禁保护区建设试点工作。 加强国家木材战略储备基地和林区基础设施建设，提高中央财政国家级公益林补偿标准，增加湿地保护投入，完善林木良种、造林、森林抚育等林业补贴政策，积极发展林下经济。 继续实施草原生态保护补助奖励政策。
2014	1. 继续在陡坡耕地、严重沙化耕地、重要水源地实施退耕还林还草。 2. 开展华北地下水超采漏斗区综合治理、湿地生态效益补偿和退耕还湿试点。 3. 加大生态保护建设力度，加强沙化土地封禁保护。 4. 推进林区森林防火设施建设和矿区植被恢复，完善林木良种、造林、森林抚育等林业补贴政策。 5. 提高森林植被恢复费征收标准，扩大森林保险范围和覆盖区域。

（续）

年份	主要内容
2015	1. 继续实行草原生态保护补助奖励政策，开展西北旱区农牧业可持续发展、农牧交错带已垦草原治理、东北黑土地保护试点。 2. 实施新一轮退耕还林还草工程，扩大重金属污染耕地修复、地下水超采区综合治理、退耕还湿试点范围，推进重要水源地生态清洁小流域等水土保持重点工程建设。 3. 大力推进重大林业生态工程，加强营造林工程建设，发展林产业和特色经济林。 4. 推进京津冀、丝绸之路经济带、长江经济带生态保护与修复。摸清底数、搞好规划、增加投入，保护好全国的天然林。 5. 提高天然林资源保护工程补助和森林生态效益补偿标准。 6. 继续扩大停止天然林商业性采伐试点。 7. 实施湿地生态效益补偿、湿地保护奖励试点和沙化土地封禁保护区补贴政策。 8. 加快实施退牧还草、牧区防灾减灾、南方草地开发利用等工程。

2015年4月中共中央国务院印发《关于加快生态文明建设的意见》，指出生态文明建设是中国特色社会主义事业的重要内容，关系人民福祉，关乎民族未来，事关"两个一百年"奋斗目标和中华民族伟大复兴中国梦的实现。把生态文明放在突出的战略位置，融入经济建设、政治建设、文化建设、社会建设各方面和全过程，协同推进新型工业化、信息化、城镇化农业现代化和绿色化，以健全生态文明制度体系为重点，优化国土空间开发格局，全面促进资源节约利用，加大自然生态系统和环境保护力度，大力推进绿色发展、循环发展、弘扬生态文化，倡导绿色生活，加快建设美丽中国，使蓝天常在、青山常在、绿水常在，实现中华民族永续发展。

二、政策措施的主要内容和实施效果

（一）林业生态建设

1. 天然林保护工程

（1）主要措施。2012年中央1号文件提出了落实天然林资源保护工程二期的实施方案。一要着力保护森林资源，继续严格执行长江上游、黄河上中游地区天然林禁伐政策，坚决落实东北、内蒙古等重点国有林区木材产量调减任务，建立健全森林管护责任制。二要着力增加森林资源，全面加强森林抚育，加快推进公益林建设，抓好后备森林资源培育。三要着力加快林区发展，大力培育接续和替代产业，努力拓宽就业渠道，加强林区基础设施建设，大力发展林区社会事业，加强和创新林区社会管理。四要着力创新体制机制，下大力气推进国有林资源管理体制改革、国有林区公共事务管理体制改革和国有森工企业改革。五要统筹解决就业困难的一次性安置职工社会保险补贴问题，并且提高天然林资源保护工程补助。

天保二期工程主要任务是实现长江上游、黄河上中游地区继续停止天然林商品性采伐,东北、内蒙古等重点国有林区从一期定产的 1 094.1 万立方米,分 3 年调减到 402.5 万立方米;管护森林面积 1.15 亿公顷;建设公益林 773.33 亿公顷;国有中幼林抚育 1 753.34 亿公顷,培育后备资源 326 万公顷;继续对国有职工社会保险、政社性支出给予补助。

具体措施为:①安排公益林建设安排公益林建设 11 550 万亩,其中:人工造林 203.33 万公顷,封山育林 473.33 万公顷,飞播造林 93.33 万公顷。②按照轻重缓急的原则,优先对初植密度高、林分郁闭大、空间竞争激烈、生长被抑制的中幼林地块进行抚育,规划中幼林抚育任务 1 753.34 万公顷,占需要抚育面积的 36%。③通过采取人为干预的措施,提高林木生长速度,提高林分质量,加快森林向稳定群落方向演替。④按照因地制宜、因林施策的原则,在保护好现有森林植被的基础上,采取人工造林和改造培育等综合措施,加快后备资源的培育,改善林分结构,提高林地生产力,增加森林蓄积。⑤安排森林管护任务 1.152 亿公顷,中央财政按 3 元/(亩·年)补助管护费。⑥对工程区森工企业、国有林场(苗圃)等自身无力承担依法依规缴纳社会保险的实施单位,中央财政给予补助。⑦继续加强工程区棚户区建设。⑧将林区道路、供水供电等公益事业,纳入各级政府经济和社会发展规划、相关行业规划中。

(2)实施效果。天然林资源保护工程二期与一期相比,省(区、市)数量不变,县(局)数量适当调整。二期实施范围在一期原有范围基础上,增加了丹江口库区的 11 个县(区、市),其中湖北 7 个、河南 4 个。新增的 11 个县,既是国家生态重点保护区域,也是国家级重点公益林建设区,还是国家南水北调中线工程的水源地。实施天保工程后,随着木材的政策性禁伐或限伐,森工企业的生产经营发生了很大变化。其中,长江上游、黄河上中游地区实行木材禁伐政策,这一地区的木材采伐收入全部中断;东北、内蒙古等重点国有林区实行木材限伐政策,木材采伐收入大幅度下降。天保工程实施以来,已累计营造生态公益林 733.33 万公顷,54.4 万企业富余职工得到妥善分流安置,工程区 0.95 亿公顷森林资源得到有效管护,长江、黄河流域生态环境恶化的趋势得到初步遏制,局部地区生态环境已得到明显改善。

2. 三北和长江中下游地区等重点防护林建设工程

三北防护林体系工程是一项正在我国北方实施的宏伟生态建设工程,开创了我国林业生态工程建设的先河。1978 年年末,国家在西北、华北北部、东北西部风沙危害、水土流失严重的地区,建设大型防护林工程,即带、片、网相结合的"绿色万里长城",其涉及到的地点占据了我国的半壁江山。三北工程规划从 1978 年开始到 2050 年结束,历时 73 年,分三个阶段、八个工程进行建设。三北工程规划的总目标是造林 3 508.3 万公顷(包括林带、林网折算面积),其中人工造林 2 637.1 万公顷,占总任务的 75.1%;飞播造林 111.4 万公顷,占 3.2%;封山封沙育林 759.8 万公顷,占 21.7%。"十二五"期间为第二阶段,第五工程期。四旁植树 52.4 亿株。规划总投资为 576.8 亿元,建设任务完成后,使三北地区的森林覆盖率由 5.05% 提高到 14.95%,风沙危害和水土流失得到有效控制,生态环境和人民群众的生产生活条件从根本上得到改善。

(1) 主要措施。规划范围包括新疆、青海、宁夏、内蒙古、甘肃中北部、陕西、晋北坝上地区和东北三省的西部共 324 个县(旗),农村人口 4 400 万,总面积 2.6 亿公顷。以求能锁住风沙,减轻自然灾害。这项工程地跨东北西部、华北北部和西北大部分地区,包括我国北方 13 个省(自治区、直辖市)的 551 个县(旗、市、区),建设范围东起黑龙江省的宾县,西至新疆维吾尔自治区乌孜别里山口,东西长 4 480 公里,南北宽 560~1 460 公里,总面积 406.9 万平方公里,占国土面积的 42.4%。其次是逐步提高防护林造林投资中央补助标准,加强"三北"、沿海、长江等防护林体系工程建设。合理规划布局,搞好作业设计,优化造林模式,保证工程建设质量,加强项目资金管理,抓好工程实施进度,加强组织领导。

(2) 实施效果。三北防护林体系建设是我国生态建设的重要组成部分,对防御自然灾害、改善人居环境、维护生态平衡具有十分重要的作用。截至 2012 年,累计造林保存面积 2 511.7 万公顷,治理沙化土地 27.8 万平方米,三北地区森林覆盖率从 1977 年的 5.05% 提高到 12.4%,不仅构筑起封锁北疆万里风沙的"中国绿色长城",更是营造了 537 亿元生态经济林产值,让百姓从中得到实实在在的经济利益。与此同时,部分地区如陕西北部的榆阳区也由于树种单一、结构简单、初植密度不合理、林分生长不良林木、林业缺乏管护,加之气候变化、自然灾害等因素影响,导致防护功能下降、病虫害加重、林木损失加大,出现不同程度退化,甚至死亡现象。

3. 退耕还林工程

退耕还林是我国实施西部开发战略的重要政策之一,是迄今为止我国政策性最强、投资最大、涉及面最广、群众参与程度最高的一项生态建设工程。退耕还林自 1999 年以来,经历了试点、大规模推进、结构性调整三个阶段,共涉及 25 个省(区、市)和新疆兵团的 1 800 多个县、3 000 多万农户、1.2 亿农民。其基本思路是"退耕还林,封山绿化,以粮代赈,个体承包"。

(1) 主要措施。巩固上一轮退耕还林成果,实施新一轮退耕还林。在江河源头、湖库周围等国家重点生态功能区适当扩大退耕还林规模。一是严格按照

"自下而上、上下结合"的方式实施新一轮退耕还林还草。二是确定 2014 年退耕还林还草 33.33 万公顷,明确还林还草补助标准,退耕还林每亩补助 1 500元。三是强调建立公示制度和考核机制。四是明确退耕还林配套保障措施,退耕后营造的林木,凡符合国家和地方公益林区划界定标准的,分别纳入中央和地方财政森林生态效益补偿。未划入公益林的,经批准可依法采伐。在不破坏植被、造成新的水土流失前提下,允许退耕还林农民间种豆类等矮秆作物,发展林下经济,以耕促抚、以耕促管。鼓励个人兴办家庭林场,实行多种经营。

(2) 实施效果。截至 2013 年,全国累计完成退耕还林任务 2 980.01 万公顷,其中退耕地造林 926.67 万公顷,工程区森林覆盖率平均提高 3 个多百分点。同时,国家通过退耕还林发放补助,直接惠及 1.24 亿农民,为解决农民温饱问题、优化农村产业结构、促进农业增产做出了重要贡献。2014 年度安排的 3.556 万公顷的荒山荒地造林任务和 32.2 万公顷退耕地还林任务已全部完成造林;2015 年退耕地还林任务已完成造林 15.37 万公顷,占总任务 62.67万公顷的 24.52%;荒山荒地造林任务已完成造林 0.768 万公顷,占总任务2.22 万公顷的 34.58%。

4. 京津风沙治理工程

2000 年,北京的扬沙、浮尘天气一年达 10 次以上。为改善北京、天津的大气质量,国家紧急启动京津风沙源治理工程。京津风沙源治理工程是党中央、国务院为改善和优化京津及周边地区生态环境状况,减轻风沙危害,紧急启动实施的一项具有重大战略意义的生态建设工程。

(1) 主要措施。2012 年 9 月,国务院常务会议讨论通过《京津风沙源治理二期工程规划(2013—2022 年)》,总投资 877.92 亿元。2013 年,国家发展改革委、国家林业局、农业部、水利部印发《京津风沙源治理二期工程规划(2013—2022 年)》,标志着为期 10 年的京津风沙源治理二期工程正式启动。二期工程规划范围包括北京、天津、河北、山西、陕西、内蒙古六省(区、市)的 138 个县(旗、市、区)。二期工程建设将进一步巩固一期工程成果,改善京津地区生态环境,构筑京津地区生态屏障。

"十二五"期间继续实施京津风沙源治理二期工程,扩大石漠化综合治理实施范围,开展沙化土地封禁保护补助试点。同时要实现京津风沙源治理工程的可持续发展,进一步巩固、完善和提高工程的建设成果,并从根本上减轻京津地区沙尘危害。工程从以下几个方面着手:一是加强领导,落实责任。各地充分认识搞好工程建设的重大意义,切实加强组织领导,精心安排,周密部署,确保工程建设高质量推进。按照"四到省"责任制要求,进一步落实营造林质量管理责任制,把任务分解到山头地块,把责任明确落实到人头。二是规范设计,严格管理。各地按照《京津风沙源治理二期工程林业建设项目技术规定》的要求，科学编制作业设计，做到宜乔则乔、宜灌则灌、宜草则草，乔灌草结合；省级或委托的地市级林业主管部门按程序严格审批作业设计，在组织专家论证后，及时批复作业设计。作业设计一经批复，要严格执行，坚决杜绝无设计施工、边施工边设计和随意更改作业设计的现象，确保营造林质量与成效。三是加大抚育，依法保护。各地按照《国家林业局关于切实做好京津风沙源治理工程区林分抚育和管护工作的通知》的要求，建立抚育工作责任制。对因干旱导致造林成活率和保存率下降，达不到国家标准的地块，抓紧补植补造，提高成林率，确保造一片、活一片、成一片。进一步加大管护力度，继续严格执行工程区禁垦、禁牧、禁樵的"三禁"规定，依法严厉打击一切破坏林草植被的行为。四是认真查找问题，全面进行整改。各地结合核查中的问题，认真分析原因，全面查找林业建设中存在的问题，制订整改措施，并落到实处。

京津风沙源治理二期工程建设目标还包括：到 2022 年，整个工程区经济结构继续优化，可持续发展能力稳步提高，林草资源得到合理有效利用，全面实现草畜平衡，草原畜牧业和特色优势产业向质量效益型转变取得重大进展；工程区农牧民收入稳定在全国农牧民平均水平以上，生产生活条件全面改善，走上生产发展、生活富裕、生态良好的发展道路。

（2）实施效果。2011 年，京津风沙源工程实施 10 年来，北京市累计完成造林营林 36.72 万公顷，形成绵延 200 多公里的山区绿色生态屏障，有效抑制了风沙源形成和外来风沙入侵。2014 年，全国共完成荒山荒地造林面积554.96 万公顷，其中，人工造林 405.29 万公顷，飞播造林 10.81 万公顷，无林地和疏林地新封山育林 138.86 万公顷，全国参加义务植树人数达 4.9 亿人次，完成义务植树 23.2 亿株。截至 2014 年年底，全国参加义务植树人数累计149.2 亿人次，植树 688.4 亿株。二期工程实施以来，生态建设成效显著，自然资源和治理能力加强；林业产业持续增长，产业结构逐步优化；生态文化建设体系完善，生态文化意识增强；林业改革取得重大突破，创新林业体制机制；林业政策体系进一步完善，林业法制建设逐步推进；林业投资持续增加，主要投向生态修复和民生改善；支撑保障体系进一步完善，各项工作扎实推进；区域林业持续特色发展，区内区际统筹力度持续加强；林产品进出口较快增长，贸易顺差扩大；木材产品市场总供给小幅增加；原木与锯材产品价格水平较大幅度上涨。在全部造林面积中，用材林、经济林、防护林、薪炭林和特种用途林分别占 19.68%、20.53%、58.36%、0.66% 和 0.77%，其中，生态公益林的比重为 59.13%。

5. 野生动植物保护及自然保护区建设

野生动植物保护及自然保护区建设工程主要解决物种保护、自然保护和湿地保护等问题。工程实施范围包括具有典型性、代表性的自然生态系统、珍稀濒危野生动植物的天然分布区、生态脆弱地区和湿地地区等。规划总体目标是：到2050年，使我国自然保护区数量达到2 500个，总面积1.728亿公顷，占国土面积的18%，形成一个以自然保护区、重要湿地为主体，布局合理，类型齐全，设施先进，管理高效，具有国际重要影响的自然保护网络。通过实施该工程，拯救一批国家重点保护野生动植物，扩大、完善和新建一批国家级自然保护区、禁猎区和野生动物种源基地及珍稀植物培育基地，恢复和发展珍稀物种资源。根据规划，工程建设分三个阶段进行。2001—2010年为第一阶段、2011—2030年为第二阶段，2031—2050年为第三阶段。第二阶段的目标为进一步加强中央、省级和地市级行政主管部门的能力建设，使指挥、查询、统计、监测等管理工作实现网络化，初步建立健全野生动植物保护的管理体系，完善科研体系和进出口管理体系，到2030年，使60%的国家重点保护野生动植物得到恢复和增加，95%的典型生态系统类型得到有效保护。使全国自然保护区总数达2 000个，其中国家级自然保护区数量达到280个，自然保护区总面积占国土面积达到16.8%（1.612亿公顷），形成完整的自然保护区保护管理体系。在全国76块重要湿地建立资源定位监测网站，建立健全全国湿地保护和合理利用的机制，基本控制天然湿地破坏性开发，遏制天然湿地下降趋势。

经过各方面的努力，全国大熊猫、朱鹮、东北虎、扬子鳄和苏铁、兰科植物等濒危野生动植物已基本扭转了持续下降的态势，正逐步摆脱灭绝的风险，总体上呈现稳中有升的良好发展势头。2013年我国倡导发起了多国联合打击野生动植物非法贸易的"眼镜蛇行动"，至今先后实施三次行动，在国内外产生强烈反响。至2014年年底，全国已建立各类自然保护区2 729处，其中林业部门管理的自然保护区2 189处，占国土面积的13%，占全国自然保护区总数的80%多；全国国家级自然保护区428处，林业部门管理346处，占全国80%以上；建设各类自然保护小区5万多处，总面积150多万公顷。林业部门还从20世纪70年代开始跟踪世界各国国家公园保护制度及发展，并于1996年在云南率先探索建设国家公园，到目前已试点建设8处国家公园。经过艰苦努力，初步形成了我国类型齐全、功能完备的野外保护网络体系，有效保护了90%陆地生态系统，85%的野生动物种群和65%的高等植物群落。

6. 重点地区速生丰产用材林基地建设工程

重点地区速生丰产用材林基地建设工程主要解决木材供应问题，同时也减轻木材需求对天然林资源的压力，为其他几项生态建设提供重要保证。工程分两个阶段，2001—2005年，重点建设以南方为重点的工业原料林产业带；2006—2015年，全面建成南北方速生丰产用材林产业带。

"十二五"期间进一步加强国家木材战略储备基地和林区基础设施建设，提高中央财政国家级公益林补偿标准，按照国家批复的《重点地区速生丰产用材林基地建设工程规划》，加快速生丰产用材林基地建设，支持国有、集体、民营单位和个人参与速生丰产用材林基地建设，鼓励速生丰产用材林基地建设工程以外的具有规模、集中连片的定向工业原料林基地建设。鼓励森林抚育，提高森林质量。近年来，重点地区速生丰产用材林基地工程外部政策环境进一步优化，初步形成了多种经济成分共同参与、多种经营机制并存、多元化发展的工程建设新格局。

7. 青藏高原生态安全屏障

构建青藏高原生态安全屏障，启动区域性重点生态工程。加强青藏高原生态屏障、黄土高原—川滇生态屏障、东北森林带、北方防沙带和南方丘陵地带以及大江大河重要水系的生态环境保护，推动形成"两屏三带多点"的生态安全战略格局保护与建设。

8. 发展特色经济林

党的十八大将生态文明建设纳入"五位一体"的总体战略布局，提出到2020年全面建成小康社会，实现人均收入翻一番的奋斗目标，对经济林建设提出更高要求。因此，适应新形势需要，加快改革创新步伐，加大政策扶持力度，着力解决经济林发展基础薄弱、产业化程度不高、宏观规划指导不力、政策资金投入不足等问题，加快推动经济林产业持续健康发展，为建设生态文明和美丽中国、全面建成小康社会作出新的更大贡献，成为当前乃至今后一段时期经济林建设与发展的紧要任务。2014年11月24日，国家林业局网站发布《加快特色经济林产业发展的意见》。《意见》指出，我国将加快特色经济林产业发展步伐，力争到2020年，特色经济林新增种植面积810万公顷，新增产量5 000万吨，其中，木本油料占国内油料产量比重提高到10%，实现总产值在2010年基础上翻一番，达到1.6万亿元以上。经济林是以生产果品、食用油料、饮料、调料、工业原料和药材等为主要目的的林木，是森林资源的重要组成部分。经济林产业，是集生态、经济、社会效益于一身，融一、二、三产业为一体的生态富民产业，是生态林业与民生林业的最佳结合。我国经济林树种资源丰富、产品种类多、产业链条长、应用范围广，发展经济林产业有利于有效利用国土资源，促进林业"双增"目标早日实现。经济林在集体林中占有较大比重，发展特色经济林的重点在集体林。通过在集体林中大力发展以木本粮油、干鲜果品、木本药材和香辛料为主的特色经济林，有利于挖掘林地资源潜力，为城乡居民提供更为丰富的木本粮油和特色食品；有利于调整农村产业结构，促进农民就业增收和地方经济社会全面发展。同时，对改善人居环境，推动绿色增长，维护国家生态和粮油安全，都具有十分重要的意义。

此外，国家林业局相继出台一系列扶持政策，将木本粮油等特色经济林纳入"十二五"时期林业发展十大主导产业。各地把发展经济林作为活跃农村经济的特色产业、调整种植业结构的主导产业、推进山区农民脱贫致富的支柱产业来抓，经济林产业发展步伐不断加快。截至 2013 年年底，全国经济林种植面积 3 781 万公顷，总产量 1.48 亿吨，经济林种植与采集业年产值达到 9 240.37 亿元，占到林业第一产业产值的一半以上；全国近千个特色经济林重点县，经济林收入占到当地农民人均纯收入 20％以上，成为农村特别是山区农民收入的重要来源。当前，林业进入生态林业与民生林业协同发展的崭新阶段。

截至 2013 年年底，全国经济林种植面积 3 781 万公顷，总产量 1.48 亿吨，经济林种植与采集业年产值达到 9 240.37 亿元，占到林业第一产业产值的一半以上；全国近千个特色经济林重点县，经济林收入占到当地农民人均纯收入 20％以上，成为农村特别是山区农民收入的重要来源。2014 年，国家重点选择 30 个优势特色经济林树种，优先规划布局，重点予以扶持；国家林业局会同国家发展改革委和财政部联合印发了《全国优势特色经济林发展布局规划》。优先纳入规划范围的 30 个树种，分为优势经济林和特色经济林两类，按照资源条件良好、生产规模较大、市场区位占优、产业化基础强、发展环境较佳等布局条件，分别确定不同的重点发展区域。2015 年中央 1 号文件、《中共中央 国务院关于加快推进生态文明建设的意见》《国务院办公厅关于加快木本油料产业发展的意见》《新一轮退耕还林还草总体方案》《国有林区改革指导意见》等，分别从不同层面对发展特色经济林给予扶持。《国务院办公厅关于加快木本油料产业发展的意见》指出木本油料等特色经济林产业是我国的传统产业，也是提供健康优质食用植物油的重要来源，强调木本油料等特色经济林在维护国家粮油安全战略中的特殊地位，提出制定油茶、核桃、油橄榄、杜仲、油用牡丹、长柄扁桃等木本油料经济林分树种产业发展规划，要求把发展特色经济林与新一轮退耕还林还草、三北防护林建设、京津风沙源治理等重大生态修复工程，以及地方林业重点工程紧密结合，因地制宜扩大面积。这是我国从中央政府层面第一次全面系统部署木本油料等特色经济林产业发展事宜，凸显了经济林在维护国家粮油安全、促进生态文明建设中的重要地位和特殊作用。

（二）草地生态建设

1. 草原生态补助机制

（1）主要措施。2011 年，国务院常务会议决定开始在内蒙古、新疆、西藏等 8 个主要草原牧区省（区）及新疆生产建设兵团，全面建立草原生态保护补助奖励机制。从 2011 年开始到 2015 年，中央财政每年将安排专项资金 136 亿元，支持内蒙古、新疆、西藏、青海、四川、甘肃、宁夏和云南等 8 个主要草原牧区省份以及新疆生产建设兵团，全面建立草原生态保护补助奖励机制。草原生态保护补助奖励机制的主要财政政策措施有以下几个方面：一是实施禁牧补助。对生存环境非常恶劣、草场严重退化、不宜放牧以及位于大江大河水源涵养区的草原，实行禁牧封育，中央财政按照平均每亩每年 6 元的标准，对禁牧牧民给予禁牧补助。二是实施草畜平衡奖励。对禁牧区域以外的可利用草原实施草畜平衡，根据草原载畜能力，确定草畜平衡点，核定合理的载畜量。中央财政按照平均每亩每年 1.5 元的标准，对未超载的牧民给予草畜平衡奖励。三是实施牧草良种补贴。为鼓励牧区有条件的地方开展人工种草，增强饲草补充供应能力，中央财政按照每亩 10 元的标准，实施人工种植牧草良种补贴。四是实施牧民生产资料综合补贴。按照每户补贴 500 元的标准，中央财政对牧民生产用柴油等生产资料给予补贴。中央财政将资金切块下达到省，由省级组织实施。中央财政每年对地方工作进行绩效评价，并对工作突出、成效显著的省份给予绩效评价奖励。

（2）实施效果。加快转变了草原畜牧业发展方式，加大了对牧业、牧区、牧民的支持力度，草原生态保护补助奖励政策覆盖到国家确定的牧区半牧区县，提高了天然林资源保护工程补助和森林生态效益补偿标准。2012 年又将政策实施范围扩大到黑龙江等 5 个非主要牧区省的 36 个牧区半牧区县，覆盖了全国 268 个牧区半牧区县。

三年来，各项工作进展顺利，政策效果初步显现，与政策实施前的 2010 年相比，草原生态、畜牧业生产和牧民生活均发生了可喜的变化。一是草原生态环境加快恢复。2012 年，全国近 20% 的草原通过禁牧封育得以休养生息，46% 的草原通过季节性休牧轮牧和减畜初步实现草畜平衡。2012 年全国草原监测结果显示，重点天然草原牲畜超载率 23%，较 2010 年下降了 7 个百分点；全国草原综合植被盖度为 53.8%，比上年提高了 2.8 个百分点；鲜草产量 10.5 亿吨，较 2010 年提高了 7.6%，是十年来鲜草产量最高的年份。二是草原畜牧业生产方式加快转型。牧区各地按照"禁牧不禁养，减畜不减肉"的要求，引导广大牧民转变靠天放牧的生产经营方式，积极发展舍饲圈养等现代草原畜牧业，提升了草原畜牧养殖规模化水平，增加了畜产品产量，详见表 20-2。三是牧民收入加快增长。政策实施两年多来，政策性收入的增加和草原畜牧业生产方式的转变，促进了牧民收入持续稳定增长。2012 年，全国 268 个牧区半牧区县农牧民收入达到 5 924 元，比 2010 年增加 1 430 元，增长 31.8%，其中草原补奖等政策性收入达到 700 元，占农牧民增加收入的 50% 左右，占牧民人均纯收入的 12% 左右。

表 20-2　2010 年和 2012 年全国 268 个牧区半牧区产品产量

单位：万吨

年份	牛肉	羊肉	奶类	毛绒产量
2010	142.5	132.52	896.29	21.82
2012	145.4	134.64	984.13	23.39

2. 退牧还草工程

退牧还草工程是通过建设围栏、补播改良、人工种草和禁牧、休牧、划区轮牧等方式，减轻天然草原放牧压力，恢复草原植被，在内蒙古东部、内蒙古甘肃宁夏西部、青藏高原东部、新疆北部四大片区治理严重退化草地，促进草原生态和畜牧业协调发展。退牧还草工程是国家做出的推进西部大开发，加快生态环境建设的重大决策，是改善草原生态环境和促进畜牧业经济持续发展的一项战略性工程，是建设和保护草原生态的一项战略性举措。

（1）主要措施。扩大退牧还草工程实施范围和实施力度，支持草原围栏、饲草基地、牲畜棚圈建设和重度退化草原改良。退耕还草每亩补助 800 元。国家林业局、农业部会同国土资源部制订监测考核办法，对各省退耕还林还草合格率、保存率进行验收和监测。并要求财政、审计等部门要加强监督检查，确保财政资金足额用于退耕还林还草。2015 年内蒙古自治区副厅长刘永志对该区项目考察时就退牧还草还提出了以下建议：一是继续加大实施力度，进一步提标扩面；二是进一步简政放权，真正落实"四到省"；三是进一步丰富内容，增加农牧民急需的基础设施建设内容；四是退牧还草工程与草原补奖机制有机结合，进一步加大"还草"力度。

（2）实施效果。从开始实施到 2014 年工程累计共投入中央资金 215.7 亿元，通过安排禁牧、休牧、划区轮牧围栏，建设人工饲草地，治理石漠化草地等，在保护草原生态环境、改善牧区民生方面成效显著。2014 年，中央投入资金 20 亿元，在内蒙古、四川、贵州、云南、西藏、甘肃、青海、宁夏、新疆、黑龙江、吉林、辽宁等 12 省（区）和新疆生产建设兵团，继续实施退牧还草工程，安排草原围栏建设任务 308.3 万公顷、石漠化治理 8 万公顷、退化草原补播改良 106.1 万公顷、人工饲草地建设 13.9 万公顷，以及 11.8 万户牧民牲畜舍饲棚圈建设改造；据对 82 个县（旗）的退牧还草工程进行监测，2014 年工程区内的平均植被盖度为 65%，比非工程区高出 6 个百分点；高度、鲜草产量分别为 18.9 厘米、3 755.1 千克/公顷，比非工程区分别增加 53.6%、30.8%。对 17 个县（旗）遥感监测显示，工程区内的平均植被盖度和鲜草产量较 2008 年工程实施前分别提高了 5 个百分点和 7.6%。2015 年 6 月，国家发展改革委、农业部下达了 2015 年退牧还草工程建设任务，将在内蒙古等13个省区和新疆生产建设兵团实施围栏建设267.4万公顷、退化草原补播88.6万公顷、人工饲草地建设16.1万公顷、舍饲棚圈建设13.4万户、岩溶地区草地治理8万公顷、已垦撂荒草原、黑土滩和毒害草退化草地治理2.67万公顷。2015年退牧还草扩大了实施范围，陕西省首次列入。同时，选择在甘肃、青海、新疆三省区分别开展已垦撂荒草原、黑土滩和毒害草退化草地治理试点。

3. 牧区防灾减灾工程

要通过建立制定火灾应急预案，完善管理体制，强化制度建设和基础设施建设，不断提高火灾应急反应和处置能力；要加快牧区人畜饮水工程建设和牲畜越冬暖棚建设，增加饲草储备，加强低于草原雪灾和旱灾的各项准备工作，减少灾害损失。据报道，近年来，内蒙古气象部门依托科技优势，紧密结合草原牧区生产和防灾减灾需求，以增强气象灾害监测预警服务能力为核心，初步建立了牧区草原气象灾害监测预警系统，牧区草原气象防灾减灾工作取得了成效。一是建立了全国最大规模的生态与农牧业气象观测站网，组建了内蒙古生态与农业气象中心、12个盟市生态监测评估中心和117个生态监测站相结合的生态监测评估业务体系，结合卫星遥感技术应用，为草原生态与牧业气象业务发展提供了有力保障。二是建立了牧业气象情报基础业务及主要牧业气象灾害监测预警评估体系，开展了牧业年景预报、牧草返青期、枯黄期、接羔保育期、牧草产量预报、冷季载畜量预报，以及对牧业生产影响较大的牧区干旱、暴雪、冷雨湿雪、大风寒潮等气象灾害的监测预警服务，为草原牧区避灾、防灾减灾，进而实现增产增收发挥了重要作用。三是与农牧业厅联合开展了草原蝗虫、鼠地螨等衍生灾害的监测预报预警服务业务，与森警、农牧业厅联合开展草原火灾监测预警和防扑火服务，为保障草原生态安全和畜牧业生产稳步发展做出贡献。

4. 南方草地开发利用工程

2014年农业部办公厅、财政部办公厅发布《关于做好2014年南方现代草地畜牧业发展工作的通知》，要求在保护生态环境的前提下，合理开发利用南方草山草地资源，在集中连片草山草地，重点建设一批草地规模较大、养殖基础较好、发展优势较明显、示范带动能力强的牛羊肉生产基地；逐步改善南方草地畜牧业基础设施和科技支撑条件，提高草地资源利用率和农村劳动生产率，推动南方现代草地畜牧业发展，促进农民增收。项目内容包括天然草地改良；优质稳产人工饲草地建植；标准化、集约化养殖基础设施建设；草畜产品加工设施设备建设；技术培训服务。2015年中央1号文件提出加快实施南方草地开发利用工程，这是发展草业科学的契机，将有利于促进我国大农业结构调整。

三、林草生态建设的主要问题

"十二五"时期，中国林草生态建设取得了重要成就，森林面积和森林蓄积持续增长，森林质量逐步提高，生态功能继续增强。全国森林面积 2.08 亿公顷，森林覆盖率 21.63%，草原生态保护稳步推进。但也面临一些突出问题。

（一）制度与管理体系复杂，基层监管能力薄弱

草原所有权权属较为复杂，长期以来，草原的所有权没有明确界定集体所有还是国家所有，产权模糊。林业生态资源的管理体系复杂，既有中央垂直管理，例如大兴安岭国有林区，也有地方政府主管的，例如小兴安岭国有林区，及私人或企业管理的林区，不同管理体系下，制度的要求不同。并且，受林区经济发展的影响，很多顶层设计的宏观政策在林区执行不到位。

县级和乡镇级政府生态环境保护的管理能力尤为薄弱，行政执法受地方政府的严重制约。在中央、省、市、县四级政府体系中，层级越低，管理对象越具体，越需要专业管理人才，但实际上，县乡两级相应的财政支出和人员配备严重不足，管理能力也跟不上。虽然近年来各地政府加强了基层专业执法和技术人员队伍，加强了专业监测设备的配备，基层能力建设有了很大的提升，但许多地区特别是中西部地区基层管理和执法能力依然非常薄弱。

（二）投资缺口较大，政府投资占主体地位

林草生态建设生态建设面比较广，任务比较繁重，而国家投资总量严重不足，资金缺口较大，生态建设整体进度缓慢，生态治理的规模受限，导致局部治理、总体恶化的趋势未能得到有效遏制。在林草生态建设管理中，政府投资和行政管制的措施和手段多，市场调节、社会管理的手段和措施应用少，没有形成良好的公共管理或治理结构所需的制度体系。实际中，行政规划、行政许可、行政监察、行政强制等为主的行政管理制度和措施占有压倒性的地位和作用，在投资中，政府财政占大头，各种税费、价格、信贷、产业、贸易等制度和措施还比较分散，对生态环境利用行为的调节作用不大，如排污收费、资源费和资源税等在调节资源环境利用行为方面作用微不足道。

（三）林草生态建设工程质量有待提高

从林草生态建设的全局来看，除去一些重点建设区、工程外，其他林业生态项目整体质量堪忧，有待于进一步提升。林草生态工程作为一项长期工程，耗时长、见效短，而建设过程中的一些不良行为导致工程建设质量不高。比如

说，在退耕还林工程中，短期内的退耕还林面积过大，给农业生产带来严重影响。栽种劣质树苗，导致树苗的大批死亡，补植任务重，造成工程成本的增加，也造成工程建设质量低。林草业生态工程质量不高又导致其无法发挥出预期的生态效益、社会效益和经济效益。

四、趋势分析与政策建议

（一）健全管理体系和管理制度

推进草原确权登记发证，明确草原权属，全面落实草原使用权，由县级以上人民政府登记，核发使用权证，确认草原使用权，妥善解决"一地两证"、界址不清等问题。加快构建有利于保护发展自然生态系统和野生动植物及生物多样性的行政管理体制，充分发挥林业推进生态文明建设的正能量。研究建立破坏森林、湿地、沙区植被和野生动植物资源举报制度，发挥社会监督作用。研究建立生态损害赔偿和责任追究制度。研究制定生态损害鉴定评估办法，科学鉴定生态损害范围、程度及价值。探索编制林地、湿地等自然资源资产负债表，建立领导干部生态环境损害责任终身追究制度。推动生态红线落地，制定最严格的管制原则和管理办法

（二）加大林草生态建设投入力度，建立公众参与机制

在加大政府投入林草生态建设的同时，采取政府和社会资本合作（PPP）、第三方治理等方式，积极培育环保企业，发展绿色产业，从而共同提供环境公共产品服务的有效供给能力。重点培育和壮大企业、社会组织、公民个人的力量，并通过决策执行过程的透明公开，发挥企业、社会组织、公民个人的作用，并利用界定产权、征税、补贴、特许经营等市场机制，激励和引导企业和公众行为。引导社会公众参与生态环境保护公共事务，参与环境决策、监督、诉讼，承接政府委托的环保服务。

（三）启动实施新一轮退耕还林还草工作

2014 年国务院批准《新一轮退耕还林还草总体方案》，继续实施退耕还林，是我国改善生态和改善民生、顺应广大人民群众期待的迫切需要。一要稳定原有的退耕还林成果。退耕还林工程已实施了十几年，取得了重大成果，必须不断巩固和发展，稳定已退耕还林的面积，确保"退得下、稳得住、能致富、不反弹"。二要扩大退耕还林实施范围。新一轮退耕还林应重点考虑 25°以上陡坡耕地、重点地区的严重沙化耕地、重要水源地坡耕地以及西部地区实施生态移民腾退出来的耕地等，做到稳步有序推进。三要完善退耕还林政策。

对还生态林、经济林的比例不再作限制，对退耕农户丧失的机会成本和退耕还林的生态效益给予综合补偿，使农民获得较好的收益，既改善生态，又改善民生。

(四)深入推进国有林场和林区改革

健全国有林区经营管理体制是全面推进国有林区改革的重大举措，一是理顺国有林所有权、产权管理体制。二是理顺政府管理林区社会的体制，理顺职能和资金渠道。三是改革森林资源监督管理体制，构建有利于生态建设与保护的森林资源监督管理体制。经过改革，建立起有利于保护和发展森林资源、有利于改善生态改善民生、有利于增强企业经营活力、权责利相统一的适应生态文明建设和社会主义市场经济体制的国有林区发展新体制。

第 21 章　农村基础设施建设

农村基础设施是农村经济社会发展和社会进步的前提条件和物质基础，也是社会主义新农村建设的重要内容。加强农村基础设施建设，是推进农村经济社会发展的重要举措之一，"十二五"期间，中央不断加大对农业农村的扶持力度，将全面加强农村基础设施建设作为"三农"工作的重中之重，从政策、投入等方面给予大力支持，不断加强农村水电路气房等基础设施建设，并取得显著成效。

一、政策制定背景

农村基础设施建设是社会主义新农村建设的重要内容，有利于改善农村人居环境、提高村民生活质量、推动农业农村现代化、繁荣农村经济，同时，加强农村基础设施建设也是"工业反哺农业，城市反哺农村"、统筹城乡发展、推进城乡一体化的重要内容，有利于缩小城乡差距。"十一五"时期以来，随着农村经济社会的快速发展以及各级政府多项扶持政策的相继出台落实，农村道路、供水、污水处理、供电、用气、垃圾治理等基础设施建设得到较大改善。但与城市基础设施建设日新月异的变化相比，农村基础设施建设仍然严重滞后，还远不能满足农业发展、农民增收和全面建设小康社会的需要，是农村经济社会发展中亟待加强的一个薄弱环节。目前，我国农村基础设施建设存在的问题主要有：

（一）农村安全饮水形势依然严峻

尽管"十一五"期间我国农村饮水安全工程建设取得了巨大的社会效益和经济效益，但农村供水设施总体上依然薄弱，尚有大量农村人口饮水条件尚未得到根本改善，广大农民群众迫切要求解决农村饮水安全问题。截至 2010 年年底，全国仍有 4 亿多农村人口的生活饮用水采取直接从水源取水、未经任何设施或仅有简易设施的分散供水方式，占全国农村供水人口的 42%，其中 8 572 万人无供水设施，直接从河、溪、坑塘取水，农村饮水安全工程建设的任务十分繁重；受农村人口、地形、经济承受能力等因素影响，饮水安全工程存在规模小、成本高、水价不到位等问题，农村饮水安全工程的长效运行机制尚不完善，而且由于近年来生产要素成本持续上涨、各地农村饮水安全工程建设投资增多，现行人均投资标准难以满足工程实际需求，特别是东北、西北、西南的高寒、高海拔、偏远山丘区、牧区、喀斯特地貌区等地，人均工程投资非常高；农村饮用水水源类型负责、点多面广，受农村经济发展水平、地方财力等因素制约，农村水源保护和水质保障工作十分薄弱①。

（二）水电农村电气化建设相对滞后

"十一五"期间，全国共建成 432 个水电农村电气化县，432 个县 5 年累计解决 90 万无电人口用电问题；在水电农村电气化县建设的带动下，全国农村水电也得到快速发展，到 2010 年年底装机容量达到 5 900 多万千瓦。水电农村电气化建设取得的成就得到了党中央和国务院的高度肯定，李克强总理在水利部和国家发展改革委联合报送的《关于"十一五"水电农村电气化县建设情况和下一步工作设想的报告》中批示，"发展农村水电建设综合效益显著，经验值得总结"。

尽管近年来我国农村水电发展取得了显著成效，但仍存在一定的问题：一是开发难度加大。由于原材料、机械设备、人口费用等大幅上涨，环境保护投入加大，导致农村水能资源开发成本提高，影响了社会投资开发农村水能资源的积极性，尤其是在贫困山区，开发农村水能资源的经济效益并不明显。二是财政投入不足。中央投入电气化建设资金所占总投资的比例仅为 5.5%，许多电气化县地处经济欠发达地区，省级配套资金远远不足，国家投入资金与水电农村电气化建设的实际需求有较大差距。三是由于少数地方政府职能部门、监管部门把关不严，缺乏科学合理的开发利用规划，导致个别地方存在抢占资源、无序开发、违规建设等问题，严重影响了农村水电及电气化的健康发展②。

（三）农村公路建设管理养护问题突出

农村公路是连接城乡之间商品流通的纽带和桥梁，也是我国城市化进程中必不可少的重要基础设施，加快农村公路建设对改善农村生活条件、发展现代化农业、建设社会主义新农村、构建社会主义和谐社会都起着重要作用。自 2003 年开展大规模农村公路建设以来，农村交通面貌发生非常大的变化，截至 2013 年年底，全国农村公路通车总里程达 378 万公里，基本上全国具有建制的村和乡都通了公路。

---

① 《农村饮水安全工程"十二五"规划》。
② 《"十二五"全国水电农村电气化规划》。

虽然我国农村公路建设取得很大成效，但随着农村经济的发展推进，农村公路建设仍存在一些问题亟待解决：村道过于狭窄，交叉路口较多，交通安全隐患增多，公路通畅程度不足；受地方政府财力、乡镇富裕程度等影响，农村公路建设资金不均衡，筹资难度较大，且有些地区农村公路建设资金存在挤占、挪用、截留问题；公路损坏较为严重，"只修不养""重修轻养"现象十分严重，养护制度不健全，养护资金匮乏；受资金、技术等的限制，筑路机械少，缺乏专业的施工队伍，无质量检测部门和监理部门检测、试验相关设备，致使农村公路存在诸多质量问题。

（四）农村沼气建设需要加快推进

近年来，在新农村建设的推动下我国农村沼气建设工程的各项工作都取得了较大成就，但也必须清醒地认识到目前我国农村沼气建设仍处于较低水平，且面临着诸多复杂的问题：一是部分地方对沼气池建设的意义认识不足、重视不高，进而导致地方政府对沼气建设的技术支持和服务意识落后，农村用户对沼气建设的参与度和积极性都不高；二是农村沼气建设的目的基本停留在解决生活用能上，在普及推广沼气、沼液、沼渣综合利用方面缺乏系统的示范引导；三是各地从事沼气建设的人员大多理论水平较低、实践经验不足，亟待加强技术培训；四是当前的服务体系尚不健全，出现较多的病废池，导致农民建池积极性不高，进而影响沼气池建设的有效推广。

（五）农村危房改造任务十分艰巨

农村危房改造工程是一项重大的民生工程，可极大地改善农村困难群众的居住和生活条件，有利于促进我国新农村建设。农村危房改造得到广大群众的认可和支持，取得了良好的社会效益，但也存在着许多问题：一些地区的政策宣传不到位，很多农户不懂申报程序，以致符合条件的农户得不到及时改造；村委把关不严，危房标准难把握，改建房面积有超标现象；农村建筑企业少，危房改造多依靠临时工，缺乏有资质的建设单位和建筑技术工人，影响危房改造的建设质量和施工安全；危房改造补助资金较低，使真正的困难户和特困户难以进行改造等。

二、政策内容及主要措施

加强农村基础设施建设，是发展现代农业和建设社会主义新农村的重要基础。"十二五"期间，中央继续坚持把解决好"三农"问题作为工作重中之重，着力加强农村基础设施建设，不断夯实农业农村发展基础。连续五年的中央1号文件、十八届三中全会决定以及《十二五规划纲要》等，都强调了农村基础设施建设的重要性。表 21-1 简要的归纳了 2011—2015 年中央 1 号文件中有关基础设施建设的主要内容。

表 21-1　2011—2015 年中央 1 号文件中关于基础设施建设的主要内容

年份	文件名称	相关内容
2011	《中共中央国务院关于加快水利改革发展的决定》（中发〔2011〕1号）	大力发展农村水电，积极开展水电新农村电气化县建设和小水电代燃料生态保护工程建设，搞好农村水电配套电网改造工程建设。继续推进农村饮水安全建设。到2013年解决规划内农村饮水安全问题，"十二五"期间基本解决新增农村饮水不安全人口的饮水问题。积极推进集中供水工程建设，提高农村自来水普及率。有条件的地方延伸集中供水管网，发展城乡一体化供水。加强农村饮水安全工程运行管理，落实管护主体，加强水源保护和水质监测，确保工程长期发挥效益。制定支持农村饮水安全工程建设的用地政策，确保土地供应，对建设、运行给予税收优惠，供水用电执行居民生活或农业排灌用电价格。
2012	《中共中央国务院关于加快推进农业科技创新持续增强农产品供给保障能力的若干意见》（中发〔2012〕1号）	加强农村沼气工程和小水电代燃料生态保护工程建设，继续加强农村公路建设和管护。扶持产地农产品收集、加工、包装、贮存等配套设施建设，重点对农民专业合作社建设初加工和贮藏设予以补助。继续增加中央财政小型农田水利设施建设补助专项资金，实现小型农田水利重点县建设基本覆盖农业大县。加大山丘区"五小水利"工程建设、农村河道综合整治、塘堰清淤力度，发展牧区水利。
2013	《中共中央国务院关于加快发展现代农业进一步增强农村发展活力的若干意见》（中发〔2013〕1号）	加大公共财政对农村基础设施建设的覆盖力度，逐步建立投入保障和运行管护机制。基本解决农村饮水安全问题。农村电网升级改造要注重改善农村居民用电和农业生产经营供电设施，中央投资继续支持农村水电供电区电网改造和农村水电增效扩容改造。推进西部地区、连片特困地区乡镇、建制村通沥青（水泥）路建设和东中部地区县乡公路改造、连通工程建设，加大农村公路桥梁、安保工程建设和渡口改造力度，继续推进农村乡镇客运站网建设。加快宽带网络等农村信息基础设施建设。促进农村沼气可持续发展，优化项目结构，创新管理方式，鼓励新技术研发应用。加大力度推进农村危房改造和国有林区（场）棚户区、国有垦区危房改造，加快实施游牧民定居工程和以船为家渔民上岸安居工程。

（续）

年份	文件名称	相关内容
2014	《中共中央国务院关于全面深化农村改革加快推进农业现代化的若干意见》（中发〔2014〕1号）	实施村内道路硬化工程，加强村内道路、供排水等公用设施的运行管护，有条件的地方建立住户付费、村集体补贴、财政补助相结合的管护经费保障制度。提高农村饮水安全工程建设标准，加强水源地水质监测与保护，有条件的地方推进城镇供水管网向农村延伸。以西部和集中连片特困地区为重点加快农村公路建设，加强农村公路养护和安全管理，推进城乡道路客运一体化。因地制宜发展户用沼气和规模化沼气。在地震高风险区实施农村民居地震安全工程。加快农村互联网基础设施建设，推进信息进村入户。
2015	《中共中央国务院关于加大改革创新力度加快农业现代化建设的若干意见》（中发〔2015〕1号）	加大农村基础设施建设力度。确保如期完成"十二五"农村饮水安全工程规划任务，推动农村饮水提质增效，继续执行税收优惠政策。推进城镇供水管网向农村延伸。继续实施农村电网改造升级工程。因地制宜采取电网延伸和光伏、风电、小水电等供电方式，2015年解决无电人口用电问题。加快推进西部地区和集中连片特困地区农村公路建设。强化农村公路养护管理的资金投入和机制创新，切实加强农村客运和农村校车安全管理。完善农村沼气建管机制。加大农村危房改造力度，统筹搞好农房抗震改造。深入推进农村广播电视、通信等村村通工程，加快农村信息基础设施建设和宽带普及，推进信息进村入户。

在此基础上，"十二五"期间相关部门以"水、电、路、气、房"建设为重点陆续出台一系列政策措施，着力加强农村基础设施建设，为农业增效、农民增收、农村发展打好基础。

（一）农村饮水安全工程建设

水是生命之源，生态之基，生产之要，是人类赖以生存的基础。饮水卫生安全，关系到全国人民的身体健康以及社会的和谐、稳定发展，尤其是农村居民的饮水安全。保证农村居民的饮水安全是最现实、最紧迫的民生工程，关系农业可持续发展、维护农村居民切身利益的重要举措，有利于我国社会主义新农村建设的开展和"三农"问题的解决。"十二五"期间，国家将农村饮水安全工程作为社会主义新农村建设的一个重点内容。

1. 政策目标和任务

2011年初，《中共中央国务院关于加快水利改革发展的决定》（中发

269

〔2011〕1号）中明确要求继续推进农村饮水安全建设，"十二五"期间基本解决新增农村饮水不安全人口的饮水问题，制定支持农村饮水安全工程建设的用地政策，对建设、运行给予税收优惠。2012年3月21日，国务院常务会议讨论并通过的《全国农村饮水安全工程"十二五"规划》提出，"十二五"期间要优先解决严重影响居民身体健康的水质问题、涉水重病区的饮水安全问题以及局部地区严重缺水问题；其次鼓励有条件的地区发展规模化集中供水，不具备条件的地方可以采取分散式供水或分质供水；加强水源地保护和水污染防治，完善水质检测与监测制度；建立健全县级供水技术服务体系，促进节约用水；鼓励和引导社会资金投入农村饮水安全工程建设。规划要求，"十二五"期间要解决2.98亿农村人口（含国有农林场）和11.4万所农村学校师生的饮水安全问题，使全国农村集中式供水人口比例提高至80%左右，供水质量和工程管理水平显著提高。2014年，李克强总理在《政府工作报告》中明确提出：今年再解决6 000万农村人口的饮水安全问题，经过今明两年努力，要让所有农村居民都能喝上干净的水。

2. 项目建设管理措施

2012年2月，国土资源部和水利部联合发布了《关于农村饮水安全工程建设用地管理有关问题的通知》，通知规定，农村饮水项目选址在土地利用总体规划确定的城镇建设用地范围内的，应使用国有建设用地，按规定以划拨方式取得；在土地利用总体规划确定的城镇建设用地范围外的，原则上使用集体土地，不实行征收，但日供水千吨万人以上饮水项目用地也可实行征收。为进一步加强中央预算内投资农村饮水安全工程建设管理，确保工程建设质量，充分发挥投资效益，2013年12月31日，国家发展和改革委员会、水利部、国家卫生和计划生育委员会、环境保护部和财政部结合农村饮水安全工程特点，对2007年印发的《农村饮水安全项目建设管理办法》（发改投资〔2007〕1752号）进行修订，联合印发了《农村饮水安全工程建设管理办法》（发改农经〔2013〕2673号），对涉及农村饮水安全工程建设的项目前期工作程序和投资计划管理、资金筹措与管理、项目实施、建后管理、监督检查等五个方面进行了详细说明。

为进一步加强农村饮水安全工程的运行管护，水利部印发了《关于进一步加强农村饮水工程运行管护工作的指导意见》（水农〔2015〕306号），要求：加强组织领导，确保责任落实到位；明晰工程产权，落实管护主体和经费；建立健全农村饮水安全工程基层管理服务体系；强化水源保护和水质保障；开展关键岗位技术培训，提高工程管理水平；强化监督检查和宣传科普，确保群众喝上干净水。为提高农村饮水安全项目工程质量水平，确保农村饮水安全工程建得好、长受益，在加快工程建设进度、按期完成年度目标任务的同时，为加强农村饮水安全工程质量管理工作，水利部印发了《关于加强农村饮水安全工程质量管理工作的通知》（办农水〔2015〕149 号）。2015 年 6 月，环境保护部、水利部联合印发的《关于加强农村饮用水水源保护工作的指导意见》（环办〔2015〕53 号）要求：分类推进水源保护区或保护范围划定工作；加强农村饮用水水源规范化建设；健全农村饮水工程及水源保护长效机制；进一步加强组织领导；强化宣传教育和公众参与。

表 21 - 2　"十二五"期间部分有关农村饮水安全工程建设的政策文件

时　间	文件名称	相关内容
2011 年 1 月 29 日	《中共中央国务院关于加快水利改革发展的决定》（中发〔2011〕1 号）	继续推进农村饮水安全建设，到 2013 年解决规划内农村饮水安全问题，"十二五"期间基本解决新增农村饮水不安全人口的饮水问题。
2011 年 5 月 27 日	《中国农村扶贫开发纲要（2011—2020 年）》（中发〔2011〕10 号）	到 2015 年，贫困地区农村饮水安全问题基本得到解决。到 2020 年，农村饮水安全保障程度和自来水普及率进一步提高。
2012 年 3 月 21 日	《全国农村饮水安全工程"十二五"规划》	"十二五"期间要全面解决 2.98 亿农村人口和 11.4 万所农村学校的饮水安全问题，使全国农村集中式供水人口比例提高到 80％左右。
2012 年 3 月 29 日	《关于农村饮水安全工程建设用地管理有关问题的通知》（国土资发〔2012〕10 号）	农村饮水安全工程建设涉及项目用地应遵循保障民生、依法合规、节约用地、简化程序原则，确保农村饮水安全工程建设土地供应。
2013 年 12 月 31 日	《农村饮水安全工程建设管理办法》（发改农经〔2013〕2673 号）	涉及农村饮水安全工程建设的项目前期工作程序和投资计划管理、资金筹措与管理、项目实施、建后管理、监督检查等五个方面。
2014 年 3 月 5 日	《2014 年政府工作报告》	今年再解决 6 000 万农村人口的饮水安全问题，经过今明两年努力，要让所有农村居民都能喝上干净的水。
2015 年 8 月 4 日	《关于进一步加强农村饮水工程运行管护工作的指导意见》（水农〔2015〕306 号）	加强组织领导，确保责任落实到位；明晰工程产权，落实管护主体和经费；建立健全农村饮水安全工程基层管理服务体系；强化水源保护和水质保障；开展关键岗位技术培训，提高工程管理水平；强化监督检查和宣传科普，确保群众喝上干净水。
2015 年 8 月 4 日	《关于加强农村饮水安全工程质量管理工作的通知》（办农水〔2015〕149 号）	进一步落实质量管理责任；加强重点环节的质量管理；强化对施工质量的过程管理；切实加强质量监督工作。
2015 年 6 月 4 日	《关于加强农村饮用水水源保护工作的指导意见》（环办〔2015〕53 号）	分类推进水源保护区或保护范围划定工作；加强农村饮用水水源规范化建设；健全农村饮水工程及水源保护长效机制；进一步加强组织领导；强化宣传教育和公众参与。

（续）

时间	文件名称	相关内容
2015 年 11 月 29 日	《中共中央国务院关于打赢脱贫攻坚战的决定》	实施农村饮水安全巩固提升工程，全面解决贫困人口饮水安全问题。

（二）农村公路建设

农村公路作为我国综合交通运输体系的重要组成部分，也是农村生产生活极为重要的基础设施，承担着沟通城乡、活跃市场、改善民生、促进经济发展和社会和谐等重任。"十二五"期间，国家高度重视农村公路发展，持续加大投入，专项支持农村公路建设。

1. 政策目标和任务

2011 年 4 月，交通部发布《交通运输"十二五"发展规划》，提出坚持"扩大成果、完善设施、提升能力、统筹城乡"的总体思路，继续全面推进农村公路建设。一是推进以西部建制村通沥青（水泥）路为重点的全国通达、通畅建设任务，满足农民群众的基本出行需求；二是完善农村公路基础设施，包括桥梁新改建工程、安保工程等，提高农村公路的抗灾能力和安全水平；三是改善农村公路网络状况，包括县乡道改造、连通工程等，提高农村公路的网络化水平和整体服务能力。到"十二五"末，农村公路总里程达到 390 万公里。

2012 年 7 月，交通运输部发布《集中连片特困地区交通建设扶贫规划纲要（2011—2020）》，要求，到 2015 年集中连片特困地区的干线公路框架基本形成，县城通二级及以上公路比例达 98%；调整后的国道二级及以上公路比例达到 65%，沥青（水泥）混凝土路面铺装率达到 70%；具备条件的乡镇和85%的建制村通沥青（水泥）路、通班车。其中，集中连片特困地区共涉及19 个省（区、市）的 505 个县，区域面积 141.3 万平方公里，占国土总面积的 14.7%。

2. 项目建设主要措施

2011 年 12 月 5 日，交通运输部发布《关于"十二五"农村公路建设的指导意见》，提出，"十二五"期间提高农村公路通达深度和通畅程度，增强网络覆盖能力，提高建设管理能力，改善工程质量状况。为此，一是注重源头管理，优化前期工作。科学编制和实施规划，加强计划管理，强化资金保障。二是严格控制，提升建设能力和工程质量。鼓励专业化施工，加强项目验收。三是消除薄弱环节，提高服务能力。推进危桥改造和渡改桥、渡口改造工程，加强地质灾害防治。四是坚持科学发展，提高发展质量。重视节约资源和环境保护，强化技术支撑保障。2015年5月25日，交通运输部发布《关于推进"四好农村路"建设的意见》，要求全面建设好、管理好、养护好、运营好农村公路，提出：一是加强组织领导。交通运输部农村公路工作领导小组负责统筹协调和组织指导"四好农村路"建设工作。二是夯实工作责任。各级交通运输主管部门要积极争取以政府名义出台推进农村公路建管养运协调发展的政策措施，争取将"四好农村路"建设工作纳入政府年度考核范围。三是开展示范县创建活动。要按照"好中选好、优中选优"和"经验突出、可推广、可复制"的原则，在2016年年底前推出首批"四好农村路"示范县，之后每年推出一批示范县，全面营造比学赶超氛围。四是加强监督考核。各级交通运输主管部门要加强监督考核工作。五是加强资金保障。要加快建立以公共财政分级投入为主，多渠道筹措为辅的农村公路建设资金筹措机制。

表21-3　"十二五"期间部分有关农村公路建设的政策文件

时　间	文件名称	相关内容
2011年5月27日	《中国农村扶贫开发纲要（2011—2020年）》（中发〔2011〕10号）	到2015年，提高贫困地区县城通二级及以上高等级公路比例，除西藏外，西部地区80%的建制村通沥青（水泥）路，稳步提高贫困地区农村客运班车通达率。到2020年，实现具备条件的建制村通沥青（水泥）路，推进村庄内道路硬化，实现村村通班车，全面提高农村公路服务水平和防灾抗灾能力。
2011年4月13日	《交通运输"十二五"发展规划》（交规划发〔2011〕191号）	坚持"扩大成果、完善设施、提升能力、统筹城乡"的总体思路，继续推进农村公路建设，到"十二五"末，农村公路总里程达到390万公里。全面加强农村公路养护，建立健全农村公路养护管理机制，深化农村公路管理养护体制改革。
2011年12月5日	《关于"十二五"农村公路建设的指导意见》	西部地区重点实施以乡（镇）、建制村通沥青（水泥）路的通达、通畅工程；中部地区重点实施县道、乡道改造和县、乡、村连通工程；实施危桥改造和渡改桥工程，基本完成县道、乡道中桥及以上现有危桥改造，在此基础上启动村道中桥及以上危桥改造工程；完善安全保障等附属设施，改善安全运行状况。
2012年7月13日	《集中连片特困地区交通建设扶贫规划纲要（2011—2020）》	到2015年，集中连片特困地区的干线公路框架基本形成，县城通二级及以上公路比例达98%；调整后的国道二级及以上公路比例达到65%，沥青（水泥）混凝土路面铺装率达到70%；具备条件的乡镇和85%的建制村通沥青（水泥）路、通班车。

(续)

时间	文件名称	相关内容
2014 年 11 月 28 日	《国务院办公厅关于实施公路安全生命防护工程的意见》(国办发〔2014〕55 号)	2015 年底前,全面完成公路安全隐患的排查和治理规划工作,健全完善严查车辆超限超载的部门联合协作机制,并率先完成通行客运班线和接送学生车辆集中的农村公路急弯陡坡、临水临崖等重点路段约 3 万公里的安全隐患治理。2017 年底前,全面完成急弯陡坡、临水临崖等重点路段约 65 万公里农村公路的安全隐患治理。2020 年底前,基本完成乡道及以上行政等级公路安全隐患治理,实现农村公路交通安全基础设施明显改善、安全防护水平显著提高,公路交通安全综合治理能力全面提升。
2015 年 5 月 12 日	《关于推进"四好农村路"建设的意见》(交公路发〔2015〕73 号)	全面建设好农村公路,切实发挥先行官作用。全面管理好农村公路,切实做到权责一致,规范运行。全面养护好农村公路,切实做到专群结合,有路必养。全面运营好农村公路,切实服务城乡经济社会发展。
2015 年 12 月 9 日	《农村公路养护管理办法》(中华人民共和国交通运输部令 2015 年第 22 号)	农村公路养护管理应遵循以县为主、分级负责、群众参与、保障畅通的原则;养护管理资金的筹集和使用应坚持"政府主导、多元筹资、统筹安排、专款专用、强化监管、绩效考核"的原则;县级交通运输主管部门和公路管理机构应建立健全农村公路养护质量检查、考核和评定制度,建立健全质量安全保证体系和信用评价体系,加强检查监督,确保工程质量和安全。
2015 年 11 月 29 日	《中共中央国务院关于打赢脱贫攻坚战的决定》	大幅度增加中央投资投入中西部地区和贫困地区的铁路、公路建设,继续实施车购税对农村公路建设的专项转移政策,提高贫困地区农村公路建设补助标准,加快完成具备条件的乡镇和建制村通硬化路的建设任务,加强农村公路安全防护和危桥改造,推动一定人口规模的自然村通公路。

(三)水电新农村电气化建设

农村水电是我国农村经济社会发展的重要基础设施,温家宝总理指出:"发展农村水电,加快农村电气化建设,是实现农业和农村现代化的重要条件"。2011 年中央 1 号文件和中央水利工作会议要求,加快水能资源开发,大力发展农村水电。"十二五"期间,国家继续将农村水电放在重要位置,加大政策扶持力度。

1. 加强农村水电建设项目管理

为贯彻落实 2011 年中央 1 号文件和《中华人民共和国可再生能源法》精神，提高水能资源利用效率，保障农村用电需要，促进农村水电持续有序发展，2011 年 7 月 20 日，财政部、水利部印发《农村水电增效扩容改造财政补助资金管理暂行办法》，并于 2011 年 8 月 18 日发布《农村水电增效扩容改造项目建设管理指导意见》。《管理办法》明确 2011—2012 年先安排中央补助资金支持浙江、重庆开展农村水电增效扩容改造全面试点，湖北、湖南、广西、陕西开展部分试点；中央财政对增效扩容改造项目按改造后装机容量给予定额补助，东部地区 700 元/千瓦，中部地区 1 000 元/千瓦，西部地区 1 300 元/千瓦，单个项目中央补助资金额度不超过该项目增效扩容改造总投资的 50%。2013 年，国家能源局制定《全面解决无电人口用电问题 3 年行动计划（2013—2015 年）》，提出到 2015 年年底全部解决最后 273 万无电人口用电问题的目标，并明确技术路线、工作任务及措施等。

2. 完善农村电网

2011 年 5 月 16 日，发改委发布《关于实施新一轮农村电网改造升级工程的意见》，提出"十二五"期间的工作重点是：一是对未改造地区的农村电网（包括农场、林场及其他独立管理地区的电网），按照新的建设标准和要求进行全面改造，彻底解决遗留的农村电网未改造问题。二是对已进行改造，但因电力需求快速增长出现供电能力不足、供电可靠性较低问题的农村电网，按照新的建设标准和要求实施升级改造，提高电网供电能力和电能质量。三是根据各地区农业生产特点和农村实际情况，因地制宜，对粮食主产区农田灌溉、农村经济作物和农副产品加工、畜禽水产养殖等供电设施进行改造，满足农业生产用电需要。四是按照统筹城乡发展要求，在实现城乡居民用电同网同价基础上，实现城乡各类用电同网同价，进一步减轻农村用电负担。国务院办公厅转发了《国家发改委关于实施新一轮农村电网改造升级工程的意见的通知》，提出，"十二五"期间实施农网改造升级工程，适应统筹城乡发展的要求和农村用电快速增长的需要，提高农网供电能力和供电可靠性，促进农村经济社会发展和社会主义新农村建设。

3. 扩大小水电代燃料建设规模

为贯彻落实 2008 年中央 1 号文件关于"扩大小水电代燃料建设规模"精神，水利部编制完成了《2009—2015 年全国小水电代燃料工程规划》，要求，2009—2015 年期间，在全国 24 个省（自治区、直辖市）和新疆生产建设兵团的 543 个县（市）实施小水电代燃料项目 1 022 个，总投资 141.3 亿元，解决 170.78 万户、677.71 万农村居民的生活燃料和农村能源，新增代燃料装机容量 170.56 万千瓦，代燃料年用电量 24.38 亿千瓦时。总体布局是选择退耕还林区和天然林保护区，特别是退耕还林面积相对集中、生态脆弱、农民生活用能以薪柴为主的地区，对中西部地区、贫困地区、少数民族地区和革命老区予以倾斜。《规划》实施后，可以有效巩固退耕还林等生态建设成果，保护森林面积 159.33 万公顷，每年可减少和吸收二氧化碳 3 400多万吨。

为促进农村水电科学、有序、健康、可持续发展，2011 年 9 月 5 日，水利部发布《关于水利部进一步加强小水电代燃料和水电新农村电气化建设管理》的消息，要求对已建和在建项目加强监督检查，包括从项目立项到验收的全部环节，尤其强调了对各项行政许可如立项、土地、环评、水保等手续是否完备的检查。为加快小水电代燃料的推进，2012 年 3 月 28 日，国家发改委水利部联合发布《小水电代燃料项目管理办法》，规范了代燃料项目建设和管理，并高度重视实施方案的编制和审批工作；水利部下发规范项目实施方案批复和报送备案工作的通知，并发布《小水电代燃料生态效益计算导则》。2014 年，水利部出台《水电新农村电气化和小水电代燃料建设项目绩效评价暂行办法》，进一步强化项目资金使用和绩效考核。

4. 加快水电新农村电气化建设

按照 2011 年中央 1 号文件关于大力发展农村水电，积极开展水电新农村电气化县建设的要求，2011 年 3 月，水利部印发《"十二五"全国水电新农村电气化规划》，要求工作重点和任务从主要解决山区农村无电缺电问题，转向引导和带动农村水能资源科学合理有序开发，提高农村电气化水平，推动山区农村经济社会发展，加快贫困地区脱贫致富步伐，促进节能减排和生态保护等方面。规划到"十二五"期末建成 300 个水电新农村电气化县，新增农村水电装机容量 515.6 万千瓦，新增年发电量 191.6 亿千瓦时，规划区内乡、村通电率达到 100%，户通电率达到 99.9%，农村水电站及电网现代化水平达到95% 以上，人均年用电量和户均年生活用电量在 2010 年的基础上增长 25%以上。

为促进水电新农村电气化事业发展，规范水电新农村电气化建设和项目管理，2012 年 9 月 6 日，国家发改委发布《水电新农村电气化建设项目管理办法》，进一步规范了项目建设管理，提高了中央补助投资比例，中央投资占项目总投资的比例，西部地区县（含参照西部地区政策县）、中部地区县（含参照中部地区政策县）、东部地区县新建项目分别按 20%、15%、10% 左右分年度安排，技改项目分别按 25%、20%、15% 左右分年度安排。

表 21 - 4　　"十二五"期间部分有关农村水电建设的政策文件

时　间	文件名称	相关内容
2011 年 5 月 27 日	《中国农村扶贫开发纲要（2011—2020 年）》（中发〔2011〕10 号）	到 2015 年，全面解决贫困地区无电行政村用电问题，大幅度减少西部偏远地区和民族地区无电人口数量。到 2020 年，全面解决无电人口用电问题。
2011 年 7 月 20 日	《农村水电增效扩容改造财政补助资金管理暂行办法》（财建〔2011〕504 号）	2011—2012 年先安排中央补助资金支持浙江、重庆开展农村水电增效扩容改造全面试点，湖北、湖南、广西、陕西开展部分试点；中央财政对增效扩容改造项目按改造后装机容量给予定额补助，东部地区 700 元/千瓦，中部地区 1 000 元/千瓦，西部地区 1 300 元/千瓦，单个项目中央补助资金额度不超过该项目增效扩容改造总投资的 50%。
2011 年 8 月 18 日	《农村水电增效扩容改造项目建设管理指导意见》（水电〔2011〕441 号）	农村水电增效扩容改造实行地方负责制，由地方水行政主管部门、财政部门负责组织项目实施。增效扩容改造应逐站落实地方政府、主管部门和项目单位责任人，明确责任人对项目建设进度、建设质量、工程安全和资金安全的具体责任。增效扩容改造项目建设应落实项目法人责任制、招标投标制和建设监理制。
2011 年 5 月 10 日	《关于实施新一轮农村电网改造升级工程的意见》（国办发〔2011〕23 号）	（一）对未改造地区的农村电网（包括农场、林场及其他独立管理地区的电网），按照新的建设标准和要求进行全面改造，彻底解决遗留的农村电网未改造问题。（二）对已进行改造，但因电力需求快速增长出现供电能力不足、供电可靠性较低问题的农村电网，按照新的建设标准和要求实施升级改造，提高电网供电能力和电能质量。（三）根据各地区农业生产特点和农村实际情况，因地制宜，对粮食主产区农田灌溉、农村经济作物和农副产品加工、畜禽水产养殖等供电设施进行改造，满足农业生产用电需要。（四）按照统筹城乡发展要求，在实现城乡居民用电同网同价基础上，实现城乡各类用电同网同价，进一步减轻农村用电负担。

（续）

时　间	文件名称	相关内容
2011年8月31日	《关于进一步加强小水电代燃料和水电新农村电气化项目建设管理的通知》（办水电〔2011〕365号）	对已建和在建项目加强监督检查，包括从项目立项到验收的全部环节，尤其强调了对各项行政许可如立项、土地、环评、水保等手续是否完备的检查。
2011年6月2日	《关于印发"十二五"全国水电新农村电气化规划的通知》（水规计〔2011〕123号）	到"十二五"期末建成300个水电新农村电气化县，新增农村水电装机容量515.6万千瓦，新增年发电量191.6亿千瓦时，规划区内乡、村通电率达到100%，户通电率达到99.9%，农村水电站及电网现代化水平达到95%以上，人均年用电量和户均年生活用电量在2010年的基础上增长25%以上。
2013年	《全面解决无电人口用电问题3年行动计划（2013—2015年）》（国能新能〔2013〕314号）	2013年底前基本完成光伏独立供电建设任务，2014年底前基本完成电网延伸工程建设任务。到2015年底，全国273万无电人口用电问题必须得到全部解决，其中电网延伸解决154万人用电，光伏独立供电解决119万人用电，项目合计583个，总投资294亿元。
2014年6月7日	《能源发展战略行动计划（2014—2020年）》（国办发〔2014〕31号）	加快农村用能方式变革，抓紧研究制定长效政策措施，推进绿色能源县、乡、村建设，大力发展农村小水电，加强水电新农村电气化县和小水电代燃料生态保护工程建设，因地制宜发展农村可再生能源，推动非商品能源的清洁高效利用，加强农村节能工作。
2014年5月16日	《关于改善农村人居环境的指导意见》（国办发〔2014〕25号）	大力推进水电新农村电气化县建设，实施新一轮农村电网升级改造工程，促进可再生能源供电，全面解决不通电农村居民用电问题。
2015年11月29日	《中共中央国务院关于打赢脱贫攻坚战的决定》	加快推进贫困地区农网改造升级，全面提升农网供电能力和供电质量，制定贫困村通动力电规划，提升贫困地区电力普遍服务水平。增加贫困地区年度发电指标。

（四）农村沼气工程建设

农村沼气是一种非常重要的可持续的新型能源，是农村生物质能的重要组成部分。发展农村沼气，有利于促进农村生活用能方式的改变、提高农民的生活质量、促进农业产业结构转变、改善农村卫生状况和生态环境、推进资源节约型的新农村建设。"十二五"期间，我国继续加大农村沼气的建设力度。

1. 政策目标和任务

2011年12月，农业部下发《关于进一步加强农业和农村节能减排工作的意见》，指出，力争到2015年农村沼气用户达到5 500万户，年用沼气216亿立方米，形成年开发3 400万吨标准煤的能力。2012年1月13日，国务院发布《全国现代农业发展规划（2011—2015）》，提出要继续实施农村沼气工程，加快户用沼气、养殖小区和联户沼气、大中型沼气工程建设，完善沼气服务和科技支撑体系，大力推进农村清洁工程建设，清洁水源、田园和家园。2015年8月，国务院办公厅印发《关于加快转变农业发展方式的意见》，明确将转变农业发展方式作为当前和今后一个时期加快推进农业现代化的根本途径，提出推进农业废弃物资源化利用：推广畜禽规模化养殖、沼气生产、农家肥积造一体化发展模式，支持规模化养殖场（区）开展畜禽粪污综合利用，配套建设畜禽粪污治理设施；推进农村沼气工程转型升级，开展规模化生物天然气生产试点。

2. 项目建设具体措施

为做好绿色能源示范县的建设工作，提高其项目建设水平，确保项目建设质量，促进农村能源产业健康持续发展，2011年，国家能源局、财政部、农业部发布《绿色能源示范县建设管理办法》，农业部、国家能源局、财政部发布《绿色能源示范县建设技术管理暂行办法》，财政部、国家能源局、农业部发布《绿色能源示范县建设补助资金管理暂行办法》，从规划及实施方案、项目实施、运行管理、监督检查等方面推进绿色能源示范县建设，并对示范县内沼气集中供气工程、生物质气化工程、生物质成型燃料工程、其他可再生能源开发利用工程和农村能源服务体系等项目建设的技术要求、执业资格、技术支持、技术监管提出严格要求。

2011年12月，农业部下发《关于进一步加强农业和农村节能减排工作的意见》，指出，要充分发挥农村沼气处理利用人畜粪便、生产清洁能源和优质肥料方面的作用，在适宜地区加大户用沼气建设力度，推广"四位一体"和"猪—沼—果"等能源生态模式；在集约化养殖场和养殖小区以及秸秆资源丰富的地区，建设大中型沼气集中供气工程，实现畜禽养殖废弃物资源化利用和环境治理的双重目标；采取沼气提纯罐装、专用燃料、发电上网等方式，实现沼气高值利用。2012年，国家发改委、农业部联合下发《关于进一步加强农村沼气建设的意见》，从科学规划农村沼气发展、拓宽沼气原料来源、提高工程建设质量、健全沼气服务体系运行机制、加快发展大中型沼气工程、加强沼气科技支撑体系建设、完善沼气发展支持政策等七个方面作了安排部署，要求各地按照意见要求进一步细化农村沼气建设的政策措施，切实搞好农村沼气项目建设。

表 21-5　"十二五"期间部分有关农村沼气工程建设的政策文件

时　间	文件名称	相关内容
2011 年 12 月 2 日	《关于进一步加强农业和农村节能减排工作的意见》（农科教发〔2011〕12 号）	力争到 2015 年农村沼气用户达到 5 500 万户，年用沼气 216 亿立方米，形成年开发 3 400 万吨标准煤的能力。充分发挥农村沼气处理利用人畜粪便、生产清洁能源和优质肥料方面的作用，在适宜地区加大户用沼气建设力度，推广"四位一体"和"猪—沼—果"等能源生态模式。因地制宜建设一批秸秆沼气集中供气工程。
2012 年 1 月 13 日	《全国现代农业发展规划（2011—2015）》（国发〔2012〕4 号）	继续实施农村沼气工程，加快户用沼气、养殖小区和联户沼气、大中型沼气工程建设，完善沼气服务和科技支撑体系。
2015 年 8 月 7 日	《关于加快转变农业发展方式的意见》（国办发〔2015〕59 号）	推广畜禽规模化养殖、沼气生产、农家肥积造一体化发展模式，推进农村沼气工程转型升级，开展规模化生物天然气生产试点。
2012 年	《关于进一步加强农村沼气建设的意见》（发改农经〔2012〕589 号）	科学规划农村沼气发展；拓宽沼气原料来源；提高工程建设质量；健全沼气服务体系运行机制；加快发展大中型沼气工程；加强沼气科技支撑体系建设；完善沼气发展支持政策。

（五）农村危房改造

作为一项重要的民生工程，农村危房改造既迎合了广大农民的热切期待，也可有效拉动内需、加快农村的现代化进程、推动社会主义新农村建设、促进城乡经济社会一体化格局的形成。自 2008 年第四季度开展启动贵州省农村危房改造试点工作，住房和城乡建设部、国家发展改革委、财政部按照中央的统一部署和要求，于 2009—2012 年组织实施了扩大农村危房改造试点工作，帮助住房最危险、经济最贫困农户解决最基本的住房安全问题。"十二五"时期，国家以改善农民居住条件为重点，加大对农村危房改造的支持力度。

1. 政策目标和任务

"十二五"规划纲要提出"合理引导农村住宅和居民点建设""全面推进农村危房改造和国有林区（场）、棚户区、垦区危房改造，实施游牧民定居工程"。2012 年 7 月，国务院下发的《国家基本公共服务体系"十二五"规划》明确提出要建立基本住房保障制度，继续推进农村危房改造，合理确定补助对象和标准，优先帮助住房最危险、经济最贫困农户解决住房安全问题。2014年5月，国务院办公厅发布《关于改善农村人居环境的指导意见》，要求以保障农民基本生活条件为底线，以村庄环境整治为重点，以建设宜居村庄为导向，从实际出发，循序渐进，通过长期艰苦努力，全面改善农村生产生活条件；加快推进农村危房改造，到2020年基本完成现有危房改造任务，建立健全农村基本住房安全保障长效机制。

2011年5月，住房和城乡建设部、国家发展和改革委员会和财政部联合发布《关于做好2011年扩大农村危房改造试点工作的通知》，任务是支持完成265万农村贫困户危房改造，其中，优先完成陆地边境县边境一线20万贫困农户危房改造，支持东北、西北、华北等"三北"地区和西藏自治区试点范围内9万农户结合危房改造开展建筑节能示范。

2012年6月，住房和城乡建设部、国家发展和改革委员会和财政部联合发布《关于做好2012年扩大农村危房改造试点工作的通知》，任务是支持完成400万农村贫困户危房改造，其中：优先完成陆地边境县边境一线13万贫困农户危房改造，支持东北、西北、华北等"三北"地区和西藏自治区试点范围内13.08万农户结合危房改造开展建筑节能示范。

2013年7月，住房和城乡建设部、国家发展和改革委员会和财政部联合发布《关于做好2013年农村危房改造工作的通知》，任务是支持全国266万贫困农户改造危房，其中：国家确定的集中连片特殊困难地区的县和国家扶贫开发工作重点县等贫困地区105万户，陆地边境县边境一线15万户，东北、西北、华北等"三北"地区和西藏自治区14万农户结合危房改造开展建筑节能示范。

2014年6月，住房和城乡建设部、国家发展和改革委员会和财政部联合发布《关于做好2014年农村危房改造工作的通知》，任务是支持全国266万贫困农户改造危房，其中：国家确定的集中连片特殊困难地区的县和国家扶贫开发工作重点县等贫困地区105万户，陆地边境县边境一线15万户，东北、西北、华北等"三北"地区和西藏自治区14万农户结合危房改造开展建筑节能示范。

2015年3月，住房和城乡建设部、国家发展和改革委员会和财政部联合发布《关于做好2015年农村危房改造工作的通知》，要求中央支持全国农村地区贫困农户改造危房，在地震设防地区结合危房改造实施农房抗震改造，在"三北"地区（东北、西北、华北）和西藏自治区结合危房改造开展建筑节能示范。在任务安排上，对国家确定的集中连片特殊困难地区和国家扶贫开发工作重点县等贫困地区、抗震设防烈度8度及以上的地震高烈度设防地区予以倾斜，单列任务。

2. 主要措施

中央对农村危房改造进行一定补助,由财政部会同国家发展改革委、住房城乡建设部联合下达,如,2011 年中央安排扩大农村危房改造试点补助资金166 亿元(含中央预算内投资 25 亿元),2013 年为 230 亿元(含中央预算内投资 35 亿元)。农村危房改造补助对象重点是居住在危房中的农村分散供养五保户、低保户、贫困残疾人家庭和其他贫困户。对于补助标准,则每年略有不同,如,2011 中央补助标准为每户平均 6 000 元,在此基础上对陆地边境县边境一线贫困农户、建筑节能示范户每户再增加 2 000 元补助。2014 年中央补助标准为每户平均 7 500 元,在此基础上对贫困地区每户增加 1 000 元补助,对陆地边境县边境一线贫困农户、建筑节能示范户每户分别增加 2 500 元补助。

2011 年 6 月,财政部、发展改革委和住房城乡建设部联合发布《中央农村危房改造补助资金管理暂行办法》,从资金申请与资金分配、资金使用管理、绩效考评、监督检查等方面规范和加强中央农村危房改造补助资金的管理,要求:地方各级财政、发展改革、住房城乡建设部门要切实落实农村危房改造地方补助资金,加快推进农村危房改造工作。同时,不断创新农村危房改造投入机制,积极引导信贷资金、民间资本等社会各方面资金投入。

2012 年 11 月,住房城乡建设部发布《关于支持大别山片区住房城乡建设事业发展的意见》,指出要加大农村危房改造支持力度,支持城镇保障性住房建设。加大对安徽、河南、湖北省农村危房改造支持力度,协调 3 省有关部门在任务安排上向片区各县倾斜,确保每年片区县均任务量高于全国的县均任务量、高于片区 3 省的县均任务量,"十二五"期间安排中央农村危房改造任务80 万户以上;协调加大对片区财政困难地区保障性安居工程建设补助力度,指导片区 3 省在任务安排上对片区各县给予倾斜;支持片区各县在乡镇建设公共租赁住房,解决乡村教师、医疗卫生工作者、科技人员、乡镇公务员、扶贫志愿者等农村公益性岗位人员住房困难问题。

表 21-6 "十二五"期间部分有关农村危房改造的政策文件

时间	文件名称	相关内容
2011 年 5 月 27 日	《中国农村扶贫开发纲要(2011—2020 年)》(中发〔2011〕10 号)	到 2015 年,完成农村困难家庭危房改造 800 万户。到 2020 年,贫困地区群众的居住条件得到显著改善。

（续）

时间	文件名称	相关内容
2011 年 05 月 17 日	《关于做好 2011 年扩大农村危房改造试点工作的通知》（建村〔2011〕62 号）	支持完成 265 万农村贫困户危房改造，其中，优先完成陆地边境县边境一线 20 万贫困农户危房改造，支持东北、西北、华北等"三北"地区和西藏自治区试点范围内 9 万农户结合危房改造开展建筑节能示范。
2012 年 11 月 6 日	《关于支持大别山片区住房城乡建设事业发展的意见》（建村〔2012〕159 号）	加大农村危房改造和保障性住房建设支持力度，"十二五"末完成片区 70% 的农村存量危房改造。加大对安徽、河南、湖北省农村危房改造支持力度，协调 3 省有关部门在任务安排上向片区各县倾斜，确保每年片区县均任务量高于全国的县均任务量、高于片区 3 省的县均任务量，"十二五"期间安排中央农村危房改造任务 80 万户以上。
2012 年 7 月 11 日	《国务院关于印发国家基本公共服务体系"十二五"规划的通知》（国发〔2012〕29 号）	建立基本住房保障制度，继续推进农村危房改造，合理确定补助对象和标准，优先帮助住房最危险、经济最贫困农户解决住房安全问题。
2012 年 6 月 29 日	《关于做好 2012 年扩大农村危房改造试点工作的通知》（建村〔2012〕87 号）	支持完成 400 万农村贫困户危房改造，其中：优先完成陆地边境县边境一线 13 万贫困农户危房改造，支持东北、西北、华北等"三北"地区和西藏自治区试点范围内 13.08 万农户结合危房改造开展建筑节能示范。
2013 年 7 月 11 日	《关于做好 2013 年农村危房改造工作的通知》（建村〔2013〕90 号）	支持全国 266 万贫困农户改造危房，其中：国家确定的集中连片特殊困难地区的县和国家扶贫开发工作重点县等贫困地区 105 万户，陆地边境县边境一线 15 万户，东北、西北、华北等"三北"地区和西藏自治区 14 万农户结合危房改造开展建筑节能示范。
2014 年 6 月 7 日	《关于做好 2014 年农村危房改造工作的通知》（建村〔2014〕76 号）	支持全国 266 万贫困农户改造危房，其中：国家确定的集中连片特殊困难地区的县和国家扶贫开发工作重点县等贫困地区 105 万户，陆地边境县边境一线 15 万户，东北、西北、华北等"三北"地区和西藏自治区 14 万农户结合危房改造开展建筑节能示范。
2014 年 5 月 29 日	《关于改善农村人居环境的指导意见》（国办发〔2014〕25 号）	加快推进农村危房改造，到 2020 年基本完成现有危房改造任务，建立健全农村基本住房安全保障长效机制。

（续）

时间	文件名称	相关内容
2015 年 3 月 11 日	《关于做好 2015 年农村危房改造工作的通知》（建村〔2015〕40号）	支持全国农村地区贫困农户改造危房，在地震设防地区结合危房改造实施农房抗震改造，在"三北"地区（东北、西北、华北）和西藏自治区结合危房改造开展建筑节能示范。在任务安排上，对国家确定的集中连片特殊困难地区和国家扶贫开发工作重点县等贫困地区、抗震设防烈度8 度及以上的地震高烈度设防地区予以倾斜，单列任务。
2015 年 11 月 29 日	《中共中央国务院关于打赢脱贫攻坚战的决定》	加快推进贫困地区农村危房改造，统筹开展农房抗震改造，把建档立卡贫困户放在优先位置，提高补助标准，探索采用贷款贴息、建设集体公租房等多种方式，切实保障贫困户基本住房安全。
2015 年 6 月 30 日	《国务院关于进一步做好城镇棚户区和城乡危房改造及配套基础设施建设有关工作的意见》（国发〔2015〕37 号）	2015—2017 年，改造包括城市危房、城中村在内的各类棚户区住房 1 800 万套（其中 2015 年580 万套），农村危房 1 060 万户（其中 2015 年432 万户），加大棚改配套基础设施建设力度，使城市基础设施更加完备、布局合理、运行安全、服务便捷。

三、相关政策执行情况

在中央政策的有力推动下，"十二五"期间我国农村基础设施建设取得明显成效，农村居民的生产生活条件得到不断改善。

（一）农村饮水安全问题得到明显改善

"十二五"期间，中央共安排农村饮水安全建设资金 1 215 亿元，地方也多渠道落实配套资金 600 多亿元。"十二五"前四年，已解决 2.81 亿人口的饮水安全问题，据 2015 年 8 月 20 日统计，中央计划投资已完成 85%，解决了4 262 万人的饮水安全问题，占计划的三分之二。

农村饮水安全工程建设让亿万农村居民得到了真正实惠。据统计，至2015 年底，全国农村集中式供水人口受益比例从 2004 年年底的 38%提高到80%以上。农村饮水安全工程建设可有效降低疾病传播风险，提高农民健康水平，解放农村劳动力，改善农村环境卫生，提高供水保障率，维护社会和谐稳定。据测算，实施农村饮水安全工程后，全国户均可年节省 53 个挑水工日，其中，42%用于外出打工，86%的农民增加了收入。

表 21 - 7　"十二五"期间安全饮水工程建设情况

年份	在建投资规模（亿元）	累计完成投资额（亿元）	当年解决饮水安全人数（万人）	农村饮水安全人口数（亿人）	农村集中式供水受益人口比例（%）
2011	645.3	494.7	6 398	7	63
2012	805	662.4	7 294	7.5	67.9
2013	796.6	691.2	6 343	—	73.1
2014	—	—	8 065	—	—

资料来源：水利部，《全国水利发展统计公报》（2011—2013年）。

（二）农村公路发展逐步向网络优化转型

"十二五"期间，农村公路建设快速发展，路网状况得到显著改善，为农村经济发展和社会进步提供了基础保障。"十二五"以来，中央投入到农村公路建设的资金达3 264.6亿元，其中，交通运输部共安排车购税资金3 170亿元，2015年安排875亿元，是"十二五"期间车购税资金投入农村公路建设最多的一年。2011—2014年，全国新改建82万公里农村公路。

农村公路建设逐步从规模扩张向路网优化、质量和效益并重转型，再进一步服务"三农"、惠及民生、扶贫攻坚的同时，也更加注重农村公路建设过程中的质量安全以及养护管理。截至2013年年底，全国农村公路总里程达到378.5万公里，99.97%的乡镇和99.7%的建制村通了公路，基本实现所有乡镇和东中部地区建制村通硬化路。据统计，"十二五"期间，全国农村公路建设带动社会总投资约1.3万亿元，比"十一五"增长约40%，带动农民工就业超过290万人，增收超过940亿元。与此同时，农村公路的质量、养护也不断提升。"十二五"农村公路抽检指标总体合格率达96.2%，比"十一五"提高2.4个百分点；到2014年年底，全国农村公路列养率达到97.3%，比2010年提高1%。农村公路技术状况由2010年的63.51上升到2014年的70.9，优良路率由57.8%上升到59.7%。

表 21 - 8　"十二五"期间农村公路建设情况

年份	全社会完成投资额（亿元）	新改建农村公路（万公里）
2011	1 901.6	19.03
2012	2 069	19.4
2013	2 495	21
2014	3 201	22.57

资料来源：根据2011—2014年交通部全国农村公路工作电视电话会议相关材料整理。

（三）农村水电民生工程建设任务全面完成

"十二五"以来，农村水电完成投资共计 1 400 多亿元，其中，中央投资 138 亿元，是"十一五"中央投资的 5 倍多。"十二五"期间，我国新增农村水电装机 1 400 多万千瓦，总装机超过 7 500 万千瓦，提前五年完成《可再生能源中长期发展规划》确定的目标任务，五年累计发电量超过 10 000 亿千瓦时，相当于节约 3.2 亿吨标准煤。水利部在广东等 26 个省份和兵团实施了增效扩容改造工程，改造了 4 400 多座农村水电站，改造后装机容量和年发电量分别比改造前增加 20% 和 40% 以上；集中连片推进了小水电代燃料工程建设，建成 249 个项目和 1 478 个代燃料村，解决了 224 万人生活燃料问题，保护森林面积 73.33 万公顷。在安全生产方面，国家水利部对 2 万座 5 000 千瓦以上电站"双主体"责任人进行公示，全国农村水电安全生产主体"双主体"责任得到全面落实。据统计显示，"十二五"安全生产责任事故比"十一五"年均起数下降 65%，年均死亡人数下降 62%。

表 21 - 9　"十二五"期间农村水电建设情况

年份	农村水电站建设完成投资（亿元）	新增农村水电站（座）	装机容量（万千瓦）	配套电网建设完成投资（亿元）
2011	235	710	328	59
2012	238	600	340	50
2013	198	389	246	65

资料来源：水利部，《全国水利发展统计公报》（2011—2013 年）。

（四）农村沼气建设进一步提速

近年来，中央不断加大对农村沼气建设的支持力度，投资规模和支持领域不断扩展。在国家投资带动及各方面共同努力下，农村沼气实现了跨越式发展。据悉[1]，近年来，中央已累计安排农村沼气工程投资 364 亿元，开展户用沼气、服务网点、养殖小区和联户沼气，以及大中型沼气工程等建设。截至 2015 年 4 月，全国沼气用户已达到 4 300 万户，规模化沼气工程已发展到 10 万处。全国农村沼气年生产量可达 160 亿立方米，处理粪污、秸秆、生活垃圾近 20 亿吨，形成年节约 2 600 多万吨标准煤的能力，减排二氧化碳 6 300 多万吨，生产有机沼肥 4 亿多吨，为农民增收节支近 500 多亿元。

---

[1] 发改委农业部联合推动农村沼气工程转型升级，2015 年 4 月 23 日，http://www.nea.gov.cn/2015-04/23/c_134177383.htm。

（五）农村危房改造力度继续加大

自 2008 年中央支持贵州省率先开展农村危房改造试点起，截至 2014 年年底，全国共改造农村危房 1 565 万户，2008—2014 年中央累计安排 1 191.72 亿元补助资金支持农村危房改造。2015 年，中央共下达农村危房改造补助资金 365 亿元，支持完成贫困农户危房改造任务 432 万户，分别比 2014 年增加 135 亿元和 166 万户。农村危房改造既有效改善了困难群众的住房条件，也发挥了带动消费、扩大投资的积极作用，促进了社会和谐稳定。

四、农村基础设施建设存在的主要问题

"十二五"期间，我国新农村建设以农村基础设施建设为切入点，各级政府出台了一系列政策措施，并取得了显著成效。但从总体来看，在我国农村基础设施建设过程中，仍然存在着一些难题，主要表现在：

（一）资金来源渠道单一

目前，我国农村基础设施建设的资金来源渠道有财政资金、信贷资金、集体经济组织、民间资本、引入外资、农民自筹等。但受农村金融市场欠发达、法律法规不健全等因素影响，农村的基础设施建设所需资金主要来源都是财政资金，其他投资只占很少一部分。"十二五"期间，虽然各级政府每年投入到农村基础设施建设上的财政资金不少，但与现阶段农村经济迅速发展而导致的庞大的基础设施建设资金需求相比，是远远不够的。而且，财政用于农村设施建设的资金占财政总支出的比重也越来越小，无法为农村基础设施建设提供所需资金。由于农村基础设施建设投资风险大、回收周期长、收益率低，且缺乏相关的激励引导措施以及完善的法律法规，致使目前农村基础设施建设的信贷资金投入不足，民间资本也缺乏动力，造成现阶段农村基础设施建设的资金投入不足，影响农村基础设施的健康发展。

我国政府管理层级较多，财政资金拨付的层级也多，而农村基础设施建设财政资金实行多头管理，由于缺乏完善的动态监管机制，导致原本就十分有限的农村基础设施建设财政资金在管理使用中存在很多问题，如，资金管理分散，拨付使用过程中挤占、挪用、截留等现象严重，资金计划或用途被擅自变更，等等，导致农村基础设施建设资金的不合理使用，从而大大降低财政资金的使用效率。

（二）规划设计比较滞后

农村基础设施是农村经济发展的先决条件，是农村经济、社会、文化等活动赖以进行的基础，包括生产性基础设施、生活性基础设施、流通性基础设施、

人文基础设施等。因此，在农村基础设施建设过程中需要进行必要的设计规划，以便各项建设相互衔接、相互协调。然而，目前我国农村基础设施建设规划严重滞后。有些农村没有基础设施建设规划，缺乏指导；有些地区的农村基础设施建设规划缺乏统筹，导致布局凌乱；有些地区的农村基础设施建设规划不科学、脱离实际，致使土地集约化利用程度低等等。总体而言，在目前的农村基础设施建设过程中，缺乏科学合理的规划设计，建设之前未能预先进行系统的统筹布局，以致农村基础设施建设远不能满足农村、农业现有发展水平的需要。

（三）农民的参与度不高

农村基础设施建设本是一项惠及农村、富裕农民的民生工程，符合民意是其关键，而作为此民生工程的主体——农民是农村基础设施建设的受益者和推动力，他们的积极参与对农村基础设施的建设起到至关重要的作用。然而，在目前农村的基础设施建设过程中，农民主体性的缺失已成为一个不争的事实，由此造成农村基础设施建设不合民意、社会效益低下。究其原因，可能存在以下几点：一是基层组织对农民主体地位认识不清，没有很好地引导鼓励农民这一主体参与到建设中去；二是农民自主性、积极性不强，再加上农村社会资源分配不均衡导致农民在基础设施建设中"失语"，多数都是被动接受与执行；三是个别地区方式方法不当，以致出现违背农民意愿、损害农民利益的做法，忽视农民在基础设施建设过程中的主体地位。

（四）管理维护机制落后

农村基础设施一般都是国家无偿投入建设的，由于缺乏合适的管护机制与管护方法，管护责任不落实，很多基础设施年久失修，功能老化严重，使用效率较低，农村基础设施存在"重建轻管轻护"现象。如，近年来实施的乡村道路"村村通"工程，使农村原先坑洼不平的土路变成了整洁的水泥路，改变了农村风貌，也使农民得到了很大实惠。然而，有些村庄路虽修好，却没专人进行管理与维护，马路两侧的垃圾随处可见，因货车超载而出现许多裂缝，路面坑坑洼洼，破损非常严重。此外，农村基础设施的管理机制比较落后，各级政府管理农村基础设施建设的机构不健全，职责分散在各个不同部门，缺乏统一协调，没有建立专门的管理机构，基础设施常处于无人管理的状态。

五、完善政策的几点建议

（一）完善农村基础设施建设投融资机制

鉴于农村基础设施的公共产品（或准公共产品）属性特点，在我国经济发展进入"新常态"的背景下，应逐步提高各级政府对农村基础设施建设的财政投入比例，政府应成为农村基础设施建设的投入主体。打破长期以来的城乡二元经济结构观念，将农村基础设施建设放在经济社会发展的重要位置，逐步建立财政对农村基础设施建设投入的长效机制；因地制宜，科学合理选择农村基础设施建设的财政资金支出方式（财政补贴、以奖代拨、一事一议、投资参股等），最大限度地发挥财政资金的效用，提高其使用效率。

由于我国农村地区地域辽阔，对农村基础设施的需求规模大，因此，不能完全依赖有限的财政资金，应发挥民间资本的作用，动员社会资源共同参与农村基础设施建设。如，引导和鼓励其他投资主体如民间组织、集体组织、外资企业等参与农村基础设施建设，以补充政府财政资金的不足。社会各界可以通过多种方式获得工程的所有权或经营权，进行综合开发①。放开市场准入政策，完善税收优惠政策，进行农村基础设施建设的市场化运作，调动社会各界投资农村基础设施建设的积极性。明晰建成后农村基础设施的产权关系，并通过制定相关制度对其进行引导、制约，为农村基础设施建设多元化提供制度保障。

（二）科学制定农村基础设施建设规划

加强农村基础设施建设，是建设社会主义新农村、实现全面建设小康社会的重要内容和必然要求。我国广大农村地域辽阔，地区差异明显，推进农村基础设施建设，应当立足地区特点、科学规划、合理布局、正确安排。如，农村居民居住区公路修建、饮用水工程、垃圾处理等基础设施的建设应与本村卫生室、文化室、村部、便民超市等相结合，与村内各类农田基础设施中的道路、水路、电路等配套衔接。农村居民生活设施、公共设施与农业基础设施建设的相互结合，可有效改善农民生活质量，提高农民通往各类生产场所的便捷程度。

同时，在基础设施建设规划时，要充分考虑农村发展的不平衡性，从当地的自然条件和经济发展水平出发，广泛听取当地农民群众的意见和建议，尊重当地农民的实际需求，避免脱离农村实际和需求的"形象工程"和"政绩工程"；结合各地实际情况，合理安排不同基础设施建设的重要次序，因地而异。如，在经济欠发达的地区，应重点建设道路、饮用水工程、电力通信等改善生存型基础设施；在经济发达的地区，则应侧重于加强医疗、卫生、保健、娱乐等公益性基础设施和提高人文素质型基础设施的建设。

---

① 中国（海南）改革发展研究院，《基本公共服务均等化——新农村建设之重》，北京：中国经济出版社，2006年，第455页。

（三）充分发挥广大农民群众的主体作用

在农村基础设施建设过程中，虽然国家的投入非常必要，但农民是农村基础设施建设的最直接受益者，是具体使用基础设施的人群。因此，要充分调动广大农民群众的积极性，发挥农民的主体作用：充分尊重农民意愿，切实帮助农民解决在生活生产中遇到的问题和困难，让农民群众看到基础设施建设给他们带来的变化并让其切实受益；增强政策观点，积极贯彻落实各项支农惠农政策，将农村基础设施建设的好处向农民讲清楚、说明白，优先解决农民最关心、最直接的问题，努力提高农民群众的满意度；在基础设施建设过程中，将政府的主导作用与农民的主体作用有机结合起来，充分运用农民群众自我管理、自我服务的力量，确保农民群众享有知情权、参与权、监督权，让农民真正当家作主、积极参与农村基础设施建设，努力提高农民的参与度。

（四）完善农村基础设施管理维护体制机制

在某种意义上，农村基础设施的管理、维护比其建设更重要，而目前我国农村基础设施"重建轻管轻护"现象严重。因此，必须采取有效措施，不断完善农村基础设施的管护体制，努力提高投资的使用效益。一是解决农村基础设施的管护经费来源问题，将其纳入项目总投资或明确其来源，对已经竣工的基础设施项目需明确产权主体，落实管护责任，建立健全管护经费保障机制。二是积极探索建立多种形式的管护体制。如，对国家和集体投资的项目，明确由政府承担管护责任；对一些准公益性的项目工程，在确保其安全、有效运行的前提下，可采取市场化运作，推行公私合作合营模式或民营模式。三是发挥农民群众在基础设施管护中的积极作用。引导群众组建农村公共设施管护协会，制定并落实各项管护措施，鼓励农民自愿加入管护队伍，积极主动参与基础设施的管理和维护。四是建立有效的监管机制，确保管护责任落到实处，巩固基础设施建设成果，确保其长期发挥效益。

第 22 章　发展农村教育事业

一、加强农村基础教育

（一）政策背景和要点

自 1978 年恢复教学秩序以来，国家高度重视农村教育管理体制和教育结构改革。"十一五"期间，国家进一步推动农村教育改革，加强农民基础教育，建立健全农村义务教育经费保障机制，进一步支持中西部和困难地区教育工作，推进义务教育均衡发展。在一系列政策措施的推动下，到"十一五"结束时，我国农村教育事业取得巨大成就，农村教育面貌发生深刻变化，西部地区"两基"攻坚计划如期完成，中西部地区农村义务教育普及程度和质量明显提高。尽管如此，我国农村教育仍然存在城乡、地区间教育发展不均衡、农村义务教育财政保障水平偏低、城乡师资水平差距较大等问题。针对这些问题，"十二五"期间，国家进一步推动农村教育管理体制和教育结构改革，并由此出台了相关政策。

一是深入推进义务教育均衡发展。针对我国城乡、地区间义务教育发展不均衡的问题，"十二五"期间，国家着眼于深入推进义务教育均衡发展，进一步支持中西部和贫困地区教育工作。2012 年 9 月，国务院颁布了《关于深入推进义务教育均衡发展的意见》（国发〔2012〕48 号）提出推进义务教育均衡发展的基本目标和具体措施，明确规定了"中央财政加大对中西部地区的义务教育投入，省级政府加大对农村地区、贫困地区以及薄弱环节和重点领域的支持力度"。

二是改善农村义务教育学生营养。2011 年 11 月，国务院办公厅印发《关于实施农村义务教育学生营养改善计划的意见》（国办发〔2011〕54 号），提出为农村义务教育阶段学生改善营养。2012 年 5 月，教育部等 15 部门联合印发《关于〈农村义务教育学生营养改善计划实施细则〉等五个配套文件的通知》（教财〔2012〕2 号），从实施细则、专项文件和工作制度三个层级指导各地科学有效地实施营养改善计划。2012 年 7 月，财政部、教育部印发《农村义务教育学生营养改善计划专项资金管理暂行办法》（教财〔2012〕231 号），进一步加强和规范专项资金的管理。

三是进一步改善农村教育条件。2012 年 9 月，国务院办公厅发布《关于规范农村义务教育学校布局调整的意见》（国办发〔2012〕48 号），对规范农村义务教育学校布局调整进行了明确规定。2014 年中央 1 号文件规定，加快改善农村义务教育薄弱学校基本办学条件，适当提高农村义务教育生均公用经费标准。2015 年中央 1 号文件规定，全面改善农村义务教育薄弱学校基本办学条件，提高农村学校教学质量。2015 年中央 1 号文件提出"全面推进基础教育数字教育资源开发与应用，扩大农村地区优质教育资源覆盖面"。

（二）政策措施及评价

1. 深入推进义务教育均衡发展

2012 年 7 月的国家教育事业发展"十二五"规划中提出，推动义务教育均衡发展。2012 年 9 月，国务院颁布《关于深入推进义务教育均衡发展的意见》（国发〔2012〕48 号），提出了义务教育均衡发展的阶段性指标，明确了深入推进义务教育均衡发展的具体政策措施，主要包括均衡配置办学资源、推进义务教育学校标准化建设、均衡配置教师资源、保障特殊群体平等接受义务教育、全面提高义务教育质量等。同时明确规定了"中央财政加大对中西部地区的义务教育投入，省级政府加大对农村地区、贫困地区以及薄弱环节和重点领域的支持力度"。2012 年 9 月，教育部与四川、西藏、青海、甘肃四省区在京签署义务教育均衡发展备忘录。至此，教育部与全国 31 个省（区、市）和新疆生产建设兵团全部签署了义务教育均衡发展备忘录，中央与地方协同推进义务教育均衡发展的机制基本形成。2013 年 5 月，全国县域义务教育均衡发展督导评估认定正式启动。截至 2014 年年底，全国实现义务教育发展基本均衡的县（市、区）累计达到 757 个[①]。

2. 加大对农村义务教育学生资助力度

（1）继续实施"两免一补"政策。针对农村义务教育阶段的贫困学生，国家"十二五"期间继续实施"两免一补"政策（免杂费、免书本费、逐步补助寄宿生生活费）。2011 年，国家再次提高中西部地区农村义务教育阶段家庭经济困难寄宿生生活补助标准，小学从 2009 年的每生每年 500 元提高到每生每年 1 000 元，初中从 750 元提高到 1 250 元。2014 年，全国约 1.1 亿名农村义务教育阶段学生全部享受免杂费和免费教科书政策，小学一年级新生免费获得正版学生字典，中西部地区约 1 240 万名家庭经济困难寄宿生继续获得生活费补助。

---

① 国家教育督导团，《国家教育督导报告 2014》，2015 年 4 月。

（2）开始实施农村义务教育学生营养改善计划。2011 年 11 月，国务院办公厅印发《关于实施农村义务教育学生营养改善计划的意见》（国办发〔2011〕54 号），决定中央财政为国家试点地区农村（不含县城）义务教育阶段学生提供营养膳食补助，标准为每生每天 3 元，全年 600 元。中央财政每年投入约 160 多亿元，每年惠及 3 200 多万学生。截至 2013 年年底，中央财政已累计安排农村义务教育学生营养改善计划专项资金 803.93 亿元，22 个试点省份的 699 个国家试点县（包括新疆生产建设兵团 19 个团场）已开餐的学校 9.59 万所，受益学生 2 243.21 万人，19 个省份的 529 个县开展了地方试点工作，覆盖学校 3.98 万所，受益学生 1 002.01 万人[①]。农村义务教育学生营养改善计划是中国历史上最大规模的支持农村及困难地区学生健康发展的举措，切实改善了农村学生的营养状况，提高了农村学生的健康水平[②]。

（3）提高农村适龄残疾儿童义务教育水平。2012 年 1 月 3 日，国务院办公厅《关于印发农村残疾人扶贫开发纲要（2011—2020 年）的通知》（国办发〔2012〕1 号），提出到 2015 年，我国农村适龄残疾儿童少年普遍接受义务教育，入学率达到 90％以上，并逐步提高巩固率。

（4）提高农村义务教育学生公用经费标准。2014 年，中央财政进一步完善农村义务教育经费保障机制，将农村中小学生均公用经费基准定额提高 40 元，中西部地区达到年生均小学 600 元、初中 800 元；东部地区达到年生均小学 650 元、初中 850 元。在提高基准定额基础上，中央财政进一步提高农村寄宿制学校公用经费，由省级财政统筹使用。同时，单独核定农村义务教育阶段特殊教育学校和随班就读的残疾学生公用经费补助资金预算，并大幅度提高生均公用经费补助标准，达到年生均 4 000 元，所需资金由中央和地方按公用经费分担比例分担。

3. 加快改善农村办学条件

"十二五"期间，国家继续贯彻落实改善农村办学条件政策，继续实施农村义务教育薄弱学校改造计划和全国中小学校舍安全工程，建立中小学校舍安全保障长效机制，规范农村义务教育学校布局调整，并推进农村义务教育学校标准化建设。

（1）继续实施农村义务教育薄弱学校改造计划。"十二五"期间国家继续实施农村义务教育薄弱学校改造计划，改善农村义务教育学校和教学点办学条

---

① 中央人民政府网，全国农村义务教育学生营养改善计划受益学生近 3 300 万，http：//www.gov.cn/jrzg/2013-11/15/content_2527685.htm。

② 教育部网站，2012 年教育大事记，http：//www.moe.gov.cn/publicfiles/business/htmlfiles/moe/s5987/201302/148025.html。

件。2011年财政部、教育部印发《关于实施农村义务教育薄弱学校改造计划的通知》（财教〔2011〕590号），计划主要包括教学装备类项目（2010—2013年）和校舍建设类项目（2010—2015年）。项目地区包括中西部23个省份和东部地区福建、山东、辽宁三个困难省份。2013年，经国务院批准，教育部、发展改革委、财政部联合印发《关于全面改善贫困地区义务教育薄弱学校基本办学条件的意见》（教基〔2013〕10号），决定自2014年起，聚焦贫困地区和薄弱学校，中央通过完善农村义务教育经费保障机制、适当调整薄弱学校改造计划、继续实施初中改造工程等措施，加大项目统筹与经费投入力度，按照"缺什么补什么"的原则，通过3～5年的努力，支持地方全面改善基本办学条件。为此，2014年，中央财政调整完善了农村义务教育薄弱学校改造计划有关政策，在原来支持内容的基础上，将信息化建设和农村小学必要的运动场、学生宿舍、食堂、饮水设施、厕所、澡堂等教学和生活设施纳入支持范围。2015年1月，财政部、教育部制定了《农村义务教育薄弱学校改造补助资金管理办法》（财教〔2015〕3号），进一步规范和加强农村义务教育薄弱学校改造补助资金管理，提高资金使用效益。

截至2013年12月，农村义务教育薄弱学校改造计划的教学装备类项目共投入中央专项资金219.27亿元，招标采购使用中央专项资金209.81亿元，地方配套145.23亿元，共计355.04亿元。其中，用于购置教学实验仪器设备207.14亿元、购置图书47.63亿元、购置多媒体远程教学设备100.27亿元。各地经招标采购建设完成的教学装备类项目总价值为307.68亿元。项目惠及16.52万所中西部地区农村薄弱学校，其中11.91万所学校添置了教学实验仪器设备、7.59万所学校添置了图书、7.51万所学校添置了多媒体远程教学设备。校舍改造类项目已投入中央财政专项资金399亿元，全国已开工68 981个，开工面积4 053.82万平方米，占规划面积的79%；已竣工51 283个，竣工面积2 952.24万平方米，占规划面积的58%。其中，2010年中央资金项目竣工率为97.01%，2011年为85%，2012年为53%。各地更加重视对校舍建设信息的记录和管理，数据入库率显著提高，不少省份开工项目和竣工项目的数据录入审核同步率均已超过50%。

农村义务教育薄弱学校改造计划取得明显成效，具体体现在以下几个方面：一是新建或改造完成小学科学实验室约11.00万间、中学理化生地实验室约10.94万间，并按照国家关于实验室的基本配备要求，为新建或改造完成的实验室添置实验仪器设备，再加上新添置的432.35万套音体美设备，总共为农村薄弱学校配置了168.93亿元的教学实验仪器设备，比2009年增长41%，使山区的孩子可以像县城孩子一样享受音乐和美术等课程。二是新添置了图书20.88亿册，比2009年增长61%。三是新添置多媒体远程教学设备63.19万套，为提升农村学校教育信息化水平发挥了重要作用。农村薄弱学校旧貌换新颜，一些转学到县城学校学习的孩子，又重新回到自己家乡的农村"薄弱"学校学习①。四是农村学校学生生活条件明显改善。2012 年全国小学寄宿生生均宿舍面积为 3.1 平方米，比 2009 年增长 24％。初中寄宿生生均宿舍面积达到 4.2 平方米，比 2009 年增长 40％。厕所条件得到明显改善，大通铺等突出问题得到有效缓解，绝大多数地区保障了学生饮用水。五是学校食堂条件有较大改善，集中连片贫困地区 699 个县普遍建设了学校食堂，为国家营养改善计划的顺利实施创造了条件。六是城镇学校大班额问题得到一定缓解。县镇学校扩容改造后绝大多数省份学位大大增加，一些地区大班额消减效果明显。如湖北省 84 个项目县义务教育大班额占比从 2010 年的 52％下降到 31％。吉林省新增班级数 1 696 个，学位数 53 690 个，全省乡镇学校基本消除大班额②。

（2）规范农村义务教育学校布局调整。2012 年 3 月，《政府工作报告》提出农村中小学布局要因地制宜，处理好提高教育质量和方便孩子们就近上学的关系。2012 年 9 月，国务院办公厅印发《关于规范农村义务教育学校布局调整的意见》（国办发〔2012〕48 号）（以下简称《意见》），要求县级人民政府科学制定农村义务教育学校布局专项规划，并经省级人民政府审批汇总后报国家教育体制改革领导小组备案。在完成农村义务教育学校布局专项规划备案之前，暂停农村义务教育学校撤并。同时，《意见》严格规范了学校撤并程序和行为，要求县级人民政府必须严格履行撤并方案的制定、论证、公示、报批等程序，撤并方案要逐级上报省级人民政府审批。此外，《意见》还对办好村小和教学点、解决学校撤并带来的突出问题等做出明确规定。

（3）推进农村义务教育学校标准化建设。2012 年 9 月国务院发布的《关于深入推进义务教育均衡发展的意见》（国发〔2012〕48 号）提出，省级政府要依据国家普通中小学校建设标准和本省（区、市）标准，为农村中小学配齐图书、教学实验仪器设备、音体美等器材，着力改善农村义务教育学校学生宿舍、食堂等生活设施，妥善解决农村寄宿制学校管理服务人员配置问题。

（4）建立中小学校舍安全保障长效机制。2013 年 11 月，国务院办公厅转发《教育部等部门〈关于建立中小学校舍安全保障长效机制意见〉的通知》（国办发〔2013〕103 号），明确和落实各级政府及其相关部门责任，综合考虑城镇化发展、人口变化等因素，紧密结合教育事业发展、防灾减灾、校园建设

---

① 教育部网站，农村义务教育薄弱学校改造计划教学装备类项目实施取得明显成效，http：//www.moe.edu.cn/publicfiles/business/htmlfiles/moe/s5987/201403/165918.html。

② 中央政府门户网站，农村义务教育薄弱学校改造计划校舍改造取得成效，http：//www.gov.cn/gzdt/2014-02/10/content_2582456.htm。

等规划和各类教育建设专项工程，统筹实施校舍安全保障长效机制。坚持建管并重，通过维修、加固、重建、改扩建等多种形式，逐步使所有校舍满足国家规定的建设标准、重点设防类抗震设防标准和国家综合防灾要求，同时加强对校舍的日常管理和定期维护。《通知》在认真总结实施校舍安全工程成功经验的基础上，提出通过建立健全包括校舍年检、安全预警、信息发布、隐患排除、项目管理、责任追究在内的制度体系，构建中小学校舍安全保障长效机制。"十二五"期间，全国中小学校舍安全工程三年改造任务基本完成，中小学校舍安全保障长效机制的建立为提高中小学校舍安全管理水平和防灾减灾能力提供了制度保障。

4. 提高农村教育师资水平

（1）加大农村教师培训支持力度。2011 年 1 月，教育部印发《关于大力加强中小学教师培训工作的意见》（教师〔2011〕1 号），要求以农村教师为重点，有计划地开展中小学教师全员培训。2012 年 9 月教育部与相关部委出台的《关于大力推进农村义务教育教师队伍建设的意见》（教师〔2012〕9 号）中提出，加强农村教师国家级示范培训，积极探索农村教师远程网络培训的有效模式，为农村义务教育教师建立网络研修社区。加强音体美、科学、综合实践等农村紧缺薄弱学科课程教师和民族地区双语教师培训。

（2）引导促进教师资源在地区、城乡之间平衡。2012 年 8 月，国务院发布《关于加强教师队伍建设的意见》（国发〔2012〕41 号）提出中小学教师队伍建设要以农村教师为重点，采取倾斜政策，切实增强农村教师职业吸引力，激励更多优秀人才到农村从教。2012 年 9 月国务院颁布的《关于深入推进义务教育均衡发展的意见》（国发〔2012〕48 号）中明确提出"改善教师资源的初次配置，逐步实行城乡统一的中小学编制标准，实行县域内公办学校校长、教师交流制度"。2012 年 9 月，教育部与相关部委出台了《关于大力推进农村义务教育教师队伍建设的意见》（教师〔2012〕9 号），着力破解涉及农村义务教育教师队伍建设体制机制方面的瓶颈，建立城乡一体化义务教育发展机制，从根本上解决农村教育发展的突出问题，促进教育公平，提高教育质量。继续实施农村义务教育阶段学校教师特设岗位计划，实施城镇教师到农村任教服务和定期交流制度，城乡教师资源差距进一步缩小，有效缓解了中西部农村地区教师数量不足的突出问题。

（3）对连片特困地区农村教师给予生活补助。2013 年中央 1 号文件提出"设立专项资金，对在连片特困地区乡、村学校和教学点工作的教师给予生活补助"。2013 年 9 月，教育部、财政部印发《关于落实 2013 年中央 1 号文件要求对在连片特困地区工作的乡村教师给予生活补助的通知》（教财函〔2013〕106 号），决定从 2013 年起，中央财政对实施乡村教师生活费补助政策的连片特困地区给予综合性奖补。2013 年，中央财政对已实施乡村教师补助的 205 个县给予了综合性奖补，共安排资金 9.15 亿元。这一政策对于进一步提高农村教师生活待遇，加强农村教师队伍建设，促进义务教育均衡发展有着重要意义。截至 2014 年年底，22 个有连片特困区县的省（区、市）已经有 20 个开始发放乡村教师生活补助。落实补助的地区，乡村学校和教师的受益面分别达到 90% 和 78%，其中有 14 个省份基本实现了乡村学校全覆盖[①]。

（三）问题及政策建议

1. 农村基础教育经费投入依然不足，应继续加大支持力度

农村义务教育投入保持增长，从农村义务教育生均预算内事业费和公用经费来看，2011—2013 年实现较大幅度增长，见表 21 - 1 和表 21 - 2。尽管如此，农村基础教育经费投入依然不足，农村基础教育发展资金短缺的现状仍未改变。而且，与城镇中小学义务教育生均经费投入相比，在绝对数额上仍有一定差距。因此，随着国家财力的不断增加，应继续调整财政对教育尤其是农村教育的经费投入比例和增幅，督促各地落实法定增长，落实新增财政经费来源渠道，督促各地不降低教育支出占财政支出的比例，确保财政性教育经费占国内生产总值比例不降低，以适应农村教育事业发展的需要。

表 22 - 1　农村普通中、小学义务教育生均预算内教育事业费

年份	小学		初中	
	数额（元）	增长率（%）	数额（元）	增长率（%）
2011	4 764.65	25.29	6 207.1	26.77
2012	6 017.58	26.30	7 906.61	27.38
2013	6 854.96	13.92	9 195.77	16.30

资料来源：根据历年《教育经费统计公报》整理。

表 22 - 2　农村普通中、小学义务教育生均预算内公用经费

年份	小学		初中	
	数额（元）	增长率（%）	数额（元）	增长率（%）
2011	1 282.91	48.82	1 956.66	45.11
2012	1 743.41	35.89	2 602.13	32.99
2013	1 973.53	13.20	2 968.37	14.07

资料来源：根据历年《教育经费统计公报》整理。

---

① 国家教育督导团，《国家教育督导报告 2014》，2015 年 4 月。

2. 经费保障的政策设计还不够完善，应考虑调整完善现有政策设计

目前，我国农村义务教育经费保障的政策设计尚未完善。首先，按照东、中、西部三大区域的划分方式，来确立中央与省级政府对农村义务教育经费的承担比例的设计不甚合理。这种划分方式未充分考虑三大区域内部各省级政府财政保障能力的差异，可能会导致部分经济水平较低省份的财政负担过重，难以保障各项经费真正全面落实。其次，省级及以下政府的负担责任与方式有待完善，地方政府对农村义务教育投入的努力程度有待提高。例如：在中央、省和县（市）的财政分担体制下，目前仍有不少县因财力不足难以完成省级规定的投入比例。又如：由于有了中央财政的转移支付，导致某些原本经济水平比较低的、财政能力比较弱的地区的政府投入努力程度反而削弱。因此，建议一要重新划分财政投入区域标准。可以根据各省近三年来的经济发展水平和财政收入情况，按财政投入能力的高、中、低来重新划分区域，并结合各区域教育发展水平和办学条件，设立中央与地方各项经费投入比例，以保障各项经费的全面落实。二要合理确定各级政府责任。明确省级政府的统筹责任，合理设计省以下各级政府在各项经费上的投入比例，并按照省级政府确定的经费项目和分担比例落实分担责任，同时加大对财力比较薄弱的县区农村义务教育的转移支付力度，保证这些县区的义务教育经费充足到位。

3. 农村学校办学条件与国家标准还有差距，应继续提高农村学校办学条件

城乡间小学和初中的办学条件差异仍然存在，农村学校办学条件的达标情况不容乐观。尽管近些年来，农村中小学校生均校舍面积增长幅度很大，且明显高于城市，但是农村学校生均校舍面积与国家标准还有差距。以 2012 年为例，全国农村学校生均校舍面积为 7.4 平方米，比小学生均校舍面积的国家标准（8.25 平方米）低 0.85 平方米；比初中生均校舍面积的国家标准（10 平方米）低 2.6 平方米。因此，建议继续提高农村学校办学条件。一是继续组织实施农村义务教育薄弱学校改造计划和农村初中校舍改造工程，全面改善农村义务教育薄弱学校基本办学条件。二是深化农村义务教育学校布局调整。督促各地出台规范农村义务教育学校布局调整的配套政策，做好农村义务教育学校布局规划的制订和报备工作，因地制宜办好乡村小学和必要的教学点。

4. 城乡师资水平差距较大，应继续提高农村教育师资水平

近年来，国家创新农村教师补充机制，不断完善农村义务教育阶段学校教师特设岗位计划，实施城镇教师到农村任教服务和定期交流制度，缓解了中西部农村地区教师数量不足的突出问题，但城乡师资水平差距依然较大。因此，要继续充实农村教师队伍，提高农村教师整体素质，要出台优惠政策，如建立农村山区教师特殊岗位津贴制度；建立农村中小学教师培训制度，降低和减免培训费用；适当提高农村中小学中、高级教师职务岗位的比例，适当降低评聘标准等。

二、培养新型职业农民

（一）政策背景和要点

大力培养新型职业农民，是党中央、国务院为加快农业农村发展，解决"谁来种地、怎样种好地"问题而提出的一项战略决策。面向农村的职业教育是服务农业、农村、农民的职业教育，包括办在农村的职业教育、农业职业教育和为农村建设培养人才的职业教育与技能培训。"十一五"期间，我国农村职业教育获得较快发展，中等职业教育服务"三农"的能力逐步提高。"十二五"期间，国家继续加大对农村职业教育的支持力度，重点发展中等职业教育，加强专业技能培训，培养新型职业农民，先后出台了一系列优惠政策和措施。

2011 年 10 月，教育部等九部门出台《关于加快发展面向农村的职业教育的意见》（教职成〔2011〕13 号），提出加快发展农村职业教育的具体措施。2012 年中央 1 号文件提出"大力培育新型职业农民，对未升学的农村高初中毕业生免费提供农业技能培训，对符合条件的农村青年务农创业和农民工返乡创业项目给予补助和贷款支持""加快中等职业教育免费进程，落实职业技能培训补贴政策，鼓励涉农行业兴办职业教育，努力使每一个农村后备劳动力都掌握一门技能"。2012 年 8 月，农业部办公厅出台《关于印发〈新型职业农民培育试点工作方案〉的通知》（农办科〔2012〕56 号），在全国开展新型职业农民培育试点。2012 年 10 月，财政部等多部委联合印发《关于扩大中等职业学校免学费政策范围进一步完善国家助学金制度的意见》（财教〔2012〕376 号），我国实施农村免费中等职业教育。2013 年 6 月，农业部办公厅出台《关于新型职业农民培育试点工作的指导意见》（农办科〔2013〕6 号）。2014 年中央 1 号文件提出"落实中等职业教育国家助学政策，紧密结合市场需求，加强农村职业教育和技能培训"。2014 年 3 月，《中等职业学校新型职业农民培育方案试行》（财职成厅〔2014〕1 号）出台。2014 年 5 月，国务院发布《关于加快发展现代职业教育的决定》（国发〔2014〕19 号），要求加大对农村和贫困地区职业教育支持力度，建立公益性农民培养培训制度，大力培养新型职业农民，在人口集中和产业发展需要的贫困地区建好一批中等职业学校。2015 年中央 1 号文件提出"积极发展农业职业教育，大力培养新型职业农民"。

（二）政策措施及评价

1. 学费减免政策

2012 年 10 月，财政部等多部委联合印发了《关于扩大中等职业学校免学费政策范围进一步完善国家助学金制度的意见》（财教〔2012〕376 号），扩大中等职业教育免学费政策范围，中等职业教育免学费范围由涉农专业学生，扩大到所有农村（含县镇）学生、城市涉农专业学生。具体来看，自 2012 年秋季学期起，对公办中等职业学校全日制正式学籍一、二、三年级在校生中所有农村（含县镇）学生、城市涉农专业学生免除学费；对在职业教育行政管理部门依法批准、符合国家标准的民办中等职业学校就读的一、二年级符合免学费政策条件的学生，按照当地同类型同专业公办中等职业学校免除学费标准给予补助。这是我国继九年城乡免费义务教育全面实施之后的又一重大惠民举措，确保更多的农村孩子在接受义务教育以后，成为技能型人才，为新型职业农民培养提供了有力的政策支持。

2. 阳光工程政策

为了培养一支结构合理、数量充足、素质优良的现代农业劳动者队伍，强化现代农业发展和新农村建设的人才支撑，中央财政安排资金在全国范围内开展农村劳动力培训阳光工程。阳光工程由各级农业主管部门组织实施，农广校、农技推广机构、农机校、农业职业院校及有条件的培训机构承担具体培训工作，目的在于提升综合素质和生产经营技能为主要目标，对务农农民免费开展专项技术培训、职业技能培训和系统培训。"十二五"期间，阳光工程培训补助全面提高，资金监管力度更大。2012 年中央财政安排给阳光工程资金达 11 亿元，各地配套达到 4.29 亿元，配套资金投入比 2011 年增加了 3 900 万元，增加近 10%。培训补贴标准在 2011 年基础上也再次进行了调整，取消了东、中、西部差别补助，按培训层次对参训农民实行统一补助。其中，创业培训补助标准，由过去人均补助 2 500 元，提高到 3 000 元；职业技能培训人均补助更是达到了 600 元；新增了专项技术的培训层次，人均补助 100 元。补助标准结构更加合理，更具有针对性。据统计，资金补助形式的调整带动各地扩大培训规模 95.06 万人，比 2011 年增加 59 万人。伴随着投入的增加，2012 年阳光工程在资金监管上也更为严苛，各地更是频出新招，把培训信息广泛通过各种媒体特别是网站进行公示，接受社会监督，确保培训资金专款专用，曝晒在阳光之下。安徽、重庆、湖南等省份主动引入审计部门共同监管，确保资金使用效果和项目规范实施；湖北、四川等地把阳光工程作为民生工程，强化责任和监管考核①。

3. 新型职业农民培育试点工作

2012年8月，农业部办公厅印发《新型职业农民培育试点工作方案》（农办科〔2012〕56号），开展新型职业农民培育试点工作，力争在3年内，选择100个试点县，每个县根据农业产业分布选择2～3个主导产业，培育新型职业农民10万人。为进一步加强对试点工作的指导，2013年6月，农业部办公厅又出台《关于新型职业农民培育试点工作的指导意见》（农办科〔2013〕6号），进一步明确新型职业农民培育试点工作的目标任务。目前，山西、上海、江苏、安徽、湖南、广西、四川、云南、陕西等9省（市、区）以省委或省政府名义出台了专门文件，对新型职业农民培育工作做出全面部署。据统计，近两年来中央财政共投入22亿元，带动省级财政投入10多亿元，为新型职业农民培育工作深入开展提供了重要支撑②。2015年，中央财政安排11亿元农民培训经费，继续大力实施新型职业农民培育工程，在全国4个整省、20个整市和500个示范县开展重点示范培育，围绕主导产业开展农业技能和经营能力培训，加大对专业大户、家庭农场经营者、农民合作社带头人、农业企业经营管理人员、农业社会化服务人员和返乡农民工的培养培训力度。同时制定专门规划和政策，整合教育培训资源，围绕"调结构、转方式"的目标，培育1万名现代青年农场主，壮大新型职业农民队伍，构建新型职业农民教育培训、认定管理和政策扶持互相衔接配套的培育制度，为现代农业发展提供人力支撑，确保农业发展后继有人③。

（三）问题及政策建议

1. 农村中等职业教育基础设施薄弱，应增强农村职业教育基础能力建设

职业教育与普通教育相比，在设备设施方面的投入要高出很多，政府对农村职业教育的政策性经费投入不足，再加上多渠道筹资机制尚不完善，我国农村中等职业教育基础设施薄弱，很多国家级重点职中的设施条件远远赶不上省级标准化高中的条件，一些农村中等职业院校办学条件甚至未达到国家办学基本标准。一是校园占地面积、校舍建筑面积均达不到国家标准；二是实验设备设施不足，无合格的实训场地。因此，建议按生均比例加大对职业教育的投

---

① 吴佩，让留下的农民有一技之长——全国阳光工程培训转型的四大变化，农民日报，2013年4月25日。

② 农业部网站，农业科教动态2015年第7期，http：//www.kjs.moa.gov.cn/dongtai/201510/t20151016_4868394.htm。

③ 农业部网站，2015年国家深化农村改革、发展现代农业、促进农民增收政策措施，http：//www.moa.gov.cn/zwllm/zwdt/201504/t20150430_4570011.htm。

入，可对农村职业教育成本进行全方位核算，建立以中央财政为主、四级政府合理分摊的投入模式，做到不缺位、不空位。同时，将中等职业学校实训基地建设列为政府工程，在科学布局的前提下，通过设立专项经费、学校自筹、企业捐助等途径加快农村中等职业学校实训设施建设①。

2. 农民教育培训资源不足，应加快构建新型职业农民教育培训体系

目前，我国农民教育培训体系尚不完善，存在教育培训资源特别是优质资源不足、社会资源分散等问题；教育培训条块分割、各自为政，缺乏统一规划与管理，存在各自教育培训内容与对象互相脱节或重复的现象；教育培训条件不配套，存在培训缺场所、教学缺设施、下乡缺工具、实习缺基地、教师责任不到位等问题。因此建议加强农民教育培训体系建设，在为农民提供长效性教育培训服务上取得新突破。加快构建以农业广播电视学校、农民科技教育培训中心等农民教育培训专门机构为主体，以农业科研院所、农业院校和农技推广服务机构以及其他社会力量为补充，以农业园区、农业企业和农民专业合作社为基地，满足新型职业农民多层次、多形式、广覆盖、经常性、制度化教育培训需求的新型职业农民教育培训体系②。

3. 农村教育培训的保障制度不健全，建议完善监督管理机制

政府缺乏对农民教育培训的激励、监督和保障等运行机制，在一定程度上影响了教育培训的效果。因此，农民教育培训部门一要建立激励机制，调动农民参与培育的积极性。如对于培训合格的新型职业农民颁发合格证书，新型职业农民在发展产业上给予政策扶持，提供信贷、用地、品种、技术、信息等方面的支持，特别是项目和资金扶持，使他们实实在在得到看得见、摸得着的好处，充分调动新型职业农民的积极性、主动性、参与性。同时设立政府性新型职业农民培育基金，对于参加新型职业农民培训5天以上培训合格的，除来回车费、吃住报销外，还给予适当的误工补贴③。二要及时改进评价体系和考核方式，严格过程监管与考核，如指派部门相关人员进行现场监督和考察，加强培训后的跟踪服务，提高培训效果。此外，建议加快推进农民教育培训立法，在依法保障农民教育培训权益上取得新突破。

---

① 马张万，发展农村中等职业教育的思考，http://wenku.baidu.com/view/7a59de63783e0912a2162a72.html。

② 刘剑虹、陈传锋、谢杭，农民教育培训现状的调查与思考——基于全国百村万民的实证分析，教育研究，2015年第2期：第123~129页。

③ 邓同锋，崇义县新型职业农民培育调研报告，http://www.moa.gov.cn/fwllm/qgxxlb/jx/201410/t20141024_4114206.htm。

三、培养农村实用人才

（一）政策背景和要点

农村实用人才是指具有一定知识和技能，为农村经济和科技、教育、文化、卫生等各项事业发展提供服务，做出贡献，起到示范和带动作用的农村劳动者。2012年中央1号文件明确提出要大力培训农村实用人才。以提高科技素质、职业技能、经营能力为核心，大规模开展农村实用人才培训。充分发挥各部门各行业作用，加大各类农村人才培养计划实施力度，扩大培训规模，提高补助标准。加快培养村干部、农民专业合作社负责人、到村任职大学生等农村发展带头人，农民植保员、防疫员、水利员、信息员、沼气工等农村技能服务型人才，种养大户、农机大户、经纪人等农村生产经营型人才。2013年7月，农业部办公厅发布《关于印发〈农村实用人才认定试点工作方案〉的通知》（农办人〔2013〕44号），在北京等11省（区、市）的部分县（市）进行试点工作，以探索在东、中、西部各类地区开展农村实用人才认定的办法和经验。2015年农业部开始统筹开展新型职业农民和农村实用人才认定工作。

（二）政策措施及评价

1. 开展农村实用人才带头人示范培训

"十二五"期间，农业部继续以培养农村实用人才带头人为目标，在全国范围内遴选一批社会主义新农村建设先进村，作为农村实用人才培训基地，组织开展农村实用人才带头人示范性培训工作。先后研究制定了《农业实用人才带头人示范培训考核管理办法》（农办人〔2014〕25号）、《农村实用人才带头人和大学生村官示范培训班班主任工作规范》等，进一步提高农村实用人才带头人示范培训管理的科学化、制度化、规范化水平。截至2014年年底，依托培训基地举办了一百多期示范培训班，通过专家讲课、参观考察、经验交流等方式，培训近万名农村基层组织负责人、农民专业合作社负责人和几千名大学生村官，同时带动各省区市大规模开展培训工作，培养致富带头人和现代农业经营者。以2015年为例，培训基地共有35个，每个培训基地在不同月份都有不同的培训任务和主题，也有对接的农业部联系单位，农民可就适合自己的主题积极报名参与。

2. "百万中专生计划"

"十二五"期间，国家继续实施农村实用人才培养"百万中专生计划"，面向务农农民和农业后继者开展农科中等职业教育。"百万中专生计划"主要通过现代职业教育教学方式，坚持以需求为导向，面向社会、面向市场办学。各教育培训机构根据农业和农村经济社会发展的需要，以培养农村实用型人才为目标，围绕建设社会主义新农村，大力推进农业区域化、标准化、产业化、市场化、机械化和服务社会化，发展优势农产品和特色农业，发展现代畜牧、水产业和服务业等重点领域和重点工作开设专业。学员学习采用业余、半脱产或脱产方式；实行学期制或以学分制为基础的弹性学制。学期制学制 2～3 年，以学分制为基础的弹性学制 2～6 年。学员按照教学计划完成学习任务，经考试考核合格后发给中等专业毕业证书。该计划每年都会有相应的培训计划和培训经费。全日制学生可以享受国家中等职业学校助学政策，部分学生还可以申请生活补助（约 1 500 元）。

3. 百名农业科教兴村杰出带头人资助项目

2012 年，为激励扎根农村基层、在农业科教兴村中作出杰出贡献的带头人，农业部启动实施"百名农业科教兴村杰出带头人资助项目"。该项目由江苏华西集团在中华农业科教基金会设立的"华西仁宝基金"捐助，计划三年内面向全国资助 100 名农业科教兴村杰出带头人（包括村支书、村主任、农民合作经济组织带头人和大学生村官等），每人每年奖励 5 万元，鼓励科学技术创新的佼佼者，并在全国范围内起到引领示范作用。2012 年 7 月，农业部办公厅《关于印发百名农业科教兴村杰出带头人资助项目评审办法的通知》（农办人〔2012〕47 号）对申报条件、评审标准、资助方式等进行了明确规定。

4. 全国杰出农村实用人才项目

2012 年 4 月，全国杰出农村实用人才项目启动。该项目是农业部国际合作司和先正达（中国）投资有限公司联合制定的《先正达农业科教与农村发展基金》的子项目之一，用于资助在农业农村工作中贡献突出、扎根基层、奉献农业的杰出农村实用人才。《关于开展全国杰出农村实用人才项目申报工作的通知》（农学发〔2012〕34 号）中对项目目标、人选条件、资助方式和工作程序进行了明确规定。该项目计划分 2012 年和 2014 年两批组织实施，每批重点资助 20 名全国杰出农村实用人才，重点向种养大户、农村专业合作组织领办人、休闲农业创办人以及大学生"村官"、返乡创业者等倾斜。资助经费一次性发放，每人 5 万元。作为现代农业人才支撑计划的有益补充，全国杰出农村实用人才项目通过资助全国杰出农村实用人才创业兴业，并借助典型案例宣传和示范带动，有效营造了关心支持全国农村实用人才队伍建设的良好氛围。

5. 农村实用人才认定试点

农村实用人才认定是农村实用人才队伍建设的一项重要基础性工作，对于增强农村实用人才队伍建设针对性具有非常重要的意义。农业部从 2013 年开始开展农村实用人才认定试点工作。2013 年 7 月，农业部办公厅《关于印发〈农村实用人才试点工作方案〉的通知》（农办人〔2013〕44 号）对开展农村实用人才试点的工作背景、指导思想和原则、主要任务及重点问题、范围、时间与实施步骤和保障措施等都提出了明确要求。试点工作在北京、黑龙江、江苏、安徽、山东、河南、湖北、湖南、云南、西藏、陕西等 11 省（区、市）的部分县（市）进行，以探索在东、中、西部各类地区开展农村实用人才认定的办法和经验。凡在试点县（市）范围内从业的农村实用人才都在认定范围内，不考虑户籍问题。2015 年 6 月，为深入推进新型职业农民和农村实用人才队伍建设，加快完善教育培训、认定管理、政策扶持"三位一体"工作制度，结合试点实践，农业部出台《关于统筹开展新型职业农民和农村实用人才认定工作的通知》（农人发〔2015〕3 号），在全国统筹开展新型职业农民和农村实用人才认定工作。

（三）问题及政策建议

1. 农村实用人才培养管理机制尚未完善，建议建立农村实用人才培养长效机制

目前，农村实用人才培养政府统筹、多方参与的管理机制尚未完善，条块分割、部门各自为政，农民实用人才培训工作缺乏宏观性、协调性与科学性。因此，建议提高政府统筹，加强教育、人力资源和社会保障、农业、科技、民政、妇联等相关部门的协调配合，引导和鼓励社会广泛参与，建立一个科学、可持续的农村实用人才培养长效机制。

2. 农村实用人才培养经费明显不足，应开发多元筹资渠道

尽管政府预算内教育经费投入逐年增加，但农民教育培训经费所占比例却很小，培训经费主要来自于中央和省级项目，农村实用人才培养资金来源缺少多元渠道，经费数额明显不足。因此，首先，建议县、乡财政应将农村实用人才培养经费列入预算，逐步加大投入；其次，要积极拓宽融资渠道，鼓励农业产业化龙头企业等农业企业参与农村实用人才培养工作，建立多元化的经费来源渠道；最后，加强农村实用人才培养经费管理，确保专项资金足额足时到位，并做到专款专用。

3. 农村实用人才培养缺乏系统性和针对性，应创新人才培养方式

我国农村实用人才培养缺乏系统性和针对性。据统计，政府组织的培训一般以乡镇为单位，每年培训次数不超过三次，每次培训一次的占到综述的34.08％；培训时间不会超过 10 天，培训规模在 20～100 人范围内；培训内容以作物生产技术和畜禽养殖技术为主，分别占样本比例的 57.71％和 51％，附加值较高的生产领域涉及较少[①]。一些培训机构只是被动承担任务，没有形成

---

① 数据来源于：鲁宽民、杨玉生、易鹏，农村实用人才培养现状及对策探析——以西安市为例，西北农林科技大学学报（社会科学版），2012 年第 3 期：第 8～12 页。

科学系统的培训课程体系，对农村实用人才培养的针对性不强。建议积极探索和推行"订单式"培训模式，充分利用有线电视、手机、网络等传播媒介开展网络教育，打破空间和地域限制；培训内容要切合当前实际，农民有强烈的需求；培训教材要理论与实践相结合，做到通俗易懂。

4. 农村实用人才考核评价不够科学，应建立科学适用的农村实用人才培养评价体系

近年来，我国虽然重视农村实用人才培养工作，但对农村实用人才的考核评价不够科学，评价机制过于简单，缺乏精细规范的绩效考核系统和农村实用人才自我价值评价，在一定程度上影响了农村实用人才培养的效果。因此，建议建立科学适用的农村实用人才培养评价体系。一要推行"复合型"评价机制[1]。在政府相关部门进行评价的基础上，开展农村实用人才自我评价。二要开发应用精细化、规范化的绩效考核系统。对农村实用人才培养的主要工作指标进行量化，搞好实用人才培养与年度目标考评工作的结合。做到层层有人抓，级级有人管，确保农村实用人才培训各项工作落到实处[2]。

---

[1] 廖毅，农村实用人才培养存在的问题及对策——以湘潭市九华示范区为例，湘潭大学，2013年。

[2] 豆丁网，农村实用人才培养存在的问题和对策，http://www.docin.com/p-883312822.html。

第23章　农村文化建设

一、政策形成背景与演变过程

(一)"十一五"时期的工作进展和存在的主要问题

我国是一个农村人口占多数的农业大国，农民是新农村建设的主体。农民科学文化和思想道德素质的高低，对新时期社会主义新农村建设的成败至关重要。"十一五"期间，国家提出要加强农村文化建设。具体政策的制定主要基于增加政府投入、调整资源配置、加大文化资源向农村的倾斜、建立农村文化建设的长效机制等几个方面。农村文化建设政策的主要着力点在于推进农村文化建设的五项重点工程，即广播电视"村村通"工程、农村电影放映工程、乡镇综合文化站建设、文化信息资源共享工程和农村书屋工程。五项重点工程建设取得显著成效，有效解决了广大农民群众收听收看广播电视难、看电影难的问题，改变了文化站"空壳"现象，促进了乡镇文化站服务农民群众的能力的提高，文化共享工程建设顺利推进，农家书屋工程"十一五"建设任务提前完成。

然而，我国农村文化事业发展相对滞后的局面没有根本改观，依然是经济社会发展的薄弱环节，农村文化建设还存在一些问题：一是各地农村文化建设发展不平衡。经济发达地区在文化建设上的投入比较大，而一些经济欠发达地区则存在着忽视文化建设的问题，基层领导也不够重视农村文化建设。二是农村基层文化设施建设较为落后。虽然大部分县（市）都建立了图书馆、文化馆等基础设施，但相当多的乡镇文化站设施都比较落后，尤其是一些中西部地区，可供广大农民消费的文化资源总量偏少，质量不高，导致农村群众的文化生活十分匮乏。另外，农村文化设施的现代化水平偏低，现代化的高端科技产品并没有广泛的引入到农村文化建设中，在很大程度上影响了先进文化在农村的传播。三是农村公共文化服务水平体系构建程度和水平不高。有些地方政府把农村文化建设搞成面子工程，忽视了农民的需求，不愿意扎扎实实地开展农村公共文化服务体系的建设工作。

（二）"十二五"时期出台的政策文件及背景分析

"十二五"期间，我国继续大力推进农村文化建设，农村文化得到健康快速发展①。2011 年中共十七届六中全会审议通过了《中共中央关于深化文化体制改革、推动社会主义文化大发展大繁荣若干重大问题的决定》，提出要增加农村文化服务总量，要以农村和中西部地区为重点，加强县级文化馆和图书馆、乡镇综合文化站、村文化室建设，深入实施广播电视村村通、文化信息资源共享、农村电影放映、农家书屋等文化惠民工程，扩大覆盖、消除盲点、提高标准、完善服务、改进管理。鼓励城市对农村进行文化帮扶，把支持农村文化建设作为创建文明城市基本指标。鼓励文化单位面向农村提供流动服务、网点服务，推动媒体办好农村版和农村频率频道，做好主要党报党刊在农村基层发行和赠阅工作。扶持文化企业以连锁方式加强基层和农村文化网点建设，推动电影院线、演出院线向市县延伸，支持演艺团体深入基层和农村演出。中央、省、市三级设立农村文化建设专项资金，保证一定数量的中央转移支付资金用于乡镇和村文化建设。2012 年 5 月，文化部出台了《文化部"十二五"时期文化改革发展规划》，规划指出要培育农村文化市场，加强农村文化网点建设，扩大农村文化消费。争取农村文化建设专项资金支持，保证一定数量的中央转移支付资金用于乡镇和村文化建设。

为加大农村文化建设力度，2013 年中央 1 号文件提出鼓励企业和社会组织采取投资筹资、捐款捐助、人才和技术支持等方式在农村兴办文化等各类事业，按规定享受税收优惠、管护费用补助等政策。为提高农村文化资源使用效率，2014 年中央 1 号文件提出有效整合各类农村文化惠民项目和资源，推动县乡公共文化体育设施和服务标准化建设。为加强农村思想道德建设，2015年中央 1 号文件又提出扩展重大文化惠民项目服务"三农"内容。2015 年 11月 2 日，中共中央办公厅、国务院办公厅印发的《深化农村改革综合性实施方案》中指出，建立广播电视村村通、文化信息资源共享、乡镇综合文化站、农村电影放映、农家书屋等重点文化工程有效合作机制。

二、政策措施及执行情况

"十二五"期间，农村文化建设政策的主要着力点在于继续深入推进农村文化建设的五项重点工程，并设立农村文化建设专项资金。国家"十二五"时期文化改革发展规划纲要中也提出深入实施广播电视村村通、文化信息资源共享、农村数字电影放映和农家书屋等重点文化惠民工程，扩大覆盖、消除盲

---

① 文化部，"十二五"我国将大力推进农村文化建设，中央政府网站，2012 年 1 月 9 日。

点、提高标准、完善服务、改进管理。

(一)农村文化建设专项资金

自 2011 年起,为了贯彻落实党的十七届六中全会精神,进一步支持农村文化事业发展,中央财政设立农村文化建设专项资金。

1. 具体措施

(1)明确资金用途。农村文化建设专项资金专项用于支持农村公共文化事业发展,保障基层农村群众基本文化权益。这笔资金将重点用于全国文化信息资源共享工程村级基层服务点运行维护和开展宣传培训等支出,农家书屋出版物补充及更新支出,农村电影公益放映场次补贴支出,行政村组织开展各类文化体育活动支出等。同时,鼓励地方加大农村文化投入,支持开展农村特色文化体育活动、加强农村基层文化体育人才队伍建设等。

(2)加强资金管理。2013 年 4 月,《中央补助地方农村文化建设专项资金管理暂行办法》(财教〔2013〕25 号)出台。《办法》明确了农村文化建设专项资金的支出范围和标准、申报与审批程序,对专项资金的管理、使用和监督检查提出了具体的要求。今后农村文化设施维护和开展文化体育活动等支出每村每年基本补助标准为 10 000 元。

2. 执行情况

自 2011 年中央财政设立农村文化建设专项资金以来,资金投入力度持续加大。根据文化部 2014 年文化发展统计公报,2011—2014 年中央补助地方农村文化建设专项资金投入总量,分别为 35.97 亿元、41.54 亿元、46.19 亿元和 46.53 亿元。

(二)广播电视"村村通"工程

广播电视村村通是实践科学发展观、为民办实事的民心工程,对于传播党和国家的方针政策,传播先进文化,普及科技知识,提高农民群众的思想道德和科学文化素质,丰富农村群众精神文化生活,促进农村的经济建设、政治建设、文化建设和社会建设,建设社会主义新农村发挥了积极作用,深受广大农村群众的拥护和支持[1]。"十二五"期间,将继续深入实施广播电视"村村通"工程,巩固行政村和 20 户以上自然村"村村通"成果,大力推进 20 户以下自然村"村村通",着力消除广播电视覆盖盲区。

---

[1] 国家发改委、国家新闻出版广电总局联合印发《全国"十二五"广播电视村村通工程建设规划》,国家新闻出版广电总局网站,2011 年 8 月 17 日。

1. 具体措施

2011 年 8 月,根据《国民经济和社会发展第十二个五年规划纲要》,国家发改委、新闻出版广电总局编制下发了《全国"十二五"广播电视村村通工程建设规划》(发改社会〔2011〕1 673 号),规划中明确"十二五"期间村村通工程建设目标任务是,到 2015 年年底,基本完成广播电视村村通工程建设任务,逐步改善服务农村的高山骨干无线发射台站基础设施条件,基本实现广播电视"户户通"。为此,规划对大力推进新时期"村村通"工程建设做了具体安排,主要涉及"村村通"工程建设的实施范围、政策支持以及设施建设等。

(1)明确实施范围与责任。村村通工程实施以来,有效扩大了农村广播电视覆盖,切实提高了农村群众收听收看广播电视节目的水平和质量。根据《全国"十二五"广播电视村村通工程建设规划》(发改社会〔2011〕1673 号),"十二五"期间,将偏远农村地区 82.448 3 万个新通电行政村和 20 户以上自然村、20 户以下自然村"盲村"及 48.811 3 万个林区(场)"盲户"的广播电视覆盖纳入实施范围,全面完成村村通建设任务;同时,加强转播中央广播电视节目的 1 229 座高山无线发射台站的基础设施建设,确保正常播出。

(2)加大政策扶持。根据《全国"十二五"广播电视村村通工程建设规划》(发改社会〔2011〕1673 号),在广播电视"村村通"工程中各级政府对本行政区村村通工作负总责,国家安排中央补助投资 34.925 6 亿元对西部地区和全国贫困地区工程建设给予重点支持,其中用于"盲村"广播电视覆盖 18.010 6 亿元,用于高山无线发射台站基础设施建设 16.915 亿元。2014 年 11 月,财政部、海关总署、税务总局发布了《关于继续实施支持文化企业发展若干税收政策的通知》,通知中明确自 2014 年起,对广播电视运营服务企业收取的农村有线电视基本收视费,3 年内免征增值税。

(3)加强广播电视高山无线发射台站基础设施建设。广播电视高山无线发射台站基础设施建设是"十二五"广播电视村村通工程重点建设任务。2011 年 11 月,国家发改委和新闻出版广电总局办公厅联合印发了《广播电视高山无线发射台站基础设施建设管理办法》,对建设方案编制、项目申报审批、中央投资安排、工程组织实施等作出了明确规定。2012 年 9 月,国家发改委和新闻出版广电总局联合印发了《关于做好广播电视高山无线发射台站基础设施建设管理工作的通知》(发改办社会〔2012〕2305 号),通知在管理办法基础上,对总体方案、可行性研究报告、初步设计、投资计划等编制中应注意的问题进行了说明,对有关审批流程进行了细化,对加强工程建设管理提出了严格要求,进一步明确各省区广电部门是本地区建设项目的责任主体,对本地区工程项目的选择、建设内容的确定、建设资金的使用等负有主要责任,对工程项目建设的质量、安全、进度、效益负总体责任。要切实加强工程建设管理,严格依照基本建设程序，坚持建设管理制度，并加强工程监督，确保工程建设任务高标准高质量完成。

（4）大力实施直播卫星户户通。开展直播卫星公共服务，主要是通过卫星直接为有线电视网络未通达的农村家庭免费提供中央和地方 40 多套高质量的广播电视节目。在有线网络未通达的农村地区开展直播卫星广播电视公共服务，是宣传党的方针政策、让党和政府声音走进千家万户的便捷渠道，是实现广播电视公共服务均等化、改善农村文化民生的迫切需要，是增强主流媒体辐射力影响力、巩固农村思想文化阵地的必然要求，是一项利国利民的政治工程、民心工程[1]。广电总局把直播卫星公共服务作为加快提高广播电视公共服务水平、实现由"村村通"向"户户通"转变的重要举措，从 2011 年 4 月开始，在有线电视网络未通达的农村地区大力实施直播卫星公共服务工程。

2. 政策执行情况

"十二五"期间，全国已有 21 个省（区、市）先后以整省推进方式开展直播卫星户户通工程建设。一期 8 省（区）：宁夏、内蒙古、海南、贵州、云南、陕西、甘肃、青海等 8 省（区）。其中，宁夏、甘肃、贵州、青海、内蒙古基本完成一期建设任务。一期总任务数 1 426 万户，已完成 1 059 万户。二期 15 省（区、市）：河北、山西、内蒙古、吉林、黑龙江、安徽、江西、河南、湖北、湖南、广西、重庆、四川、青海、新疆等（青海和内蒙古完成一期任务后分别追加 19.4 万和 50 万列入二期计划）。其中，广西已全面完成工程建设任务；5 省（区）进展顺利：内蒙古、青海、新疆、吉林、黑龙江等 5 省（区）均已进入工程安装阶段。其中，内蒙古二期 50 万已完成 83％；青海二期 19.4 万已完成 83％；新疆 90 万已完成 82％；吉林 8.9 万已完成 74％；黑龙江 24 万已完成 68％。5 省（市）稳步推进：四川已进入设备安装阶段，山西、湖北已完成设备招标工作，江西完成设备招标尚未签订设备采购合同，重庆已进入设备招标阶段[2]。截至 2015 年 7 月 18 日，全国直播卫星户户通用户突破 3 000 万户[3]。

（三）农村数字电影放映工程

农村电影放映工程是丰富农民群众精神文化生活、保障农村群众基本文化权益的重要途径，也是宣传党的路线方针政策、普及科学文化知识、提高农民

① 刘云山，刘云山在全国直播卫星公共服务试点工作经验交流现场会上的讲话，2011 年 9 月 9 日。
② 国家新闻出版广电总局，全国各省（区、市）扎实推进直播卫星户户通工程建设，国家新闻出版广电总局网站，2015 年 5 月 11 日。
③ 国家新闻出版广电总局，全国直播卫星户户通用户突破 3 000 万户，国家新闻出版广电总局网站，2015 年 7 月 21 日。

的思想道德素质的有效手段。"十二五"期间，国家以普及数字化放映为重点，继续实施农村电影放映工程。

1. 具体措施

（1）重点普及数字化放映。"十二五"期间，广电总局以普及数字化放映为重点，继续实施农村电影放映工程，大力发展多种所有制形式的农村电影放映队，确保每个行政村每月放映一场公益电影[①]。力争到"十二五"末，农村电影放映工程普及数字化流动放映，一村一月一场公益电影的放映得到有力保障[②]。2012 年 1 月，国家新闻出版广电总局办公厅发出《关于做好 2012 年度农村电影"三下乡"活动的通知》，通知指出，各地在开展电影"三下乡"活动中，要把电影"三下乡"放映活动与"农村电影放映工程"等主题放映结合起来，充分利用国家资助的数字电影放映设备，以及中影新农村电影发行公司赠送放映场次，努力为广大农民群众放映更多优秀的国产影片。要把公益放映与市场运作、流动放映与室内放映结合起来，鼓励片方把更新、更好的国产影片放到农村发行放映。2015 年 10 月，国务院办公厅发布了《国务院办公厅关于推进基层综合性文化服务中心建设的指导意见》（国办发〔2015〕74 号），该意见中也指出推进农村数字电影放映等服务。

（2）加强从业人员岗前培训。2013 年 1 月，文化部印发了《文化部"十二五"时期公共文化服务体系建设实施纲要》（文公共发〔2013〕3 号），纲要中提出要加强基层尤其是农村电影放映工程从业人员的岗前培训，逐步实施基层公益性文化单位从业人员职业资格制度。

（3）加大政策支持。2013 年 4 月，财政部出台《中央补助地方农村文化建设专项资金管理暂行办法》（财教〔2013〕25 号），规定农村电影公益放映活动按照每村每年 12 场，每场平均 200 元的补助标准，中央每年补助 2 400元。2014 年 11 月，财政部、税务总局、中宣部还发布了《关于继续实施文化体制改革中经营性文化事业单位转制为企业若干税收政策的通知》（财税〔2014〕84 号），明确经营性文化事业单位转制为企业，免征企业所得税，税收政策执行期限为 2014 年至 2018 年。同日，财政部、海关总署、税务总局发布了《关于继续实施支持文化企业发展若干税收政策的通知》（财税〔2014〕85 号），通知明确电影企业在农村取得的电影放映收入免征增值税，税收政策执行期限为 2014 年至 2018 年。

2. 执行情况

"十二五"期间，我国各地农村公益电影放映都实现了"一村一月一场电

---

① 文化部，"十二五"我国将大力推进农村文化建设，中央政府网站，2012 年 1 月 9 日。

② 蔡赴朝，突出注重提高质量 大力实施精品战略，国家新闻出版广电总局网站，2011 年 5 月 3 日。

影"公益目标，有的地区还超额完成任务指标，数字化放映基本普及。以山西省为例，该省农村公益电影放映实现了"四个全覆盖"：一是累计发放数字放映设备1 500多套，实现了数字放映全覆盖；二是累计发放流动放映车辆130多台，实现了所有县市区放映车全覆盖；三是建成11家农村数字院线公司，实现了一村一月一场公益电影全覆盖；四是建成了农村电影放映监管系统，实现了放映场次监管全覆盖。截至2015年11月底，全省农村共放映电影33.54万场，观影3 598万人次，2015年度33万场放映任务提前完成，丰富了广大农民群众精神文化生活①。

（四）文化信息资源共享工程

全国文化信息资源共享工程（以下简称"文化共享工程"）启动以来，受到党中央国务院和各级党委政府的高度重视。2011年3月共享工程被列入我国国民经济和社会发展"十二五"规划纲要；10月，党的十七届六中全会通过的《中共中央关于深化文化体制改革、推动社会主义文化大发展大繁荣若干重大问题的决定》中提出要以农村和中西部地区为重点，加强文化共享工程。2012年5月，文化部编制的《"十二五"时期文化改革发展规划》（文政法发〔2012〕13号）也提到文化共享工程要实现从城市到农村服务网络全面覆盖，大力推进工程资源进村入户，广泛开展惠民服务，实施以"农村实用技术人才培养计划"为重点的网络培训，到"十二五"期末，文化共享工程资源量争取达到530百万兆字节以上，入户率达到50%左右。

1. 具体措施

（1）保证专项资金投入。根据《中央补助地方农村文化建设专项资金管理暂行办法》（财教〔2013〕25号）中央补助地方农村文化建设专项资金中按每村每年2 000元的标准用于文化信息资源共享工程村级基层服务点运行维护和开展宣传培训等支出。

（2）促进多项目结合。2013年1月，《文化部"十二五"时期公共文化服务体系建设实施纲要》（文公共发〔2013〕3号）强调，行政村文化活动场所建设要与城乡统筹、小城镇建设、新农村建设等政策相衔接，与村级组织办公场所、村小学、文化信息资源共享工程基层服务点建设相结合，统筹村级文化活动场所规划、修建、管理、运营和维护，体现多功能、综合性。

2. 执行情况

在党中央、国务院的正确领导下，在各级党委、政府的大力支持下，文化

---

① 国家新闻出版广电总局，山西省农村公益电影放映实现了"四个全覆盖"，国家新闻出版广电总局网站，2015年12月3日。

共享工程建设取得了显著的成效。"十二五"期间,已基本建成了层次分明、互联互通、多种方式并用的国家、省、地市、县区、乡镇(街道)、村(社区)等 6 级数字文化服务网络,村级基层服务点覆盖率达 99%,部分省(区、市)村级覆盖范围已经延伸到自然村。文化部全国文化信息资源建设管理中心与广电总局共同研究制定了文化共享工程资源通过直播星"进村入户"实施方案,完善了通过中星九号入户合作方案(与广电合作);同时,向深圳文博会提供了通过中星九号上星和数字机顶盒接收的演示资源,获得积极反馈①。自 2013年"中国文化网络电视"试点工作启动以来,该项目以文化共享工程优秀数字文化资源为节目内容,以"入站"模式进入文化共享工程基层服务点、公共电子阅览室等各级各类公共文化服务场所,以"入户"模式进入百姓家庭,有力支撑了文化共享工程进村、入户、到人。截至目前,中国文化网络电视累计进入云南、江苏、新疆、黑龙江、内蒙古等省区 300 个基层服务点,进入云南、江苏、内蒙古三省区 365 万户家庭,受到基层普遍欢迎②。

(五)农家书屋建设工程

农家书屋工程是农村文化建设的基础性工程。"十二五"期间,新闻出版广电总局将按照坚持标准、加快进度、完善服务、改进管理的要求,继续推动农家书屋工程建设,推动工程项目、资金、进度、质量等责任落实,进一步完善农家书屋"建、管、用"长效机制,使农民长期受益。加快推动农家书屋信息系统建设,解决书屋出版物补充更新和使用问题,开展数字农家书屋等试点工作③。2015 年 1 月,中共中央办公厅、国务院办公厅发布的《关于加快构建现代公共文化服务体系的意见》中指出要加强对农家书屋的统筹管理。2015 年 10 月初,国务院办公厅下发了《关于推进基层综合性文化服务中心建设的指导意见》(国办发〔2015〕74 号),明确提出整合农家书屋资源,设立公共图书馆服务体系基层服务点,纳入基层综合性文化服务中心管理和使用。

1. 具体措施

(1)确保专项资金投入。根据《中央补助地方农村文化建设专项资金管理暂行办法》(财教〔2013〕25 号)中央补助地方农村文化建设专项资金中按每村每年 2 000 元的标准用于农家书屋出版物补充及更新支出。

(2)开展数字农家书屋试点工作。农家书屋主要为解决农民读书难、看报

---

① 国家数字文化网,2012 年文化共享工程发展概况,2013 年 9 月 24 日。
② 国家数字文化网,中国文化网络电视正式启动试点平台建设,2014 年 6 月 25 日。
③ 文化部,"十二五"我国将大力推进农村文化建设,中央政府网站,2012 年 1 月 9 日。

难的问题。从书屋建成运行情况看，图书问题解决得较好，但报刊问题一直解决得不理想，主要是依靠邮局发行这一传统手段使得投送不及时，特别在西部偏远山区更为突出。2011年以来，为推动农家书屋建设提档升级，进一步满足广大农民群众日益增长的精神文化需求，数字农家书屋试点工作得以开展。数字农家书屋是利用卫星数字技术，将高品质的多媒体文件、电子图书、杂志、报纸、音像等内容以数字方式传送到农家书屋，农民群众可通过电视、投影、电脑等设备进行阅读和观看，每年可提供2 000多小时视频类节目、2 000多册图书、几十种杂志和100多种报纸。与传统方式相比，数字农家书屋更新速度更快，内容更广泛，阅读更方便，管理成本更低[①]。

2. 执行情况

农家书屋工程自2004年开始试点建设，10多年来，农家书屋从无到有，由点到面，全国60万个农家书屋共配送图书10亿多册，从提供的图书总量来看，农家书屋已经超过2014年年末全国公共图书馆8.5亿册的馆藏量，农民人均图书拥有量也从农家书屋实施以前的人均0.13册增长到人均1.25册，亿万农民享受到了文化发展的成果，在缩小城乡文化差别、破解城乡二元结构、推动城乡文化协调发展上迈出了坚实步伐[②]。截至2015年11月，全国已有湖北、贵州、云南、陕西、北京、河北、四川、宁夏、重庆、青海、江苏、浙江、福建、山东、内蒙古、西藏、辽宁等17个省（区、市）开展了数字农家书屋工作。

三、农村文化建设的政策建议

针对"十二五"期间农村文化建设政策的实施情况，下一步应该在以下几个方面有所考虑。

（一）因地制宜制定政策

目前我国各个地区经济发展水平不同，经济基础村长较大差异，从而使得各地农村的文化建设也存在着发展不平衡的问题。一般来说，经济发达地区在文化建设上的投入比较大，而一些经济欠发达地区则存在着忽视文化建设的问题，基层领导也不够重视农村文化建设。因此，农村文化建设要做到"科学管理、分类指导、注重实效、梯次推进、不断提高"，不能搞一个标准、一种模式。各地在农村文化建设政策制定上应该充分考虑政策的可行性、适用性以及

---

① 中国文明网，农家书屋迈向数字化，2012年9月12日。
② 左志红、王佳欣，阎晓宏出席全国农家书屋工作推进会时指出整合农村文化资源 推进农家书屋提质增效，新闻出版广电总局网站，2015年11月12日。

农民群众的利益可获得程度,确保政策发挥作用。

(二)加大资金投入力度

增加农村文化服务总量,缩小城乡文化发展差距,对推进社会主义新农村建设、形成城乡经济社会发展一体化新格局具有重大意义。"十二五"期间,国家加大了对农村文化建设的投入,中央财政还专门设立了农村文化建设专项资金。虽然专项资金总额逐年攀升,但增长幅度有限。与城镇文化建设资金投入相比,农村文化建设投入力度依然不足。因此,应进一步加大对农村文化建设的资金投入力度,拓展重大文化惠民项目服务"三农"内容。多渠道筹集农村文化建设资金,鼓励城市对农村进行文化帮扶,把支持农村文化建设作为创建文明城市基本指标,扶持文化企业以连锁方式加强农村文化网点建设。在自愿的前提下,还可以向农民筹集部分资金用于本村的农村文化建设。

(三)加强政策宣传引导

加大工作宣传力度、提高群众对文化政策的知晓程度是增强农民活动参与性、促进农村文化发展繁荣的必要途径①。因此,建议加强对农村文化建设相关政策的宣传工作,并从文化活动受众群体特点出发,针对不同受众群体有区别地选择宣传渠道与宣传方式,充分发挥政策宣传的引导带动作用,使广大农民能够更积极地参与农村文化活动。

(四)强化工程监督管理

有些地方政府把农村文化建设搞成面子工程,忽视了农民的实际需求,没有扎扎实实地开展农村文化建设工作。在今后的工作中要强化监督管理,各级文化行政部门除制定完善农村文化公共服务政策之外,还要承担起主管责任,加强对各级分中心和基层服务网点的业务指导和监督管理。同时,建立健全各项农村文化政策的实施保障、监督机制,确保各项政策能够在基层充分落实。

---

① 叶闽慎,程军,潘志敏.加大农村文化建设投入与监管问题研究——基于全国29省(市、区)1 226个村庄问卷调查的分析.财政监督,2012年第31期:第55~58页。

第24章　农村医疗卫生

"十二五"期间，我国农村医疗卫生事业根据新形势新任务，围绕实现人人享有基本医疗卫生服务的目标，按照"十二五"规划建议提出的"保基本、强基层、建机制"的要求，进一步深化医药卫生体制改革，创新体制机制，加大投入力度，不断完善农村公共卫生服务、医疗服务、医疗保障和药品供应体系，使农村医疗卫生条件和公共卫生条件进一步改善，农民基本医疗卫生服务的获得和保障水平进一步提升。

一、政策背景

"十一五"期间，我国农村医疗卫生事业取得重大进展，全面完成"十一五"规划纲要确定的主要目标和任务，为"十二五"开局打下来良好的基础。

（一）农村居民健康水平显著提高

2010年，人均预期寿命提高到74.83岁，农村孕产妇死亡率下降到30.1/10万，农村新生儿死亡率下降到10‰，农村婴儿死亡率下降到16.1‰，农村5岁以下儿童死亡率下降到16.4‰。

（二）农村公共卫生水平显著改善

2010年，农村卫生厕所普及率达到67.43%，其中无害化卫生厕所普及率达到45.0%，农村改水受益人口占农村人口比例达到94.9%，其中饮用自来水人口比例达到71.2%。农村医疗服务能力得到增强。

（三）农村医疗服务基础设施进一步完善

2010年，农村地区拥有乡镇卫生院37 836家，村卫生室648 428家，92.3%的行政村设有村卫生室，初步形成了由县医院、乡镇卫生院和村卫生室组成的三级卫生服务网络。农村居民获得医疗服务更为便捷，据2008年调查数据，75.0%的农村住户到最近医疗点距离在2公里以内，65.6%的农村住户到最近医疗点所需时间在10分钟以内。农村医疗服务队伍更加充实，农村拥有卫生技术人员291.12万人，占全部卫生技术人员的49.63%，乡村医生和卫生员数量达到 109.17 万人，平均每村 1.68 人，每千农业人口 1.23 人。

（四）农村医疗保障能力得到提升

"十一五"期间，农村新型合作医疗制度实现全面覆盖，参合人数 8.36 亿，参合率达到 96%，人均筹资水平提高到 156.57 元，保障水平明显提高。资金投入方面，中央累计安排专项资金 603.7 亿元，支持近 5 万个医疗卫生机构项目建设，其中重点投向基层和农村地区。居民个人卫生支出占卫生总费用的比重从 52.9% 下降到 35.3%，个人卫生支出过快增长的趋势得到遏制。

（五）面临的新问题和新挑战

"十二五"农村医疗卫生事业也面临着新的挑战。城乡和区域卫生事业发展不平衡，资源配置不合理，农村公共卫生和医疗卫生工作、医疗卫生人才队伍依然比较薄弱，农村医疗保障制度不健全，政府卫生投入不足、医药费用上涨过快、个人负担过重依然是人民群众反映强烈的问题，因病致贫、因病返贫现象依然时有发生。农村医疗卫生事业还不能很好地适应工业化、新型城镇化、农业现代化的新形势，不能很好地满足农村居民日益提升的健康需求。

二、政策要点

"十二五"时期，是全面建设小康社会的关键时期，是深化改革开放、加快转变经济发展方式的攻坚时期。为了适应新形势，应对新挑战，根据《中华人民共和国国民经济和社会发展第十二个五年规划纲要》（以下简称《纲要》）、《中共中央国务院关于深化医药卫生体制改革的意见》（中发〔2009〕6 号）和《国务院关于印发"十二五"期间深化医药卫生体制改革规划暨实施方案的通知》（国发〔2012〕11 号），国务院在 2012 年 10 月编制印发了《卫生事业发展"十二五"规划》（国发〔2012〕57 号，以下简称《规划》），进一步明确了"十二五"期间医疗卫生事业（包括农村医疗卫生事业）发展的任务要求。《规划》指出要继续坚持卫生事业的公益性，坚持预防为主、以农村和基层为重点、中西医并重、依靠科技与人才，保基本、强基层、建机制，转变卫生发展方式，把基本医疗卫生制度作为公共产品向全民提供，促进卫生事业与经济社会协调发展，不断提高人民群众的健康水平。

《规划》对"十二五"医疗卫生事业的总体目标是：到 2015 年，初步建立覆盖城乡居民的基本医疗卫生制度，使全体居民人人享有基本医疗保障，人人享有基本公共卫生服务，医疗卫生服务可及性、服务质量、服务效率和群众满意度显著提高，个人就医费用负担明显减轻，地区间卫生资源配置和人群间健康状况差异不断缩小，基本实现全体人民病有所医，人均预期寿命在 2010 年基础上提高1岁。基本建立分工明确、信息互通、资源共享、协调互动的公共卫生服务体系，促进城乡居民享有的基本公共卫生服务均等化。基本建立规范有序、结构合理、覆盖城乡的医疗服务体系，为群众提供安全、有效、方便、价廉的基本医疗服务。基本建立以基本医疗保障为主体、其他多种形式补充医疗保险和商业健康保险为补充、覆盖城乡居民的多层次医疗保障体系，个人医药费用负担进一步减轻。进一步规范以国家基本药物制度为基础的药品器械供应保障体系，确保基本药物安全有效、公平可及、合理使用。

"十二五"期间农村医疗卫生政策关注重点依然是建设四大体系。

（一）农村公共卫生服务体系建设

公共卫生服务体系是坚持预防为主的前提保障。要加强重大疾病防控体系建设，完善卫生监督体系，加强妇幼卫生和健康教育能力建设，加快突发公共卫生应急体系建设，建立专业公共卫生机构、城乡基层医疗卫生机构和医院之间分工协作的工作机制，确保信息互通和资源共享，实现防治结合，建设农村急救体系。使城乡居民能够享有均等化的基本公共卫生服务。

实施国民健康行动计划。防控传染病、人畜共患病、重点地方病、重大慢性病防控，防治精神疾病，扩大国家免疫计划，以乡镇为单位为适龄儿童免疫规划疫苗接种率达到90%。保障妇女、母婴、儿童、农民工等重点人群健康。实现农村适龄应检妇女常见病检查率达到70%，孕产妇系统管理率达到85%，孕产妇住院分娩率达到98%，孕产妇死亡率下降到22/10万，婴儿死亡率下降到12‰，5岁以下儿童死亡率下降到14‰，生长迟缓率控制在10%以下，贫血患病率控制在20%以下，以乡镇为单位为适龄儿童免疫规划疫苗接种率达到90%。提高进城务工人员及其子女基本医疗卫生服务可及性，使随迁儿童享有与流入地户籍儿童同等的基本医疗卫生服务。强化流动人口的公共卫生服务和重大传染病防控工作，促进农民工与城镇居民享受均等化的公共卫生服务。控制健康危险因素，加强突发事件卫生应急能力，改善农村饮用水安全与环境卫生，提高医疗质量和安全，强化食品安全保障，促进农村居民健康生活方式与生活素养，保障血液供应和安全。

在农村进一步加强爱国卫生工作，扎实推进"全国城乡环境卫生整洁行动"和以改水改厕为重点的农村环境卫生整治活动，改善农村人居环境。保障农村饮用水安全，按照《全国农村饮水安全工程"十二五"规划》和《国家环境保护"十二五"规划》（国发〔2011〕42号）的要求，全面解决2.98亿农村人口和11.4万农村学校的饮水安全问题，使全国农村集中式供水人口比例提高到80%左右，在有条件的地区推行城乡供水一体化。加强农村饮用水水质卫生监测，建立农村环境健康危害因素评价体系，集中式供水工程水质卫生监测覆盖率力争达到60%。提高农村环境保护水平，按照《国家环境保护"十二五"规划》（国发〔2011〕42号）的要求，提高农村生活污水和垃圾处理水平，改善重点区域农村环境质量，防止城市和工业污染向农村转移。

（二）农村基本医疗服务体系建设

加强农村三级卫生服务网络建设。优先建设发展县级医院，提高服务能力和水平，使90%的常见病、多发病、危急重症和部分疑难复杂疾病的诊治、康复能够在县域内基本解决。继续加强乡镇卫生院和村卫生室建设。积极推进乡镇卫生院和村卫生室一体化管理。到2015年，基本实现每个乡镇有1所政府举办的卫生院，每个行政村有村卫生室，提高乡、村卫生机构设备配备水平。

加强农村卫生人才队伍建设。通过转岗培训、在岗培训和规范化培养等多种途径培养15万名全科医生，使每个乡镇卫生院均有全科医生，每万人口全科医师数达到2人。为农村定向免费培养医学生，为县级医院培养骨干医生，大力开展基层医疗卫生人员继续教育和实用技能培训。制定优惠政策，鼓励和引导医务人员到基层工作。加强村级卫生人员培养培训，逐步推进乡村医生向执业（助理）医师转变。研究实施基层医疗卫生机构全科医生及县级医院急需高层次人才特设岗位计划。

加强城乡医院对口支援。继续实施以"万名医师支援农村卫生工程"为主要形式的城乡医院对口支援。组织协调东西部地区医院省际对口支援。巩固完善城市三级医院与县级医院间的对口支援和协作关系。开展二级以上医疗机构对口支援乡镇卫生院工作，建立城市医院支农的长效机制。落实城市医院医生晋升中高级职称前到农村服务1年以上的政策。加强对口支援的管理和考核评估，调动支援医院和受援医院双方的积极性，建立合作双赢的运行机制。

（三）农村基本医疗保障体系建设

进一步巩固发展新型农村合作医疗制度，探索重特大疾病医疗保障制度，实现城乡总体个人卫生支出占卫生总费用比重下降到30%，人均基本公共卫生服务经费提高到40元。逐步提高政府对新农合的补助标准，到2015年，达到每人每年360元以上，个人缴费水平相应提高。逐步提高基本医疗保险最高支付限额和费用支付比例。做好三项基本医疗保险待遇水平的衔接，新农合政策范围内住院费用支付比例均达到75%左右，明显缩小与实际支付比例的差距。普遍开展新农合门诊医疗费用统筹，支付比例提高到50%以上。坚持城乡统筹，逐步提高统筹层次，缩小城乡、地区间保障水平差距，落实医疗保险关系转移接续办法，有条件的地区探索建立城乡统筹的居民基本医保制度。

继续巩固发展新农合制度，参合率保持在 95％ 以上，比 2010 年基础（96％）提高 1 个百分点。建立长期稳定的筹资增长机制，不断提高新农合筹资水平，逐步缩小城乡医保筹资水平和保障水平的差距，为实现城乡统一的医疗保障制度奠定基础。逐步扩大保障范围，到 2015 年，实现普通门诊统筹全覆盖。扩大大额门诊慢性病、特殊病种补偿的病种范围。继续开展重大疾病保障工作，在全国全面推开提高儿童白血病和先天性心脏病、尿毒症等大病医疗保障水平工作，将肺癌等大病纳入保障和救助试点范围，并适当扩大病种，提高补偿水平。

探索建立重特大疾病保障机制，切实解决重特大疾病患者的因病致贫问题。在农村积极开展大病保险工作，利用基本医保基金向商业保险机构购买大病保险，减轻参保（合）人的高额医疗费用负担。发挥基本医保、大病保险、医疗救助、多种形式补充保险和公益慈善的协同互补作用，统筹协调基本医保、大病保险和商业健康保险政策，有效提高保障水平。

（四）农村药品供应保障体系建设

巩固政府办基层医疗卫生机构实施基本药物制度的成果，有序推进村卫生室实施基本药物制度，对非政府办基层医疗卫生机构可采取政府购买服务的方式将其纳入基本药物制度实施范围。

三、政策执行情况

"十二五"期间，我国农村医疗卫生事业按照《中共中央国务院关于深化医药卫生体制改革的意见》（中发〔2009〕6 号）、"十二五"规划纲要和《中共中央关于全面深化改革若干重大问题的决定》的部署要求，进一步深化医药卫生体制改革。2012 年 3 月，国务院印发《"十二五"期间深化医药卫生体制改革规划暨实施方案》（国发〔2012〕11 号）；10 月，国务院编制印发《卫生事业发展"十二五"规划》（国发〔2012〕57 号），这两个规划文件成为指导"十二五"农村医疗卫生事业发展的纲领性文件。此外，再结合由国务院印发的《中国妇女发展纲要（2011—2020 年）》和《中国儿童发展纲要（2011—2020 年）》（国发〔2011〕24 号）、《国家人口发展"十二五"规划》（国发〔2011〕39 号）、《国家环境保护"十二五"规划》（国发〔2011〕42 号）、《国家基本公共服务体系"十二五"规划》（国发〔2012〕29 号），由国务院办公厅印发的《中国遏制与防治艾滋病"十二五"行动计划》（国办发〔2012〕4 号）、由国务院办公厅转发卫生部、发展改革委、财政部的《全国地方病防治"十二五"规划》（国办发〔2012〕3 号），由国家发改委、水利部、卫生部、环境保护部 2012 年联合制定的《全国农村饮水安全工程"十二五"规划》等规划文件中有关农村医疗卫生的内容，构成了指导"十二五"农村医疗卫生工作的规划框架。

（一）农村公共卫生服务体系建设

1. 农村饮水安全工程

2012年3月21日，国务院常务会议讨论通过了由国家发改委、水利部、卫生部、环境保护部联合制定的《全国农村饮水安全工程"十二五"规划》，要求在持续巩固已建工程成果基础上，进一步加快建设步伐，全面解决2.98亿农村人口和11.4万所农村学校的饮水安全问题，使全国农村集中式供水人口比例提高到80%左右。一要统筹兼顾，分步实施。优先解决严重影响居民身体健康的水质问题、涉水重病区的饮水安全问题以及局部地区严重缺水问题。二要规模发展，注重实效。有条件的地区发展规模化集中供水，不具备条件的地方可以采取分散式供水或分质供水。三要防治结合，确保水质。加强水源地保护和水污染防治，完善水质检测与监测制度。四要建管并重，促进节水。建立健全县级供水技术服务体系。积极推行用水户全过程参与建设和管理。认真落实节水政策和措施，促进节约用水。五要坚持政府主导，农民参与。农村饮水安全建设管理由地方政府负总责，中央给予指导和资金支持，群众投入以投工投劳为主。鼓励和引导社会资金投入。

2014年5月6日，水利部召开全国农村饮水安全工作视频会议，要求在2014、2015两年全力打好农村饮水安全攻坚战，确保解决"十二五"规划内1.1亿农村居民和1 535万农村学校师生饮水安全问题，实现集中供水比例由73%提高到80%，如期完成"十二五"规划目标任务。同时，要强化水质保障、确保供水安全，进一步强化是指净化处理，规范消毒设施的安装、使用和运行管理。5月20日，水利部发出《关于确保完成农村饮水安全工作任务的通知》，要求实现国务院提出的2014年"再解决6 000万农村人口的饮水安全问题，经过今明两年努力，要让所有农村居民喝上干净的水"的目标，确保《全国农村饮水安全工程"十二五"规划》如期完成。

2015年，我国安排中央预算内投资36亿元，支持解决四大片区规划外新出现的农村饮水安全问题。所谓四大片区，指甘肃、青海、四川、云南四省藏区，新疆维吾尔自治区和新疆生产建设兵团，重庆三峡库区，湖南洞庭湖区，这四大片区规划外农村饮水安全问题共涉及558.3万农村人口，分布在166个县（团场）、1 417个乡镇（连队）、8 063个村（寺院、农林场），需要建设集中供水工程5 320处和分散供水工程1 949处。水利部专门召开解决四大片区规划外新出现农村饮水安全问题座谈会，要求在2015年年底全面完成建设任务。

2015 年 6 月，水利部、发展改革委、财政部、卫生计生委、环保部联合发布通知，要求进一步加强农村饮水安全工作，贯彻落实 2015 年《政府工作报告》关于"再解决 6 000 万农村人口饮水安全问题"的要求，保质保量完成"十二五"规划任务。通知要求，对于四大片区规划外新出现农村饮水安全问题，各有关地方政府和部门要纳入年度计划统筹安排，确保 2015 年年底前全面完成建设任务，其他地方规划外新出现的农村饮水安全问题，也要由地方政府负总责，采取有力措施予以解决。

2. 加强农村爱国卫生工作，治理农村垃圾和污水，改善农村人居环境

爱国卫生运动是党和政府把群众路线运用于卫生防病工作的伟大创举和成功实践。随着我国经济社会快速发展，爱国卫生工作面临新情况、新问题。特别是地区、城乡之间发展不平衡，中西部和农村地区卫生基础设施不健全、环境卫生脏乱差的问题仍然比较突出。同时，随着工业化进程加快，农村所受到的环境污染日益严重，食品、饮水安全问题时有发生，群众生产生活方式发生了很大变化，影响健康的因素日益增多。为此，国务院在 2015 年 1 月发布《关于进一步加强新时期爱国卫生工作的意见》（国发〔2014〕66 号），要求通过广泛开展爱国卫生运动，使城乡环境卫生条件明显改善，影响健康的主要环境危害因素得到有效治理，明显提高城乡居民健康水平。要求结合社会主义新农村建设、美丽乡村建设、改善农村人居环境和农村社区建设试点工作，以农村垃圾污水处理和城市环境卫生薄弱地段整治为重点，持续深入开展农村环境卫生整洁行动，统筹治理城乡环境卫生问题。同时要切实保障农村饮用水安全，加强农村特别是重点寄生虫病流行区、地方病病区饮水安全工程，在有条件的地方建设集中供水工程，或将城镇供水管网向农村延伸，统筹解决农村学校的饮水安全问题，加强饮用水卫生监测能力建设。加快农村改厕步伐。

2013 年 10 月 9 日，农业部、中央农办、环境保护部、住房和城乡建设部在浙江省联合召开全国改善农村人居环境工作会议，汪洋副总理传达了中央领导的重要指示和批示，并对改善农村人居环境工作作出了重要部署。2014 年 2 月，住房和城乡建设部村镇建设司印发的《2014 年村镇建设司工作要点》（建村综函〔2014〕5 号）将农村人均环境改善作为该司当年重点工作。2014 年 5 月，国务院办公厅发布《关于改善农村人居环境的指导意见》（国办发〔2014〕25 号），要求大力开展村庄环境整治，重点治理农村垃圾和污水。7 月，住房和城乡建设部、中央农办、环境保护部、农业部继而发布落实《指导意见》有关工作的通知，要求各地政府做好规划编制和报送工作，加强工作指导，开展监督检查，做好农村人居环境调查与评价，并报告年度工作情况。

2015 年 11 月，住房和城乡建设部等十部门联合发布《关于全面推进农村垃圾治理的指导意见》（建村〔2015〕170 号），要求各地因地制宜建立"村收集、镇转运、县处理"的模式,有效治理农业生产生活垃圾、建筑垃圾、农村工业垃圾等,并提出了农村垃圾 5 年治理的目标任务,要求到 2020 年全国90%以上村庄的生活垃圾能够得到有效治理,并引发了相应的《农村生活垃圾治理验收办法》(建村〔2015〕195 号)。

(二)农村医疗服务体系建设

"十二五"期间农村医疗卫生服务体系建设,围绕进一步加强以县医院为龙头、乡镇卫生院和村卫生室为基础的农村三级医疗卫生网络的任务,优先发展县级医院,继续加强乡镇卫生院和村卫生室建设,积极推进乡镇卫生院和村卫生室一体化管理,重点在县级公立医院改革、乡村医疗卫生服务体系、乡村医生队伍建设方面开展工作。

1. 县级公立医院改革

2012 年 6 月,国务院办公厅印发《关于县级公立医院综合改革试点的意见》(国办发〔2012〕33 号),推进县级公立医院改革试点。重点改革"以药补医"的补偿机制,发挥医疗保险补偿和控费作用,调整医疗服务价格,规范药品采购供应,落实和完善政府投入政策;改革人事分配制度,创新编制和岗位管理,深化用人机制改革,落实县级医院用人自主权,全面推行聘用制度,完善医院内部收入分配激励机制。建立现代医院管理制度,建立和完善法人治理结构,优化内部运行管理,完善绩效考核。提升基本医疗服务能力,合理配置医疗资源,提高技术服务水平,加强信息化建设,提高县域中医药服务能力开展便民惠民服务。加强上下联动,探索以多种方式建立县级医院与基层医疗卫生机构、城市三级医院长期稳定的分工协作机制。完善监管机制。改革要求力争使县域内就诊率提高到 90%左右,基本实现大病不出县。

改革试点启动以来,各试点县(市)积极探索,改革取得了明显进展。2015 年 5 月,国务院办公厅印发《关于全面推开县级公立医院综合改革的实施意见》(国办发〔2015〕33 号),全面推开县级公立医院综合改革,巩固和扩大改革成效。《实施意见》要求 2015 年,在全国所有县(市)的县级公立医院破除以药补医,以管理体制、运行机制、服务价格调整、人事薪酬、医保支付等为重点,全面推开县级公立医院综合改革。2017 年,现代医院管理制度基本建立,县域医疗卫生服务体系进一步完善,县级公立医院看大病、解难症水平明显提升,基本实现大病不出县,努力让群众就地就医。

2. 乡村医疗卫生服务体系建设

乡镇卫生院和村卫生室是农村三级医疗卫生网络的基础。2010 年,原卫生部出台《关于推进乡村卫生服务一体化管理的意见》(卫办农卫发〔2010〕48 号),按照深化医药卫生体制改革总体部署,推进乡村卫生服务一体化管理，在县级卫生行政部门统一规划和组织实施下，以乡镇为范围，对乡镇卫生院和村卫生室的行政、业务、药械、财务和绩效考核等方面予以规范的管理。

"十二五"期间，乡村卫生服务体系建设继续推进乡村卫生服务一体化管理，同时在制订村卫生室管理规范性文件、推进乡镇卫生院标准化建设、完善基层医疗卫生服务模式、加强城乡医院对口支援、加强城乡医院对口支援方面探索推进。2011年，卫计委印发《乡镇卫生院管理办法（试行）》（卫农卫发〔2011〕61号），2012年，卫计委将制订村卫生室管理规范性文件和推进乡镇卫生院标准化建设纳入当年工作要点。2014年，卫计委在当年工作要点中提出开展乡村医生签约服务，将符合条件的村卫生室纳入新农合定点单位。2014年6月，卫计委印发《村卫生室管理办法（试行）》（国卫基层发〔2014〕33号），标志着村卫生室管理有了规范化制度。2015年，卫计委在当年工作要点中提出扎实开展"建设群众满意的乡镇卫生院"活动，并试点村医签约服务。

3. 乡村医生队伍建设

乡村医生是具有中国特色、植根广大农村的卫生工作者，长期以来在维护广大农村居民健康方面发挥着难以替代的作用。

2011年7月，国务院办公厅印发《关于进一步加强乡村医生队伍建设的指导意见》（国办发〔2011〕31号），要求按照保基本、强基层、建机制的要求，从实际出发，明确乡村医生职责，改善执业场所，实现村卫生室和乡村医生全覆盖；将村卫生室纳入基本药物制度和新型农村合作医疗（以下简称新农合）门诊统筹实施范围，完善乡村医生补偿、养老政策，健全培养培训制度，规范执业行为，强化管理指导，提高乡村医生服务水平，为农村居民提供安全有效、方便价廉的基本医疗卫生服务。《指导意见》要求实现村卫生室和乡村医生全覆盖，明确规划设置和建设标准，原则上每个行政村设置1所村卫生室，每所村卫生室至少有1名乡村医生执业。加强乡村医生和村卫生室管理，严格乡村医生执业资格，强化县级卫生部门管理职责，加强乡镇卫生院对村卫生室的业务指导和管理，提高村卫生室信息化水平。将村卫生室纳入基本药物制度和新农合门诊统筹实施范围。完善乡村医生补偿和养老政策。健全乡村医生培养培训制度。

2013年2月，国务院办公厅印发《关于巩固完善基本药物制度和基层运行新机制的意见》（国办发〔2013〕14号），要求加快推行全科医生制度，加强师资建设，做好面向农村的免费订单培养，积极推进全科医生执业方式和服务模式改革试点，逐步推行全科医生（团队）与农村居民建立稳定的契约服务关系。2013年8月，卫计委印发《关于进一步完善乡村医生养老政策 提高乡村医生待遇的通知》（国卫基层发〔2013〕14号），要求加快制订并完善乡村医生养老政策，严格乡村医生执业管理，切实保障乡村医生待遇。2013年10

月，卫计委、国家发展改革委、教育部、财政部、国家中医药管理局联合印发《全国乡村医生教育规划（2011—2020年）》（国卫科教发〔2013〕26号）。《教育规划》提出到2015年，各省（区、市）乡村医生继续医学教育总体上实现全覆盖，获取继续医学教育学分达标率达到80%（西部、边远地区达到70%），乡村医生普遍接受与岗位需求相适应的知识和技能培训，综合素质和服务能力明显提高，乡村医生力争60%具有中职（中专）及以上学历，其中高职（专科）及以上学历者明显增加；执业（助理）医师所占比重显著提高。到2020年，各省（区、市）建立健全与全面建成小康社会目标要求相适应的乡村医生教育培训制度，建立一支以中职（中专）及以上学历、执业（助理）医师为主体、整体素质基本满足村级卫生服务需求的合格乡村医生队伍，推动农村基层卫生服务绩效得到相应改善。

2015年3月，国务院办公厅印发《关于进一步加强乡村医生队伍建设的实施意见》（国办发〔2015〕13号），对乡村医生的功能任务、管理准入考核、教育培养、培训发展、服务模式、收入保障、养老和退出政策、工作条件和执业环境，都提出了更为明确的要求和实施办法。

（三）农村基本医疗保障体系建设

"十二五"期间，新型农村合作医疗不断发展壮大，大病保险试点逐步推开，城乡医保整合开始探索，再结合医疗救助制度的进一步完善，农村基本医疗保障体系得以更加完善。

1. 新型农村合作医疗不断发展

在"十一五"实现全面覆盖的基础上，"十二五"期间，新型农村合作医疗进一步发展，不断提高筹资水平和保障能力。

新农合筹资水平逐步提升，各级财政对新农合的补助标准从2010年的每人每年120元逐步提高到2015年的每人每年380元，其中中央财政补助120元，新增的260元由中央财政对西部地区补助80%，对中部地区补助60%，对东部地区按一定比例补助。农民个人缴费从2011年的每人每年50元提高到2015年的每人每年120元。城乡基本医保筹资水平差距逐步缩小。

新农合保障能力不断增强。新农合政策范围内住院费用报销比例由2011年的70%提高到2015年的75%，门诊医药费用报销比例提高到50%左右，统筹基金最高支付限额提高到全国农村人均纯收入8倍以上，且不低于6万元。

同时，新农合在支付制度和补偿方案上进行改革，促进国家基本药物制度的实施和完善基层医疗机构补偿机制。在支付方式上由后付制转向预付制，通过推行按病种付费、按床日付费、按人头付费、总额预付等支付方式，将新农合的支付方式由单纯的按项目付费向混合支付方式转变，充分发挥基本医保的基础性作用，实现医疗机构补偿机制和激励机制的转换。在乡（镇）、村两级医疗卫生机构推行以门诊费用总额预付为主的支付方式改革。在住院费用上推进按病种付费、按床日付费等支付方式改革。开展新农合信息系统建设，开展新农合在省、市、县、乡、村五级医疗机构就医结算"一卡通"，推行在农村地区"一站式"结算服务。

2. 全面实施大病保险

大病保险是基本医疗保障制度的拓展和延伸，是对大病患者发生的高额医疗费用给予进一步保障的一项新的制度性安排。通过由新农合基金中划出一定额度作为大病保险资金，向商业保险机构购买大病保险的方式，对大病患者予以保障，力争避免城乡居民发生家庭灾难性医疗支出，避免因病致贫、因病返贫问题。

2011年，卫生部《关于做好2011年新型农村合作医疗有关工作的通知》（卫农卫发〔2011〕8号）提出开展提高重大疾病医疗保障水平试点工作。2012年，卫生部等三部门《关于做好2012年新型农村合作医疗工作的通知》（卫农卫发〔2012〕36号）要求全面推进大病保障试点工作，充分发挥新农合、医疗救助、商业健康保险、社会慈善等多种补充保障模式的协同互补作用，建立稳定的重特大疾病保障机制。2012年8月，发改委等六部委联合发布《关于开展城乡居民大病保险工作的指导意见》（发改社会〔2012〕2605号），对大病保险的基本原则、筹资机制、保障内容、承办方式进行了系统阐述。2014年1月，国务院医改办发布《关于加快推进城乡居民大病保险工作的通知》（国医改办发〔2014〕1号），要求各个省份在2014年6月底前全面推开城乡居民大病保险试点工作。2015年，国务院办公厅发布《关于全面实施城乡居民大病保险的意见》（国办发〔2015〕57号），要求2015年年底前，大病保险覆盖所有城乡居民基本医保（包括新型农村合作医疗）参保人群。

3. 探索城乡医保整合

新型农村合作医疗保险，城镇职工基本医疗保险、城镇居民基本医疗保险，共同构成了覆盖我国城乡人口的基本医疗保险体系。长期以来，城镇职工和城镇居民基本医保有人力资源和社会保障部门管理，而新农合则由卫生部门管理，在医疗社会保障领域构成了明显的城乡二元分割结构。"十二五"期间，各地积极探索整合城乡医保，先从医保管理的一体化开始，逐步实现城乡居民基本医疗保障的一体化，建立统一的城乡居民医保制度。

2011年，云南昆明市将新农合管理职能交由人力资源和社会保障部门负责，通过整合城乡医保经办管理职能，实现了三大基本医疗保险的一体化管理。2013年3月14日，十二届全国人大一次会议通过《国务院机构改革和职能转变方案》，其中要求在 2013 年 6 月底前完成整合城镇职工基本医疗保险、城镇居民基本医疗保险、新型农村合作医疗的职责，新型农村合作医疗管理职能由卫生部移交给人力资源和社会保障部，标志着城乡三种基本医疗保险制度实现统一管理。

2013 年，山东东营、安徽铜陵等地分别开始试水城乡医保一体化，通过先差别化缴费再向统一标准过渡的方式，逐步实现城乡居民基本医保的统一。青海出台城乡医保一体化方案，建立统一的城乡居民医保制度，山东淄博也在全市范围内实施医保城乡统筹。

（四）农村药品供应保障体系建设

"十二五"期间，农村药品供应保障体系建设的重点是将农村医疗卫生服务纳入到国家基本药物制度的实施范围中。

在公立医院、卫生院全面实施国家基本药物制度。在非政府办基层医疗卫生机构、村卫生室，通过将其纳入新农合定点医疗机构、政府购买服务的方式，依靠新农合在农村居民医药费用支付中的主导作用，将国家基本药物纳入新农合报销药物目录，报销比例明显高于非基本药物，引导这些机构使用基本药物，从而将非政府办基层医疗卫生机构、村卫生室纳入国家基本药物制度。

四、成效与问题

"十二五"期间，我国农村医疗卫生事业获得长足发展，许多指标项目提前实现"十二五"规划目标。人均预期寿命预计比 2010 年提高 1 岁；孕产妇死亡率由 2010 年的 30/10 万降至 2014 年的 21.7/10 万，婴儿死亡率由 2010 年的 13.1‰降至 2014 年的 8.9‰，均提前实现了"十二五"规划和联合国千年发展目标，居民健康水平总体上处于中高收入国家平均水平，为确保全面建成小康社会打下了坚实的健康基础。

（一）农村公共卫生服务体系

基本公共卫生服务项目全面实施，促进基本公共卫生服务逐步均等化，向城乡居民免费提供基本公共卫生服务，国家对基本公共卫生服务的财政补助从 2010 年的人均 15 元提高到 2015 年的 40 元，服务项目从最初的 9 类 41 项扩大到 12 类 45 项。2011—2014 年，农村孕产妇住院分娩项目累计补助近 4 000 万人，农村住院分娩率从 2010 年的 97.8% 的较高水平再提高到 2014 年的 99.4%，提前实现 98% 的规划目标。2014 年，农村卫生厕所普及率达到 76.1%，较 2010 年提高了 8.7 个百分点，饮用水卫生监测覆盖 60% 的乡镇。全面解决"十二五"规划 2.98 亿农村居民和 4 133 万农村学校师生饮水安全问题，同步解决四省藏区等特殊困难地区规划外 566 万农村人口的饮水安全问题，农村集中式供水受益人口比例由 2010 年年底的 58％提高到 2015 年年底的 82％，农村自来水普及率达到 76％，供水水质明显提高，农村饮水安全任务超额完成。

（二）农村医疗卫生服务体系

医疗卫生服务设施条件明显改善，2014 年，93.3％的行政村设有村卫生室，基本实现了村村有卫生室、乡乡有卫生院、县县有达标县医院的目标。县级医院技术装备水平进一步提高，ICU 病房、透析设备等基础技术力量都已具备。与 2008 年相比，2013 年农村地区居民 15 分钟内能够到达最近医疗点的比例为 80.2％，提高了 4.4 个百分点，一些经济条件比较好的平原县，120 急救服务已经由城市延伸到农村地区，农村居民获得优质医疗服务更为便利。全国 1 640 家三级医院与 3 758 家县医院建立对口支援关系，通过对口支援，使县级医院医疗质量和技术管理得到强化。

乡村医生是农村医疗卫生服务的主力，履行着健康守门人的作用。"十二五"期间，累计安排全科医生培训 20 余万人次；社区卫生服务机构、乡镇卫生院和村卫生室人员累计参加岗位培训 700 余万人次；通过"农村订单定向医学生免费培养项目"，累计定向招收了 2.7 万名免费医学生。目前，全科医生已有 17.3 万人，每万人全科医师数由 2012 年的 0.81 提高到 1.26。落实国办发〔2015〕13 号文件，进一步优化乡村队伍，提高乡村医生待遇，全国 93％的县都落实了基层卫生医疗机构经常性收支差额补助，全面实施了一般诊疗费，有 60％的乡镇卫生院和 75％的村卫生室实行了乡村一体化管理。从 2014 年开始，连续两年将人均基本公共卫生服务补助资金新增部分全部用于村医。

（三）农村基本医疗保障体系

"十二五"期间，新型农村合作医疗参合率始终稳定在 97％以上，2014 年达到 98.9％，基本实现比"十一五"末（2010 年）水平提高 3 个百分点的规划目标。2014 年全国新农合基金总收入 2 655 亿元，是 2010 年（1 308 亿元）的 2 倍。人均筹资达到 500 元左右，其中政府补助提高到 380 元，个人筹资提高到 12 元，筹资能力增长幅度较快。政策范围内门诊和住院费用支付比例分别达到 50％和 75％左右，实现"十二五"规划目标。总支出 2 600 亿元，略有结余，在保障广大人民看病就医方面发挥了重大的保障和支撑作用。

大病保险全面实施，2015 年起所有省份均开始试点大病保险，覆盖城乡参保居民超过 10 亿人，报销比例不低于 50％。疾病应急救助 14 万人次，重特大疾病医疗救助全面开展，医疗救助制度进一步健全。通过新农合基本医保、大病保险和医疗救助相结合,农村居民的医疗负担进一步减轻,居民个人卫生支出占卫生总费用的比重从 2010 年的 35.29% 进一步下降到 2014 年的31.99%。各地探索尝试城乡基本医保整合,为 2016 年国务院《整合城乡居民基本医疗保险制度的意见》(国发〔2016〕3 号)出台提供了经验、奠定了基础。

(四)农村药品供应保障体系

所有政府办乡镇卫生院和 86% 的村卫生室全部配备基本药物并实行零差率销售,医生看病优先开基本药物,政府给予一定补偿,结束了农村地区几十年"以药补医"的历史。

(五)存在的主要问题

公共卫生服务和医疗服务资源的分配还不均等,存在明显的城乡二元结构特征,农村公共卫生服务和医疗服务资源和水平依然薄弱,在各类指标上大多显著低于城市水平。2014 年,虽然孕产妇死亡率、5 岁以下儿童死亡率等指标值总体上均实现"十二五"规划目标,但农村地区仍低于规划目标值(表 24 - 1)。2014 年,93.3% 的行政村设有村卫生室,同"村村有卫生室"的规划目标仍然有一定差距。"十三五"期间,需要继续坚持以农村和基层为重点,坚持保基本、强基层、建机制,加大对农村基层公共卫生服务体系和医疗服务体系建设的投入力度,尽力缩小城乡之间在资源分配、服务水平上的差距,真正实现城乡公共医疗卫生服务的均等化。

表 24 - 1 妇幼卫生三项指标 2011—2014 年实现情况

	2011	2012	2013	2014	规划目标
孕产妇死亡率(1/10 万)	26.1	24.5	23.2	21.7	22
城市	25.2	22.2	22.4	20.5	
农村	26.5	25.6	23.6	22.2	
婴儿死亡率(‰)	12.1	10.3	9.5	8.9	12
城市	5.8	5.2	5.2	4.8	
农村	14.7	12.4	11.3	10.7	
5 岁以下儿童死亡率(‰)	15.6	13.2	12.0	11.7	14
城市	7.1	5.9	6.0	5.9	
农村	19.1	16.2	14.5	14.2	

资料来源:《中国统计年鉴 2015》。

五、相关政策建议

针对"十二五"农村医疗卫生政策执行成效及不足，对"十三五"进一步推动农村医疗卫生事业向前发展，提出如下政策建议。

（一）建议进一步加大财政资金对农村医疗卫生事业的支持力度，重点缩小医疗卫生服务供给水平的差距

将中央财政资金更多向农村，特别是中西部、偏远、贫困地区农村和地方病高发区、公共医疗卫生薄弱地区农村倾斜，更多支持普惠性的农村医疗卫生服务。在贫困地区，公共医疗卫生服务应当与精准扶贫、精准脱贫相结合，防止因病致贫、因病返贫。建议建立并完善国家购买乡村医疗卫生服务机制。建议推行乡镇卫生院和村卫生室标准化建设，制订相关标准，逐步实现每个乡镇拥有标准化卫生院，每个行政村拥有标准化村卫生室。继续推进农村卫生防疫、妇幼卫生和计划生育工作，建议实现农村妇女儿童健康检查覆盖全部应检人口，有条件的地区和一些疾病高发地区可以逐步建立起定期免费体检制度。努力缩小城乡之间、地区之间和不同阶层之间获得基本公共医疗卫生服务数量和质量的差异，实现基本公共医疗卫生服务的全覆盖和同质化。

（二）建议进一步完善农村医疗卫生服务体系，重点强化人才支撑

健全县乡村三级医疗卫生服务网络，完善分级转诊和信息报送、共享制度。进一步推动县级公立医院改革，提升医疗服务水平。加强农村基层医疗卫生人才建设，继续开展定向培养全科医生，建议建立乡村医生培训进修和终身学习制度，结合国家购买服务方式，实现乡村医生个人职业能力和待遇提升，使乡村医生成为在农村有尊严、受尊重、有前途的体面职业。完善城乡医疗卫生资源交流机制，继续开展对口支援和巡回医疗制度，建议将城乡医疗卫生人才交流制度化，建立城市大医院医生下乡交流制度，规定城市三甲医院医生须在偏远贫困地区农村基层医疗卫生机构完成一定时间的服务工作，并与考核晋升相挂钩，同乡村医生进修培训制度共同构成城乡之间常态化、动态化的人才交流机制。

（三）建议进一步整合城乡医疗卫生保障制度，实现城乡、区域间医保统筹

整合城乡居民医疗保险，逐步整合农村居民、城市居民和职工医疗保险，提升区域统筹层次，最终建立起覆盖全部人口、均等化、通用化的国民基本医疗保险制度，建议医保缴费和报销可以选择以个人或家庭为单位进行。进一步

提升基本医疗保险筹资水平，提高报销比例，建议改革现有医保报销制度，实行一定限额内全额报销、住院费用报销比例递减的措施，鼓励治小病、防未病，遏制医疗资源和医保资金浪费。实现大病保险全覆盖，建议大病保险可以以个人或家庭为单位进行保障，鼓励家庭亲友间互助。

（四）建议进一步加大农村公共卫生和人居环境整治力度，改善农村生产生活环境，建设美丽宜居乡村

治理农村生活垃圾和面源、水源污染，结合当地农业结构调整，因地制宜开展生产生活废弃物分类、无害化处理和资源化利用。继续推进农村改水改厕和清洁水源建设。应特别重视对"癌症村"等特定疾病高发村庄的公共卫生和环境污染治理，消除威胁当地居民健康的危险因素，改善当地人居环境。

第 25 章　农村社会保障

党和政府高度重视农村社会保障体系建设工作。"十二五"时期，是我国农村社会保障体系加快完善的时期，也是农村社会保障项目在关键环节上实现突破的重要时期。我国在前期农村社会保障改革的基础上出台了一系列改革与政策措施，新型农村基本养老保险、新型农村合作医疗、农村社会救助等制度建设取得历史性进展，覆盖城乡的社会保障体系基本建立，农村社会保障覆盖面不断扩大、保障水平持续提高，各项社会保障项目的衔接互动性增强，广大农民群众得到基本保障，老有所养、病有所医、困有所助，人人享有社会保障初步实现。

一、政策形成背景与演变过程

（一）"十一五"时期的工作进展和存在的主要问题

"十一五"时期，是新中国成立以来社会保障体系建设发展最快的时期，社会保障制度建设取得突破性进展。我国着力推进农村社会保障体系建设，农村社会保障的改革进程加快，覆盖城乡居民的社会保障体系框架基本形成，农村社会保障的财政投入保障水平、农村社会保障水平和监管服务水平等均有提高，为实现城乡社会保障体系可持续发展打下良好的基础。

一是新型农村合作医疗制度全面建立。2003 年开始试点推广的新型农村合作医疗制度，在"十一五"期间普遍实施，2010 年年末全国新农合参合农民 8.36 亿人，新农合覆盖率达到 95%，补助保障标准进一步提高。同时，城乡医疗救助制度普遍实施，基本医疗保障制度对城乡居民实现全覆盖。二是农村社会养老保险制度改革建设实现重要突破。2009 年，国务院发布了《关于开展新型农村社会养老保险试点的指导意见》，开始新农保试点工作。新农保采取个人缴费、集体补助、政府补贴相结合的筹资方式，将 16~60 周岁未参加城镇职工基本养老保险的农民纳入参保范围。到"十一五"末，在全国 838 个试点县和 4 个直辖市开展了试点，覆盖了 24% 的地区，新农保参保人数达 1 亿人，已经领取待遇人数 1 828 万人。新农保是继取消农业税、农业直补、新型农村合作医疗等政策之后的又一项重大惠农政策。三是农村社会救助制度逐渐健全。2006 年新的《农村五保供养工作条例》实施。2007 年，国务院决定在全国建立农村最低生活保障制度。我国基本建立了以农村居民最低生活保障制度和农村五保供养为基础的新型农村社会救助制度体系。2010 年年底，全国有 2 528.7 万户、5 214.0 万人得到了农村低保，农村社会救助标准也逐年提高。

必须看到，我国农村社会保障体系还不完善，农村社会保障事业仍然存在一些问题亟待解决。城乡社会保障发展还不平衡，广大农村地区社会保障发展依旧滞后，城乡间、不同群体间社会保障待遇差距仍然较大，一些基本保障制度覆盖面比较窄，农村户籍的个体经营者、灵活就业者特别是农民工等群体的社会保障不足。随着城镇化进程的不断推进，加强社会保障制度整合、衔接和推进管理服务一体化的要求日趋紧迫，而农村社会保障制度整合、适应流动性上有所不足。统筹层次低，农村社会保障水平受当地经济发展水平的制约，东、中、西部的农村社会保障水平差距较大。此外，信息化建设发展水平不均衡、管理体制分散、管理服务体系不健全等问题尚未得到根本解决。

（二）"十二五"时期出台的政策文件及背景分析

"十二五"时期，我国正处于工业化、信息化、城镇化、农业现代化深入发展的重要时期，经济社会发展进入新的阶段，人民生活水平继续提高，广大人民群众的社会保障意识增强，为农村社会保障事业加快发展提供了良好的经济社会基础。在全面建设小康社会的进程中，在以工促农、以城带乡、统筹城乡发展的重要阶段，特别是在经济发展新常态、农村居民收入增长放缓、农民工返乡创业就业的形势下，切实加强农村社会保障体系建设日益形成共识。新农保、新农合、农村低保和农村救助等农村社会保障事业在试点推开的过程中取得较为丰富的工作经验和实践基础，城乡社会保障加快并轨，分阶段、分步骤整合城乡养老、医疗、救助的条件逐渐具备。与此同时，对于规范制度、提高标准、提高转移接续适应能力、优化管理服务水平的需求继续增加。"十二五"是我国农村社会保障改革更有作为的新时期。

《民政事业发展"十二五"规划》《社会保障"十二五"规划纲要》《卫生事业发展"十二五"规划》等是"十二五"时期我国社会保障建设行动纲领，全方位系统布局我国社会保障建设工作。党的十八大报告明确提出，要坚持全覆盖、保基本、多层次、可持续的方针，以增强公平性、适应流动性、保证可持续性为重点，全面建成覆盖城乡居民的社会保障体系。从"广覆盖"到"全覆盖"，一字之改，标志着我国社会保障理念的重大进步，明确了健全覆盖城乡居民的社会保障体系的发展目标。十八届三中全会提出，要通过深化改革建立更加公平可持续的社会保障制度。十八届四中全会要求切实加强社会保障法治建设。十八届五中全会决定建立更加公平可持续的社会保障制度，实施全民参保计划。《中华人民共和国社会保险法》正式实施，对基本养老、基本医疗、工伤、失业、生育等社会保险制度和主要政策作出明确规定，首部统筹各类社会救助制度的行政法规《社会救助暂行办法》出台，进一步推进了社会救助的法制化。老年人权益保障法、残疾人保障法等法律推动了社会保障制度的改革完善。各有关部门认真贯彻党中央的重大决策部署，全面落实社会保障法律法规，不断改革创新，完善体制机制，加大财政投入，在制度建设、城乡统筹、扩面提标、改进管理服务等方面出台了一系列卓有成效的政策措施。

二、政策内容及主要措施

（一）整合城乡居民基本养老保险制度

1. 整合城乡居民基本养老保险制度

按照党的十八大精神和十八届三中全会关于整合城乡居民基本养老保险制度的要求，2014 年 2 月，国务院出台了《关于建立统一的城乡居民基本养老保险制度的意见》，提出将新型农村社会养老保险和城镇居民社会养老保险两项制度合并实施，在全国范围内建立统一的城乡居民基本养老保险制度。随后，人力资源和社会保障部、财政部印发了《城乡养老保险制度衔接暂行办法》，明确统一的城乡居民基本养老保险制度要统一制度名称、统一政策标准、统一管理服务、统一信息系统，推进制度创新和政策优化。合并后的城乡居民养老保险制度维持自愿参保原则，城乡居民的缴费标准在原有 100 元到 1 000元十档标准的基础上增加了 1 500 元和 2 000 元两档，赋予城乡居民更平等的选择权，鼓励城乡居民多缴多得、长缴多得。此外，《意见》和《办法》明确了城乡养老保险制度的衔接政策，实现参保人员在不同时段、不同地区、不同制度之间的"多维"跨越，国家为每个参保人员建立终身记录的养老保险个人账户，确保参保人合法权益。

2. 提高全国城乡居民基本养老保险基础养老金最低标准

2015 年 1 月，人社部、财政部下发《关于提高全国城乡居民基本养老保险基础养老金最低标准的通知》，经国务院批准，决定从 2014 年 7 月 1 日起，全国城乡居民基本养老保险基础养老金最低标准提高至每人每月 70 元，即在原每人每月 55 元的基础上增加 15 元。提高标准所需资金，中央财政对中西部地区给予全额补助、对东部地区给予 50% 的补助。此次增加的基础养老金金额，不得冲抵或替代各地自行提高的基础养老金。同时，进一步健全参保缴费激励机制，引导和鼓励城乡居民选择更高档次缴费、长期持续缴费，增加个人账户积累，逐步提高养老保障水平。

3. 推进农村养老服务发展

为了应对人口老龄化，不断满足老年人持续增长的养老服务需求，2013

年 9 月，国务院发布《关于加快发展养老服务业的若干意见》，明确以政府为主导，发挥社会力量作用，着力保障特殊困难老年人的养老服务需求，确保人人享有基本养老服务。《意见》提出，切实加强农村养老服务，要完善农村养老服务托底的措施，将所有农村"三无"老人全部纳入五保供养范围，适时提高五保供养标准，健全农村五保供养机构功能，使农村五保老人老有所养。在满足农村五保对象集中供养需求的前提下，支持乡镇五保供养机构改善设施条件并向社会开放，提高运营效益，增强护理功能，使之成为区域性养老服务中心。依托行政村、较大自然村，充分利用农家大院等，建设日间照料中心、托老所、老年活动站等互助性养老服务设施。农村党建活动室、卫生室、农家书屋、学校等要支持农村养老服务工作，组织与老年人相关的活动。充分发挥村民自治功能和老年协会作用，督促家庭成员承担赡养责任，组织开展邻里互助、志愿服务，解决周围老年人实际生活困难。

4. 规范基金运营管理，推进经办能力建设与信息化

《关于建立统一的城乡居民基本养老保险制度的意见》明确，将新农保基金和城居保基金合并为城乡居民养老保险基金，完善城乡居民养老保险基金财务会计制度和各项业务管理规章制度。城乡居民养老保险基金纳入社会保障基金财政专户，实行收支两条线管理，单独记账、独立核算，任何地区、部门、单位和个人均不得挤占挪用、虚报冒领。各地要在整合城乡居民养老保险制度的基础上，逐步推进城乡居民养老保险基金省级管理。城乡居民养老保险基金按照国家统一规定投资运营，实现保值增值。省（区、市）人民政府要切实加强城乡居民养老保险经办能力建设，结合本地实际，科学整合现有公共服务资源和社会保险经办管理资源，充实加强基层经办力量，做到精确管理、便捷服务。要注重运用现代管理方式和政府购买服务方式，降低行政成本，提高工作效率。要加强城乡居民养老保险工作人员专业培训，不断提高公共服务水平。社会保险经办机构要认真记录参保人缴费和领取待遇情况，建立参保档案，按规定妥善保存。各地要在现有新农保和城居保业务管理系统基础上，整合形成省级集中的城乡居民养老保险信息管理系统，纳入"金保工程"建设，并与其他公民信息管理系统实现信息资源共享；要将信息网络向基层延伸，实现省、市、县、乡镇（街道）、社区实时联网，有条件的地区可延伸到行政村；要大力推行全国统一的社会保障卡，方便参保人持卡缴费、领取待遇和查询本人参保信息。

（二）发展完善新型农村合作医疗制度

1. 提高新农合筹资和保障水平

一是逐年提高补助标准。"十二五"时期各级财政对新农合的补助标准连续 5 年上调，由 2011 年的每人每年 200 元增至 2015 年的 380 元，并规定中央财政对 120 元部分的补助标准不变，对 260 元部分按照西部地区 80％、中部地区 60％的比例进行补助，对东部地区各省份分别按一定比例补助。二是继续增加农民个人缴费标准，由 2011 年的每人每年 50 元增至 2015 年的 120 元，新农合与城镇基本医疗保障制度筹资水平的差距逐渐缩小。三是进一步提高保障水平。2011 年将新农合政策范围内的住院费用报销比例提高到 70％左右，2012 年继续提高到 75％左右。全面开展新农合门诊统筹工作，进一步提高统筹基金最高支付限额和提高门诊医疗费用报销比例，2011 年人均门诊统筹基金不低于 35 元，力争达到 40 元，2012 年起人均门诊统筹基金达到 50 元左右。2014 年规定将门诊医药费用报销比例提高到 50％以上。四是扩大新农合支付的诊疗项目和定点范围。扩大大额门诊慢性病、特殊病种补偿的病种范围，将重性精神疾病患者经常服药费用纳入门诊统筹或门诊特殊病种费用支付范围，将 9 类残疾人康复项目纳入新农合支付的诊疗项目范围，扩大参合农民受益范围。将日间手术纳入住院统筹支付范围。将基本药物全部纳入新农合报销药物目录，报销比例高于非基本药物。进一步缩小政策报销比和实际补偿比间的差距，使参合农民更大受益。将符合条件的村卫生室纳入新农合定点范围；在执行新农合政策规定的基础上，将符合条件的非公立医疗机构纳入定点范围；在规范运作的基础上，试点将符合条件的养老机构内设医疗机构纳入新农合定点范围。

表 25－1　"十二五"期间新农合筹资水平和保障水平

新农合筹资和保障水平	2011	2012	2013	2014	2015
补助标准（元）	200	240	280	320	380
个人缴费（元）	50	60	70	90	120
范围内的住院费用报销比例（％）	70	75	75	75	75
人均门诊统筹基金（元）/门诊医药费用报销比例（％）	35～40	50	—	50	50

资料来源：2011—2015 年关于做好新型农村合作医疗有关工作的通知。

2. 推进大病保险和新农合重大疾病保障工作

一是推进提高重大疾病医疗保障水平试点。2011 年，开展提高重大疾病医疗保障水平试点工作，以省（区、市）为单位推开提高儿童白血病、先天性心脏病保障水平的试点。此后，逐步扩大重大疾病救治试点的病种范围。2012 年全面推进新农合大疾病保障试点工作，推开终末期肾病、妇女乳腺癌、宫颈癌、重性精神疾病、艾滋病机会性感染和耐多药肺结核等 6 种（类）大病的保障工作，同时，优先将血友病、慢性粒细胞白血病、唇腭裂、肺癌、食道癌、

337

胃癌、1 型糖尿病、甲亢、急性心肌梗塞、脑梗死、结肠癌、直肠癌等 12 个病种纳入大病保障试点范围。2014 年在继续巩固原有 20 个大病保障工作的基础上,将儿童苯丙酮尿症和尿道下裂纳入新农合大病保障范围。至此,纳入新农合保障范围的重大疾病已达 22 种。规定重大疾病保障工作要以临床路径为基础,积极推进按病种付费,推进诊疗和收费的规范化,提高医疗服务质量,测算并限定相应病种的合理诊疗费用,控制医药费用不合理增长。二是全面推开利用新农合基金购买大病保险工作。2012 年 4 月,原卫生部等 4 部门出台《关于商业保险机构参与新型农村合作医疗经办服务的指导意见》,要求坚持政府主导、市场运作、群众受益和保本微利的原则,以地市或省为单位引入商业保险机构承办大病保险。充分发挥新农合基本医疗保障与大病保险的协同互补作用。在委托商业保险机构承办大病保险业务的基础上,将新农合基本保障经办服务工作委托商业保险公司一并负责,打通基本医保和大病保险经办服务通道,发挥制度整体合力,实现"一站式"全流程服务。三是全面实施城乡居民大病保险,2015 年 7 月,出台《关于全面实施城乡居民大病保险的意见》,要求在 2015 年年底前,以省(区、市)为单位实现城乡居民大病保险统一政策、统一组织实施。大病保险全面覆盖城乡居民,保障范围与城乡居民基本医保相衔接。参保人患大病发生高额医疗费用,由大病保险对经城乡居民基本医保按规定支付后个人负担的合规医疗费用给予保障。2015 年大病保险支付比例应达到 50% 以上。加强医疗保障各项制度的衔接,强化基本医保、大病保险、医疗救助、疾病应急救助、商业健康保险及慈善救助等制度间的互补联动,明确分工、细化措施,在政策制定、待遇支付、管理服务等方面做好衔接,努力实现大病患者应保尽保。推动实现新型农村合作医疗重大疾病保障向大病保险平稳过渡。

3. 完善支付方式改革

2012 年 4 月 12 日,原卫生部、国家发展改革委、财政部印发《关于推进新型农村合作医疗支付方式改革工作的指导意见》,推进新农合支付方式改革,通过推行按病种付费、按床日付费、按人头付费、总额预付等支付方式,将新农合的支付方式由单纯的按项目付费向混合支付方式转变,其核心是由后付制转向预付制,充分发挥基本医保的基础性作用,实现医疗机构补偿机制和激励机制的转换。各地要按照要求从 2012 年开始积极推进统筹区域内定点医疗机构和病种全覆盖的支付方式改革试点工作,并逐步扩大实施范围,争取到 2015 年实现在所有的统筹地区全面实施的目标。《意见》将支付方式改革集中在门诊费用支付和住院费用支付两个主要环节。在乡(镇)、村两级医疗卫生机构,积极推行以门诊费用总额预付为主的支付方式改革,在县和乡(镇)医疗卫生机构的住院费用支付方式,积极推进按病种付费、按床日付费等住院费用支付方式改革，此外《意见》还强调建立并完善支付方式的评价和监管措施。根据不同的新农合支付方式特点，针对重点环节，完善细化评价指标、考核办法以及监督管理措施，建立支付方式评价体系。可结合实际配套制定相应的约束和激励措施，落实绩效考核办法。

4. 加强新农合基金监管，建立健全责任追究制度

2011 年，原卫生部、财政部出台《关于进一步加强新型农村合作医疗基金管理的意见》，要求各地严格执行新农合基金财务和会计制度，基金实行封闭运行，专款专用；继续坚持县、乡、村三级公示制度，进一步完善监督举报机制，鼓励参合农民和社会各界共同对新农合基金进行监督管理。2015 年《关于做好 2015 年新型农村合作医疗工作的通知》提出，完善新农合基金风险预警机制，确保基金既不过度结余，也不出现超支。加快提高新农合统筹层次，增强基金抗风险能力。以次均费用、住院率、目录内药品使用比例等作为主要考核指标，定期开展对定点医疗机构的考核评价，考核结果与资金拨付挂钩，并定期向社会公布。探索建立定点医疗机构信用等级管理和黑名单管理制度。要求加强新农合经办机构内部监督，健全新农合基金监管责任制和责任追究制度。进一步规范管理，加大补偿结果公开力度，大力推进即时结算，方便群众报销。

5. 推进新农合信息化建设，开展异地就医结报试点

全面推进新农合信息化建设，加快省级新农合信息平台建设，促进省级与国家新农合信息平台的联通。2013 年试点北京、内蒙古、吉林、江苏、安徽、河南、湖北、湖南、海南 9 个省级平台与国家新农合信息平台的联通，与国家级平台联通的省份扩大到 15 个。2014 年开展参合农民跨省异地就医结报试点，2015 年 2 月，国家卫生计生委、财政部联合印发《关于做好新型农村合作医疗跨省就医费用核查和结报工作的指导意见》，明确了跨省就医费用核查和结报工作的任务目标，2015 年试点覆盖全部省份，积极开展跨省就医费用核查工作，要求建立国家级和省级跨省就医费用信息数据库，完善跨省就医费用信息的采集与交换机制，建立查询协作机制。同时，稳妥推进跨省就医结报工作，逐步统一省外就医补偿政策，与分级转诊制度相结合，鼓励各地建立省级结算平台，规范跨省就医结算流程，方面参合农民异地就医结报。

（三）进一步健全农村社会救助制度

1. 加强和改善城乡低保工作

一是完善城乡低保制度、规范程序。2011 年 5 月，民政部会同相关部门印发《关于进一步规范城乡居民最低生活保障标准制定和调整工作的指导意见》，正式建立我国城乡低保标准动态调整机制，各地要运用基本生活费用支出法、恩格尔系数法或消费支出比例法制定城乡低保标准，建立和完善城乡低保标准与物价上涨挂钩的联动机制，并随着当地居民生活必需品价格变化和人民生活水平的提高定期调整。2012年9月，国务院出台《关于进一步加强和改进最低生活保障工作的意见》，明确户籍状况、家庭收入和家庭财产是认定最低生活保障对象的三个基本条件。财产条件的提出是对现行低保制度的重大完善。此外，规范最低生活保障审核审批程序，加强最低生活保障对象动态管理，健全最低生活保障工作监管机制，建立健全投诉举报核查制度，加强最低生活保障与其他社会救助制度的有效衔接。基于《城市低收入家庭认定办法》的成功经验，《意见》提出建立救助申请家庭经济状况核对机制，是低保工作的新举措。2015年3月，民政部、国家统计局印发《关于进一步加强农村最低生活保障申请家庭经济状况核查工作的意见》，对农村低保申请家庭经济状况核查的主要内容、核查方法、操作流程等进行了规范。二是提高城乡低保标准。持续增加城乡低保投入，连续5年上调城乡低保标准和补助水平，农村低保增速高于城市低保。2015年全国城市、农村低保月人均标准分别达到439元、255元，月人均补助水平分别达到298元、139元，2015年中央财政共安排城乡低保补助资金1 171.48亿元。三是促进城乡低保并轨。党的十八届三中全会明确提出推进城乡最低生活保障制度统筹发展，我国多地对城乡低保标准进行了新一轮调整，在适当上调低保标准线、缩小城乡差距的同时，多地实现了城乡低保标准并轨，北京、上海、南京、杭州、长沙等地，均拉齐了城乡低保标准线。

表25-2　"十二五"期间城乡低保补助标准

低保补助标准	2011	2012	2013	2014	2015
城市低保标准（元）	288	330	373	411	439
城市低保标准增长率（%）	14.5	14.8	13	10.1	9.5
城市低保补助水平（元）	240	239	264	286	298
农村低保标准（元）	143	172	202	231	255
农村低保标准增长率（%）	22.4	20.3	17.7	14.1	14.7
农村低保补助水平（元）	106	104	116	129	139

资料来源：2011—2014年度社会服务发展统计公报。

2. 全面建立临时救助制度

2014年2月，国务院颁布了《社会救助暂行办法》，这是我国第一部统筹各类社会救助制度的行政法规，明确了民政部门的牵头责任，规范了最低生活保障、特困人员供养、受灾人员救助、医疗救助、教育救助、住房救助、就业救助和临时救助等八项救助制度，首次将救急难、疾病应急救助、临时救助等方针政策纳入法制安排，还制定了鼓励和引导社会力量参与的政策措施。开展社会救助专项治理，建立由民政部牵头的全国社会救助部际联席会议制度，2015年5—10月，全国社会救助部际联席会议部署开展了社会救助专项治理，督促地方加强和改进社会救助工作。全面建立临时救助制度。为进一步发挥社会救助托底线、救急难作用，解决城乡困难群众突发性、紧迫性、临时性生活困难，2014年10月，国务院出台《关于全面建立临时救助制度的通知》，决定全面建立临时救助制度，国家对遭遇突发事件、意外伤害、重大疾病或其他特殊原因导致基本生活陷入困境，其他社会救助制度暂时无法覆盖或救助之后基本生活暂时仍有严重困难的家庭或个人给予的应急性、过渡性的救助。对临时救助的对象范围、申请受理、审核审批、救助方式等制度内容进行了明确规范。提出了依申请受理和主动发现受理相结合的方式，建立"一门受理、协同办理"机制，加快建立社会救助信息共享机制，建立健全社会力量参与机制，不断完善临时救助资金筹集机制。2015年6月，民政部印发《关于指导村（居）民委员会协助做好社会救助工作的意见》，对指导、督促村（居）民委员会协助做好社会救助工作提出要求，进一步明确村（居）民委员会协助做好社会救助工作的主要内容。

3. 加强农村五保供养服务机构管理

2011年1月，《农村五保供养服务机构管理办法》正式实施，对供养机构的规划建设、内部管理、工作人员和经费保障等方面作出了全面系统的规定。为推进农村五保供养服务机构管理规范化，民政部于2014年9月制定了《农村五保供养服务机构等级评定暂行办法》，开展农村五保供养服务机构等级评定工作。2015年，民政部办公厅发布《关于在全国开展农村特困人员供养服务机构社会化改革试点工作的通知》，出台开展农村特困人员供养服务机构社会化改革试点政策，充分调动社会力量参与社会救助工作的积极性，探索解决农村特困人员供养服务机构能力不足和供养床位空置现象等问题，推进公办供养服务机构社会化改革，切实保障农村特困人员基本生活，进一步提高供养服务机构服务质量和工作效率。要求各地要在继续做好"公建公营"供养机构条件改善、加强管理、提高床位利用率的同时，重点探索实行"公建民营"模式和"合建合营"模式，提高供养服务能力和水平。

（四）做好农民工参加社会保障工作

1. 扩大农民工参加城镇社会保险覆盖面

为进一步做好新形势下为农民工服务工作，切实解决农民工面临的突出问题，有序推进农民工市民化，2014年9月，国务院印发《关于进一步做好为农民工服务工作的意见》，扩大农民工参加城镇社会保险覆盖面。依法将与用人单位建立稳定劳动关系的农民工纳入城镇职工基本养老保险和基本医疗保险，研究完善灵活就业农民工参加基本养老保险政策，灵活就业农民工可以参加当地城镇居民基本医疗保险。完善社会保险关系转移接续政策。努力实现用人单位的农民工全部参加工伤保险，着力解决未参保用人单位的农民工工伤保险待遇保障问题。推动农民工与城镇职工平等参加失业保险、生育保险并平等享受待遇。对劳务派遣单位或用工单位侵害被派遣农民工社会保险权益的，依法追究连带责任。实施"全民参保登记计划"，推进农民工等群体依法全面持续参加社会保险。整合各项社会保险经办管理资源，优化经办业务流程，增强对农民工的社会保险服务能力。

2. 推进建筑业农民工工伤保险工作

2014 年 12 月，人力资源和社会保障部等部门出台《关于进一步做好建筑业工伤保险工作的意见》，提出完善符合建筑业特点的工伤保险参保政策，大力扩展建筑企业工伤保险参保覆盖面。建筑施工企业应依法参加工伤保险。针对建筑行业的特点，建筑施工企业对相对固定的职工，应按用人单位参加工伤保险；对不能按用人单位参保、建筑项目使用的建筑业职工特别是农民工，按项目参加工伤保险。建设单位在办理施工许可手续时，应当提交建设项目工伤保险参保证明，作为保证工程安全施工的具体措施之一；安全施工措施未落实的项目，各地住房城乡建设主管部门不予核发施工许可证。完善工伤保险费计缴方式，确保工伤保险费用来源，健全工伤认定所涉及劳动关系确认机制。落实工伤保险先行支付政策。加强工伤保险政策宣传和培训，严肃查处谎报瞒报事故的行为。积极发挥工会组织在职工工伤维权工作中的作用。齐抓共管合力维护建筑工人工伤权益。

3. 做好进城落户农民参加基本医保和关系转移接续工作

2015 年 8 月，人力资源和社会保障部等部门联合发布《关于印发〈关于做好进城落户农民参加基本医疗保险和关系转移接续工作的办法〉的通知》，就进城落户农民参保、医保关系转移接续手续、处理医保关系转移接续中的有关权益、医保关系转移接续管理服务和组织实施做出详细规定。做好进城落户农民参保工作，进城落户农民根据自身实际参加职工医保或居民医保。规范医保关系转移接续手续，转出地社会（医疗）保险或新农合经办机构应在参保人办理中止参保（合）手续时为其开具参保（合）凭证，用于转入地受理医保关系转移。妥善处理医保关系转移接续中的有关权益，进城落户农民和流动就业人员等办理基本医疗保险关系转移接续前后，基本医疗保险参保缴费中断不超过 3 个月且补缴中断期间医疗保险费的，不受待遇享受等待期限制，按参保地规定继续参保缴费并享受相应的待遇。进城落户农民在农村参加新农合等基本医疗保险的参保缴费和权益享受信息等连续记入新参保地业务档案，流动就业人员参加职工医保的缴费年限各地互认。参保人转移基本医疗保险关系时，建立个人账户的，个人账户随本人基本医疗保险关系一同转移，个人账户资金原则上通过经办机构进行划转。社会（医疗）保险经办机构和新农合经办机构要加强沟通协作，进一步做好基本医疗保险关系转移接续管理服务工作。

（五）实施"全民参保登记计划"

按照中央全面深化改革的总体部署，为加快推进社会保险全覆盖，实现建立更加公平可持续的社会保障制度的目标，2014 年 5 月，人力资源和社会保障部下发《关于实施"全民参保登记计划"的通知》，决定于 2014 年至 2017 年在全国范围内逐步实施"全民参保登记计划"。《通知》明确了实施"全民参保登记计划"的总体目标，确定了持续扩大覆盖面、全面开展参保登记工作、落实和完善社保衔接转续政策、大力提升管理服务水平四大具体目标任务，提出了实施"全民参保登记计划"的主要措施。一是全面开展参保登记，以目前覆盖人数最多的基本养老保险、基本医疗保险为基础，整合城乡各项社会保险参保信息，对既有信息完整、准确的参保单位和参保人员，直接确认参保登记，对信息缺失、错误的单位和人员，以基层社保经办机构和街道、乡镇、社区劳动就业社保平台为主，通过逐个单位排查、重点入户调查以及向社会组织购买服务等方式，对其进行基本信息采集和补录，完成后确认参保登记。建立以全国统一的社会保障号码为每个参保人唯一的参保标识和全面覆盖的社会保险基础数据库；参保单位和个人基本信息变化，应按规定程序实时更新；推进数据管理省级集中，加快全国联网，完善全国统一的数据标准和核查比对规程，实现跨地区参保信息确认。二是强力推进参保扩面，强化计划约束，坚持依法行政，突出重点，在城镇继续以中小微企业、灵活就业人员为重点扩大参保覆盖面；在农村以在城乡之间流动就业和居住农民为重点，鼓励持续参保；积极引导在城镇稳定就业的农民工参加职工社会保险制度。实施工伤保险扩面专项行动，继续强力推进建筑施工、矿山等高风险企业参保，同时积极向家庭服务企业、网络服务企业、农村地区企业扩大覆盖。三是优化经办管理服务，创新体制机制，大力推进城乡五险合一经办管理，暂不具备全面整合业务条件的地区，先实行统一参保登记和统一征缴社保费，简化程序，方便单位和个人参保。推进规范化管理，加快制订社会保险管理的国家标准、行业标准和地区标准，实施全国统一的社会保险经办规程。认真准确记录所有参保单位和人员的参保缴费和权益享受信息，确保业务档案的安全完整，完善对账、查询机制。大力推行网上经办、自助服务、手机查询和提示等新型服务平台建设。四是完善相关制度和政策，加快合并实施新农保、城居保制度，并强化多缴多得、长缴多得的激励机制；继续推进城乡居民基本医疗保险制度整合，落实城乡居民基本养老保险的衔接政策，健全异地就医医保结算政策。

三、执行情况和效果评价

"十二五"期间，我国农村社会保障体系建设取得明显成效。农村社会保障制度建设加快推进和完善，实现了社会保障制度全覆盖，参保人数持续增加，待遇水平稳步提高，城乡社会保障加速并轨，广大农民通过享有社会保障得到更多的实惠。

（一）城乡统筹制度建设取得突破性进展

2012年，覆盖城乡居民的社会养老保障体系基本建立，提前完成试点目标和"十二五"目标任务。2014年新农保和城镇居民养老保险整合统一为城乡居民基本养老保险制度，实现城乡居民在这两项基本制度上的平等和管理资源上的共享。在医疗保险制度上，新农合支付方式改革取得重要进展，新农合跨省就医费用核查和结报工作发展，城乡居民基本医疗保险加快整合，城乡居民大病保险制度全面实施，2015年年底前，大病保险覆盖所有城乡居民医保参保人，支付比例达到50％以上。基本医疗保险制度已基本覆盖城乡全体居民。社会救助制度体系加快构建，临时救助制度全面建立，城乡最低生活保障制度加快统筹，北京、上海等多地相继调整城乡居民最低生活保障标准，并实现了城乡低保标准的"并轨"。政策衔接上，新农保与农村低保制度、五保制度的配套，医疗救助与基本医疗保险的衔接均取得积极进展。社会力量参与社会救助的机制进一步完善。

（二）农村社会保障覆盖范围不断扩大

各项农村社会保险覆盖面均有所扩大，开创性地从制度上实现了基本养老和基本医疗保障对城乡居民的全覆盖。一是基本养老保险实现制度全覆盖。2015年前三季度，职工和城乡居民养老保险参保合计达8.52亿人，其中职工参保3.49亿人，城乡居民参保5.03亿人，超过"十二五"规划目标。二是全民医保基本实现。截至2014年11月底，城镇基本医疗保险参保5.9亿人，其中职工医保2.8亿人、居民医保3.1亿人，新农合参保7.36亿人，参合率为98.9％，城镇职工基本医疗保险、城镇居民基本医疗保险、新型农村合作医疗3项基本医疗保险参保人数超过13亿，参保率保持在95％以上，较2010年提高了3个百分点，提前完成"十二五"规划目标，全体居民人人享有基本医疗保障。三是城乡最低生活保障实现应保尽保。社会救助和社会福利有效惠及困难群众。截至2015年11月底，全国共有城市低保对象1 893万人，农村低保对象 5 202 万人、五保供养对象 532 万人。四是以非公有制经济组织从业人员、灵活就业人员、农民工和被征地农民为重点扩面效果显现。2014 年末参加城镇职工基本养老保险的农民工人数为 5 472 万人，参加城镇基本医疗保险的农民工人数为 5 229 万人。参加失业保险的农民工人数为 4 071 万人，参加工伤保险的农民工人数为 7 362 万人，分别比 2011 年增加 32.17％、12.67％、70.26％、7.82％。

表 25 - 3　各项社会保障项目的参保人数

项　　目	2011	2012	2013	2014	2015
城乡基本养老保险人数（亿人）	3.32	4.84	4.98	5.01	5.03
参加新农合人数（亿人）	8.32	8.05	8.02	7.36	—
参合率（％）	97.5	98.3	98.7	98.9	—
农村低保对象人数（万人）	5 305.7	5 344.5	5 388.0	5 207.2	5 202
农村五保对象人数（万人）	551	545.6	537.2	529.1	532

资料来源：2011—2014 年度人力资源和社会保障事业发展统计公报，2011—2014 年度社会服务发展统计公报。

（三）农村社会保障标准和水平稳步提高

随着经济发展水平的提高和国家财政实力的增强，我国不断加大社会保障财政投入，社会保障待遇水平明显提升。养老金水平逐年提高。国务院决定，从 2014 年 7 月 1 日起将基础养老金标准从每人每月 55 元提高至 70 元。各地人社部门抓紧落实，目前已基本发放到位。有 27 个省级政府及新疆生产建设兵团在全国最低标准之上增加了基础养老金，其中 11 个省份达到 100 元以上。全国城乡居民基本养老金平均水平超过 100 元，比试点初增长近一倍，1.4 亿多城乡老年居民及其家庭直接受益，更好地保障和改善了低收入和无收入城乡居民的养老待遇。基本医疗保险的保障水平显著提升。2015 年新农合、城镇居民医保人均筹资增加到 500 元左右，比 2011 年增长 100％，其中政府补助标准提高到 380 元，比 2011 年增长了 90％。居民基本医保政策范围内住院医疗费用、新农合政策范围内的住院费用报销水平达到 75％左右，全国普遍建立了城乡居民医保门诊统筹，积极推进城乡居民大病保险。2014 年 3 项基本医疗保险住院费用政策范围内报销比例均达到 70％以上。完成了"十二五"目标任务，有效减轻了群众的医疗负担。社会救助水平适度提高。城乡低保投入持续增加。截至 2015 年 11 月底，全国城市、农村低保月人均标准分别达到 439 元、255 元，比"十一五"末增长了 74.9％、117.9％；月人均补助水平分别达到 298 元、139 元，比"十一五"末增长了 57.7％、87.8％。农村五保供养水平不断提升。农村五保集中供养和分散供养年人均标准分别达到5 883元、4 388元，比"十一五"期末增长了99.3％、108.8％。城乡医疗救助稳步推进，临时救助力度加大，困难群众基本生活切实改善。

（四）农村社会保险管理服务水平不断提升

各级政府和社会保障经办机构大力推进管理服务规范化、专业化、信息化，严格实施收支两条线管理，逐步完善基金预决算制度，不断加大基金监督力度，社会保障管理和服务水平有了明显提高。近5年共安排104亿元专项资金，支持中西部地区建设县级服务中心和乡镇服务站，推动了基层就业和社会保障服务设施建设。实施了金保工程，加快建设社会保障信息系统，目前已发行社会保障卡6.8亿张。部分地区已经进行了一些有益的探索，将社会保障服务加快延伸到基层，社会保障服务站作为民生工程，方便农民办理手续。

四、政策设计和落实中的主要问题

农村社会保障在制度建设和实施中仍然存在一些亟待解决的矛盾和问题。农村社会保障总体水平仍然较低，保障体系还不完善。城乡社保发展不平衡，农村地区社保发展滞后。城乡社保制度的衔接整合和管理服务不适应当前城镇化快速发展的趋势。

一是覆盖面还有欠缺，公平性不足。农村社保与城镇相比，在覆盖面和待遇水平方面仍存在一定差距。目前全国还有1亿多人没有参加基本养老保险，主要是部分非公经济组织员工、城镇灵活就业人员、农民工以及部分农村居民等。还有部分群体没有参加基本医疗保险制度，建筑业等高职业风险行业农民工参加工伤保险的比例比较低，这些人员还不能充分享受到社会保障权益。社会救助制度覆盖面还不够，特别是失能、半失能老人护理和事实无人抚养儿童的基本生活保障问题比较突出。待遇差别仍然较大。由于我国社保体系建设采取先城后乡、分人群渐次推进的方式，城乡居民基本养老、基本医疗保险起步晚，待遇水平仍不高；由于各地财政承受能力和基金结余分布不均，且统筹层次仍偏低，社会保障互济功能发挥不够，导致地区之间待遇差别较大，城乡间、地区间、不同群体间社会保障待遇差距仍然较大，不均衡发展的问题客观存在。

二是城乡统筹仍不完善，适应流动性不够。在我国加速城镇化进程中，人口大规模流动的特点突出，特别是跨地区流动就业的农民工多达2.6亿人，而现行社会保障管理体制和方式对这一特征的适应性不足。跨地区流动就业的农民工参保地和就业地分离情况比较普遍，加之缴费年限长、转移接续困难，外出农民工参加养老保险、医疗保险的比例低于全国平均水平。养老保险关系跨地区、跨制度转移接续还存在不及时、不顺畅的问题，导致部分群体中断参保。异地劳务派遣人数较多，造成劳动关系和社保权益认定复杂化，农民工在流入地一旦发生职业风险或面临突发性、临时性困难，很难获得必要保障和救助。医疗保险管理体制不顺，不同部门分别管理城乡医保，造成流动人员重复参保、重复补贴与漏保现象并存。异地就医结算不便，由于各地医保报销水平不同和信息化未联通，使异地稳定居住的退休人员在常住地就医结算难以实施。

三是缴费激励性不足，可持续性不强。制度设计的财政激励不足，农村社会保障水平仍偏低，多缴多得、长缴多得的机制还不健全。城乡基本养老保险的低档次和高档次的补贴标准差距不大，农民缴纳较高档次的积极性不高。受传统养老观念、从众心理的影响，中青年农民尽早投保的激励不强，城乡基本养老保险的运行实践中参保年龄结构高、选择档次低的问题普遍存在。基础养老金水平偏低，不能适应满足老年人的生活需要，一定程度上降低了农民的参保积极性。基本养老保险正常调整机制尚未建立，养老金增长未能充分体现权利与义务对等的原则，不利于制度的良性循环和可持续发展。社会保障筹资渠道仍偏窄，社保基金保值增值机制尚不健全。目前各项社会保险缴费比例已经较高，财政投入大幅度增加，但面对老龄化高峰的迫近，养老抚养比持续增高，医疗费用上涨，给社保基金长期收支平衡带来了很大压力，亟需进一步拓宽筹资渠道。农村地区补充性社会保障推进缓慢，商业养老、健康保险发展滞后，尚未形成多层次保障体系。

四是管理碎片化，协调性欠缺。城乡医疗保险分别由不同的部门管理，制度、机制间缺乏衔接和协调，存在重复参保和政府重复补贴、机构重复建设、资源浪费等问题。社会保险费征收体制不一，征收机构由省级政府各自确定，导致社会保险管理环节脱节。社会保险的统筹层次仍不高，各地区之间无法横向调剂，不利于在更大范围分散风险，碎片化的局面依然存在。城乡低保、医疗救助与社会保险之间需要统筹安排和搞好衔接。社会保障的管理体制不顺尚未根本解决。

五是信息化滞后，公共服务能力不强。随着社会保障制度覆盖人群的快速扩大，特别是向农村的延伸，基础建设薄弱、人员配备不足、能力建设滞后的问题越来越突出。基层社会保障机构在规范化、信息化、标准化等方面还存在明显不足。随着我国经济结构和就业结构日趋多样化，参保结构呈现个体劳动者、农民工、灵活就业人员越来越多的新趋势，城乡养老、医疗保障和社会救助加快并轨的形势下，农村社会保障管理服务能力管理服务体系不能适应发展的要求，特别是基层公共服务能力总体仍显不足。

五、调整完善政策的对策建议

新的发展时期，需要以增强公平性、适应流动性、保证可持续性为重点，统筹推进城乡社会保障制度改革，从加快制度一体化发展、推动实现人群全覆盖、提高制度运行绩效和保障能力等方面，加快建立更加公平、可持续的农村社会保障体系。

一是健全农村社会保障体系，加快城乡社保制度整合。针对农村社会保障的发展仍显滞后、难以满足农民群众保障需求的问题，适时提高农村社会保障制度的统筹层次，力争实现相关险种由较低层次统筹向更高层次统筹过渡，统一政策标准，破解社保碎片化问题。提高待遇水平，根据经济发展和统筹基金的结余情况，适时提高各项社会保险的待遇水平，有效降低参保人员的个人经济负担。加快建立农村社会保障待遇调整机制，加大中央财政补贴力度，鼓励地方财政配套资金，实现合理动态调整。建立激励约束机制，引导农民多缴多得。进一步统筹城乡社保工作，优化转移接续制度和流程设置。建设城乡统筹发展的社会保障体系，进一步破除长期以来社会保障机制城乡差异。健全不同保险制度间、地区间的转移衔接机制，加快完善城乡之间、地区之间和不同职业人群之间的医疗、养老保险的转移接续办法，为农民工异地流动和市民化提供便利。加强社保管理机构的管理服务能力和与其他部门协调机制。确保转移接续的过程中，流程明确、办理得当，参保农民的权益不受损害。

二是探索符合农村实际的全民参保登记制度与办法，推动社会保障由制度全覆盖到人群全覆盖。开展全民参保登记，核心在于"全民"。每年对16～59周岁无保障的城乡居民进行全面调查摸底，掌握这批人员特别是40～59周岁人员参保意愿等基本情况。要全面摸清城乡居民参加社会保险的整体情况，建立健全全民参保登记的工作机制和工作台账，确保参保信息的采集、整理、传递和保存可追溯、可检验，并建立全民参保登记长效管理机制，实现动态可持续管理。利用全民参保登记的成果，继续推进社保扩面工作，重点推进农民工、非公有制经济组织从业人员、灵活就业人员的参保工作，弥补社保扩面工作的盲点盲区。充分发挥镇、村两级劳动保障服务平台作用，确保政策宣传工作。针对目标人群有重点地开展扩面工作，提升宣传效能、依法扩面、灵活联动，建立健全社保扩面部门联动协调机制，推动全民参保。

三是加大对农村社会保障的投入力度，鼓励社会力量参与农村社保基础设施建设。农村社会保障基础设施短缺是制约农村社会保障发展的瓶颈，要在养老、卫生、救济资源上加大财政投入，提高保障水平，大力推进以改善民生为重点的社会建设。机构建设上科学利用民间资本和慈善组织捐款，落实土地规划、金融信贷、税费优惠等扶持政策。多渠道引入社会力量发展养老机构。鼓励和支持社会力量重点发展养医结合，以收养失能、半失能、失智老年人为主，提供长期照护服务的护理型养老机构。鼓励有条件的护理型养老机构设置卫生室、护理站，或与周边医院、社区医疗卫生服务机构合作，实现资源共享。养老机构内独立设置的医疗卫生机构，可按规定申请医保定点资格，符合条件的纳入当地医保定点范围。

四是加快社会保障服务体系建设，推进基本公共服务均等化。改革转移支付制度，探索促进基本公共服务均等化的财政转移支付模式，财政投入向基层政府倾斜，向基本公共服务倾斜，着力解决城乡间基本公共服务供给不均等、区域间基本公共服务供给差异大的问题。要以为群众提供更加方便快捷、优质高效的公共服务为目标，推进农村社保服务体系建设。大力推进机构、信息等资源整合，大力推进规范化、标准化、信息化"三化"建设，提高经办能力。培养专业的农村社保经办管理人员，提高工作人员的综合素质，将农村保险的工作人员妥善安置，确保其安心工作，并定期安排相应人员进行培训，提高专业水准。鼓励优秀人才到农村服务，对在基层工作的社保经办人员给予一定的支持政策。

第 26 章　农业综合开发

农业综合开发自 1988 年实施以来，紧紧围绕"确保国家粮食安全、农业增效和农民增收"的根本宗旨，充分发挥财政支农惠农的重要渠道作用，有力地促进了农业综合生产能力的提升，推进了农业和农村经济结构的战略性调整，提升了农业产业化经营水平，提高了农业综合效益，促进农民增收。

一、政策背景与演变过程

（一）"十一五"时期的工作进展和存在的主要问题

为保护和支持农业发展，改善农业生产基本条件，优化农业和农村经济结构，提高农业综合生产能力和综合效益，"十一五"期间国家对农业综合开发的投入一直保持较高的增长幅度。目前，农业综合开发项目主要包括土地治理项目和产业化经营项目。其中，土地治理项目主要任务是加强农业基础设施和生态建设，提高农业综合生产能力，保障国家粮食安全，重点突出公益性、基础性、保障性。主要建设内容可以分为三类：一是稳产高产基本农田建设、粮棉油等大宗优势农产品基地建设、土地复垦等中低产田改造项目，主要目的是提高农业特别是粮食综合生产能力；二是草场改良、小流域治理、生态林建设、土地沙化治理等生态治理项目，其目的是保护项目区生态环境；三是中型灌区节水配套改造项目，主要是为了改善项目区的水利灌溉条件。

"十一五"时期国家农业综合开发存在的问题：一是在确保国家粮食安全的责任划分上，没有形成中央和地方财权和事权相匹配的体制。二是在投入增量不多的情况下，集中存量资金支持粮食主产县力度很难加大。三是农村劳动力大量外流，动员农民投工投劳参与项目建设的难度加大。随着大量青壮年劳动力外移，农村常住人口中老人、儿童、妇女所占比例大幅上升，目前很难动员足够的劳动力参与项目建设，在部分项目区投工投劳变成了以资代劳。

（二）"十二五"时期出台的政策文件及背景分析

"十二五"时期，农业综合开发紧紧围绕和服务"三农"发展的大局，进一步调整思路，优化布局，转变方式，创新机制，完善政策。2011—2013 年间，农业综合开发主要是坚持"集中资金办大事，突出重点抓关键"，在加强基础设施、推进产业化经营、支持生态建设统筹兼顾的基础上，资金安排向高标准农田建设聚焦，项目布局向粮食主产区聚焦。2014年以来，农业综合开发积极调整思路和扶持重点，围绕农业可持续发展和农业现代化建设，谋划和推进农业综合开发。根据《国家粮食安全中长期规划纲要（2008—2020年）》和《全国新增千亿斤粮食生产能力规划（2009—2020年）》，"十二五"时期，农业综合开发要紧紧围绕提高农业综合生产能力和促进农民增收目标，加大资金投入，以粮食主产区为重点大规模推进中低产田改造，加快旱涝保收高标准农田建设。同时，着力促进农业产业化经营，稳步开展现代农业试点，积极扶持新型农业经营主体，加快发展现代农业。

二、政策内容与主要措施

根据对"十二五"期间历年的中央1号文件和相关政策文件的分析，中央农业综合开发政策的重点主要围绕以下三个方面：

一是加强农业综合生产能力建设。2011年，《国务院办公厅关于开展2011年全国粮食稳定增产行动的意见》（国办发〔2011〕13号）指出，切实做好农村土地整治工作，大力推进农业综合开发高标准农田示范工程建设，抓紧制定实施全国高标准农田建设总体规划，按照统筹规划、分工协作、集中投入、连片推进的要求，大规模建设旱涝保收高标准农田。2012年，《中共中央国务院关于加快推进农业科技创新持续增强农产品供给保障能力的若干意见》（中发〔2012〕1号）中明确提出，制定全国高标准农田建设总体规划和相关专项规划，多渠道筹集资金，增加农业综合开发投入，开展农村土地整治重大工程和示范建设，集中力量加快推进旱涝保收高产稳产农田建设，实施东北四省区高效节水农业灌溉工程，全面提升耕地持续增产能力。2013年，国务院批准了《国家农业综合开发高标准农田建设规划》。《规划》要求，到2020年，改造中低产田、建设高标准农田2 666.68万公顷，其中通过农业综合开发资金投入完成2 266.67万公顷，通过统筹和整合农业、水利等相关部门财政性资金完成400万公顷；完成1 575处重点中型灌区的节水配套改造；亩均粮食生产能力比实施农业综合开发前提高100千克以上。2015年，《国务院办公厅关于加快转变农业发展方式的意见》（国办发〔2015〕59号）指出，以高标准农田建设为平台，整合新增建设用地土地有偿使用费、农业综合开发资金、现代农业生产发展资金、农田水利设施建设补助资金、测土配方施肥资金、大型灌区续建配套与节水改造投资、新增千亿斤粮食生产能力规划投资等，统筹使用资金，集中力量开展土地平整、农田水利、土壤改良、机耕道路、配套电网林网等建设。

二是促进农业产业化经营。2012年,《国务院关于印发〈全国现代农业发展规划(2011—2015年)〉的通知》(国发〔2012〕4号)要求,继续增加现代农业生产发展资金和农业综合开发资金规模,充分发挥中国农业产业发展基金的引导作用。2012年,《国务院关于支持农业产业化龙头企业发展的意见》(国发〔2012〕10号)要求,国家农业综合开发产业化经营项目要向龙头企业倾斜。2013年,《中共中央国务院关于加快发展现代农业进一步增强农村发展活力的若干意见》(中发〔2013〕1号)指出,增加农业综合开发财政资金投入,现代农业生产发展资金重点支持粮食及地方优势特色产业加快发展。增加农民合作社发展资金,支持合作社改善生产经营条件、增强发展能力。2015年,《中共中央国务院关于加大改革创新力度加快农业现代化建设的若干意见》(中发〔2015〕1号)要求,推进农业综合开发布局调整。2015年,《国务院办公厅关于推进农村一、二、三产业融合发展的指导意见》(国办发〔2015〕93号)要求,中央预算内投资、农业综合开发资金等向农村产业融合发展项目倾斜。

三是扶持新兴农业经营主体。2013年,《中共中央国务院关于加快发展现代农业进一步增强农村发展活力的若干意见》(中发〔2013〕1号)指出,逐步扩大农村土地整理、农业综合开发、农田水利建设、农技推广等涉农项目由合作社承担的规模。2015年,财政部《农业综合开发推进农业适度规模经营的指导意见》(财发〔2015〕12号)指出,加大对新型农业经营主体建设高标准农田的支持力度。农民合作社、家庭农场、专业大户、龙头企业等新型农业经营主体是引领适度规模经营、发展现代农业的有生力量,要充分发挥其在高标准农田建设中的作用。建立财政补助形成资产交由新型农业经营主体持有管护新机制。继续开展高标准农田建设财政补助形成资产交由农民合作社特别是土地股份合作社等新型农业经营主体持有和管护试点,扩大试点范围,跟踪试点成效,及时总结经验。2015年,《国务院办公厅关于加快转变农业发展方式的意见》(国办发〔2015〕59号)要求,培育壮大新型农业经营主体,逐步扩大新型农业经营主体承担农业综合开发、中央基建投资等涉农项目规模。

国家农业综合开发办公室具体执行方面主要推出以下措施:

(一)大力开展高标准农田建设,夯实农业基础

1. 支持粮食主产区发展粮食生产

"十二五"期间,中央财政继续安排农业综合开发资金用于粮食主产区。同时,积极将部分纳入《全国新增1 000亿斤粮食生产能力规划(2009—2020年)》(简称《千亿斤规划》)的非农业综合开发县以及符合政策的农业大县纳入农业综合开发范围。目前,《千亿斤规划》确定的800个产粮大县全部纳入

了农业综合开发范围，成为实现国家"藏粮于地"战略、支撑粮食连年丰收的重要物质基础。

2. 大力推进中低产田改造和高标准农田建设

"十二五"期间，农业综合开发加大土地治理项目的投入力度，土地治理补贴标准不断提高，大规模建设旱涝保收、高产稳产、节水高效的高标准农田。坚持田水路林山综合治理，突出抓好以农田水利设施为重点的基础设施建设，加强灌区末级渠系建设，搞好田间工程配套，发展节水灌溉，改善农业生产条件，增强农业抵御自然灾害的能力。同时，调整完善政策，积极推进项目整合，逐步将中低产田改造项目向高标准农田示范项目靠拢，2014年，将中低产田改造项目与高标准农田示范工程项目并轨，统称为高标准农田建设项目，并将亩均财政资金投入标准提高到1 100～1 300元。

3. 加强中型灌区续建配套和节水改造

为落实《中共中央国务院关于加快水利改革发展的决定》（中发〔2011〕1号）中"到2020年，基本完成大型灌区、重点中型灌区续建配套和节水改造任务"的要求，"十二五"期间农业综合开发继续加大对中型灌区节水配套改造的投入力度，为项目区改造中低产田、建设高标准农田提供了可靠水源保障，又为节约水资源、提高用水效率等发挥明显示范带动作用。

4. 积极支持生态综合治理力度和"节水增粮行动"

"十二五"期间，农业开发每年安排一定的财政资金用于实施生态综合治理项目，建设内容主要包括草原（场）建设、小流域治理、土地沙化治理，通过项目实施有效加强对生态薄弱地区的综合治理，有效改善了项目区农业生态环境；同时，支持黑龙江、吉林、内蒙古、辽宁4省区开展以膜下滴灌、喷灌为主要内容的高效节水灌溉工程建设。

（二）支持农业产业化经营，带动农民增加收入

1. 发挥财政资金引导作用，吸引信贷资金和社会资本投入农业产业化经营

"十二五"期间，农业综合开发继续开展与农业发展银行、农业银行的合作，安排中央财政资金实施贷款贴息项目，重点支持辐射带动能力强、与农民建立合理利益联结机制的龙头企业发展农产品加工，建设农产品产地批发市场、储藏保鲜等流通基础设施，并通过财政资金的撬动作用，来撬动各类金融机构贷款支持农业产业化发展。

2. 大力支持农民专业合作社发展，增强合作组织可持续发展能力和带动作用

"十二五"期间，农业综合开发调整产业化项目支持主体，积极将农民专业合作社纳入支持对象范围，以发展壮大区域优势主导产业和带动农民增收为

目标，重点支持农民专业合作社实施的种植养殖规模化、标准化生产基地建设、农产品加工和流通项目，培育壮大区域优势主导产业，提高农业的效益和竞争力。通过农业综合开发资金扶持，提高了农民专业合作社的生产经营规模和市场化、组织化程度，增强了其市场竞争能力和示范带动作用。

3. 支持"菜篮子"蔬菜基地建设，保障大中城市蔬菜供应和菜价稳定

"十二五"期间，为提高北方大中城市特别是环京津地区蔬菜应急保障能力，农业综合开发安排资金专项支持京、津、冀3省（市）实施"菜篮子"设施蔬菜基地建设项目，发展蔬菜生产，其中资金主要用于建设设施蔬菜基地和日光温室，对缓解蔬菜供求偏紧、价格上扬引发的矛盾发挥了积极作用。

三、政策执行效果分析

（一）发挥财政资金导向作用，形成多元化投入机制

"十二五"期间，通过完善多层次、多渠道的资金筹集机制，农业综合开发投入稳步增长，成效显著。5年累计投入资金3 284.1亿元，其中中央财政投入资金1 596.9亿元，年均增长15.3%；地方财政投入资金811.2亿元。在财政资金的撬动下，农业综合开发共吸引农民及企业自筹资金等各类资金876亿元，逐步形成了政府引导、民办公助、社会参与的多元化投入机制，有效地拓宽了农业综合开发资金来源渠道，加快推进农业综合开发步伐。

（二）创新资金投入方式，提高财政资金使用效益

"十二五"期间，我国宏观经济进入"新常态"，农业综合开发积极适应，不断创新和完善多元化的投入机制。一是"先建后补"。近年来，农业开发资金打破以往"项目补助"的单一方式，积极探索"先建后补"，有效调动了项目单位投入的积极性，破解了以往项目自筹资金到位困难的问题。二是引入金融资金投入高标准农田建设。通过与国家开发银行、农业发展银行和农业银行等3家金融机构联合，积极尝试创新投融资模式，发挥财政政策与金融政策协同作用，采取贴息和补助的方式来加快高标准农田建设。三是鼓励地方探索股权引导基金和贷款担保基金。自2015年起，农业综合开发积极鼓励支持有条件的省份探索股权引导基金和贷款担保基金的投入方式，通过设立基金，创新了投融资方式，拓宽了支持农业产业化发展的资金渠道。

（三）改善农业生产条件，增强农业抵御自然灾害能力

"十二五"期间，农业综合开发加大投入力度，有效地改善了农业生产条

件，增强了抗灾御灾能力，提高了农业综合生产能力。资料显示[①]，中央财政投入土地治理项目的资金共计 1 211.51 亿元，占中央财政支持农业综合开发总投入的 75.87%，重点支持中低产田改造和高标准农田建设。"十二五"期间累计建设高标准农田 906.67 万公顷，建成后的农田平整肥沃、水利设施配套、田间道路通畅、林网建设适宜、科技先进适用、优质高产高效，为提升我国粮食供给保障能力奠定了坚实的基础。此外，5 年累计安排资金 65 亿元，用于中型灌区续建配套和节水改造，不仅为项目区改造中低产田、建设高标准农田提供了可靠水源保障，还为节约水资源、提高用水效率等发挥明显示范带动作用。

（四）培育新型农业经营体系，促进现代农业发展

"十二五"期间，农业综合开发按照国家主体功能区定位，根据全国农业优势主导产业布局，以基地建设为平台、以产业化企业为龙头、以专业合作组织为纽带，积极构建现代农业产业体系。同时，加大对专业大户、农民合作社、家庭农场、农业龙头企业等新型农业经营主体的支持力度，积极鼓励发展农民专业合作、股份合作、订单农业、社会化服务等多种形式规模经营模式，引导建立"龙头企业＋合作社＋农户＋基地"的一体化发展模式和紧密利益联结机制。"十二五"期间，中央财政投入农业综合开发产业化项目的资金共计 305.8 亿元，以发展壮大区域优势主导产业和带动农民增收为目标，加大对龙头企业、农民专业合作社等新型农业经营主体的扶持，培育壮大了区域优势主导产业，促进了农村一、二、三产业的融合发展。其中，仅 2011—2013 年间，农业综合开发就投入中央财政资金 117 亿元左右，立项扶持农业产业化项目 1.78 万个，每年新建产业化经营项目可以使 2 200 多万农民直接受益。

（五）加强生态环境保护，促进农业可持续发展

"十二五"期间，农业综合开发积极加大对项目区生态治理的投入，积极支持生态脆弱、资源过度开发的区域治理污染、恢复植被、涵养生态，加强项目区农田林网建设。加大小流域治理力度，推进特色经济林建设，支持发展生态农业。2011—2014 年，中央财政累计投入 64 亿元，在全国累计建设草原（场）513.87 千公顷，治理小流域 320.38 千公顷，治理土地沙化 18.25 千公

---

① 数据来源：http://nfb.mof.gov.cn/zhengwuxinxi/gongzuodongtai/201512/t20151231_1640397.html。

顷①。此外，积极围绕长江和黄河上中游、东北黑土区、陕甘宁、西南溶岩区等生态脆弱地区开展水土流失综合防治，改善生态环境和农业可持续生产条件。仅 2015 年，中央财政就安排农业综合开发水土保持项目资金 5.85 亿元，项目涉及 15 个省（市、区）和黑龙江农垦总局。预计可新增水土治理面积 1 931平方公里，减少土壤侵蚀量 601 万吨，提高植被覆盖率 8%，有效地促进现代农业可持续发展。

四、存在的主要问题与政策建议

（一）存在的主要问题

尽管"十二五"期间我国农业综合开发取得了显著的成效，我国粮食生产取得了"十二连增"，农业现代化水平稳步提高，农业农村保持平稳快速发展的良好势头。但是随着我国经济社会发展进入新的历史阶段，农业农村发展面临的经济环境、市场环境、生产环境、生态环境都在发生着深刻变化，农业综合开发也不可避免地暴露出一些矛盾和问题。

第一，农业综合开发资金投入规模与开发任务艰巨性不相匹配。目前，一方面，农业综合开发正处于一个转型调整时期，农业综合开发的内容也在逐渐扩大，开发任务的艰巨性也在不断增加。另一方面，宏观经济进入新常态，财政收支平衡吃紧，未来农业综合开发资金难以与开发任务量和开发任务艰巨性相匹配。以高标准农田建设为例，根据《国家农业综合开发高标准农田建设规划》要求，自 2011 年到 2020 年，农业综合开发要建设 2 266.67 万公顷高标准农田，而前 4 年共建成 720 万公顷，约占总任务的 1/3，后 6 年要完成总任务量的 2/3。这就意味着未来农业综合开发对资金的需求规模依然较大，同时由于农业综合开发成本不断上涨，建设投入的标准相对较低，在财政收支进入新常态的背景下，农业综合开发资金供需矛盾将会越来越突出，无法满足农业综合开发的资金需求。

第二，农业综合开发的开发机制与市场经济的要求不相适应。一是在投入机制上，农业综合开发投入主要依靠财政投入为主，运用市场机制从其他渠道筹集的资金投入严重不足。二是在开发方向上，目前农业综合开发主要开发领域还是集中在传统的粮食综合生产能力提升和农业产业化两大领域，与转变农业发展方式、发展适度规模经营等要求贴得不紧，产业扶持的针对性、精准性有待提升。三是在建设模式上，与相关部门的同质化竞争加剧，传统优势和主

---

① 数据来源：历年《中国农业发展报告》，草原（场）、小流域治理、土地沙化治理面积数据仅为 2011—2013 年。

力军地位已不明显。

第三，农业综合开发支持方式与市场公平的要求不适应。农业综合开发给予龙头企业、合作社的补助、奖励、贴息等大多数是无偿的，并且扶持对象不具有普遍性。通常只有那些规模较大、经济实力较强、与政府关系密切的龙头企业和合作社才更容易获得财政支持。在市场经济环境下，一部分龙头企业和合作社获得无偿补助，是对其他未获得补助的企业和合作社的不公平，有悖公平竞争原则。此外，目前财政对农业产业化支持方式主要是以补助和贴息的方式，支持方式过于单一。先建后补、贷款担保等方式还只在小范围内进行试点，尚处于探索阶段。就现有财政支持方式来看，单一的支持方式使得财政政策与金融政策协同效应远未得以发挥，财政引导机制不健全，示范带动作用不强，社会主体投入明显缺失，多渠道、多元化、产业化投入格局尚未建立。

第四，农业综合开发管理模式滞后与激发活力的要求无法相适应。自1988 年实施农业综合开发 20 多年以来，农业综合开发形成了自己的管理模式和工作方式，农发的旗帜高高飘扬在田间地头，但也正因为自成体系，整个系统创新不足、活力不够。同时，长期延续传统手工管理手段，管理质量和工作效能有待提升，资金项目监管体系还不完善，农业综合开发项目重建设轻管护的现象依然存在，绩效管理和风险防控工作依然有待进一步加强。

（二）几点建议

在我国经济进入新常态的大背景下，在财政收入增速放缓和财政刚性支出难减的双重压力下，农业综合开发一定要避免陷入"资金支持越多效果越好"的误区，避免开发资金"大水漫灌""撒胡椒面""平均主义"等支持方式，做到将有限的农业综合开发资金用在"刀刃"上，明确农业综合开发的重点支持领域，提高农业综合开发资金使用的指向性和精准性，使得农业综合开发与新时期农业发展要求更加有机紧密结合起来。

第一，完善财政事权与支出责任，完善现代农业综合开发投入增长机制。深化财政体制改革，明确各级农业综合开发的事权和支出责任，建立健全农业综合开发投入增长机制。注重发挥中央财政资金的引导撬动作用，以竞争立项和资金分配为导向，鼓励地方各级财政加大农业综合开发投入力度，并建立稳步增长的投入机制。

第二，创新农业综合开发支持方式，注重发挥财政政策与金融政策的协同作用。一是完善现有农业综合开发支农方式，在完善财政补助方式的基础上，鼓励有条件的地区采取"先建后补、以奖代补"的方式，引导和带动新型农业经营主体加大开发投入。二是加大支持方式创新力度，在充分发挥财政资金杠杆撬动作用的同时，以财政政策与金融政策协同配合为方向，积极利用贷款贴息、PPP投资、股权投资基金、股权引导基金等方式,进一步放大财政资金的"乘数效应",撬动更多金融和社会资本投入农业综合开发。

第三,优化农业综合开发投入方向,加强与其他涉农部门协作。农业综合开发要积极适应农业生产发展外在环境的变革,进一步优化开发投入方向。以保障国家粮食安全、促进农业增效和农民增收为目标,坚持以连片治理土地为基础,着力支持适度规模经营,培育现代新型农业经营体系,提高农业社会化服务水平;着力打造优势特色产业集群,构建现代农业产业体系,支持发展农业适度规模经营,引导农业集约化、专业化、组织化、社会化发展,推动一、二、三产业融合互动,不断提高劳动生产率、土地产出率和资源利用率,推动农业发展方式转变,加强农业生态保护,促进现代农业可持续发展,加快农业现代化进程。同时,加大与中央涉农部门、各级农发机构、广大农民群众沟通协作力度,统筹优化支农项目,形成强大的农业项目建设合力,提高农业综合开发项目公益性建设的效率和效益。

第四,完善开发管理机制,建立现代农发管理体系。农业综合开发应当立足传统优势,推进机制创新,完善开发管理机制,建立健全管理体系,进一步激发内在潜力和发展活力。一是建立健全项目库,完善综合因素分配法,突出重点,规范管理,加强评估考核,加快信息化建设和队伍建设,不断提高农业综合开发投入的针对性、精准性和实效性。二是推进简政放权,进一步明确各级机构职责,简化管理程序,在管理机制和政策上"松绑"。在扶持重点和业务上"瘦身",鼓励各地因地制宜,先行先试,大胆创新。三是完善建管机制,农业综合开发项目既要加强项目建设,同时又要注重项目管护。注重发挥基层政府、基层农业主管部门以及农民合作社、家庭农场等新型经营主体的作用,建立奖惩机制和监督考核体制,建成职责明确、形式多样、管理高效、管护到位、充满活力的农业综合开发项目管理服务体系,确保项目长期发挥作用。

第 27 章　农村扶贫开发

一、政策背景及演变过程

(一)"十一五"时期的工作进展和存在的主要问题

党和政府非常重视扶贫开发工作,改革开放以后,为缓解和消除贫困,实现共同富裕,改革开放以来,党和国家启动了全国范围有组织、有计划、大规模开发式扶贫,不断加大资金投入力度,创新扶贫开发机制,扎实推进扶贫开发工作,从 1994 年到 2000 年实行了《国家八七扶贫攻坚计划》,2001 年到 2010 年实施了第一个农村扶贫开发十年纲要,即《中国农村扶贫开发纲要(2001—2010 年)》,现在正在实施从 2011 年到 2020 年的第二个农村扶贫开发十年纲要,即《中国农村扶贫开发纲要(2011—2020 年)》(以下简称《纲要》)。《纲要》总目标是到 2020 年,稳定实现扶贫对象不愁吃、不愁穿,保障其义务教育、基本医疗和住房,贫困地区农民人均纯收入增长幅度高于全国平均水平,基本公共服务领域主要指标接近全国平均水平,扭转发展差距扩大趋势。

中国是第一个提前实现了联合国千年发展目标贫困人口减半的发展中国家。改革开放以来,我国的农村扶贫工作卓有成效,按照我国扶贫标准,1978—2010 年累计减少了 2.5 亿贫困人口,参考国际扶贫标准,我国共减少了 6.6 亿贫困人口,全球贫困人口数量减少的成就 93.3% 来自中国。"十一五"(2006—2010 年)时期,国家全面推进统筹城乡发展,坚持以工促农、以城带乡,以大扶贫的工作格局引领扶贫开发,采取了整村推进、扶持产业化经营、组织劳动力转移培训、移民搬迁、连片开发、对连片深度贫困地区进行集中攻坚等措施推进扶贫开发,全国贫困人口从 6 431 万人减少到 2 688 万人,五年减少 3 743 万人。重点县农民人均纯收入增长到 3 273 元,年均增长10.28%,扭转了"十五"(2001—2005 年)期间增长低于全国平均水平的状况。同时,贫困地区的经济全面发展、生产生活条件明显改善、社会事业不断进步。

在取得成绩的同时,要看到我国仍处于并将长期处于社会主义初级阶段,经济社会发展的总体水平不高、区域发展不平衡问题仍然非常突出，贫困地区脱贫致富的任务仍然十分艰巨，扶贫开发仍然面临很多困难和挑战。一是贫困地区发展滞后，我国贫困人口主要分布于自然条件较为恶劣的地区，一般来说，这些地区基础设施非常薄弱、增收产业缺失、文化习俗也较为落后，且人口分布较为分散，扶贫难度较大。二是扶贫对象规模大。2011 年中国的扶贫标准上调引发扶贫任务的转变，农民人均纯收入 2 300 元为新的扶贫标准，在新的标准下，我国贫困人口大规模增长，根据国家统计局提供的数据，到 2011 年年底，我国扶贫工作覆盖面从 2 688 万人扩大至约 1.22 亿人，占农村户籍人口的 12.8%。目前，全国有 14 个连片特困地区，832 个贫困县、片区县，12.9 万个贫困村，8 249 万贫困人口，贫困问题程度深，贫困地区在农民收入、消费水平、基础设施、医疗卫生等方面，与一般农村地区相比处在相对落后的状态。三是扶贫对象返贫压力大。贫困地区自然灾害发生率高、防灾抗灾能力弱、灾后重建任务重。一遇灾害，往往使多年的扶贫成果毁于一旦。在因病因灾等传统致贫因素尚未消减的情况下，市场变化、工程移民、生态保护和资源开发等新的致贫因素日益增加。

（二）"十二五"时期出台的政策文件及背景分析

作为世界上最大的发展中国家，从根本上解决贫困问题是我国一项长期任务。为此，"十二五"期间，党中央、国务院对农村扶贫工作毫不放松，在继续实施《纲要》各项政策措施的同时，对农村扶贫开发工作提出了更高的要求。《关于加快推进农业科技创新持续增强农产品供给保障能力的若干意见》（中发〔2012〕1 号）提出加快推进社会主义新农村建设，切实保障和改善农村民生，大力发展农村公共事业，认真落实《中国农村扶贫开发纲要（2011—2020 年）》。《关于加快发展现代农业 进一步增强农村发展活力的若干意见》（中发〔2013〕1 号）强调加大扶贫开发投入，全面实施连片特困地区区域发展与扶贫攻坚规划。《关于全面深化农村改革加快推进农业现代化的若干意见》（中发〔2014〕1 号）提出着力创新扶贫开发工作机制，改进对国家扶贫开发工作重点县的考核办法，提高扶贫精准度，抓紧落实扶贫开发重点工作。《关于加大改革创新力度加快农业现代化建设的若干意见》（中发〔2015〕1 号）重点强调大力推进农村扶贫开发。增加农民收入，必须加快农村贫困人口脱贫致富步伐。以集中连片特困地区为重点，加大投入和工作力度，加快片区规划实施，打好扶贫开发攻坚战。推进精准扶贫，制定并落实建档立卡的贫困村和贫困户帮扶措施。加强集中连片特困地区基础设施建设、生态保护和基本公共服务，加大用地政策支持力度，实施整村推进、移民搬迁、乡村旅游扶贫等工程。扶贫项目审批权原则上要下放到县，省市切实履行监管责任。建立公告公示制度，全面公开扶贫对象、资金安排、项目建设等情况。健全社会扶贫组织动员机制，搭建社会参与扶贫开发平台。完善干部驻村帮扶制度。加强贫困监测，建立健全贫困县考核、约束、退出等机制。经济发达地区要不断提高扶贫开发水平。同时提出，加快扶贫开发立法。中共十八届五中全会提出全面建成小康社会新的目标包括我国现行标准下农村贫困人口实现托贫，贫困县全部摘帽，解决区域性整体贫困。2015年11月23日，中共中央政治局审议通过《关于打赢脱贫攻坚战的决定》，中共中央首次以正式文件的形式，要求各级党委政府就扶贫开发逐级立下军令状，以确保到2020年，中国现行标准下农村贫困人口实现脱贫。2015年11月27—28日召开的中央扶贫开发工作会议上，习近平总书记强调，"消除贫困、改善民生、逐步实现共同富裕，是社会主义的本质要求，是我们党的重要使命。全面建成小康社会，是我们对全国人民的庄严承诺。脱贫攻坚战的冲锋号已经吹响。我们要立下愚公移山志，咬定目标、苦干实干，坚决打赢脱贫攻坚战，确保到2020年所有贫困地区和贫困人口一道迈入全面小康社会。"

二、政策内容和主要措施

按照《纲要》提出的目标任务，"十二五"期间，我国扶贫工作的目标包括12个方面：①基本农田和农田水利。到2015年，贫困地区基本农田和农田水利设施有较大改善，保障人均基本口粮田。②特色优势产业。到2015年，力争实现1户1项增收项目。③饮水安全。到2015年，贫困地区农村饮水安全问题基本得到解决。④生产生活用电。到2015年，全面解决贫困地区无电行政村用电问题，大幅度减少西部偏远地区和民族地区无电人口数量。⑤交通。到2015年，提高贫困地区县城通二级及以上高等级公路比例，除西藏外，西部地区80%的建制村通沥青（水泥）路，稳步提高贫困地区农村客运班车通达率。⑥农村危房改造。到2015年，完成农村困难家庭危房改造800万户。⑦教育。到2015年，贫困地区学前三年教育毛入园率有较大提高；巩固提高九年义务教育水平；高中阶段教育毛入学率达到80%；保持普通高中和中等职业学校招生规模大体相当；提高农村实用技术和劳动力转移培训水平；扫除青壮年文盲。⑧医疗卫生。到2015年，贫困地区县、乡、村三级医疗卫生服务网基本健全，县级医院的能力和水平明显提高，每个乡镇有1所政府举办的卫生院，每个行政村有卫生室；新型农村合作医疗参合率稳定在90%以上，门诊统筹全覆盖基本实现；逐步提高儿童重大疾病的保障水平，重大传染病和地方病得到有效控制；每个乡镇卫生院有1名全科医生。⑨公共文化。到2015年，基本建立广播影视公共服务体系，实现已通电20户以下自然村广播电视全覆盖，基本实现广播电视户户通，力争实现每个县拥有1家数字电影院,每个行政村每月放映 1 场数字电影;行政村基本通宽带,自然村和交通沿线通信信号基本覆盖。⑩社会保障。到 2015 年,农村最低生活保障制度、五保供养制度和临时救助制度进一步完善,实现新型农村社会养老保险制度全覆盖。⑪人口和计划生育。到 2015 年,力争重点县人口自然增长率控制在 8‰以内,妇女总和生育率在 1.8 左右。⑫林业和生态。到 2015 年,贫困地区森林覆盖率比 2010 年年底增加 1.5 个百分点。为了实现这些目标要求,我国主要从以下几个方面强化扶贫开发工作:

(一)调整和确定扶贫标准及扶贫对象

2011 年,国家再次大幅度扶贫标准,将农民年人均纯收入 2 300 元(2010 年不变价)作为新的国家扶贫标准,比原标准提高了 92%。按照我国 2008 年提高标准后的扶贫标准线,2010 年为 2 688 万人,按照最新的国家扶贫标准,2011 年底,我国农村扶贫对象为 1.23 亿人。各地按照可根据当地实际制定高于国家扶贫标准的地区扶贫标准的精神,先后明确了地方扶贫标准。目前执行 2 300 元国家扶贫标准的省份有 17 个,以中西部省份为主;标准高于 2 300 元的省份有 14 个,以东部省份为主,例如浙江 4 600 元、江苏 4 000 元、辽宁 3 200元等。此外,重庆、广东探索扶贫标准动态调整机制。

党中央、国务院做出重大战略决策,确定连片特困地区为新阶段扶贫攻坚主战场。按照集中连片、突出重点、全国统筹、区划完整的原则,以 2007—2009 年县域农民人均纯收入、县域人均财政一般预算收入和县域人均国内生产总值三项指标作为基础指标,以革命老区县、少数民族地区县和边境地区县作为调整指标,以此为依据,全国确定了 14 个连片特困地区,共包括 680 个县或县级单位,国土面积 392 万平方公里。

新国家扶贫纲要确立了"工作到村、扶贫到户"的工作机制。通过努力,各地都搭建起了整村推进、联村办点、驻村帮扶等村级工作平台,但由于扶贫对象底数不清、贫困信息不完善等因素影响,扶贫到户"最后一公里"问题还没有很好解决。《关于创新机制扎实推进农村扶贫开发工作的意见》提出要把扶贫对象建档立卡作为建立精准扶贫工作机制的一项硬任务提出,要求各省以县为单位,分级负责,精准识别,对每个贫困村、贫困户建档立卡。建档立卡中包括了全国所有贫困县的指标数数据,也包括有全国 14 个片区、720 个贫困县数据。指标体系分户级数据、村级数据、县级数据和片区数据四个层级。户级数据共 59 类一级指标,200 多个三级指标数据。村级指标有 8 个一级指标,126 个三级指标,400 多个四级指标。贫困县级数据共分为 5 个一级指标数据和 109 个三级指标,300 多个四级指标,这些指标都是全面反映扶贫脱贫的各种指标。

（二）启动实施集中连片特困地区扶贫攻坚

《国务院关于武陵山片区区域发展与扶贫攻坚规划（2011—2020 年）的批复》（国务院函〔2011〕）做出指示，武陵山片区将按照区域发展带动扶贫开发、扶贫开发促进区域发展的基本思路，加大投入力度，整合各类资源，着力解决瓶颈制约和突出矛盾，加快脱贫致富步伐，为全国扶贫攻坚发挥示范引领作用。

有关部门陆续出台了一系列支持片区发展的政策措施、指导意见和行业规划，国家民委主动推动武陵山片区先行先试，积极探索部委联系片区工作机制，并向武陵山片区每个县（市、区）派驻联络员。教育部出台了针对片区的农村义务教育学生营养改善计划和每年 1 万名贫困生定向招生专项计划，对片区中等职业学校学生实行免费教育并给予生活补助，启动实施普通高中改造计划等试点。交通运输部印发了《集中连片特困地区交通建设扶贫规划纲要（2011—2020 年）》，国土资源部出台了支持集中连片特困地区区域发展与扶贫攻坚的若干意见，提出了 18 项支持措施。卫生部和全国妇联出台了卫生扶贫的指导意见，并在吕梁山等片区的 100 个县启动学龄前儿童营养干预试点。科技部深入推进科技特派员农村科技创业行动。水利部编制实施《全国水利扶贫规划》。农业部出台了《关于加强农业行业扶贫工作的指导意见》。工业和信息化部、民政部在制定相关行业规划和安排资金项目时对片区给予了倾斜。人民银行积极引导金融机构加大对西部贫困地区支农再贷款的调剂力度。旅游局与扶贫办签订了关于推进旅游扶贫工作的合作框架协议。

（三）实施精准扶贫、精准脱贫

2013 年 11 月，习近平到湖南湘西考察时首次提出的"精准扶贫"的重要思想。2014 年 1 月，中办详细规制了精准扶贫工作模式的顶层设计，推动了"精准扶贫"思想落地。2014 年 1 月发布的《关于创新机制扎实推进农村扶贫开发工作的意见》，提出了改进贫困县考核机制、建立精准扶贫工作机制、改革财政专项扶贫资金管理机制。2014 年政府工作报告中提出"实行精准扶贫，确保扶贫到村到户"。

2014 年 3 月，习近平参加两会代表团审议时强调，要实施精准扶贫，瞄准扶贫对象，进行重点施策。进一步阐释了精准扶贫理念。2015 年 6 月，习近平在贵州就加大推进扶贫开发工作又全面阐述"精准扶贫"概念，提出"六个精准"，即"扶贫对象精准、项目安排精准、资金使用精准、措施到户精准、因村派人精准、脱贫成效精准"。2015 年 10 月 16 日，习近平在2015 减贫与发展高层论坛上强调，中国扶贫攻坚工作实施精准扶贫方略，增加扶贫投入，出台优惠政策措施，坚持中国制度优势，注重六个精准，坚持分类施策，因人因地施策，因贫困原因施策，因贫困类型施策，通过扶持生产和就业发展一批，通过易地搬迁安置一批，通过生态保护脱贫一批，通过教育扶贫脱贫一批，通过低保政策兜底一批，广泛动员全社会力量参与扶贫。

扶贫办会同发展改革委等 12 个部门编制完成《扶贫开发整村推进"十二五"规划》，"十二五"期间，要完成中西部 3 万个贫困村整村推进任务。与农业部、林业局、旅游局联合下发了《关于集中连片特殊困难地区产业扶贫规划编制工作的指导意见》，指导各地编制产业扶贫规划。发展改革委编制了"十二五"易地扶贫搬迁规划，准备对 240 万生存条件恶劣地区的农村贫困人口实施易地扶贫搬迁。

（四）推进扶贫机制改革创新

新一届国务院扶贫开发领导小组紧紧围绕创新工作机制、解决重点问题，研究提出了改革扶贫工作机制、扎实推进重点工作的思路。在深入调研、广泛征求意见、多次修改完善的基础上，经党中央、国务院批准，2013 年 12 月 18 日，中共中央办公厅、国务院办公厅印发了《关于创新机制扎实推进农村扶贫开发工作的意见》，提出了改进贫困县考核机制，建立精准扶贫工作机制，健全干部驻村帮扶机制，改革财政专项扶贫资金管理机制，完善金融服务机制，创新社会参与机制等 6 项机制改革，明确了村级道路畅通工作，饮水安全工作，农村电力保障工作，危房改造工作，特色产业增收工作，乡村旅游扶贫工作，教育扶贫工作，卫生和计划生育工作，文化建设工作，贫困村信息化工作等 10 项重点工作。

2014 年，中组部、扶贫办印发了《关于改进贫困县党政领导班子和领导干部经济社会发展实绩考核工作的意见》，全面推进扶贫县考核、约束、退出三项机制改革。国务院扶贫办会同有关部门制定了建立贫困县约束机制的文件，对贫困县必须作为、提倡作为、禁止作为等事项作出了明确规定。在退出机制上，扶贫办会同有关部门进行了调查研究，河北、贵州、甘肃等省份制定了贫困县退出标准、程序、奖励办法和脱贫时间表。

（五）动员社会各界参与扶贫开发

按照《关于创新机制扎实推进农村扶贫开发工作的意见》的要求，在具体的工作中，要创新社会参与机制。建立和完善广泛动员社会各方面力量参与扶贫开发制度。充分发挥定点扶贫、东西部扶贫协作在社会扶贫中的引领作用。支持各民主党派中央、全国工商联和无党派人士参与扶贫开发工作，鼓励引导各类企业、社会组织和个人以多种形式参与扶贫开发。建立信息交流共享平台，形成有效协调协作和监管机制。全面落实企业扶贫捐赠税前扣除、各类市场主体到贫困地区投资兴业等相关支持政策。支持军队和武警部队积极参与地方扶贫开发，实现军地优势互补。每5年以国务院扶贫开发领导小组名义进行一次社会扶贫表彰。加强扶贫领域国际交流合作。

2013年，按照国务院办公厅《关于开展对口帮扶贵州工作的指导意见》（国办发〔2013〕11号），新增上海、广州、苏州、杭州4市对口帮扶贵州，参与东西协作的东部省市达到18个（9个省市，9个城市）。各地积极探索资源共享、优势互补的协作机制，"闽宁协作""沪滇合作""两广合作"等模式取得新经验。

我国将每年的10月17日设为"扶贫日"，2014年10月17日是全国首个"扶贫日"。设立全国"扶贫日"，是继续向贫困宣战的一个重要举措，也是广泛动员社会各方面力量参与扶贫开发的一项重要制度安排。

三、政策措施执行情况

"十二五"期间，基本完成了《中国农村扶贫开发纲要（2011—2020年）》提出的中期目标，尤其是2015年是"十二五"的收官之年，也是我国扶贫开发历史上极不平凡的一年。这一年，党中央、国务院空前重视扶贫开发工作，纳入"五位一体"和"四个全面"战略布局安排部署，全力推进脱贫攻坚。各地各部门和全国扶贫系统坚决落实中央决策部署，深入实施精准扶贫、精准脱贫方略，扶贫开发工作呈现新局面。具体落实情况如下：

（一）扶贫资金总量不断增加

"十二五"以来，中央财政专项扶贫投入逐年增加，中央的扶贫资金投入仍是扶贫重点县最主要的扶贫投入来源，2014年所占比重达49.2%。其他扶贫资金继续增长，2014年，中央和地方各级财政共安排扶贫资金880亿元，比上年增长20%。其中，中央财政安排专项扶贫资金432.87亿元，比上年增长10%；省级财政安排专项扶贫资金267亿元，比上年增长28%。安排中央专项彩票公益金15亿元。中央和地方定点扶贫资金投入357.6亿元，比上年增长7%。其中，中央层面定点扶贫投入30.2亿元，比上年增长45.2%。东西扶贫协作东部省市援助资金13.4亿元，比上年增长13%。扶贫小额信贷发放998.05亿元，比上年翻了一番。

表 27 - 1   中央财政安排专项扶贫资金总额

年份	资金总额（亿元）	比上年增长（%）
2011	272	22
2012	332	22.1
2013	394	18.7
2014	433	10
2015	467.5	8

资料来源：《中国农业发展报告》历年。

（二）片区扶贫攻坚全面实施

部分民生工程和基础设施项目在集中连片贫困地区率先实施。交通部与19个省（区、市）签署了共建协议，并大幅提高了片区交通建设补助标准。住房城乡建设部将2012年农村危房改造资金增加到446亿元，全年完成了560万户农村危房改造任务，提前实现"十二五"计划。发展改革委、扶贫办研究提出了《贯彻落实习近平总书记等中央领导同志关于支持革命老区重要批示精神的工作方案》，扶贫办启动贫困革命老区精准扶贫规划编制工作，财政部安排彩票公益金15亿元支持贫困革命老区扶贫项目。扶贫办印发了《关于进一步支持新疆加强扶贫开发工作的意见》。科技部、中组部、财政部、人力资源社会保障部、扶贫办等部门出台《边远贫困地区、边疆民族地区和革命老区人才支持计划科技人员专项计划实施方案》，选派和培养科技人员服务"三区"。扶贫改革试点工作积极推进，浙江丽水、广东清远、辽宁阜新三个扶贫改革试验区，在扶贫体制机制、政策措施、社会扶贫模式等方面进行了积极探索。

连片特困地区规划全部启动实施。涉及片区的22个省（区、市）的41个省级实施规划全部审核备案。研究制定了《片区规划实施监测和评估工作方案》，启动了两个片区监测评估试点。国家继续推进片区联系工作，国务院扶贫开发领导小组印发了片区联系工作要点，建立了片区联系会议机制。中共中央办公厅专门组织对燕山—太行山区等5个片区扶贫攻坚工作开展督促检查。在片区扶贫攻坚机制的带动下，国家各行业部门特别是片区牵头单位出台了一批支持贫困地区经济社会发展和贫困群众增收的政策措施。

（三）专项扶贫工作稳步推进

按照国家发展与改革委员会《关于印发"十二五"期间报国务院审批的专项规划整体预案的通知》精神，编制"十二五"扶贫开发整村推进规划，3万个贫困村被纳入规划。2011 年已在 9 000 个贫困村启动实施。2014 年，全国 2.98 万个村（西藏 200 个乡）实施了整村推进，共投入 674.8 亿元，村均投入 240 万元。

积极支持贫困地区发展特色优势产业，加大政策性金融支持产业化扶贫工作力度，稳步推进"县为单位、整合资金、整村推进、连片开发"试点，2011 年继续在 100 个试点县安排专项资金 5 亿元，开展试点工作。

稳步推进易地扶贫搬迁。2011 年和 2013 年分别完成扶贫搬迁 78 万人和 57.3 万人。2014 年，全国安排易地扶贫搬迁资金 122.5 亿元，搬迁 204.7 万人。

在 100 个重点县开展了雨露计划实施方式改革试点。对试点县农村贫困家庭中 2011—2012 学年接受职业教育及一年以上技能培训的学生，每人补助 1 500 元。其中，2011 年秋季学期补助 700 元/人，2012 年春季学期补助 800 元/人。补助对象同时享受国家中等职业学校减免学费和生活补贴政策，以及一年以上职业培训优惠等政策。2012—2013 学年"雨露计划"实施方式改革试点范围扩大到 200 个县，补助方式改为直补到人，有近 70 万学生受益。

（四）广泛动员社会力量参与扶贫

探索民营企业、社会组织和公民个人参与扶贫有效方式。安徽、河南等省探索搭建社会扶贫信息服务平台，将贫困村贫困户需要帮扶的项目公开，供社会各界认领认捐。山西深入开展百企千村产业扶贫开发工程。广西启动了千家民营企业扶助千个贫困村活动。万达集团启动实施对口帮扶贵州丹寨"整县脱贫"行动，探索民营企业参与扶贫开发的新模式。

定点扶贫工作不断强化，参与扶贫的中央帮扶单位通过向定点县选派挂职干部，赴定点县考察，直接投入帮扶资金和物资，帮助引进各类资金、项目、人才、技术，举办培训班，组织劳务输出，资助贫困学生等方式进行定点帮扶。2012 年，共有 310 个单位参与定点扶贫，第一次实现了对 592 个重点县的全覆盖。

东西扶贫协作取得新进展。闽宁协作、两广合作、沪滇合作等机制进一步深化。北京、天津、上海、辽宁、山东等 5 省市均建立了援助资金年度增长 10% 左右的机制。深圳、大连、青岛、宁波、上海、苏州、杭州、广州等 8 市共投入贵州帮扶资金 3.5 亿元。福建蓉中村设立贫困村创业致富带头人培训基地，采取"1+11"培训模式，将教学与实践指导结合，创新东西部扶贫协作模式，目前已启动对甘肃、宁夏等 4 省区的培训试点。

国际减贫交流合作深入开展。与巴西、坦桑尼亚、墨西哥、秘鲁、委内瑞拉、巴西等国家的双边减贫交流合作持续开展，与秘鲁社会发展与融合部签署了减贫合作谅解备忘录，与世界银行和联合国开发计划署就新时期减贫合作达成重要共识，与世行签署了新时期减贫战略合作备忘录。稳步推进与世行、联合国儿基会、亚行、国际农发基金等已有项目的开展，积极动员境外非政府组织和外资企业参与国内扶贫开发事业，积极推动将减贫领域国际交流合作纳入国家一带一路战略框架。

四、政策措施实施效果

在中央扶贫政策的有力推动下，"十二五"期间，我国农村扶贫工作成效显著，基本实现了扶贫工作的目标要求。

（一）贫困人口总量持续下降

"十二五"期间，我国现行标准下农村贫困人口从 2010 年的 1.66 亿人，减少到 2015 年年底的 5 575 万左右，减少了 1 亿人。贫困县农民人均纯收入预计从 2010 年的 3 273 元，可增加到 2015 年的 6 600 元以上，翻了一番，增长幅度连续 5 年高于全国农村平均水平。贫困地区饮水安全、道路交通、电力保障等基础设施建设目标全面完成，教育、卫生等基本公共服务目标基本完成。

表 27 - 2　2011—2015 年贫困人口规模及贫困发生率

年份	贫困标准（元/人）	贫困人口（万人）	贫困发生率（％）
2011	2 300	12 200	12.7
2012	2 300	9 899	10.2
2013	2 300	8 249	8.5
2014	2 300	7 017	7.2
2015	2 300	5 575	5.7

资料来源：《中国农业发展报告》历年。

（二）贫困地区基础设施明显改善

截至 2014 年上半年，14 个片区省级实施规划累计完成投资 4.75 万亿元。片区交通、水利、能源跨县级以上行政区域的重大建设项目已有 53％开工建设，预计"十二五"开工率可达 80％左右，完工率可达 40％左右。十项重点工作项目已有 60％开工建设，预计"十二五"开工率可达 70％左右，完工率可达 50％左右。2014 年用于 8 个民族省区的专项扶贫资金占全国总量的 42.7％。

截至 2014 年，片区交通通畅乡镇占比达到 93.5%，通畅建制村占比达到 70.8%，94.4% 的乡镇和 78.3% 的建制村通客运班车或公交。累计解决贫困地区 7 852 万农村居民和 1 244 万学校师生的饮水安全问题。累计解决贫困地区 354 万无电人口的用电问题，新疆、甘肃无电人口全部实现通电。累计完成 1 565.4 万农村贫困户的危房改造。贫困地区所有行政村和 90% 以上的自然村都通了电话。基本完成片区已通电行政村互联网全覆盖。

（三）公共服务水平明显提高

农村义务教育学生营养改善计划、中等职业教育学生免学费、寄宿生补助生活费政策对片区学生实现全覆盖。重点高校面向贫困地区定向招生专项计划招生人数增加到 5 万人。安排中央专项资金 310 亿元，全面改善贫困地区义务教育薄弱学校基本办学条件。人均基本公共卫生服务经费补助标准提高至 35 元。新农合参保率达 98% 以上，人均财政补助标准达到 320 元，政策内报销比例达到 75% 左右，在贫困地区全面推开 20 种重大疾病保障试点工作。逐步建立基本医保、大病保险、医疗救助和应急救助的衔接机制，贫困人口看病难、看病贵问题得到一定程度缓解。全面实施免费就业服务，贫困地区农村劳动力就业服务能力进一步提高。农村低保和基本养老保险已覆盖全部贫困地区。片区全部县级公共图书馆的流动图书车全部配送到位，引导 16 354 名优秀文化工作者到边远贫困地区、边疆民族地区和革命老区开展服务，并为"三区"培养 1 676 名急需紧缺的文化工作者。完成约 65 万个 20 户以下已通电自然村"盲村"广播电视覆盖建设任务，补助 59.06 万个行政村实施农村电影放映。

（四）扶贫机制改革创新取得突破进展

一是推进贫困县考核、约束机制改革。中组部、扶贫办印发了《关于改进贫困县党政领导班子和领导干部经济社会发展实绩考核工作的意见》。扶贫领导小组印发贫困县约束机制的文件，对贫困县必须作为、提倡作为、禁止作为等事项进行规定。二是精准扶贫机制打下良好基础。在全国范围完成贫困识别、信息录入等工作。开展干部驻村帮扶，驻村帮扶工作队基本实现对贫困村的全覆盖。三是推进扶贫资金管理机制改革。扶贫领导小组印发《关于改革财政专项扶贫资金管理机制的意见》，建立以结果为导向的资金分配机制，将项目审批权限原则上下放到县，强化省市两级政府监管责任，严格查处违法违规问题。四是推进金融扶贫方式创新。人民银行、财政部、银监会、证监会、保监会、扶贫办、共青团中央印发《关于全面做好扶贫开发金融服务工作的指导意见》，联合召开全国扶贫开发金融服务电视电话会议。扶贫办、财政部、人民银行、银监会、保监会等五部门印发《关于创新发展扶贫小额信贷的指导意见》，对扶贫小额信贷目标原则、扶持范围和方式、政策措施和组织保障提出明确要求。国家开发银行、农业银行、进出口银行与扶贫办签订了战略合作协议。甘肃、贵州、西藏等省区扶贫贴息贷款超过100亿元，云南、陕西、内蒙古等省区超过50亿元。全国贫困村互助资金规模达到50亿元。

五、农村脱贫攻坚面临的问题和挑战

（一）农民脱贫攻坚难度加大

改革开放以来，我们实施大规模扶贫开发，使7亿多农村贫困人口摆脱贫困，取得了举世瞩目的成就。但是，我国脱贫攻坚形势依然严峻，中西部一些省（自治区、直辖市）贫困人口规模仍然较大，目前，全国有14个集中连片特殊困难地区、592个国家扶贫开发工作重点县、12.8万个贫困村、近3 000万个贫困户、7 017万贫困人口。这些贫困人口大多数分布在革命老区、民族地区、边疆地区和连片特困地区，自然条件差，基础设施薄弱，公共服务水平较低，减贫边际效应不断下降，增收难度不断加大，贫困代际传递趋势明显，是难啃的"硬骨头"。农村贫困人口脱贫是全面建成小康社会最艰巨的任务，现有贫困人口贫困程度深，致贫原因复杂，减贫难度大，脱贫成本高，"十三五"期间，要啃掉这块"硬骨头"，难度加大。

（二）贫困人口内生动力和发展能力较弱

2014年，全国592个国家扶贫开发工作重点县农民人均纯收入6 610元，比全国农民平均水平低3 282元。老少边穷地区贫困问题集中，贫困人口普遍存在受教育程度低、健康水平低的"两低"情况，自我发展能力弱。建档立卡贫困村70.8%没有集体经济，内生发展动力严重不足。贫困人口致贫因素较多，因病致贫、因学致贫突出，缺资金、缺技术普遍，因病返贫、因灾返贫、因市场风险返贫常见。

（三）贫困地区发展基础设施较差

贫困地区公共服务水平偏低，市场主体发育不足，市场体系建设滞后，产业发展处于价值链低端。贫困县的存贷比普遍在40%左右，储蓄外流严重。还没有得到根本性改变。全国12.8万个建档立卡村中，6.9万个行政村不通客运班车。87.1万个自然村中，33万个不通沥青（水泥）路。贫困地区农田有效灌溉面积比全国平均水平低近20个百分点。建档立卡户中有652万户饮水困难，580万户饮水不安全。

（四）扶贫政策针对性不强

扶贫政策针对性不强、特惠支持不足问题依然存在。现有政策部分落实不到位、财政投入明显不足、行业支持缺少特惠、工作责任落得不实、社会动员支持体系薄弱等问题还没有得到很好解决。过去贫困面大，一项普惠政策就可以使许多贫困人口增加收入，越过温饱线。现在，贫困人口大多数自身能力弱，或者居住在不适宜人类生存的地方，仅靠自己很难参与发展进程、享受发展成果。

六、趋势展望与政策取向

实现到 2020 年让 7 000 多万农村贫困人口摆脱贫困的既定目标，时间十分紧迫、任务相当繁重。要打赢这场攻坚战，必须充分发挥政治优势和制度优势，把精准扶贫、精准脱贫作为基本方略，坚持扶贫开发与经济社会发展相互促进，坚持精准帮扶与集中连片特殊困难地区开发紧密结合，坚持扶贫开发与生态保护并重，坚持扶贫开发与社会保障有效衔接，不断创新扶贫开发思路和办法。

（一）强化政策支持，健全脱贫攻坚支撑体系

发挥政府投入在扶贫开发中的主体和主导作用，中央财政继续加大对贫困地区的转移支付力度，一般性转移支付资金、各类涉及民生的专项转移支付资金和中央预算内投资进一步向贫困地区和贫困人口倾斜。加大中央集中彩票公益金对扶贫的支持力度。鼓励和引导商业性、政策性、开发性、合作性等各类金融机构加大对扶贫开发的金融支持。加大科技扶贫力度，解决贫困地区特色产业发展和生态建设中的关键技术问题。加大技术创新引导专项（基金）对科技扶贫的支持，加快先进适用技术成果在贫困地区的转化。发挥科技、人才对扶贫开发的支撑和引领作用。

（二）加强贫困地区基础设施建设，破除发展瓶颈制约

推动国家铁路网、国家高速公路网连接贫困地区的重大交通项目建设，提高国道省道技术标准，构建贫困地区外通内联的交通运输通道。加强贫困地区重大水利工程、病险水库水闸除险加固、灌区续建配套与节水改造等水利项目建设。实施农村饮水安全巩固提升工程，全面解决贫困人口饮水安全问题。小型农田水利、"五小水利"工程等建设向贫困村倾斜。加快推进贫困地区农网改造升级，全面提升农网供电能力和供电质量。完善电信普遍服务补偿机制，加快推进宽带网络覆盖贫困村。实施电商扶贫工程。加快贫困地区物流配送体

系建设，支持邮政、供销合作等系统在贫困乡村建立服务网点。加快农村危房改造和人居环境整治，以整村推进为平台，加快改善贫困村生产生活条件，扎实推进美丽宜居乡村建设。

（三）实施精准扶贫方略，多措并举加快贫困人口脱贫

抓好精准识别、建档立卡这个关键环节，为打赢脱贫攻坚战打好基础。发展特色产业脱贫，支持贫困地区发展农产品加工业，加快一、二、三产业融合发展，让贫困户更多分享农业全产业链和价值链增值收益。引导劳务输出脱贫，引导企业扶贫与职业教育相结合，实现靠技能脱贫。对居住在生存条件恶劣、生态环境脆弱、自然灾害频发等地区的农村贫困人口，加快实施易地扶贫搬迁工程。加大贫困地区生态保护修复力度，增加重点生态功能区转移支付。着力加强教育脱贫，加快实施教育扶贫工程，让贫困家庭子女都能接受公平有质量的教育，阻断贫困代际传递。开展医疗保险和医疗救助脱贫，保障贫困人口享有基本医疗卫生服务，努力防止因病致贫、因病返贫。完善农村最低生活保障制度，对无法依靠产业扶持和就业帮助脱贫的家庭实行政策性保障兜底。

（四）广泛动员全社会力量，合力推进脱贫攻坚

健全东西部扶贫协作机制，加大东西部扶贫协作力度，建立精准对接机制，使帮扶资金主要用于贫困村、贫困户。健全定点扶贫机制，完善定点扶贫牵头联系机制。健全社会力量参与机制，鼓励支持民营企业、社会组织、个人参与扶贫开发，实现社会帮扶资源和精准扶贫有效对接。通过政府购买服务等方式，鼓励各类社会组织开展到村到户精准扶贫。发挥好"10·17"全国扶贫日社会动员作用。着力打造扶贫公益品牌，构建社会扶贫信息服务网络，提高社会扶贫公信力和美誉度。

主 要 参 考 文 献

阿马提亚·森. 贫困与饥荒. 王宇，王文玉，译. 北京：商务印书馆，2001.

陈伟. 中国农业"走出去"的现状、问题及对策. 国际经济合作，2012（1）.

高强，刘同山，孔祥智. 家庭农场的制度解析：特征、发生机制与效应. 经济学家，2013（6）.

高强，孔祥智. 中国农业结构调整的总体估价与趋势判断. 改革，2014（11）.

高云才. 农村集体资产产权改革将展开农民获更多财产权利. 人民日报，2014 - 10 - 19.

国务院发展研究中心，世界银行. 中国：推进高效、包容、可持续的城镇化. 北京：中国发展出版社，2014.

贺军伟，等. 关于工商资本进农业的思考和建议. 中国发展观察，2013（7）.

胡定寰. "农超对接"怎样做. 北京：中国农业科学技术出版社，2010.

胡晓云，黄连贵. 模式制胜——中国农业产业化龙头企业群像解析. 杭州：浙江大学出版社，2013.

金书秦，沈贵银. 中国农业面源污染的困境摆脱与绿色转型. 改革，2013（5）：79 - 87.

金书秦，韩冬梅. 我国农村环境保护四十年：问题演进、政策应对及机构变迁. 南京工业大学学报（社会科学版），2015（2）.

课题组. 对农村集体产权制度改革若干问题的思考. 农业经济问题，2014（4）.

孔祥智，张琛. 十八大以来的土地制度改革. 中国延安干部学院学报，2016（2）.

孔祥智，等. 土地流转与新型农业经营主体培育. 北京：中国农业大学出版社，2015.

林毅夫，蔡昉，李周. 中国的奇迹：发展战略与经济改革（增订版）. 上海：上海三联书店，上海人民出版社，1999.

林毅夫. 中国农村改革与农业增长. 上海：上海三联书店，上海人民出版社，1994.

刘兵，胡定寰. 我国"农超对接"实践总结与再思考. 农村经济，2013（2）.

刘剑虹，陈传锋，谢杭. 农民教育培训现状的调查与思考——基于全国百村万民的实证分析. 教育研究，2015（2）.

刘守英. 直面中国土地问题. 北京：中国发展出版社，2014.

牛若峰. 农业产业化经营发展的观察和评论. 农业经济问题，2003（3）.

农业部农村经济研究中心. 中国农村政策执行报告（2009—2013）. 北京：中国农业出版社，2014.

农业部农村经济体制与经营管理司，农业部农村合作经济经营管理总站. 农村改革与政策研究 2014 报告集. 2015.

农业部农业产业化办公室，农业部农村经济研究中心. "十一五"农业产业化发展报告. 北京：中国农业出版社，2012.

农业部农业产业化办公室，农业部农村经济研究中心．中国农业产业化发展报告．北京：
    中国农业出版社，2008.

彭超．农产品流通体制改革//孔祥智．崛起与超越．北京：中国人民大学出版社，2008.

仇焕广，等．中国农业企业"走出去"的现状、问题与对策．农业经济问题，2013（11）.

宋洪远，高强．农村集体产权制度改革轨迹及其困境摆脱．改革，2015（2）.

宋洪远．"十一五"时期农业和农村政策回顾与评价．北京：中国农业出版社，2010.

宋洪远．我国企业对外农业投资的特征．障碍和对策．农业经济问题，2014（9）.

宋洪远，赵海，等．中国新型农业经营主体发展研究．北京：中国金融出版社，2015.

宋洪远．中国"三农"重要政策执行情况及实施机制研究．北京：科学出版社，2016.

孙玉琴．中国农业对外投资与合作历程回顾与思考．国际经济合作，2014（10）.

王宾，刘祥琪．农村集体产权制度股份化改革的政策效果：北京证据．改革，2014（6）.

萧谷．话说新农村：补齐乡村环保短板．人民日报，2013 - 03 - 31.

张照新，陈洁，徐雪高，等．农业产业化龙头企业发展与社会责任．北京：经济管理出版
    社，2010.

张照新，赵海．新型农业经营主体的困境摆脱及其体制机制创新．改革，2013（2）.

兆良，David Norse，孙波．中国农业面源污染控制对策．北京：中国环境科学出版
    社．2006.

赵海．新型农业经营体系的涵义及其构建．农村工作通讯，2013（6）.

中国人民银行农村金融服务研究小组．中国农村金融服务报告．北京：中国金融出版
    社，2014.

中国发展研究基金会．中国发展报告 2013/14：中国农村全面建成小康社会之路．北京：
    中国发展出版社，2014.

Frank Ellis. Agricultural Policies in Developing Countries. Cambridge Uversity Pess，1992：
    65 - 124

Thomas Reardon and C. perter Timmer. Transformation of Markets for Agricultural Output in
    Developing countries Since 1950：How Has Thinking Changed? // Robert Evenson and
    Prabhu Pingali. Handbook of Agricultural Economics Version3. Amsterdam：North Hol-
    land，2008.

Sicular T. Agricultural Planning and Pricing in the Post-Mao Period. The China Quarter-
    ly. No. 116. （Dec.，1988），pp. 671 - 705.

附录 1

"十二五"时期出台实施的农业和农村
主要政策法规文献索引

（按时间先后排序）

序号	政策法规文献名称
1	国务院批转国家发展改革委关于 2016 年深化经济体制改革重点工作意见的通知 2016 年 3 月 25 日，国发〔2016〕21 号
2	国务院办公厅转发国家发展改革委关于"十三五"期间 实施新一轮农村电网改造升级工程意见的通知 2016 年 2 月 16 日，国办发〔2016〕9 号
3	国务院关于加强农村留守儿童关爱保护工作的意见 2016 年 2 月 4 日，国发〔2016〕13 号
4	国务院关于深入推进新型城镇化建设的若干意见 2016 年 2 月 2 日，国发〔2016〕8 号
5	国务院办公厅关于推进农业水价综合改革的意见 2016 年 1 月 21 日，国办发〔2016〕2 号
6	国务院办公厅关于全面治理拖欠农民工工资问题的意见 2016 年 1 月 17 日，国办发〔2016〕1 号
7	国务院关于整合城乡居民基本医疗保险制度的意见 2016 年 1 月 3 日，国发〔2016〕3 号
8	中共中央 国务院关于落实发展新理念加快农业现代化实现全面小康目标的若干意见 2015 年 12 月 31 日，中发〔2016〕1 号
9	国务院关于印发推进普惠金融发展规划（2016—2020 年）的通知 2015 年 12 月 31 日，国发〔2015〕74 号
10	国务院办公厅关于加快推进重要产品追溯体系建设的意见 2015 年 12 月 30 日，国办发〔2015〕95 号
11	国务院办公厅关于推进农村一二三产业融合发展的指导意见 2015 年 12 月 30 日，国办发〔2015〕93 号

（续）

序号	政策法规文献名称
12	中共中央办公厅 国务院办公厅关于印发《加大脱贫攻坚力度支持革命老区开发建设》的指导意见 2015 年 12 月 23 日，中办发〔2015〕64 号
13	中共中央办公厅 国务院办公厅关于印发《生态环境损害赔偿制度改革试点方案》的通知 2015 年 12 月 3 日，中办发〔2015〕35 号
14	中共中央 国务院关于打赢脱贫攻坚战的决定 2015 年 11 月 29 日，中发〔2015〕34 号
15	中共中央 国务院关于进一步推进农垦改革发展的意见 2015 年 11 月 27 日，中发〔2015〕33 号
16	国务院关于进一步完善城乡义务教育经费保障机制的通知 2015 年 11 月 25 日，国发〔2015〕67 号
17	国务院办公厅关于促进农村电子商务加快发展的指导意见 2015 年 11 月 9 日，国办发〔2015〕78 号
18	国务院办公厅关于印发粮食安全省长责任制考核办法的通知 2015 年 11 月 3 日，国办发〔2015〕80 号
19	中共中央 国务院关于推进价格机制改革的若干意见 2015 年 10 月 12 日，中发〔2015〕28 号
20	中共中央 国务院关于印发《生态文明体制改革总体方案》的通知 2015 年 9 月 18 日，中发〔2015〕25 号
21	国务院办公厅关于推进线上线下互动加快商贸流通创新发展转型升级的意见 2015 年 9 月 18 日，国办发〔2015〕72 号
22	国务院关于印发促进大数据发展行动纲要的通知 2015 年 8 月 31 日，国发〔2015〕50 号
23	中共中央办公厅 国务院办公厅关于印发《深化农村改革综合性实施方案》的通知 2015 年 8 月 31 日，中办发〔2015〕49 号
24	国务院办公厅关于加快融资租赁业发展的指导意见 2015 年 8 月 31 日，国办发〔2015〕68 号
25	国务院关于开展农村承包土地的经营权和农民住房财产权抵押贷款试点的指导意见 2015 年 8 月 10 日，国发〔2015〕45 号
26	国务院关于促进融资担保行业加快发展的意见 2015 年 8 月 7 日，国发〔2015〕43 号

(续)

序号	政策法规文献名称
27	国务院办公厅关于加快转变农业发展方式的意见 2015 年 7 月 30 日，国办发〔2015〕59 号
28	国务院办公厅关于全面实施城乡居民大病保险的意见 2015 年 7 月 28 日，国办发〔2015〕57 号
29	中共中央办公厅 国务院办公厅关于加强城乡社区协商的意见 2015 年 7 月 13 日，中办发〔2015〕41 号
30	国务院关于积极推进"互联网＋"行动的指导意见 2015 年 7 月 1 日，国发〔2015〕40 号
31	国务院办公厅关于运用大数据加强对市场主体服务和监管的若干意见 2015 年 6 月 24 日，国办发〔2015〕51 号
32	国务院办公厅关于支持农民工等人员返乡创业的意见 2015 年 6 月 17 日，国办发〔2015〕47 号
33	国务院关于印发推进财政资金统筹使用方案的通知 2015 年 6 月 16 日，国发〔2015〕35 号
34	国务院关于大力推进大众创业万众创新若干政策措施的意见 2015 年 6 月 11 日，国发〔2015〕32 号
35	国务院办公厅关于印发乡村教师支持计划（2015—2020 年）的通知 2015 年 6 月 1 日，国办发〔2015〕43 号
36	国务院批转发展改革委关于 2015 年深化经济体制改革重点工作意见的通知 2015 年 5 月 8 日，国发〔2015〕26 号
37	国务院关于大力发展电子商务加快培育经济新动力的意见 2015 年 5 月 4 日，国发〔2015〕24 号
38	中共中央 国务院关于加快推进生态文明建设的意见 2015 年 4 月 25 日，中发〔2015〕12 号
39	中华人民共和国畜牧法 2015 年 4 月 24 日，中华人民共和国第十二届全国人民代表大会常务委员会第十四次会议修正，中华人民共和国主席令第 26 号
40	中华人民共和国动物防疫法 2015 年 4 月 24 日，中华人民共和国第十二届全国人民代表大会常务委员会第十四次会议修正，中华人民共和国主席令第 24 号
41	中华人民共和国食品安全法 2015 年 4 月 24 日，中华人民共和国第十二届全国人民代表大会常务委员会第十四次会议修订，中华人民共和国主席令第 21 号

（续）

序号	政策法规文献名称
42	中共中央办公厅 国务院办公厅印发《关于深入推进农村社区建设试点工作的指导意见》的通知 2015 年 4 月 14 日，中办发〔2015〕30 号
43	国务院关于印发水污染防治行动计划的通知 2015 年 4 月 2 日，国发〔2015〕17 号
44	中共中央 国务院关于深化供销合作社综合改革的决定 2015 年 3 月 23 日，中发〔2015〕11 号
45	国务院办公厅关于进一步加强乡村医生队伍建设的实施意见 2015 年 3 月 6 日，国办发〔2015〕13 号
46	国务院办公厅关于印发 2015 年食品安全重点工作安排的通知 2015 年 3 月 2 日，国办发〔2015〕10 号
47	中共中央 国务院关于印发《国有林场改革方案》和《国有林区改革指导意见》的通知 2015 年 2 月 8 日，中发〔2015〕6 号
48	中共中央 国务院关于加大改革创新力度加快农业现代化建设的若干意见 2015 年 1 月 1 日，中发〔2015〕1 号
49	国务院关于建立健全粮食安全省长责任制的若干意见 2014 年 12 月 31 日，国发〔2014〕69 号
50	中共中央办公厅 国务院办公厅关于农村土地征收、集体经营性建设用地入市、宅基地制度改革试点工作的意见 2014 年 12 月 31 日，中办发〔2014〕71 号
51	国务院办公厅关于引导农村产权流转交易市场健康发展的意见 2014 年 12 月 30 日，国办发〔2014〕71 号
52	国务院办公厅关于加快木本油料产业发展的意见 2014 年 12 月 26 日，国办发〔2014〕68 号
53	国务院办公厅关于印发国家贫困地区儿童发展规划（2014—2020 年）的通知 2014 年 12 月 25 日，国办发〔2014〕67 号
54	中共中央办公厅 国务院办公厅关于引导农村土地经营权有序流转发展农业适度规模经营的意见 2014 年 11 月 26 日，中办发〔2014〕61 号
55	国务院办公厅关于进一步动员社会各方面力量参与扶贫开发的意见 2014 年 11 月 19 日，国办发〔2014〕58 号
56	国务院关于创新重点领域投融资机制鼓励社会投资的指导意见 2014 年 11 月 16 日，国发〔2014〕60 号

（续）

序号	政策法规文献名称
57	国务院办公厅关于建立病死畜禽无害化处理机制的意见 2014 年 10 月 20 日，国办发〔2014〕47 号
58	国务院关于加快科技服务业发展的若干意见 2014 年 10 月 9 日，国发〔2014〕49 号
59	国务院关于进一步做好为农民工服务工作的意见 2014 年 9 月 12 日，国发〔2014〕40 号
60	国务院关于加快发展现代保险服务业的若干意见 2014 年 8 月 10 日，国发〔2014〕29 号
61	中华人民共和国植物新品种保护条例 2014 年 7 月 29 日，根据《国务院关于修改部分行政法规的决定》第二次修正
62	兽药管理条例 2014 年 7 月 29 日，根据《国务院关于修改部分行政法规的决定》修正
63	国务院关于加快发展生产性服务业促进产业结构调整升级的指导意见 2014 年 7 月 28 日，国发〔2014〕26 号
64	国务院关于进一步推进户籍制度改革的意见 2014 年 7 月 24 日，国发〔2014〕25 号
65	国务院办公厅关于进一步加强林业有害生物防治工作的意见 2014 年 5 月 26 日，国办发〔2014〕26 号
66	国务院办公厅关于改善农村人居环境的指导意见 2014 年 5 月 16 日，国办发〔2014〕25 号
67	国务院关于加快发展现代职业教育的决定 2014 年 5 月 2 日，国发〔2014〕19 号
68	国务院办公厅关于金融服务"三农"发展的若干意见 2014 年 4 月 20 日，国办发〔2014〕17 号
69	国务院关于建立统一的城乡居民基本养老保险制度的意见 2014 年 2 月 21 日，国发〔2014〕8 号
70	中共中央办公厅印发《关于加强乡镇干部队伍建设的若干意见》的通知 2014 年 2 月 18 日，中办发〔2014〕14 号
71	国务院办公厅关于印发中国食物与营养发展纲要（2014—2020 年）的通知 2014 年 1 月 28 日，国办发〔2014〕3 号
72	中共中央 国务院关于全面深化农村改革加快推进农业现代化的若干意见 2014 年 1 月 2 日，中发〔2014〕1 号

(续)

序号	政策法规文献名称
73	中华人民共和国渔业法 2013 年 12 月 28 日,中华人民共和国第十二届全国人民代表大会常务委员会第六次会议修正,中华人民共和国主席令第 8 号
74	国务院办公厅关于深化种业体制改革提高创新能力的意见 2013 年 12 月 20 日,国办发〔2013〕109 号
75	中共中央办公厅 国务院办公厅关于创新机制扎实推进农村扶贫开发工作的意见 2013 年 12 月 18 日,中办发〔2013〕25 号
76	中华人民共和国水生野生动物保护实施条例 2013 年 12 月 7 日,根据《国务院关于修改部分行政法规的决定》第二次修正
77	饲料和饲料添加剂管理条例 2013 年 12 月 7 日,根据《国务院关于修改部分行政法规的决定》修正
78	国务院办公厅关于加强农产品质量安全监管工作的通知 2013 年 12 月 2 日,国办发〔2013〕106 号
79	中共中央关于全面深化改革若干重大问题的决定 2013 年 11 月 12 日,中共中央十八届三中全会通过
80	畜禽规模养殖污染防治条例 2013 年 11 月 11 日,国务院令第 643 号
81	国务院办公厅转发教育部等部门关于建立中小学校舍安全保障长效机制意见的通知 2013 年 11 月 7 日,国办发〔2013〕103 号
82	国务院关于印发大气污染防治行动计划的通知 2013 年 9 月 10 日,国发〔2013〕37 号
83	国务院关于加快发展养老服务业的若干意见 2013 年 9 月 6 日,国发〔2013〕35 号
84	国务院关于促进信息消费扩大内需的若干意见 2013 年 8 月 8 日,国发〔2013〕32 号
85	国务院关于印发"宽带中国"战略及实施方案的通知 2013 年 8 月 1 日,国发〔2013〕31 号
86	国务院办公厅转发教育部等部门关于实施教育扶贫工程意见的通知 2013 年 7 月 29 日,国办发〔2013〕86 号
87	国务院办公厅关于印发深化医药卫生体制改革 2013 年主要工作安排的通知 2013 年 7 月 18 日,国办发〔2013〕80 号

（续）

序号	政策法规文献名称
88	国务院关于促进光伏产业健康发展的若干意见 2013 年 7 月 4 日，国发〔2013〕24 号
89	国务院办公厅关于金融支持经济结构调整和转型升级的指导意见 2013 年 7 月 1 日，国办发〔2013〕67 号
90	中华人民共和国种子法 2013 年 6 月 29 日，中华人民共和国第十二届全国人民代表大会常务委员会第十七次会议修正，中华人民共和国主席令第 35 号
91	中华人民共和国草原法 2013 年 6 月 29 日，中华人民共和国第十二届全国人民代表大会常务委员会第三次会议修正，中华人民共和国主席令第 5 号
92	国务院办公厅关于印发质量工作考核办法的通知 2013 年 5 月 30 日，国办发〔2013〕47 号
93	国务院批转发展改革委关于 2013 年深化经济体制改革重点工作意见的通知 2013 年 5 月 18 日，国发〔2013〕20 号
94	国务院关于地方改革完善食品药品监督管理体制的指导意见 2013 年 4 月 10 日，国发〔2013〕18 号
95	国务院办公厅关于印发 2013 年食品安全重点工作安排的通知 2013 年 4 月 7 日，国办发〔2013〕25 号
96	国务院关于促进海洋渔业持续健康发展的若干意见 2013 年 3 月 8 日，国发〔2013〕11 号
97	国务院关于推进物联网有序健康发展的指导意见 2013 年 2 月 5 日，国发〔2013〕7 号
98	国务院批转发展改革委等部门关于深化收入分配制度改革若干意见的通知 2013 年 2 月 3 日，国发〔2013〕6 号
99	国务院关于印发循环经济发展战略及近期行动计划的通知 2013 年 1 月 23 日，国发〔2013〕5 号
100	国务院办公厅关于印发近期土壤环境保护和综合治理工作安排的通知 2013 年 1 月 23 日，国办发〔2013〕7 号
101	国务院办公厅关于印发降低流通费用提高流通效率综合工作方案的通知 2013 年 1 月 11 日，国办发〔2013〕5 号
102	中共中央 国务院关于加快发展现代农业进一步增强农村发展活力的若干意见 2012 年 12 月 31 日，中发〔2013〕1 号

（续）

序号	政策法规文献名称
103	国务院关于印发生物产业发展规划的通知 2012 年 12 月 29 日，国发〔2012〕65 号
104	中华人民共和国农业法 2012 年 12 月 28 日，中华人民共和国第十一届全国人民代表大会常务委员会第三十次会议修正，中华人民共和国主席令第 74 号
105	国务院办公厅关于印发全国现代农作物种业发展规划（2012—2020 年）的通知 2012 年 12 月 26 日，国办发〔2012〕59 号
106	国务院办公厅关于加强林木种苗工作的意见 2012 年 12 月 26 日，国办发〔2012〕58 号
107	国务院办公厅关于印发国家农业节水纲要（2 012—2020 年）的通知 2012 年 11 月 26 日，国办发〔2012〕55 号
108	农业保险条例 2012 年 11 月 12 日，中华人民共和国国务院令第 629 号
109	国务院关于印发全国海洋经济发展"十二五"规划的通知 2012 年 9 月 16 日，国发〔2012〕50 号
110	国务院办公厅关于规范农村义务教育学校布局调整的意见 2012 年 9 月 6 日，国办发〔2012〕48 号
111	国务院关于深入推进义务教育均衡发展的意见 2012 年 9 月 5 日，国发〔2012〕48 号
112	国务院办公厅关于印发国内贸易发展"十二五"规划的通知 2012 年 9 月 1 日，国办发〔2012〕47 号
113	中华人民共和国农业技术推广法 2012 年 8 月 31 日，中华人民共和国第十一届全国人民代表大会常务委员会第二十八次会议修正，中华人民共和国主席令第 60 号
114	国务院关于深化流通体制改革加快流通产业发展的意见 2012 年 8 月 3 日，国发〔2012〕39 号
115	国务院办公厅关于加快林下经济发展的意见 2012 年 7 月 30 日，国办发〔2012〕42 号
116	国务院关于印发国家基本公共服务体系"十二五"规划的通知 2012 年 7 月 11 日，国发〔2010〕29 号
117	国务院关于大力推进信息化发展和切实保障信息安全的若干意见 2012 年 6 月 28 日，国发〔2012〕23 号

（续）

序号	政策法规文献名称
118	国务院办公厅关于印发国家食品安全监管体系"十二五"规划的通知 2012 年 6 月 28 日，国办发〔2012〕36 号
119	国务院关于加强食品安全工作的决定 2012 年 6 月 23 日，国发〔2012〕20 号
120	国务院关于批转社会保障"十二五"规划纲要的通知 2012 年 6 月 14 日，国发〔2012〕17 号
121	国务院办公厅关于印发国家中长期动物疫病防治规划（2012—2020 年）的通知 2012 年 5 月 20 日，国办发〔2012〕31 号
122	国务院办公厅关于进一步做好减轻农民负担工作的意见 2012 年 4 月 17 日，国办发〔2012〕22 号
123	国务院批转发展改革委关于 2012 年深化经济体制改革重点工作意见的通知 2012 年 3 月 18 日，国发〔2012〕12 号
124	国务院关于支持农业产业化龙头企业发展的意见 2012 年 3 月 6 日，国发〔2012〕10 号
125	中华人民共和国清洁生产促进法 2012 年 2 月 29 日，中华人民共和国第十一届全国人民代表大会常务委员会第二十五次会议修正，中华人民共和国主席令第 54 号
126	国务院办公厅关于印发 2012 年食品安全重点工作安排的通知 2012 年 2 月 26 日，国办发〔2012〕16 号
127	国务院关于印发全国现代农业发展规划（2011—2015 年）的通知 2012 年 1 月 13 日，国发〔2012〕4 号
128	国务院关于实行最严格水资源管理制度的意见 2012 年 1 月 12 日，国发〔2012〕3 号
129	国务院办公厅关于印发农村残疾人扶贫开发纲要（2011—2020 年）的通知 2012 年 1 月 3 日，国办发〔2012〕1 号
130	中共中央 国务院关于加快推进农业科技创新持续增强农产品供给保障能力的若干意见 2011 年 12 月 31 日，中发〔2012〕1 号
131	国务院办公厅关于加强鲜活农产品流通体系建设的意见 2011 年 12 月 13 日，国办发〔2011〕59 号
132	国务院办公厅关于实施农村义务教育学生营养改善计划的意见 2011 年 11 月 23 日，国办发〔2011〕54 号

(续)

序号	政策法规文献名称
133	国务院关于加强环境保护重点工作的意见 2011 年 10 月 17 日，国发〔2011〕35 号
134	国务院办公厅关于印发安全生产"十二五"规划的通知 2011 年 10 月 1 日，国办发〔2011〕47 号
135	国务院办公厅关于促进物流业健康发展政策措施的意见 2011 年 8 月 2 日，国办发〔2011〕38 号
136	中共中央办公厅 国务院办公厅关于印发《关于贯彻实施〈中国农村扶贫开发纲要（2011—2020 年）〉重要政策措施分工方案》的通知 2011 年 8 月 1 日，中办发〔2011〕27 号
137	国务院办公厅关于加强气象灾害监测预警及信息发布工作的意见 2011 年 7 月 11 日，国办发〔2011〕33 号
138	国务院办公厅关于进一步加强乡村医生队伍建设的指导意见 2011 年 7 月 2 日，国办发〔2011〕31 号
139	国务院关于促进牧区又好又快发展的若干意见 2011 年 6 月 1 日，国发〔2011〕17 号
140	中共中央 国务院关于印发《中国农村扶贫开发纲要（2011—2020 年）》的通知 2011 年 5 月 27 日，中发〔2011〕10 号
141	国务院办公厅转发发展改革委 关于实施新一轮农村电网改造升级工程意见的通知 2011 年 5 月 10 日，国办发〔2011〕23 号
142	国务院关于加快推进现代农作物种业发展的意见 2011 年 4 月 10 日，国发〔2011〕8 号
143	国务院办公厅转发发展改革委水利部 关于切实做好进一步治理淮河工作指导意见的通知 2011 年 3 月 27 日，国办发〔2011〕15 号
144	国务院办公厅关于开展 2011 年全国粮食稳定增产行动的意见 2011 年 3 月 20 日，国办发〔2011〕13 号
145	国务院办公厅关于印发 2011 年食品安全重点工作安排的通知 2011 年 3 月 15 日，国办发〔2011〕12 号
146	土地复垦条例 2011 年 3 月 5 日，中华人民共和国国务院令第 592 号
147	国务院办公厅关于积极稳妥推进户籍管理制度改革的通知 2011 年 2 月 26 日，国办发〔2011〕9 号

（续）

序号	政策法规文献名称
148	国务院批转林业局关于全国"十二五"期间年森林采伐限额审核意见的通知 2011 年 1 月 26 日，国发〔2011〕3 号
149	中华人民共和国乡村集体所有制企业条例 2011 年 1 月 8 日，根据《国务院关于废止和修改部分行政法规的决定》修正
150	基本农田保护条例 2011 年 1 月 8 日，根据《国务院关于废止和修改部分行业行政法规的决定》修正
151	农业转基因生物安全管理条例 2011 年 1 月 8 日，根据《国务院关于废止和修改部分行业行政法规的决定》修正
152	生猪屠宰管理条例 2011 年 1 月 8 日，根据《国务院关于废止和修改部分行政法规的决定》修正
153	种畜禽管理条例 2011 年 1 月 8 日，根据《国务院关于废止和修改部分行政法规的决定》修改
154	中共中央 国务院关于加快水利改革发展的决定 2010 年 12 月 31 日，中发〔2011〕1 号
155	中共中央办公厅 国务院办公厅关于印发《关于进一步加强新形势下农村精神文明建设工作的意见》的通知 2010 年 12 月 28 日，中办发〔2010〕39 号
156	国务院办公厅关于做好自然保护区管理有关工作的通知 2010 年 12 月 28 日，国办发〔2010〕63 号
157	国务院关于严格规范城乡建设用地增减挂钩试点切实做好农村土地整治工作的通知 2010 年 12 月 27 日，国发〔2010〕47 号
158	中华人民共和国水土保持法 2010 年 12 月 25 日，第十一届全国人民代表大会常务委员会第十八次会议修订，中华人民共和国主席令第 39 号
159	国务院关于印发全国主体功能区规划的通知 2010 年 12 月 21 日，国发〔2010〕46 号
160	中共中央办公厅 国务院办公厅关于印发《关于贯彻落实〈中共中央、国务院关于深入实施西部大开发战略的若干意见〉重要政策措施分工方案》的通知 2010 年 12 月 15 日，中办发〔2010〕36 号
161	国务院办公厅转发发展改革委农业部 关于加快转变东北地区农业发展方式建设现代农业指导意见的通知 2010 年 11 月 30 日，国办发〔2010〕59 号

（续）

序号	政策法规文献名称
162	国务院关于稳定消费价格总水平保障群众基本生活的通知 2010 年 11 月 19 日，国发〔2010〕40 号
163	国务院办公厅关于促进我国热带作物产业发展的意见 2010 年 10 月 11 日，国办发〔2010〕45 号
164	国务院关于切实加强中小河流治理和山洪地质灾害防治的若干意见 2010 年 10 月 10 日，国发〔2010〕31 号
165	国务院办公厅关于进一步加强乳品质量安全工作的通知 2010 年 9 月 16 日，国办发〔2010〕42 号
166	国务院关于进一步促进蔬菜生产保障市场供应和价格基本稳定的通知 2010 年 8 月 27 日，国发〔2010〕26 号
167	国务院关于促进农业机械化和农机工业又好又快发展的意见 2010 年 7 月 5 日，国发〔2010〕22 号

附录 2

作者出版的农业农村政策回顾与评价系列图书

《改革以来中国农业和农村经济政策的演变》，宋洪远等编著，中国经济出版社 2000 年 10 月出版

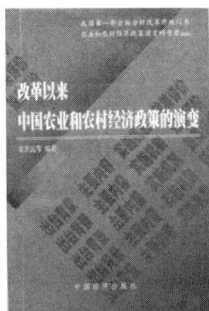

本书为中华农业科教基金资助课题的研究成果。该书是我国第一部全面系统分析改革开放以来农业和农村经济政策演变的专著。内容包括概述、五篇 23 章和附录等三个部分，全面系统地介绍了 1978 年至 1998 年期间的中国农业和农村经济政策的出台背景、主要内容、实施机制以及对政策效果的评价等。

《"九五"时期的农业和农村经济政策》，宋洪远等著，中国农业出版社 2002 年 7 月出版

本书为农业部软科学课题研究成果。该书是《改革以来中国农业和农村经济政策的演变》一书的续篇。内容包括总论、五篇 22 章和两个附录等三个部分，全面系统地介绍了 1996 年至 2000 年期间特别是 1998 年以来的中国农业和农村经济政策的出台背景、主要内容、实施机制以及对政策效果的评价等。该书获农业部软科学 2001—2003 年度研究优秀成果 3 等奖。

《"十五"时期农业和农村政策回顾与评价》，宋洪远等著，中国农业出版社 2006 年 12 月出版

本书为农业部软科学课题研究成果。本书基本上延续了《"九五"时期的农业和农村经济政策》一书的分析框架。全书由总论、29 个专题和附录组成，全面系统地介绍了 2001—2005 年期间特别是党的十六大以来，在中国农村实际推行过的各项农业和农村政策的基本背景、主要内容、实施机制以及对政策效果的评价等。为保持连续性，个别分析上溯到了"九五"末期或延续到了 2006 年。

《"十一五"时期农业和农村政策回顾与评价》，宋洪远等著，中国农业出版社 2010 年 10 月出版

本书为农业部软科学课题研究成果。本书基本上延续了《"十五"时期农业和农村政策回顾与评价》一书的分析框架。全书由总论、26 个专题和附录组成，全面系统地介绍了 2006—2010 年期间，中国农业和农村政策的基本背景、主要内容、实施状况、执行效果以及政策建议等。为保持连续性，个别分析上溯到了"十五"末期。

《中国"三农"重要政策执行情况及实施机制研究》，宋洪远主编，科学出版社 2016 年 2 月出版

本书是国家自然科学基金应急项目的研究成果。本书从系统梳理党的十六大以来我国"三农"重要政策框架和内容入手，全面开展我国"三农"重要政策执行情况和执行效果分析评估，深入分析导致有关政策措施执行偏差的原因和效果不同的机理，总结借鉴主要国家和地区农业政策制定和执行的做法和经验，研究提出完善我国"三农"政策框架体系和调整政策措施的对策建议。本书共由 11 章组成，在逻辑关系上呈现出"8+3"结构。前 8 章主要是对我国"三农"重要政策制定、执行情况及实施机制的综合分析，后 3 章主要是对几项重要"三农"政策措施的专题研究。